MW01274675

LA LÉGENDE DES SIÈCLES

I

*Du même auteur
dans la même collection*

L'Art d'être grand-père.

Les Burgraves.

Les Chansons des rues et des bois.

Les Châtiments.

Les Contemplations.

Cromwell.

Les Feuilles d'automne. Les Chants du crépuscule.

Hernani.

L'Homme qui rit (deux volumes).

La Légende des siècles (deux volumes).

Les Misérables (trois volumes).

Notre-Dame de Paris.

Odes et Ballades. Les Orientales.

Quatrevingt-treize.

Ruy Blas.

Théâtre : Amy Robsart. Marion de Lorme. Hernani. Le Roi s'amuse.

Théâtre : Lucrèce Borgia. Ruy Blas. Marie Tudor. Angelo, tyran de Padoue.

Les Travailleurs de la mer.

Dans la collection Grand Format

Poèmes.

VICTOR HUGO

LA LÉGENDE
DES SIÈCLES

I

Chronologie et introduction
par
Léon Cellier

GF-Flammarion

© 1979, GARNIER-FLAMMARION, Paris.
ISBN 2-08-070157-6

CHRONOLOGIE

1797 : 15 novembre, mariage de Léopold-Joseph-Sigisbert Hugo et de Sophie Trébuchet à Paris.

1798 : 15 novembre, naissance d'Abel Hugo à Paris.

1800 : 16 septembre, naissance d'Eugène Hugo à Nancy.

1802 : 26 février, naissance de Victor Hugo à Besançon.

1803 : le colonel Hugo et ses enfants à l'île d'Elbe. 28 novembre, naissance d'Adèle Foucher à Paris.

1804 : retour à Paris des trois frères, avec leur mère rue de Clichy.

1806 : 11 avril, naissance de Julienne Gauvain (- Juliette Drouet).

1807 : Mme Hugo et ses enfants en Italie.

1808 : retour de Naples à Paris. Le colonel est envoyé en Espagne.

1809 : installation rue Saint-Jacques puis aux Feuillantines. Mme Hugo cache Lahorie. Le colonel Hugo est nommé général et comte d'Empire.

1811 : mars, départ de Mme Hugo et des trois enfants pour l'Espagne. Passage à Bayonne.

1812 : mars, retour aux Feuillantines. Lahorie, amant de Mme Hugo, est fusillé.

1813 : Victor élève de Larivière.
Départ des Feuillantines et installation rue du Cherche-Midi.

1814 : le général Hugo à Thionville. Procédure de divorce entre le père et la mère.

1815 : Victor et Eugène pensionnaires chez Cordier et Decotte.
Après Waterloo, le général en demi-solde se retire à Blois.

1816 : Victor et ses frères ont commencé d'écrire. Elèves au lycée Louis-le-Grand. Les enfants ont pris le parti de la mère.

1817 : Victor traduit Virgile. *Le Bonheur que procure l'étude dans toutes les situations de la vie*, poème, lui vaut une mention de l'Académie française.

1818 : essais poétiques divers. Relations avec François de Neufchâteau. Victor, qui a eu un accessit de physique au Concours général, hésite entre Polytechnique et le droit. Loge chez sa mère rue des Petits-Augustins.

1819 : lauréat aux Jeux Floraux. Amoureux d'Adèle Foucher.
11 décembre, fondation par les frères Hugo du *Conservateur littéraire* qui durera jusqu'au 31 mars 1821.

1820 : gratifié de 500 fr, pour une *Ode sur la mort du duc de Berry*. Rupture entre les familles Hugo et Foucher.
Maître ès Jeux Floraux. Lauréat d'un concours académique. *Bug-Jargal* paraît dans le *Conservateur littéraire*.

1821 : 27 juin, mort de Mme Hugo, âgée de 49 ans.
30 juin, fiançailles secrètes de Victor et d'Adèle : les lettres à la fiancée.
Août, séjour de Victor à Montfort-l'Amaury et à La Roche-Guyon. Renoue avec son père. S'installe rue du Dragon.

1822 : 8 juin, *Odes et Poésies diverses* (pension royale de 1 000 fr.)
12 octobre, mariage de Victor et d'Adèle. Eugène devient fou.
31 décembre, *Odes*, 2e éd.

1823 : 8 février, *Han d'Islande*.
16 juillet, naissance de Léopold-Victor à Paris.
9 octobre, mort de ce premier enfant à Blois.
Juillet, début de la *Muse française*, publication qui durera jusqu'au 15 juin 1824.

1824 : 13 mars, *Nouvelles odes*.
Victor habite rue de Vaugirard, fréquente Nodier et le cénacle de l'Arsenal.
28 août, naissance de Léopoldine Hugo.

1825 : séjourne à Blois chez son père.
29 avril, chevalier de la Légion d'honneur.
Invité au sacre de Charles X, le 29 mai.
Août, voyage dans les Alpes et en Suisse avec Nodier.
Octobre, nouveau séjour à Montfort-l'Amaury.

1826 : *Bug-Jargal* en volume, version remaniée.
2 novembre, naissance de Charles Hugo.
Novembre, *Odes et Ballades*.

1827 : début des relations avec Sainte-Beuve.
S'installe rue Notre-Dame-des-Champs.
5 décembre, *Cromwell* avec une *Préface*.

1828 : janvier, mort du général Hugo.
Février, échec d'*Amy Robsart* à l'Odéon.
Août, édition définitive des *Odes et Ballades*.
21 octobre, naissance de François-Victor Hugo.

1829 : 19 janvier, *les Orientales*.
3 février, *le Dernier Jour d'un condamné*.
Interdiction d'*Un duel sous Richelieu* (*Marion Delorme*) reçu au Théâtre-Français.

1830 : 25 février, première d'*Hernani* au Théâtre-Français.
S'installe rue Jean-Goujon.
28 juillet, naissance d'Adèle Hugo (27-29 juillet : les Trois Glorieuses).
Travaille à *Notre-Dame de Paris*.

1831 : amours de Mme Hugo et de Sainte-Beuve.
16 mars, *Notre-Dame de Paris*.
Juin, séjour aux Roches, chez les Bertin.
11 août, première de *Marion de Lorme* à la Porte-Saint-Martin.
30 novembre, *les Feuilles d'automne*.

1832 : 15 mars, 5ᵉ éd. du *Dernier Jour d'un condamné*, augmentée d'une *Préface*.
Juillet, séjour aux Roches.
Octobre, s'installe place Royale (place des Vosges).
22 novembre, première du *Roi s'amuse* au Théâtre-Français.
23-24 novembre, interdiction de la pièce.
17 décembre, 8ᵉ éd. de *Notre-Dame-de-Paris*, augmentée de trois chapitres.

1833 : 2 janvier, première rencontre avec Juliette Drouet, actrice.
2 février, première de *Lucrèce Borgia* à la Porte-Saint-Martin.
16-17 février, première nuit d'amour de Victor et de Juliette.
6 novembre, première de *Marie Tudor* à la Porte-Saint-Martin.

1834 : 15 janvier, *Etude sur Mirabeau*.
19 mars, *Littérature et Philosophie mêlées*.
6 juillet, *Claude Gueux* dans la *Revue de Paris*, 6 septembre, en volume.
2 août, Juliette s'enfuit en Bretagne avec sa fille Claire, Hugo la ramène à Paris.
Septembre, installation de Juliette aux Metz. Hugo aux Roches.

1835 : 28 avril, première d'*Angelo* au Théâtre-Français.
Juillet-août, voyage en Picardie, Normandie.
Septembre, séjour aux Roches.
27 octobre, *les Chants du crépuscule*.

1836 : février et décembre, échec à l'Académie française.
Juin-juillet, voyage en Bretagne et Normandie avec
Juliette.
8 septembre, première communion de Léopoldine à
Fourqueux.
14 novembre, à l'Opéra, première de *la Esmeralda*,
livret de Victor Hugo d'après *Notre-Dame de Paris*,
musique de Louise Bertin.

1837 : 20 février, mort d'Eugène Hugo interné à Charenton
depuis 1823.
26 juin, *les Voix intérieures*.
Août-septembre, voyage en Belgique et dans le Nord
de la France.
Octobre, revient seul dans la vallée de la Bièvre (*Tristesse d'Olympio*).

1838 : février et mars, reprises d'*Hernani* et *Marion de
Lorme* après procès.
8 novembre, première de *Ruy Blas* à la Renaissance.

1839 : juillet, obtient la grâce de Barbès condamné à
mort.
Août, abandonne *les Jumeaux*, pièce commencée en
juillet.
Août-octobre, voyage avec Juliette en Alsace, Rhénanie,
Suisse et Provence.
19 décembre, élection nulle à l'Académie française.

1840 : 9 janvier, président de la Société des Gens de
lettres.
20 février, nouvel échec à l'Académie française.
16 mai, *les Rayons et les Ombres*.
Juin, séjour à la Terrasse.
Août-novembre, voyage avec Juliette sur les bords du
Rhin et du Neckar.
14 décembre, *le Retour de l'Empereur* (Napoléon aux
Invalides).

1841 : 7 janvier, élu à l'Académie française.
3 juin, réception à l'Académie française.
Juillet, séjour à Saint-Prix.

1842 : 28 janvier, *le Rhin*.
Juin, séjours à Saint-Prix.

1843 : 15 février, mariage de Léopoldine Hugo et de
Charles Vacquerie.
7 mars, première des *Burgraves* au Théâtre-Français.
Juillet-septembre, voyage avec Juliette aux Pyrénées et
en Espagne.
4 septembre, Léopoldine et son mari se noient dans
la Seine à Villequier.
9 septembre, Hugo, de passage à Soubise, apprend la
nouvelle en lisant un journal.

1844 : mars, début de la liaison avec Mme Biard.
Septembre, pèlerinage sur la tombe de Léopoldine.

1845 : janvier, réponse au discours de réception de Saint-
Marc-Girardin à l'Académie.
Février, réponse au discours de réception de Sainte-
Beuve à l'Académie.
13 avril, Victor Hugo pair de France.
5 juillet, pris en flagrant délit d'adultère avec
Mme Biard.
Septembre, pèlerinage à Villequier, puis aux Metz avec
Juliette.
Novembre, commence *les Misérables*.

1846 : 14 février, premier discours à la Chambre des
Pairs (sur la propriété des œuvres d'art).
21 juin, mort de Claire Pradier, fille de Juliette.
Septembre, pèlerinage à Villequier.

1847 : 14 juin, discours en faveur du retour de Louis-
Napoléon Bonaparte.
Octobre, pèlerinage à Villequier.

1848 : février, Révolution. Hugo tente vainement d'ob-
tenir la Régence pour la duchesse d'Orléans.
Juin, élu député à Paris à l'Assemblée constituante
(député de droite).
20 juin, discours sur les ateliers nationaux.
Juillet, s'installe rue de l'Isly.
Août, fonde avec son fils *l'Evénement*.
Septembre, discours contre la peine de mort.
Décembre, Louis-Napoléon Bonaparte est élu Prési-
dent de la République.

1849 : 13 mai, élu député à l'Assemblée législative.
Juillet-octobre, rupture de Hugo avec la droite.

1850 : 15 janvier, discours contre la loi Falloux.
21 mai, discours pour le suffrage universel.
17 juillet, discours contre le Prince-Président.
21 août, discours aux obsèques de Balzac.

1851 : les fils de Hugo sont emprisonnés, Charles en
juillet, François-Victor en novembre.
Septembre, suspension de *l'Evénement*.
2 décembre, coup d'Etat de Louis-Napoléon. Hugo
tente d'organiser la résistance.
11 décembre, départ pour Bruxelles, commence l'*Histoire d'un crime*.

1852 : 5 janvier, loge place de l'Hôtel-de-Ville à Bruxelles.
9 janvier, publication du décret expulsant Victor Hugo
du territoire français.
Juin : vente aux enchères à Paris du mobilier de Victor Hugo.
Du 1er au 5 août, quitte la Belgique, passe à Londres et
arrive à Jersey.

5 août, publication de *Napoléon le Petit* à Bruxelles.
12 août, installation à Marine-Terrace.
2 décembre, Napoléon III empereur.

1853 : septembre, début des séances de spiritisme.
21 novembre, *Châtiments* (deux éditions dont une expurgée).

1854 : janvier-février, affaire Tapner. *Lettre ouverte à lord Palmerston.*

1855 : mort d'Abel Hugo, 7 février.
11 avril, *lettre à Louis Bonaparte.*
Octobre, affaire Pyat. Hugo, ayant pris parti pour les proscrits expulsés de Jersey, reçoit lui-même un ordre d'expulsion.
31 octobre, Hugo s'embarque pour Guernesey.

1856 : 23 avril, *les Contemplations.*
5 novembre, installation à Hauteville-House.
De 1854 à 1856 travaille à *Dieu* et à la *Fin de Satan.*

1857 : travaille aux *Petites Epopées (Légende des Siècles)*, et à la *Pitié suprême.*

1858 : gravement malade d'un anthrax.

1859 : mai-juin, séjour à l'île de Sercq.
Août, Napoléon III proclame l'amnistie, que Hugo repousse à jamais.
28 septembre, *Légende des Siècles* (1re série).
2 décembre, intervention en faveur de John Brown, noir américain qui sera pendu.

1860 : avril, abandonne la *Fin de Satan* reprise en 1859 pour se consacrer aux *Misérables.*
Juin, visite à Jersey.

1861 : mars-septembre, voyage en Belgique, séjour à Waterloo.
Achèvement des *Misérables.*

1862 : début de la publication des *Misérables* à Bruxelles le 30 mars, à Paris le 3 avril.
Publication de la suite et de la fin en mai et juin.
Juillet-septembre, voyage en Belgique, Luxembourg, Rhénanie.
16 septembre, banquet des *Misérables* à Bruxelles.

1863 : janvier, adaptation à la scène des *Misérables* par Charles Hugo, jouée à Bruxelles.
Juin, Adèle, la fille du poète, s'enfuit à Londres, puis au Canada.
17 juin, *Victor Hugo raconté par un témoin de sa vie* (récit de Mme Hugo).
Août-octobre, voyage en Belgique et sur les bords du Rhin.
27 décembre, *Dessins* de Victor Hugo, album gravé par P. Chenay et préfacé par Th. Gautier.

1864 : (de 1859 à 1866, François-Victor publie la tra-
duction des Œuvres de Shakespeare en 18 vol.); dans
le tome 15 paru en 1864, *Préface* de Victor Hugo.
14 avril, *William Shakespeare.*
Août-octobre, voyage sur le Rhin et en Belgique.

1865 : janvier, mort de la fiancée de François-Victor,
qui quitte Guernesey avec sa mère.
Juillet-octobre, voyage en Belgique et sur le Rhin.
17 octobre, mariage de Charles Hugo à Bruxelles avec
Alice Lehaene.
25 octobre, *Chansons des rues et des bois.*

1866 : 12 mars, *les Travailleurs de la mer.*
Juin-octobre, voyage à Bruxelles.

1867 : 31 mars, naissance de Georges, fils de Charles
Hugo.
Mai, introduction à *Paris-Guide* pour l'exposition
universelle.
Juin, intervention en faveur de Maximilien empereur
du Mexique, qui sera fusillé.
Juin, reprise d'*Hernani* au Théâtre-Français.
Juillet-octobre, voyage en Belgique et Hollande.
Novembre, *la Voix de Guernesey* publiée à Genève.

1868 : 14 avril, mort de Georges Hugo.
Juillet, séjour à Bruxelles.
16 août, naissance de Georges, second fils de Charles
Hugo.
27 août, mort de Mme Victor Hugo à Bruxelles.

1869 : 19 avril, *l'Homme qui rit.*
Mai-juin, écrit *Torquemada.*
Août-octobre, voyage en Belgique et en Suisse (congrès
de la paix à Lausanne).
29 septembre, naissance de Jeanne, fille de Charles Hugo.

1870 : 14 juillet, plantation à Hauteville-House du Chêne
des Etats-Unis d'Europe.
19 juillet, la France déclare la guerre à la Prusse.
15 août, départ pour Bruxelles.
4 septembre, proclamation de la République.
5 septembre, retour de Hugo à Paris.
9 septembre, proclamation aux Allemands, 17 septembre, aux Français; 2 octobre, aux Parisiens.
20 octobre, première édition française des *Châtiments.*

1871 : 8 février, élu député de Paris.
13 février, départ pour Bordeaux où se réunit l'Assemblée nationale.
8 mars, donne sa démission de député pour protester
contre la politique de l'Assemblée.
13 mars, mort de Charles Hugo.
18 mars, obsèques de Charles à Paris, le jour où éclate
l'insurrection de la Commune.

21 mars, départ de Hugo pour Bruxelles.
27 mars, offre dans *l'Indépendant belge* asile aux communards.
30 mai, expulsé de Belgique.
1er juin-25 septembre, séjour au Luxembourg.
2 juillet, échec à la députation.
25 septembre, retour à Paris ; s'installe rue La Rochefoucauld.

1872 : 7 janvier, nouvel échec à la députation.
Février, Adèle, fille du poète, revenue folle des Antilles, est internée à Saint-Mandé.
19 février, reprise de *Ruy Blas*.
20 avril, *l'Année terrible*.

1872-73 : août 1872-juillet 1873, retour à Guernesey.
Décline une candidature à la députation en Algérie (septembre) et à Lyon (mars). Début de la liaison avec Blanche.

1873 : juillet, de retour à Paris s'installe rue Pigalle.
26 décembre, mort de François-Victor Hugo.

1874 : 20 février, *Quatrevingt-treize*.
Octobre, *Mes fils*.

1875 : mars, *Pour un soldat*, appel pour un soldat condamné à mort.
Mai, *Actes et Paroles : Avant l'exil* (1841-1851).
Novembre, *Actes et Paroles : Pendant l'exil* (1852-1870) avec une préface : *Ce que c'est que l'exil*.

1876 : 30 janvier, élu sénateur de Paris.
22 mai, intervention en faveur de l'amnistie.
Juillet, *Actes et Paroles : Depuis l'exil* (1870-1876), avec une préface : *Paris et Rome*.

1877 : 26 février, *Légende des Siècles* (2e série).
3 avril, mariage d'Alice, veuve de Charles, avec Lockroy.
12 mai, *l'Art d'être grand-père*.
21 juin, discours au Sénat contre la dissolution de la Chambre.
1er octobre, *Histoire d'un crime*, tome I.

1878 : 15 mars, *Histoire d'un crime*, tome II.
22 mars, adaptation des *Misérables* jouée à la Porte-Saint-Martin.
29 avril, *le Pape*.
30 mai, discours pour le Centenaire de Voltaire.
28 juin, début de congestion cérébrale.
8 juillet-9 novembre, dernier séjour à Guernesey.
Novembre, s'installe 130, avenue d'Eylau (avenue Victor-Hugo).

1879 : 28 février, *la Pitié suprême*.
Le même jour, discours sur l'amnistie au Sénat.

Août-septembre, séjour à Veules-les-Roses et à Ville-quier.

1880 : 26 février, cinquantenaire d'*Hernani*.
Avril, *Religions et Religion*.
3 juillet, nouvelle tentative en vue de l'amnistie des Communards.
24 octobre, *l'Ane*.

1881 : 27 février, manifestation en l'honneur du poète.
31 mai, *les Quatre Vents de l'esprit*.

1882 : 8 janvier, réélu sénateur.
26 mai, *Torquemada*.
Août-septembre, séjour à Veules-les-Roses.
22 novembre, reprise du *Roi s'amuse*, cinquante ans après.

1883 : 11 mai, mort de Juliette, après la célébration en février du cinquantième anniversaire de leur liaison.
9 juin, *la Légende des Siècles* (3ᵉ série).
6 octobre, *l'Archipel de la Manche*.

1883-84 : *La Légende des Siècles* (édition définitive).

1884 : septembre, voyage en Suisse.

1885 : 14 mai, congestion pulmonaire.
22 mai, à 14 h 30 de l'après-midi, mort de Victor Hugo.
1ᵉʳ juin, funérailles nationales de l'Arc de Triomphe au Panthéon.

L'ŒUVRE POSTHUME

1886 : *La Fin de Satan — Théâtre en liberté*.

1887 : *Choses vues* (1ʳᵉ série).

1888 : *Toute la lyre*.

1889 : *Amy Robsart — Les Jumeaux*.

1890 : *Alpes et Pyrénées — Lettres aux Bertin*.

1891 : *Dieu*.

1892 : *France et Belgique*.

1893 : *Toute la lyre* (nouvelle série).

1896 : *Correspondance* (tome I).

1898 : *Correspondance* (tome II) — *Les Années funestes* (1852-1870).

1900 : *Choses vues* (nouvelle série).

1901 : *Post-Scriptum de ma vie — Lettres à la Fiancée* (1820-1822).

1902 : *Dernière Gerbe*.

1909 : *Correspondance entre Victor Hugo et Paul Maurice*.

1934 : *Théâtre de Jeunesse — Mille francs de récompense* (dans Œuvres complètes).

1942 : *Océan — Tas de pierres* (id.).

1951 : *Pierres.*

1952 : *Souvenirs personnels* (1848-1851) — *Trois cahiers de vers français* (1815-1818) — *Strophes inédites.*

1953 : *Carnets intimes* (1870-1871).

1955 : *Choses de la Bible* (1846).

1964 : *Lettres à Juliette Drouet.*

1965 : *Journal de ce que j'apprends chaque jour* (1846-1848) — *Boîtes aux lettres.*

1966 : *Epîtres.*

à suivre...

INTRODUCTION

Hugo disait de Pindare qu'il était plus épique que lyrique. La remarque s'applique mieux encore à lui-même. Dès ses premières œuvres, nous le voyons tourner autour d'un projet : l'évocation pittoresque des étapes de la civilisation. Poète lyrique, romancier, dramaturge, il publie des œuvres : *les Ballades, Notre-Dame de Paris, les Burgraves*, qui méritent le qualificatif d'épiques. Mais après 1846, ce qui était « accident » devient « substance » et Hugo se met à écrire des épopées : *le Mariage de Roland, Aymerillot*. Il s'agissait de brefs récits épiques en vers qu'il appela « petites épopées », mais la formule était assez souple pour se prêter à une création plus ambitieuse. Lorsque l'exil à Jersey et à Guernesey eut donné à l'inspiration du poète une nouvelle jeunesse, non seulement les petites épopées pullulèrent, mais il envisagea leur regroupement en un ensemble épique dont l'architecture serait significative, et surtout il hésita — tant sa fécondité était devenue prodigieuse — entre diverses sortes d'épopée, comme s'il était capable de rivaliser à la fois avec Homère, Dante et Milton. « Sa conception de l'épopée, note excellemment J.-B. Barrère, oscille entre trois formes d'expression : l'apocalypse, le poème philosophique à tendance allégorique et le récit héroïque. »

Il mène de front de multiples projets, méditant diverses constructions d'ensemble. C'est en 1858 que le rêve épique atteint le maximum d'ampleur. On lit dans la Préface de *la Légende des Siècles* : « Plus tard... on apercevra le lien qui, dans la conception de l'auteur, rattache la *Légende des Siècles* à deux autres poèmes, presque terminés à cette heure, et qui en sont, l'un le dénouement, l'autre le couronnement : *la Fin de Satan* et *Dieu*... L'auteur, du reste, pour compléter ce qu'il a dit plus haut, ne voit aucune difficulté à faire entrevoir dès à présent qu'il a esquissé dans la solitude une sorte de poème d'une certaine étendue où se réverbère le problème unique, l'Etre, sous sa triple forme : l'Humanité, le Mal, l'Infini; le

progressif, le relatif, l'absolu ; en ce qu'on pourrait appeler
trois chants, *la Légende des Siècles*, *la Fin de Satan*, *Dieu* ».
On sait que ni *Dieu*, ni *la Fin de Satan* n'ont été achevés ;
ainsi le macrocosme que le créateur entrevoyait en 1859
n'a pas été réalisé.

D'autre part Hugo ne publia en septembre 1859 qu'une
première série de petites épopées. Il se proposait de retracer
l'évolution de l'humanité, mais *la Légende des Siècles*
de 1859 était à la fois complète et lacuneuse. Complète,
puisque le lecteur connaissait le début et la fin de cette
évolution, et qu'apparaissaient les étapes essentielles de
la marche au progrès. Mais l'auteur se proposait de compléter ces évocations, la diversité des temps et des lieux
permettant de multiplier les petites épopées dans les
intervalles. Les deux autres séries, publiées en 1877 et
1883, se présentent bien comme des compléments de la
première. Mais sur ce point encore, le dessein primitif
s'est modifié avec le temps. Bien des pièces de l'édition
collective sont des poèmes écartés d'abord par Hugo et
qu'il a voulu récupérer. Déjà écrits au moment de la
publication de la première série, ou suscités par l'actualité,
ils sont en général d'inspiration philosophique ou lyrique,
si bien que *la Légende des Siècles* sous sa forme finale
substitue ou du moins ajoute à son caractère original
d'épopée philosophique et humanitaire, celui de somme
poétique où Hugo exprimerait tout son message, et pourrait porter le même titre que le recueil hétérogène de
1881, *les Quatre Vents de l'esprit*.

Épopée philosophique et humanitaire, tel était en effet
l'aspect dominant de la première série. Comme l'écrivait
le poète à Hetzel, il avait « dépassé les petites Épopées ».
Il ne s'agissait plus seulement de réunir en un florilège
des anecdotes épiques, des évocations d'exploits et de
héros. Il ne s'agissait pas non plus de retracer l'évolution
de l'humanité en suivant la trame d'un manuel d'histoire
pour écoliers. S'il en avait été ainsi, comment expliquer
d'étonnantes absences : Jeanne d'Arc, Bayard, Bara ?
Comment expliquer qu'à des héros consacrés, Ève, Caïn,
Jésus, Mahomet, Roland, le Cid, Guillaume Tell, se mêlent
des inconnus, Éviradnus, Zim-Zizimi, Ratbert dont le
poète ose dire :

> Nos pères — c'est ainsi qu'un nom s'évanouit —
> Défendaient d'en parler, et du mur de l'histoire
> Les ans ont effacé cette vision noire ?

comment expliquer la partialité du poète, réduisant la
civilisation gréco-latine à une image de décadence ?

Qu'avait donc voulu faire Hugo ? Ne tenons pas compte
de ses prétentions d'historien. Disons, pour être juste,
qu'il est capable de tout : au calembour fameux qui fait
naître une ville de Palestine imaginaire, Jérimadeth,

s'oppose la recherche érudite qui précède la composition du *Cèdre*. Contrairement à l'esthétique parnassienne, il attache le plus de prix à la couleur des temps, à l'esprit des civilisations disparues. Il risque donc de préférer à l'exactitude la recherche de l'effet, le bariolage et le mélo. Il le risque d'autant plus que, selon son propre aveu, « c'est l'aspect légendaire qui prévaut dans ces deux volumes et qui en colore les poèmes »... « c'est l'Histoire écoutée aux portes de la légende ». Hugo, qui a réfléchi au processus de « mythification » en vertu duquel l'imagination collective transforme un fait en légende, s'attribue en quelque sorte le droit de se substituer à cette imagination collective, lorsqu'elle ne lui offre pas des faits déjà transformés en mythes. Il condense, il devine, il extrapole à la façon de Cuvier, il invente des mythes. Il résume son dessein dans une formule-clé : la Fiction parfois, la Falsification jamais. Le poète ne sera jamais un faussaire, d'abord parce qu'il est un érudit, ensuite parce qu'il est un voyant. Quand on aura relevé toutes ses bourdes, dénoncé tous ses anachronismes, on en viendra toujours à reconnaître qu'il a gagné la partie.

À mesure que le projet prenait corps, *la Légende des Siècles* cessait d'être un « album » de petites épopées pour devenir un « livre » selon le distinguo de Baudelaire. C'est que le poète avait tiré de l'évolution de l'humanité une philosophie de l'histoire que rend manifeste — et particulièrement si l'on s'en tient à la première série — l'ordre de succession des poèmes.

Ne nous fions pas trop aux formules de la préface, plus simplistes que l'œuvre elle-même. Oui, *la Légende des Siècles* est l'évangile terrestre du Progrès. Hugo se devait de proclamer que l'homme au cours de son évolution monte des ténèbres à l'idéal. Nous sortirions donc de la nuit pour déboucher dans la lumière selon une ascension régulière. Il n'est que trop facile, hélas! de transformer cette philosophie de l'histoire en je ne sais quel programme électoral où seraient promis tout à la fois l'égalité, la liberté, la fraternité, la paix, la suppression de la peine de mort, la réforme de la justice, la multiplication des écoles, le développement industriel. La conquête de l'air serait le rêve suprême de l'humanité ; l'homme de l'avenir nous apparaîtrait sous l'aspect d'un prolétaire conscient et d'un cosmonaute.

N'oublions jamais cependant que, pour un romantique, le progrès demeure à la fois industriel, moral et spirituel. Icare, si l'on y tient, incarne le rêve de l'homme, mais cet Icare a compris que, pour prolonger à l'infini son essor, il devait emprunter les ailes de l'ange.

En outre, l'évolution de l'humanité n'a pas la belle simplicité d'une ascension dans la lumière. Hugo ne sait que trop que le fil du progrès « s'atténue quelquefois au

point de devenir invisible ». *La Légende des Siècles* est
bien plutôt un combat du jour et de la nuit, de la bête
et de l'ange. L'évocation des progrès de l'esprit tend donc
à être une démonstration de la survie de l'esprit, si sombre
est l'histoire de l'homme. Le mal est représenté par tout
ce qui nous opprime. Les rancunes de Hugo se mêlant
à sa théosophie, les facteurs d'oppression sont aussi bien
la matière, les forces de la nature, le côté bestial de la
nature humaine, que les diverses sortes d'oppresseurs :
les conquérants, les rois, les prêtres. Sur ce point encore,
la vision n'est pas négative exclusivement : l'épopée se
présente en fait comme un effort pour définir les vertus
pouvant éclairer la marche humaine, et, par la bouche du
Satyre, Hugo formule sa double exigence : humanitaire
et spirituelle : Deviens l'humanité triple, homme, enfant
et femme, mais aussi : Sois de plus en plus l'âme. Deux
images se superposent : l'archétype de la Sainte Famille
et celui de l'âme se dégageant de sa prison charnelle. La
révolution s'accompagne d'une régénération, et la première n'est pas complète sans la seconde.

Mais surtout l'évolution de l'humanité décrit une courbe
et non une ligne verticale : les inspirations du théosophe
contrarient les convictions de l'apôtre du progrès. Car
nous ne partons pas des ténèbres. On trouve dans *la
Légende* le reflet des rêveries sur l'état de nature, la pureté
originelle, la familiarité qui, aux premiers âges, liait
l'homme à la nature et à l'esprit. A quoi s'ajoute sous
l'influence des illuminés l'idée d'un état originel supérieur
dont l'homme serait déchu. Les deux sections : *d'Eve à
Jésus* et *l'Islam*, illustrent magnifiquement cette vision
des choses. Le positivisme n'a pas encore défiguré l'homme
et la nature : la présence de Dieu est partout sensible.
Les animaux sont clairvoyants. Des élus vivent parmi les
hommes : Daniel, Booz, Jésus, Mahomet. Le ciel et la
terre sont unis en des noces solennelles. Si le mal existe,
le coupable ne se méprend pas sur sa nature : le mal a
conscience d'être le mal, et en même temps il ne déses-
père pas de la possibilité du pardon. Cette innocence,
cette ingénuité, qui permettent la voyance, ne sont pas
l'apanage des temps bibliques : on les retrouve également
dans l'Islam.

Hugo ne fait pas de la Rédemption le pivot de l'histoire,
mais il ne fait pas davantage de la civilisation gréco-latine
un sommet de la civilisation. Qui dit Rome, dit décadence,
car là où manque le sens religieux, il n'est pas de civilisation.

Ainsi l'évolution de l'humanité décrit une courbe
descendante : après une préhistoire il y a chute verticale
et le point le plus bas de la décadence coïncide avec la
décadence romaine. L'homme s'est avili à tel point qu'une
bête est obligée de lui faire la leçon :

« Et l'homme étant le monstre, ô Lion, tu fus l'homme. »
   Suivent quatre sections groupant quatorze poèmes qui
nous montrent l'Occident et l'Orient en proie au mal.
Voici une galerie de monstres, dont les plus affreux ne
sont pas les infants qui veulent tuer le petit roi de Galice.
Pour le penseur, en effet, la culpabilité de ces criminels
est pire que celle du criminel-type, Caïn. Par son titre
même, la Conscience, évocation du crime de Caïn, indique
que le criminel n'est pas irrémédiablement perdu. Kanut,
au contraire, le héros du Parricide, se situe moralement
au-dessous de Caïn, puisqu'il a oublié son crime. Ce
Moyen Age, tout ténébreux qu'il soit, ne se situe pas aussi
bas que la décadence romaine, car, à côté des incarnations
du mal, quelques isolés attestent la survie de l'esprit :
ce sont des envoyés de Dieu, les chevaliers errants. Sur
le plan spirituel, de même que Kanut est inférieur à Caïn,
ces héros ne sont pas comparables aux élus, aux mages,
à Daniel comme à Mahomet. Ils sont des créatures char-
nelles mais ils ont quelques instants d'illumination. Hugo
veut que la vertu qu'ils manifestent soit la bonté : Roland
est bon. Eviradnus est bon. Cette bonté n'est que le signe
visible de l'action providentielle, car la Providence est
toute miséricorde et la parabole de Mourad prouve que
le moindre geste charitable compense aux yeux de Dieu
le plus grand monceau de crimes. Ainsi, le fil du progrès
jamais ne rompt : Dieu, dans son infini amour, ne perd
jamais de vue le déroulement de l'histoire humaine.
   Nous voici au XVIᵉ siècle : c'est l'instant sacré, l'avènement de l'esprit. Pour Hugo comme pour Condorcet,
la charnière de l'histoire se situe à la Renaissance. Alors
se réalise le progrès essentiel par l'affirmation de la liberté,
mais entendue dans un sens plus large que la liberté de
pensée et l'idéal démocratique. Si l'homme s'affranchit,
c'est « pour se régénérer jusqu'au divin ». Le poème du
Satyre représente la Renaissance, non pas à cause de Ronsard, mais à cause de Rabelais, de Luther, de Pic de La
Mirandole, et l'on ne peut qu'admirer la justesse de ce
choix.
   Du XVIᵉ siècle à nos jours, Hugo ne va pas s'attacher à
passer en revue les conquêtes de l'homme. La Chanson
des aventuriers de la mer suffit à dire une fois pour toutes
ce grand désir d'aventures. Prouvant une fois de plus son
indépendance, il ne manifeste pas un optimisme niaise-
ment irréfragable, mais, de même qu'il montrait la survie
du bien au milieu des ténèbres du Moyen Age, il dénonce,
dans les temps modernes issus de la Renaissance, la survie
du mal. Les ténèbres persistent sous diverses formes :
la monarchie espagnole, la religion jésuitique, la servilité
des mercenaires. On peut se demander pourquoi la première série ne consacre aucun poème à la Révolution
(alors que le magnifique poème portant ce titre et repré-

sentant la veine épique dans *les Quatre Vents de l'esprit* a été achevé en 1857); mais tout a été dit dans le chant du Satyre, et Hugo passe aussitôt au temps présent.

Là, « guidé par l'instinct moral et poétique le plus sûr », il laisse entendre que l'épopée du temps présent est celle des humbles. L'héroïsme moderne, c'est l'héroïsme quotidien, la manifestation des vertus évangéliques. *Après la bataille, les Pauvres Gens, le Crapaud* répètent la même leçon : aimez-vous les uns les autres. Hugo nous le montre par l'exemple, la prospérité matérielle n'est rien et seuls comptent le dévouement, la pitié, l'innocence, le courage. L'exilé a tenu à ajouter un poème inspiré par son exil : *Paroles dans l'épreuve*, pour adjoindre aux vertus du peuple celles qu'il juge non moins essentielles : l'espérance et l'audace.

Enfin nous bondissons dans l'avenir, un avenir prochain, puisque la section est intitulée *Vingtième Siècle*. Le navire « de jour vêtu » nous fait augurer dans *Plein Ciel* un avenir triomphal. Mais Hugo, toujours plus complexe qu'on ne croirait, n'a pas voulu achever le cycle sur cette fanfare. Il a ajouté un poème qu'il situe hors du temps, et surtout hors de la terre. L'épopée de la terre aboutit à un poème eschatologique évoquant le Jugement dernier. A la fin du combat du jour et de la nuit, de l'alternance de crimes et d'actes de charité, le poète affirme l'existence d'une justice absolue.

Les deux séries complémentaires de 1877 et de 1883 sont bien une suite de la première, et en particulier, elles en comblent les lacunes, puisqu'elles font entrer dans *la Légende* la Grèce et l'Inde, et donnent une place plus grande aux temps modernes. Il est évident que la conception générale de l'œuvre ne pouvait être modifiée. Cependant on constate que les petites épopées occupent une place de plus en plus restreinte, et que dans le recueil entrent des poèmes caractérisés par un seul aspect négatif, qu'il ne s'agit pas de petites épopées. Si la suite des poèmes dans la deuxième série retrace encore une évolution historique, la chose n'est plus possible en 1883 et nous n'avons affaire qu'à un album. L'élément narratif subsiste encore dans la satire épique (*la Vision de Dante*) ou la fable philosophique ; mais dans la plupart des pièces, l'épique ne se manifeste que sous la forme d'évocation historique, d'hymne, de vision apocalyptique ; il arrive enfin que le lyrisme pur l'emporte ou le didactisme philosophique. Hugo n'est pas fâché de prendre sa revanche sur son éditeur, qui l'avait obligé à écarter, pour ne pas lasser le public, les poèmes apocalyptiques ; il introduit donc dans le recueil des poèmes antérieurs à 1859. Mais, à mesure que le temps passe, la personnalité du poète devient de plus en plus envahissante. Cela est sensible jusque dans de petites épopées comme *le Comte Félibien*,

Welf ou *Masferrer :* dans ces géants persécutés nous recon-
naissons plus que jamais le poète. Ou bien il prend la
parole pour apostropher son héros, qu'il s'agisse de Welf
ou du ver de terre. Ou bien il expose une fois de plus sa
doctrine et définit le rôle du mage *(A l'homme, les Esprits,
Fleuves et Poètes)*. Mais le poète vieillissant tend à tomber
de la métaphysique dans la polémique ; les professions de
foi tournent aux rengaines maniaques, où se donne libre
cours sa haine des savants, des rois et des prêtres. Il se
préoccupe davantage de l'actualité la plus proche : la
chose est normale puisque la fin de l'exil a été marquée par
la défaite, la Commune, l'avènement de la République,
et, sur le plan familial, par une terrible succession de
deuils. Il faut surtout souligner le fait que Hugo, champion
de la République, s'inquiète de voir la démocratie opter
pour un idéal laïque. De plus en plus il tient à affirmer
son spiritualisme. Comment le théosophe pourrait-il partager l'acquiescement du public, quand un Darwin pro-
fesse que l'homme descend du singe ? C'est à dessein
qu'il choisit un poème de Jersey, *Abîme*, pour conclure
la Légende. Il s'attache à préciser ses croyances. Que la
danse macabre la plus gigantesque et la plus terrifiante
qui ait été composée ne le fasse pas soupçonner de nihi-
lisme : non, riposte le poète au ver, dans la mort l'âme
reste indemne. Dieu qu'il disait inconnaissable, il s'efforce maintenant de le définir, en tant que personne et
que volonté.
    Du point de vue formel, il cherche à varier la formule
de la petite épopée. Admirateur d'Eschyle, il substitue
volontiers à la narration le dialogue théâtral, dans *Welf,
Cassandre, Abîme, l'Elégie des fléaux*. Il manifeste un goût
de plus en plus marqué pour le monologue, et il lui arrive
de réduire au minimum l'élément narratif, comme dans
un concerto où le compositeur se hâterait d'introduire
le soliste. Ces monologues sont de tons très variés : à la
plainte pathétique, à l'invective sublime succède le boni-
ment truculent ou grotesque. Le voleur parle au roi comme
le géant au dieu, et l'un et l'autre ont pris dans *le Théâtre
en liberté* des leçons de rhétorique bouffonne.
    Dans ces deux séries Hugo, qui tend à la surenchère,
semble contrôler moins fermement son don verbal, et
l'on peut regretter qu'il soit revenu sur la décision qui
lui avait fait écarter de la première série *les Quatre Jours
d'Elciis*, ce redoutable déluge de mots. Il lui arrive enfin
de se répéter, comme s'il y avait un affaiblissement de
sa faculté créatrice, et *le Titan* ne fait que doubler *le
Satyre*.
    Le génie du poète n'en étale pas moins ses ressources
infinies, et sur tant de poèmes on n'a que l'embarras du
choix pour trouver des réussites dignes d'être comparées
aux chefs-d'œuvre de la première série. C'est en effet

dans la deuxième série que l'on trouve ces trois modèles de petites épopées : *les Trois Cents*, *l'Aigle du casque*, *le Cimetière d'Eylau*, mais le recueil, étant donné sa variété, nous offre des chefs-d'œuvre d'une autre veine. Même dans *l'Expiation*, la satire épique n'atteint pas au niveau terrifiant et fantastique de *la Vision de Dante*. Dans le genre apocalyptique, les deux poèmes qui encadrent l'édition définitive : *la Vision d'où est sorti ce livre* et *Abîme*, valent les morceaux visionnaires des *Contemplations*. L'*Hymne à la terre* a un souffle pindarique et dans le cycle plus inégal des Idylles ce génie démesuré prouve au passage avec une merveilleuse aisance qu'il peut égaler Ronsard et Chénier.

En juin 1883, parut l'édition collective de *la Légende des Siècles*, où les trois séries avaient été fondues ensemble. Quelles que soient les réserves que l'on puisse faire (l'ordre chronologique n'est pas toujours respecté), il faut approuver cette décision, puisque *la Légende des Siècles* reste, malgré la modification de l'idée initiale, l'épopée philosophique du genre humain. « Si l'on s'en tient à une perspective d'ensemble, conclut J.-B. Pieri, comment ne pas être frappé et séduit par l'impression d'ampleur et de variété que donne l'architecture de *la Légende des Siècles* ? Voici d'abord les grandes masses qui se font équilibre : les temps bibliques, la Grèce des dieux et des rois, le Moyen Age avec son double cortège : paladins, inquisiteurs, princes fourbes et cruels ; le temps présent enfin, avec l'héroïsme des cœurs humbles et purs. Jalonnant cette marche des siècles, les poèmes philosophiques se répondent de loin en loin et suspendent au-dessus de la comédie humaine le jugement de l'éternité. »

« Victor Hugo, a déclaré Baudelaire, qui admirait *la Légende des Siècles* et en a parlé avec une parfaite justesse, a créé le seul poème épique qui pût être créé par un homme de son temps pour des lecteurs de son temps. »

Hugo a réussi là où les autres, Chateaubriand, Ballanche, Quinet, Soumet, Lamartine et combien d'illustres inconnus, car l'épopée fut un genre cultivé par les romantiques, ont échoué. Il a compris que la formule classique était périmée et qu'il fallait trouver une formule en accord avec son époque. Il a donc renoncé au milieu limité dans le temps et l'espace. Le héros, c'est l'Homme, le théâtre de l'action, l'Univers. L'épopée qui convient au XIXᵉ siècle est l'épopée humanitaire retraçant l'aventure humaine depuis les origines jusqu'à nos jours.

« Il s'est bien gardé, continue Baudelaire, d'emprunter à l'histoire autre chose que ce qu'elle peut légitimement et fructueusement prêter à la poésie : je veux dire la légende, le mythe, la fable, qui sont comme des concentrations de vie nationale, comme des réservoirs profonds où dorment le sang et les larmes du peuple. Enfin il n'a pas chanté

plus particulièrement telle ou telle nation, la passion de
tel ou tel siècle ; il est monté tout de suite à une de ces
hauteurs philosophiques d'où le poète peut considérer
toutes les évolutions de l'humanité avec un regard également curieux, courroucé ou attendri. »

L'instinct de Hugo lui permet de résoudre le problème
que Baudelaire jugeait insoluble : transposer sur le plan
épique de l'époque contemporaine. Car, dans la partie moderne
de son épopée, Hugo a recours à un biais qui fait honneur
à la fois au génie du poète et à la qualité de l'homme.
Au lieu de transfigurer en héros épiques les hommes
représentatifs de son temps (exception faite pour les
monstres qu'il stigmatise), il choisit pour héros des humbles
incarnant les vertus évangéliques. Le côté tolstoïen de
son génie lui a permis de sortir de ce mauvais pas. Hugo
est celui qui, faisant figurer dans la *Légende des Siècles*
l'épopée napoléonienne, a choisi de chanter, non pas
l'empereur, mais le soldat inconnu et son obscur sacrifice.

Hugo, apôtre du progrès, a même réussi à satisfaire un
Baudelaire qui avait horreur de cette vision du monde
progressiste. C'est que Hugo ne perd jamais de vue le
progrès spirituel ; qu'il conçoit le progrès sous une forme
pathétique, voire tragique ; qu'il découvre dans l'histoire
des nœuds d'événements assimilables à la fois aux métamorphoses de la légende et aux mues de l'histoire naturelle ; qu'il a su exprimer l'analogie chère aux romantiques
entre l'histoire des hommes et l'histoire d'une âme ; qu'en
peignant le progrès il a « su rendre le mystère de la vie ».

L'homme étant le héros de l'épopée romantique, les
émules de Hugo s'étaient évertués à découvrir un procédé
qui indiquât que, de siècle en siècle, c'était toujours le
même homme qui peinait, souffrait, marchait vers l'avenir. Quinet avait utilisé la légende du Juif errant ; Laprade,
celle de Psyché. D'autres, à la manière de l'Apocalypse,
promenaient un voyant délivré des chaînes du corps, des
origines à la fin des temps. Lamartine, s'autorisant de
la doctrine de la métempsycose, avait résolu le problème
en prenant pour héros un ange se réincarnant de siècle
en siècle. Chez Hugo, le génie va de pair avec le bon sens.
Il fait confiance au lecteur, sachant que celui-ci saura,
sous des noms divers, reconnaître la même figure avec
son mélange d'ombre et de lumière, de mal et de bien.
On aperçoit tout ce qu'il y gagnait : il évitait la monotonie,
il pouvait promener librement son lecteur à travers le
temps et l'espace, il pouvait mettre en scène directement
Jésus, Mahomet, Roland, Charlemagne, sans avoir recours
à des procédés d'une gaucherie affligeante : rencontres
du narrateur avec une série de personnages éminents, ou
défilés historiques à la façon des reconstitutions de car-
naval.

Hugo l'emporte surtout sur ses émules parce qu'il a

compris que l'épopée était et devait rester populaire.
Hugo tout autant que Ballanche est un théosophe et un
voyant. Mais ce voyant a reçu aussi en partage les dons
d'Homère, de l'Arioste ou de La Fontaine. L'épopée est
essentiellement narrative. Or, Hugo est né conteur. Il
manie son public à sa guise, suscite l'intérêt de curiosité,
en jouant à la fois de l'attente et de la surprise, multiplie
les péripéties et les coups de théâtre, les retournements
in extremis, les fins abruptes. Il est le maître des émotions :
il fait pleurer et rire, use en virtuose de toutes les cordes :
pitié, admiration, terreur. On ne saurait dire qu'il ait une
préférence marquée pour tel ressort dramatique : il est
le poète de l'enfance et de la vieillesse malheureuses; il a
dit les angoisses du père et de la mère, les menaces qui
pèsent sur la beauté et l'innocence. S'il semble se com-
plaire à des imaginations sadiques dans *le Jour des Rois*
ou *Sultan Mourad*, voici que se dressent les images
sublimes du paladin, du vieillard et du gamin héroïques,
de l'éternel insoumis. Pas plus qu'il ne recule devant le rire
énorme du Satyre, il ne méprise les mots à panache qui
enchantent le bon public :

> *J'ai la tête de plus que vous, ôtez-la-moi !*

Il ne s'agit jamais d'un procédé, encore que Hugo en
ce domaine montre qu'il reste maître de ses effets. Il
sait, quand le sujet l'exige, bannir le merveilleux et rester
sur terre, dans la neige, le sang et la boue, pour exalter
l'héroïsme des soldats de l'Empire. Et quelle admirable
leçon de goût que la variante de *Petit Paul* ! Hugo avait
songé d'abord à un dénouement merveilleux où l'enfant
arrivait au ciel, mais l'épopée des humbles n'avait rien
à gagner à ces enluminures.

L'artiste conscient n'en est pas moins animé d'une foi
ardente, une foi qui, distinguant l'essence de la religion
de ses formes, se contente de trois dogmes essentiels :
l'animisme universel, la Providence, l'existence d'un Dieu
unique et personnel. L'animisme du poète nous ramène
à cet univers légendaire où baigne l'inconscient collectif
et où nous retrouvons aussi le monde de l'enfance. Hugo
évoque volontiers des miracles, preuve de l'intervention
de la Providence dans les affaires humaines. Mais il tient
plus encore à affirmer l'existence de Dieu, à nous montrer
sa toute-puissance, sa bonté, sa miséricorde. Il le fait sous
forme de fables : *Dieu invisible au philosophe*, *Puissance
égale bonté*, *Suprématie*. Parfois la leçon s'estompe pour
laisser place à la suggestion; il s'agit moins d'affirmer que
de faire sentir Dieu présent. Peut-être son génie, si charnel,
l'empêche-t-il de manifester cette présence, et il est sûr
qu'il n'en donne souvent que des approximations et des
équivalences : mais alors quel tact exquis, qu'il chante les
mystères de la vie et fasse paraître « auguste » la maternité

d'Eve, ou qu'il exalte les vertus chrétiennes des pauvres gens. Le poète charnel a atteint, dans un jour d'inspiration, au plus profond de la poésie chrétienne, quand il a célébré dans *Booz endormi* l'union du ciel et de la terre, et rendu sensible le mystère de l'Incarnation.

Le climat propre à ce grand primitif reste cependant celui des émotions et des formes élémentaires de la vie religieuse. Nul n'a traduit comme lui le souffle panique qui traverse la nature et la soulève, non plus que l'épouvante de la créature en présence du mystère : Hugo est un prodigieux poète de la mort. Il a su dire également le vertige devant l'infini stellaire. Ce don s'épanouit dans les poèmes apocalyptiques, où le poème donne forme à l'informe, formule l'ineffable. On admire les essences négatives de Mallarmé, mais Hugo a su donner une expression vertigineuse au négatif.

On lui a reproché son attrait pour des horreurs grand-guignolesques. Il y a toutefois dans *la Légende* d'hallucinantes réussites en ce genre : *Zim-Zizimi, le Parricide.* C'est que le poète de Jersey vivait en plein surnaturel, et pour lui, le fantastique était le véhicule du sacré. Chez lui, l'héroïque, le fantastique et le merveilleux finissent par s'identifier; le sacré est l'élément naturel du poète : la narration devient vision et la vision narration par un déploiement spontané.

Hugo possède enfin sur ses rivaux la suprématie dans le genre épique parce qu'il est poète. Les Ballanche, les Chateaubriand, les Quinet ne font pas preuve d'audace en écrivant des épopées en prose, mais manifestent seulement une infirmité. Hugo, qui sait écrire des romans épiques, n'en pense pas moins que le poème épique doit être écrit en vers. Lamartine, Laprade, Soumet n'avaient pas su renoncer aux chants du long poème classique; Hugo fait de son épopée un recueil de poèmes courts. Il expérimente toutes les possibilités de cette formule, jusqu'à réduire la petite épopée à un quatrain. Il varie le plus possible la versification. Si l'alexandrin à rimes plates prédomine, ici encore il révèle la même sûreté de goût lorsqu'il sent par exemple que, dans *Booz endormi*, la forme strophique s'impose; dans cette épopée il y a même place pour des chansons.

L'art parfait du versificateur a su éviter les platitudes des poèmes lamartiniens, et, la rime ayant pour lui une puissance fécondante, les chevilles sont des trouvailles poétiques. Baudelaire, qui admirait en connaisseur l'«art sublime et subtil de l'auteur de *la Légende des Siècles* », déclarait à sa mère gênée par les hardiesses de la versification : « Il y a là des facultés éblouissantes que lui seul possède. »

Nous verrons la preuve de cette réussite artistique dans le fait qu'il a su plaire à tous les publics sans galvauder son art. Il a su être populaire sans être vulgaire. Il a su écrire des histoires qui font l'enchantement des écoliers, *le Petit Roi de Galice*, *Puissance égale Bonté*. Mais dans *le Satyre*, un Baudelaire peut retrouver le sens de l'universelle analogie, et dans *Booz endormi*, un Péguy le sens de l'Incarnation. *La Rose de l'Infante* est à la fois d'un symbolisme savant et d'une délicatesse sans mièvrerie. Il a exprimé enfin mieux qu'aucun autre « l'excessif, l'immense, l'horrible ». Baudelaire nous propose la formule synthétique qui consacre cette maîtrise, ce goût infaillible : « Cet art ne pouvait se mouvoir à l'aise que dans le milieu légendaire. »

Hugo a donné à ses contemporains l'épopée qu'ils attendaient, l'épopée du triomphe de l'homme et de la rédemption de l'homme. Son épopée est celle d'un siècle optimiste, créateur, idéaliste. Notre siècle, si tragique soit-il, peut faire sienne cette vision optimiste du monde, s'il admet enfin que l'optimisme romantique n'est pas le fruit de l'aveuglement, mais d'un sursaut héroïque à la suite de la prise de conscience de notre condition misérable.

Nous saurons du moins reconnaître que le génie de Hugo s'exprime tout entier dans *la Légende des Siècles* et y atteint son apogée, car il avait besoin que son inspiration soit lestée par le mythe. Ce génie démesuré a trouvé l'équilibre dans l'épopée.

Léon CELLIER.

BIBLIOGRAPHIE SOMMAIRE

La Légende des Siècles, édition critique par P. Berret, 6 vol. *Grands Ecrivains de la France,* Hachette, 1921-1927.

PIERI (J.-B.). *La Légende des Siècles,* textes choisis. Classiques Hatier, 1951.

MOREAU (P.) et BOUDOUT (J.). *Victor Hugo, Œuvres choisies,* 2 vol. Hatier, 1950.

EMERY (L.). *Vision et Pensée chez Victor Hugo.* Audin, 1939.

HUNT (M. J.). *The Epic in nineteenth-century France.* Oxford, 1941.

BAUDOUIN (Ch.). *Psychanalyse de Victor Hugo.* Ed. du Mont-Blanc, 1943.

BARRÈRE (J.-B.). *Hugo, l'homme et l'œuvre.* Boivin, 1952.

ALBOUY (P.). *La Création mythologique chez Victor Hugo.* Corti, 1963.

NOTE PRÉLIMINAIRE

La composition des pièces réunies sous le titre *la Légende des Siècles* s'étend sur un demi-siècle.

Le lecteur trouvera d'abord une liste des poèmes dans l'ordre de leur composition. La date indiquée est celle figurant sur le manuscrit et qui marque, selon l'habitude du poète, le moment où le poème est achevé. Quelques pièces ne sont pas datées dans le manuscrit. Nous les avons situées approximativement à leur place chronologique, telle que l'écriture ou le sujet permettaient de la conjecturer. Le manuscrit porte parfois deux dates éloignées, si la pièce a été faite en deux étapes. Le même poème figure en ce cas sous les deux dates.

CHRONOLOGIE DE LA LÉGENDE DES SIÈCLES

I. — *Avant l'exil.* (1830-1851).

1453 (sans date) (de l'époque des *Orientales* ? 1829 ?), I.
Chanson des aventuriers de la mer, 29 octobre 1840, I.
Le Retour de l'Empereur (décembre 1840). Edition collective.
Le 15 décembre 1840 (id.). Edition collective.
Verset du Coran, 16 septembre 1846, II.
Je marchais au hasard..., 22 juillet 1847, III.
Le Mariage de Roland (sans date) (après novembre 1846), I.
Aymerillot (sans date) (après novembre 1846), I.
Mahomet, 11 février 1849, I.
Après la bataille, 18 juin 1850, I.

II. — *Pendant l'exil* (1851-1870).

1° A Jersey : au temps des *Châtiments* et des *Contemplations* (1852-1856).

Première rencontre du Christ avec le tombeau, 23 octobre 1852, I.
La Conscience, 29 janvier (sans millésime, sans doute 1853), I.
La Vision de Dante, 24 février 1853, III.
Homo duplex, 22 octobre 1853, II.
Abîme, 26 novembre 1853, II.
Les Pauvres Gens, 3 février 1854, I.
Océan, 18 février 1854, III.
Au Lion d'Androclès, 28 février 1854, I.
Les Paysans au bord de la mer, 1er mars 1854, III.
Inferi, 11 juin 1854, III.
Tout le passé et tout l'avenir, 7-17 juin 1854, II.
Ecoute; nous vivrons..., 6 décembre 1854, III.
Ire, non ambire, 8 décembre 1854, III.

L'Homme se trompe..., 24 janvier 1855, III.
Le Géant Soleil parle..., 29 avril 1855, III.
Un Homme aux yeux profonds... (début du poème),
21 mai 1855, III.
Les Montagnes. Désintéressement, 26-27 mai 1855, II.
Paroles dans l'épreuve, 21 août 1855, I.
Un Poète est un monde... (sans date : 1854 ?), II.
Quoi ! le libérateur... (sans date : 1855 ?), III.
L'Homme est humilié... (sans date : 1855 ?), III.
La Nuit ! la nuit ! la nuit !... (sans date : 1855 ?), III.

2º A Guernesey, jusqu'à la publication de la 1ʳᵉ Série
          (octobre 1855 — septembre 1859).

L'Echafaud, 30 mars 1856, III.
Liberté !, 12 mai 1856, III.
Changement d'horizon (sauf les douze derniers vers),
10 juin 1856, II.
Le Bey outragé, 26 juin 1856, III.
Le Romancero du Cid, 5 juillet 1856, II.
Les Lions, 27-31 octobre 1857, I.
Puissance égale bonté, 15 novembre 1857, I.
Les Quatre Jours d'Elciis, 27 novembre 1857, III.
Les Conseillers probes et libres, 3 décembre 1857, I.
La Défiance d'Onfroy, 6 décembre 1857, I.
La Confiance du marquis Fabrice, 2-17 décembre 1857, I.
L'An neuf de l'Hégire, 16 janvier 1858, I.
Le Crapaud, 26-29 mai 1858, I.
Le Parricide, 3-11 juin 1858, I.
Sultan Mourad, 15-21 juin 1858, I.
Le Sacre de la femme, 5-17 octobre 1858, I.
Le Cèdre, 20-24 octobre 1858, I.
Zim-Zizimi, 20-25 novembre 1858, I.
Montfaucon, 29 novembre 1858, II.
La Terre a vu jadis... (sans date, contemporain du sui-
vant), I.
Le Petit Roi de Galice, 12-20 décembre 1858, I.
Gaiffer-Jorge, duc d'Aquitaine, 23-25 décembre 1858, II.
Eviradnus, 28 janvier 1859, I.
Le Régiment du baron Madruce, 6 février 1859, I.
Les Raisons du Momotombo, 6 février 1859, I.
Le Cid exilé, 11 février 1859, II.
Bivar, 16 février 1859, I.
Le Jour des Rois, 17-21 février 1859, I.
Masferrer, 3 mars 1859, II.
Le Satyre, 17 mars 1859, I.
Pleine mer — Plein ciel, juin 1858 — 9 avril 1859, I.
La Vision d'où est sorti ce livre, 26 avril 1859, II.
Booz endormi, 1ᵉʳ mai 1859, I.
Tout était vision..., 13 mai 1859, II.

La Trompette du jugement, 15 mai 1859, I.
Les Reîtres, 16 mai 1859, II.
La Rose de l'Infante, 23 mai 1859, I.
Dieu invisible au philosophe (sans date), I.
Le Temple (sans date), I.
Préface, 12 août 1859, I.

3° A Guernesey, jusqu'à la fin de l'exil (sept. 1870).

1851. Choix entre deux passants, 30 octobre 1859, II.
Aide offerte à Majorien, 6 janvier 1860, II.
Longus, 6 avril (sans millésisme, sans doute 1860), II.
Chaulieu, 6 avril (suite du morceau précédent), II.
Pétrarque, 13 juin 1860, II.
Shakespeare, 13 juin 1860, II.
Les Chutes, 9 novembre 1862, II.
Les Sept Merveilles du monde — L'Epopée du Ver, 31 décembre 1862, II.
Rupture avec ce qui amoindrit, 11 novembre (sans millésime — 1865 ?), III.
Welf, castellan d'Osbor, 14-22 juillet 1869, III.
La Colère du bronze, 7 octobre 1869, II.
Là-haut, 30 novembre 1869, II.
Mansuétude des anciens juges, 2 janvier 1870, III.
Un Homme aux yeux profonds... (fin du poème), 17 mars 1870, III.
Suprématie, 8 avril 1870, II.
Qu'est-ce que ce cercueil..., 19 avril 1870, III.
Archiloque l'atteste..., 9 juin 1870, III.
Inscription, 17 juillet 1870, II.

III. — *Après l'exil* (1870-1885).

1° Depuis le retour en France jusqu'à la publication de la 2ᵉ série (1870-1877).

L'Idylle du vieillard, 16 octobre 1870, II.
Autrefois j'ai connu..., 12 janvier 1871, III.   [III.
Victorieux ou mort... (sans date — après décembre 1871),
Les Deux Mendiants, 21 avril 1872, II.
Ecrit en exil, 11 août 1872, II.
Le Roi de Perse, 16 août 1872, II.
Les Trois Cents (partie dialoguée), 14 juin 1873, II.
Les Bannis, 25 juin 1873, II.
En Grèce, 12 juillet 1873, III.
Le Travail des Captifs, 16 juillet 1873, II.
La Terre, 12 août 1873, II.
L'Hydre, 12 août 1873, II.
Détroit de l'Euripe, 10 décembre 1873, II.

Le Lapidé, 5 janvier 1874, III.
La Sœur de charité, 20 février 1874, III.
Le Cimetière d'Eylau, 28 février 1874, II.
Clarté d'âmes, 29 mars 1874, II.
Dante, 7 avril 1874, II.
Le Temple, 16 avril 1874, II.
Aux rois, avril-juin 1874, III.
Dénoncé à celui qui chassa..., 7 juillet 1874, II.
Asclépiade, 14 juillet 1874, II.
Ronsard, 14 juillet 1874, II.
Les Mangeurs, 17 juillet 1874, III.
Un Voleur à un roi, 3 août 1874, III.
Le Prisonnier, 12 août 1874, II.
La Ville disparue, 14 août 1874, II.
La Comète, 4 septembre 1874, II.
La Vérité, 10 septembre 1874, II.
Par-dessus le marché, 12 septembre 1874, III.
France et Ame, 14 novembre 1874, II.
La Paternité, 4 janvier 1875, II.
Les Temps paniques, 10 mars 1875, II.
Le Titan, 3 avril 1875, II.
Les Enterrements civils, 28 juin 1875, II.
L'Elégie des Fléaux, 16 juillet 1875, II.
Voix basses dans les ténèbres, 18 août 1875, III.
Je me penchai... j'étais..., sans date (mais lié au précédent), III.
A l'homme (début du poème), 6 septembre 1875, II.
Le Géant aux dieux, sans date (mais lié au suivant), II.
Paroles de géant, 21 septembre 1875, III.
Question sociale, 13 novembre 1875, II.
Racan, 20 décembre 1875, II.
Chanson de Sophocle..., 4 janvier 1876, II.
Quand le Cid..., 13 juillet 1876, III.
L'Aigle du casque, 5 août 1876, II.
Guerre civile, 22 août (sans millésime : 1876), II.
Petit Paul, 22 septembre 1876, II.
Fonction de l'enfant, 4 septembre 1876, II.
Quelqu'un met le holà, 18 octobre 1876, II.
Les Trois Cents (l'Asie), 18 octobre 1876, II.
Cassandre, 7 novembre 1876, II.
Le Comte Félibien, 18 novembre 1876, II.
Jean Chouan, 14 décembre 1876, II.
Moschus, 31 décembre 1876, II.
Le Poète à Welf, 12 janvier 1877, II.
Salomon, 18 janvier 1877, II.
Virgile, 26 janvier 1877, II.
Le Poète au ver de terre, 27 janvier 1877, II.
Segrais, 28 janvier 1877, II.
Catulle, 30 janvier 1877, II.
Bion, 30 janvier 1877, II.
Théocrite, 31 janvier 1877, II.

Aristophane, 1ᵉʳ février 1877, II.
Orphée, 3 février 1877, II.
Diderot, 4 février 1877, II.
Archiloque, 6 février 1877, II.
Voltaire, 10 février 1877, II.
Changement d'horizon (douze premiers vers), 11 février 1877, II.
Beaumarchais, 17 mai (sans millésime) après 1870, II.
Chénier, 2 juillet (sans millésime) de la même année que le précédent, II.
Il faut boire et frapper..., sans date — après 1870, III.
Après les fourches caudines, sans date — entre 1871-1875, II.
Dieu fait les questions, sans date — vers 1875, III.
O Dieu dont l'œuvre..., sans date — vers 1875, III.
Je ne me sentais plus vivant, sans date — entre 1871-1875, III.

2º Entre la 2ᵉ Série et la 3ᵉ Série (1877-1883).

Regardez-les jouer..., 25 juin 1878, III.
Les Quatre Jours d'Elciis, (prologue), vers 1880, III.
La Chanson des doreurs de proue, vers 1880, III.

Les poèmes de *la Légende des Siècles* n'ont été classés dans l'ordre reproduit ici que pour l'édition collective parue le 8 septembre 1883, et qui regroupait les trois Séries publiées séparément, la première le 28 septembre 1859; la deuxième le 26 février 1877; la troisième, dite Série complémentaire, le 9 juin 1883.

Dans sa grande édition critique, Paul Berret a conservé le premier mode de présentation.

Pour l'édition collective, les poèmes ont été replacés selon l'ordre de la chronologie historique. Il nous a paru intéressant de reproduire la table des matières des trois Séries. Dans la *Chronologie*, I, II, III indiquent à quelle Série appartenait chaque pièce. La comparaison de la chronologie de la composition et des tables des matières amènera le lecteur à constater qu'un cinquième des poèmes de la deuxième Série avait été achevé avant 1859, et surtout que Hugo n'a presque rien écrit entre sa soixante-quinzième et sa quatre-vingt et unième année.

LÉGENDE DES SIÈCLES

PREMIÈRE SÉRIE — 26 SEPTEMBRE 1859.

HISTOIRE. — LES PETITES ÉPOPÉES.

DÉDICACE
PRÉFACE

I. — *D'Ève à Jésus*

I.   Le Sacre de la femme.
II.   La Conscience.

III.   Puissance égale bonté.
IV.   Les Lions.
V.   Le Temple.
VI.   Booz endormi.
VII.   Dieu invisible au philosophe.
VIII.   Première rencontre du Christ avec le tombeau.

                    II. — *Décadence de Rome.*

Au lion d'Androclès.

                       III. — *L'Islam.*

I.   L'An neuf de l'Hégire.
II.   Mahomet.
III.   Le Cèdre.

                  IV. — *Le Cycle héroïque chrétien.*

I.   Le Parricide.
II.   Le Mariage de Roland.
III.   Aymerillot.
IV.   Bivar.
V.   Le Jour des Rois.

                   V. — *Les Chevaliers errants.*

I.   Le Petit Roi de Galice.
II.   Eviradnus.

                   VI. — *Les Trônes d'Orient.*

I.   Zim-Zizimi.
II.   1453.
III.   Sultan Mourad.

                  VII. — *L'Italie. — Ratbert.*

I.   Les Conseillers probes et libres.
II.   La Défiance d'Onfroy.
III.   La Confiance du marquis Fabrice.

VIII.   — *Seizième siècle. — Renaissance. Paganisme.*

Le Satyre.

IX. — *La Rose de l'Infante.*

X. — *L'Inquisition.*

Les Raisons du Momotombo.

XI. — *La Chanson des Aventuriers de la mer.*

XII. — *Dix-septième siècle.* — *Les Mercenaires.*

Le Régiment du baron Madruce.

XIII. — *Maintenant.*

I.   Après la bataille.
II.   Le Crapaud.
III.   Les Pauvres Gens.
IV.   Paroles dans l'épreuve.

XIV. — *Vingtième siècle.*

I.   Pleine mer.
II.   Plein ciel.

XV. — *Hors des Temps.*

La Trompette du jugement.

DEUXIÈME SÉRIE — 26 FÉVRIER 1877.

La Vision d'où est sorti ce livre.

I. — *La Terre.*

II. — *Suprématie.*

III. — *Entre Géants et Dieux.*

Le Géant aux Dieux.
Les Temps paniques.
Le Titan.

IV. — *La Ville disparue.*

V. — *Après les Dieux, les Rois.*

I. *De Mesa à Attila.*

Inscription.
Cassandre.
Les Trois Cents.
Le Détroit de l'Euripe.
La Chanson de Sophocle à Salamine.
Les Bannis.
Aide offerte à Majorien, prétendant à l'empire.

V. — *Après les Dieux, les Rois.*

II. *De Ramire à Cosme de Médicis.*

L'Hydre.
Le Romancero du Cid.
Le Roi de Perse.
Les Deux Mendiants.
Montfaucon.
Les Reîtres. — Chanson barbare.
Le Comte Félibien.

VI. — *Entre Lions et Rois.*

Quelqu'un met le holà.

VII. — *Le Cid exilé.*

VIII. — *Welf, castellan d'Osbor.*

IX. — *Avertissements et Châtiments.*

Le Travail des captifs.
Homo duplex.
Verset du Coran.
L'Aigle du casque.

X. — *Les Sept Merveilles du monde.*

XI. — *L'Épopée du Ver.*

XII. — *Le Poète au Ver de terre.*

XIII. — *Clarté d'Ames.*

XIV. — *Les Chutes. Fleuves et Poètes.*

XV. — *Le Cycle pyrénéen.*

Gaïffer-Jorge, duc d'Aquitaine.
Masferrer.
La Paternité.

XVI. — *La Comète.*

XVII. — *Changement d'horizon.*

XVIII. — *Le Groupe des Idylles.*

I.   Orphée.
II.   Salomon.
III.   Archiloque.
IV.   Aristophane.
V.   Asclépiade.
VI.   Théocrite.
VII.   Bion.
VIII.   Moschus.
IX.   Virgile.
X.   Catulle.
XI.   Longus.
XII.   Dante.
XIII.   Pétrarque.
XIV.   Ronsard.
XV.   Shakespeare.
XVI.   Racan.
XVII.   Segrais.
XVIII.   Voltaire.
XIX.   Chaulieu.
XX.   Diderot.
XXI.   Beaumarchais.
XXII.   André Chénier.
L'Idylle du Vieillard. — La Voix d'un enfant d'un an.

XIX. — *Tout le Passé et tout l'Avenir.*

XX. — *Un Poète est un monde.*

XXI. — *Le Temps présent.*

La Vérité, lumière effrayée, astre en fuite.
Tout était vision sous les ténébreux dômes.

Jean Chouan.
Le Cimetière d'Eylau.
1851. — Choix entre deux passants.
Ecrit en exil.
La Colère du bronze.
France et Ame.
Dénoncé à celui qui chassa les vendeurs du Temple.
Les Enterrements civils.
Le Prisonnier.
Après les fourches caudines.

XXII. — *L'Elégie des Fléaux.*

XXIII. — *Les Petits.*

Guerre civile.
Petit Paul.
Fonction de l'Enfant.
Question sociale.

XXIV. — *Là-Haut.*

XXV. — *Les Montagnes.*

XXVI. — *Le Temple.*

XXVII. — *Abîme.*

TROISIÈME SÉRIE — 9 JUIN 1883.

Je ne me sentais plus vivant; je me retrouve.

I. — *Les Grandes Lois.*

I.   Ecoute; nous vivrons, nous saignerons.
II.   Ire, non ambire.
III.   Par-dessus le marché je dois être ravi.
IV.   Le géant Soleil parle à la naine Etincelle.

II. — *Voix basses dans les Ténèbres.*

III. — *Je me penchai. J'étais dans le lieu ténébreux.*

IV. — *Mansuétude des anciens juges.*

V. — *L'Echafaud.*

VI. — *Inferi.*

VII. — *Les Quatre Jours d'Elciis.*

VIII. — *Les Paysans au bord de la mer.*

IX. — *(Les Esprits).*

I.   Un Homme aux yeux profonds...
II.   Un Grand Esprit en marche...
III.   Autrefois j'ai connu...
IV.   Le Lapidé.

X et XI. — *Le Bey outragé.*
La Chanson des Doreurs de proues.

XII. — *Ténèbres.*

XIII. — *L'Amour.*

I.   Quoi! le libérateur qui par degrés desserre.
II.   Regardez-les jouer sur le sable accroupis.
III.   Il faut boire et frapper la terre d'un pied libre.
IV.   En Grèce.

XIV. — *Rupture avec ce qui amoindrit.*

XV. — *Les Paroles de mon Oncle.*

La Sœur de charité.

XVI. — *Victorieux ou mort.*

XVII. — *Le Cercle des Tyrans.*

Liberté!
Les Mangeurs.
Archiloque l'atteste, Athènes l'entendit.
Un Voleur à un Roi.
Qu'est-ce que ce cercueil déposé sur deux chaises ?

Je marchais au hasard, devant moi, n'importe où.
Aux Rois.

XVIII. — *Paroles de Géant.*

XIX. — *Quand le Cid fut entré dans le Généralife...*

XX. — *La Vision de Dante.*

XXI. — *Dieu fait les questions pour que l'enfant réponde...*

XXII. — *Océan.*

XXIII. — *O Dieu, dont l'œuvre va plus loin que notre rêve.*

LA LÉGENDE DES SIÈCLES

A LA FRANCE

Livre, qu'un vent t'emporte
En France, où je suis né !
L'arbre déraciné
Donne sa feuille morte.

V. H.

PRÉFACE

Hauteville-House. Septembre 1857.

Les personnes qui voudront bien jeter un coup d'œil sur ce livre ne s'en feraient pas une idée précise, si elles y voyaient autre chose qu'un commencement.

Ce livre est-il donc un fragment ? Non. Il existe à part. Il a, comme on le verra, son exposition, son milieu et sa fin.

Mais, en même temps, il est, pour ainsi dire, la première page d'un autre livre.

Un commencement peut-il être un tout ? Sans doute. Un péristyle est un édifice.

L'arbre, commencement de la forêt, est un tout. Il appartient à la vie isolée, par la racine, et à la vie en commun, par la sève. A lui seul, il ne prouve que l'arbre, mais il annonce la forêt.

Ce livre, s'il n'y avait pas quelque affectation dans des comparaisons de cette nature, aurait, lui aussi, ce double caractère. Il existe solitairement et forme un tout ; il existe solidairement et fait partie d'un ensemble.

Cet ensemble, que sera-t-il ?

Exprimer l'humanité dans une espèce d'œuvre cyclique ; la peindre successivement et simultanément sous tous ses aspects, histoire, fable, philosophie, religion, science, lesquels se résument en un seul et immense mouvement d'ascension vers la lumière ; faire apparaître dans une sorte de miroir sombre et clair — que l'interruption naturelle des travaux terrestres brisera probablement avant qu'il ait la dimension rêvée par l'auteur — cette grande figure une et multiple, lugubre et rayonnante, fatale et sacrée, l'Homme ; voilà de quelle pensée, de quelle ambition, si l'on veut, est sortie *la Légende des Siècles*.

Le volume qu'on va lire n'en contient que la première partie, la première série, comme dit le titre.

Les poèmes qui composent ce volume ne sont donc autre chose que des empreintes successives du profil humain, de

date en date, depuis Eve, mère des hommes, jusqu'à la
Révolution, mère des peuples; empreintes prises, tantôt
sur la barbarie, tantôt sur la civilisation, presque toujours
sur le vif de l'histoire; empreintes moulées sur le masque des
siècles.

Quand d'autres volumes se seront joints à celui-ci, de
façon à rendre l'œuvre un peu moins incomplète, cette série
d'empreintes, vaguement disposées dans un certain ordre
chronologique, pourra former une sorte de galerie de la
médaille humaine.

Pour le poète comme pour l'historien, pour l'archéologue
comme pour le philosophe, chaque siècle est un changement
de physionomie de l'humanité. On trouvera dans ce volume,
qui, nous le répétons, sera continué et complété, le reflet
de quelques-uns de ces changements de physionomie.

On y trouvera quelque chose du passé, quelque chose du
présent et comme un vague mirage de l'avenir. Du reste,
ces poèmes, divers par le sujet, mais inspirés par la même
pensée, n'ont entre eux d'autre nœud qu'un fil, ce fil qui
s'atténue quelquefois au point de devenir invisible, mais
qui ne casse jamais, le grand fil mystérieux du labyrinthe
humain, le Progrès.

Comme dans une mosaïque, chaque pierre a sa couleur et
sa forme propre; l'ensemble donne une figure. La figure
de ce livre, on l'a dit plus haut, c'est l'Homme.

Ce volume d'ailleurs, qu'on veuille bien ne pas l'oublier,
est à l'ouvrage dont il fait partie, et qui sera mis au jour
plus tard, ce que serait à une symphonie l'ouverture. Il
n'en peut donner l'idée exacte et complète, mais il contient
une lueur de l'œuvre entière.

Le poème que l'auteur a dans l'esprit n'est ici qu'entrou-
vert.

Quant à ce volume pris en lui-même, l'auteur n'a qu'un
mot à en dire. Le genre humain, considéré comme un
grand individu collectif accomplissant d'époque en époque
une série d'actes sur la terre, a deux aspects, l'aspect historique et l'aspect légendaire. Le second n'est pas moins
vrai que le premier; le premier n'est pas moins conjectural
que le second.

Qu'on ne conclue pas de cette dernière ligne — disons-le
en passant — qu'il puisse entrer dans la pensée de l'auteur d'amoindrir la haute valeur de l'enseignement historique. Pas une gloire, parmi les splendeurs du génie
humain, ne dépasse celle du grand historien philosophe.
L'auteur, seulement, sans diminuer la portée de l'histoire, veut constater la portée de la légende. Hérodote fait
l'histoire, Homère fait la légende.

C'est l'aspect légendaire qui prévaut dans ce volume et
qui en colore les poèmes. Ces poèmes se passent l'un à
l'autre le flambeau de la tradition humaine. *Quasi cursores.*
C'est ce flambeau, dont la flamme est le vrai, qui fait l'unité

de ce livre. Tous ces poèmes, ceux du moins qui résument le passé, sont de la réalité historique condensée ou de la réalité historique devinée. La fiction parfois, la falsification jamais ; aucun grossissement de lignes ; fidélité absolue à la couleur des temps et à l'esprit des civilisations diverses. Pour citer des exemples, la *Décadence romaine* n'a pas un détail qui ne soit rigoureusement exact ; la barbarie mahométane ressort de Cantemir, à travers l'enthousiasme de l'historiographe turc, telle qu'elle est exposée dans les premières pages de *Zim-Zizimi* et de *Sultan Mourad*.

Du reste, les personnes auxquelles l'étude du passé est familière reconnaîtront, l'auteur n'en doute pas, l'accent réel et sincère de tout ce livre. Un de ces poèmes *(Première rencontre du Christ avec le tombeau)* est tiré, l'auteur pourrait dire traduit, de l'évangile. Deux autres *(le Mariage de Roland, Aymerillot)* sont des feuillets détachés de la colossale épopée du moyen âge *(Charlemagne, emperor à la barbe florie)*. Ces deux poèmes jaillissent directement des livres de geste de la chevalerie. C'est de l'histoire écoutée aux portes de la légende.

Quant au mode de formation de plusieurs des autres poèmes dans la pensée de l'auteur, on pourra s'en faire une idée en lisant les quelques lignes placées en note avant la pièce intitulée *les Raisons du Momotombo ;* lignes d'où cette pièce est sortie. L'auteur en convient, un rudiment imperceptible, perdu dans la chronique ou dans la tradition, à peine visible à l'œil nu, lui a souvent suffi. Il n'est pas défendu au poète et au philosophe d'essayer sur les faits sociaux ce que le naturaliste essaie sur les faits zoologiques, la reconstruction du monstre d'après l'empreinte de l'ongle ou l'alvéole de la dent.

Ici lacune, là étude complaisante et approfondie d'un détail, tel est l'inconvénient de toute publication fractionnée. Ces défauts de proportion peuvent n'être qu'apparents. Le lecteur trouvera certainement juste d'attendre, pour les apprécier définitivement, que *la Légende des Siècles* ait paru en entier. Les usurpations, par exemple, jouent un tel rôle dans la construction des royautés au moyen âge et mêlent tant de crimes à la complication des investitures, que l'auteur a cru devoir les présenter sous leurs trois principaux aspects dans les trois drames, *le Petit Roi de Galice, Eviradnus, la Confiance du marquis Fabrice*. Ce qui peut sembler aujourd'hui un développement excessif s'ajustera plus tard à l'ensemble.

Les tableaux riants sont rares dans ce livre ; cela tient à ce qu'ils ne sont pas fréquents dans l'histoire.

Comme on le verra, l'auteur, en racontant le genre humain, ne l'isole pas de son entourage terrestre. Il mêle quelquefois à l'homme, il heurte à l'âme humaine, afin de lui faire rendre son véritable son, ces êtres différents de l'homme que nous nommons bêtes, choses, nature morte, et qui remplissent on ne sait quelles fonctions fatales dans l'équilibre vertigineux de la création.

Tel est ce livre. L'auteur l'offre au public sans rien se dissimuler de sa profonde insuffisance. C'est une tentative vers l'idéal. Rien de plus.

Ce dernier mot a besoin peut-être d'être expliqué.

Plus tard, nous le croyons, lorsque plusieurs autres parties de ce livre auront été publiées, on apercevra le lien qui, dans la conception de l'auteur, rattache *la Légende des Siècles* à deux autres poèmes, presque terminés à cette heure, et qui en sont, l'un le dénouement, l'autre le commencement : *la Fin de Satan, Dieu.*

L'auteur, du reste, pour compléter ce qu'il a dit plus haut, ne voit aucune difficulté à faire entrevoir, dès à présent, qu'il a esquissé dans la solitude une sorte de poème d'une certaine étendue où se réverbère le problème unique, l'Être, sous sa triple face : l'Humanité, le Mal, l'Infini ; le progressif, le relatif, l'absolu ; en ce qu'on pourrait appeler trois chants, *la Légende des Siècles, la Fin de Satan, Dieu.*

Il publie aujourd'hui un premier carton de cette esquisse. Les autres suivront.

Nul ne peut répondre d'achever ce qu'il a commencé, pas une minute de continuation certaine n'est assurée à l'œuvre ébauchée ; la solution de continuité, hélas ! c'est tout l'homme ; mais il est permis, même au plus faible, d'avoir une bonne intention et de la dire.

Or l'intention de ce livre est bonne.

L'épanouissement du genre humain de siècle en siècle, l'homme montant des ténèbres à l'idéal, la transfiguration paradisiaque de l'enfer terrestre, l'éclosion lente et suprême de la liberté, droit pour cette vie, responsabilité pour l'autre ; une espèce d'hymne religieux à mille strophes, ayant dans ses entrailles une foi profonde et sur son sommet une haute prière ; le drame de la création éclairé par le visage du créateur, voilà ce que sera, terminé, ce poème dans son ensemble ; si Dieu, maître des existences humaines, y consent.

LA VISION

D'OÙ EST SORTI CE LIVRE

LA VISION

D'OÙ EST SORTI CE LIVRE

*

J'eus un rêve, le mur des siècles m'apparut.

C'était de la chair vive avec du granit brut,
Une immobilité faite d'inquiétude,
Un édifice ayant un bruit de multitude,
5 Des trous noirs étoilés par de farouches yeux,
Des évolutions de groupes monstrueux,
De vastes bas-reliefs, des fresques colossales;
Parfois le mur s'ouvrait et laissait voir des salles,
Des antres où siégeaient des heureux, des puissants,
10 Des vainqueurs abrutis de crime, ivres d'encens,
Des intérieurs d'or, de jaspe et de porphyre;
Et ce mur frissonnait comme un arbre au zéphyre;
Tous les siècles, le front ceint de tours ou d'épis,
Etaient là, mornes sphinx sur l'énigme accroupis;
15 Chaque assise avait l'air vaguement animée;
Cela montait dans l'ombre; on eût dit une armée
Pétrifiée avec le chef qui la conduit
Au moment qu'elle osait escalader la Nuit;
Ce bloc flottait ainsi qu'un nuage qui roule;
20 C'était une muraille et c'était une foule;
Le marbre avait le sceptre et le glaive au poignet,
La poussière pleurait et l'argile saignait,
Les pierres qui tombaient avaient la forme humaine.
Tout l'homme, avec le souffle inconnu qui le mène,
25 Ève ondoyante, Adam flottant, un et divers,
Palpitaient sur ce mur, et l'être, et l'univers,
Et le destin, fil noir que la tombe dévide.
Parfois l'éclair faisait sur la paroi livide
Luire des millions de faces tout à coup.
30 Je voyais là ce Rien que nous appelons Tout;
Les rois, les dieux, la gloire et la loi, les passages

Des générations à vau-l'eau dans les âges ;
Et devant mon regard se prolongeaient sans fin
Les fléaux, les douleurs, l'ignorance, la faim,
35 La superstition, la science, l'histoire,
Comme à perte de vue une façade noire.

Et ce mur, composé de tout ce qui croula,
Se dressait, escarpé, triste, informe. Où cela ?
Je ne sais. Dans un lieu quelconque des ténèbres.

                        ★

40 Il n'est pas de brouillards, comme il n'est point d'algèbres,
Qui résistent, au fond des nombres ou des cieux,
A la fixité calme et profonde des yeux ;
Je regardais ce mur d'abord confus et vague,
Où la forme semblait flotter comme une vague,
45 Où tout semblait vapeur, vertige, illusion ;
Et, sous mon œil pensif, l'étrange vision
Devenait moins brumeuse et plus claire, à mesure
Que ma prunelle était moins troublée et plus sûre.

                        ★

Chaos d'êtres, montant du gouffre au firmament !
50 Tous les monstres, chacun dans son compartiment ;
Le siècle ingrat, le siècle affreux, le siècle immonde ;
Brume et réalité ! nuée et mappemonde !
Ce rêve était l'histoire ouverte à deux battants ;
Tous les peuples ayant pour gradins tous les temps ;
55 Tous les temples ayant tous les songes pour marches :
Ici les paladins et là les patriarches ;
Dodone chuchotant tout bas avec Membré ;
Et Thèbe, et Raphidim, et son rocher sacré
Où, sur les juifs luttant pour la terre promise,
60 Aaron et Hur levaient les deux mains de Moïse ;
Le char de feu d'Amos parmi les ouragans ;
Tous ces hommes, moitié princes, moitié brigands,
Transformés par la fable avec grâce ou colère,
Noyés dans les rayons du récit populaire,
65 Archanges, demi-dieux, chasseurs d'hommes, héros
Des Eddas, des Védas et des Romanceros ;
Ceux dont la volonté se dresse fer de lance ;
Ceux devant qui la terre et l'ombre font silence ;
Saül, David ; et Delphe, et la cave d'Endor
70 Dont on mouche la lampe avec des ciseaux d'or ;
Nemrod parmi les morts ; Booz parmi les gerbes ;
Des Tibères divins, constellés, grands, superbes,
Etalant à Caprée, au forum, dans les camps,
Des colliers que Tacite arrangeait en carcans,
75 La chaîne d'or du trône aboutissant au bagne.

Ce vaste mur avait des versants de montagne.
O nuit ! rien ne manquait à l'apparition,
Tout s'y trouvait, matière, esprit, fange et rayon;
Toutes les villes, Thèbe, Athènes, des étages
80 De Romes sur des tas de Tyrs et de Carthages;
Tous les fleuves, l'Escaut, le Rhin, le Nil, l'Aar,
Le Rubicon disant à quiconque est césar :
— Si vous êtes encor citoyens, vous ne l'êtes
Que jusqu'ici. — Les monts se dressaient, noirs squelettes.
85 Et sur ces monts erraient les nuages hideux,
Ces fantômes traînant la lune au milieu d'eux.
La muraille semblait par le vent remuée;
C'étaient des croisements de flamme et de nuée,
Des jeux mystérieux de clartés, des renvois
90 D'ombre d'un siècle à l'autre et du sceptre aux pavois,
Où l'Inde finissait par être l'Allemagne,
Où Salomon avait pour reflet Charlemagne;
Tout le prodige humain, noir, vague, illimité;
La liberté brisant l'immuabilité;
95 L'Horeb aux flancs brûlés, le Pinde aux pentes vertes;
Hicétas précédant Newton, les découvertes
Secouant leurs flambeaux jusqu'au fond de la mer,
Jason sur le dromon, Fulton sur le steamer;
La Marseillaise, Eschyle, et l'ange après le spectre;
100 Capanée est debout sur la porte d'Electre,
Bonaparte est debout sur le pont de Lodi;
Christ expire non loin de Néron applaudi.
Voilà l'affreux chemin du trône, ce pavage
De meurtre, de fureur, de guerre, d'esclavage;
105 L'homme-troupeau ! cela hurle, cela commet
Des crimes sur un morne et ténébreux sommet,
Cela frappe, cela blasphème, cela souffre.
Hélas ! et j'entendais sous mes pieds, dans le gouffre,
Sangloter la misère aux gémissements sourds,
110 Sombre bouche incurable et qui se plaint toujours.
Et la vision lugubre, et sur moi-même
Que j'y voyais ainsi qu'au fond d'un miroir blême,
La vie immense ouvrait ses difformes rameaux;
Je contemplais les fers, les voluptés, les maux,
115 La mort, les avatars et les métempsycoses,
Et dans l'obscur taillis des êtres et des choses
Je regardais rôder, noir, riant, l'œil en feu,
Satan, ce braconnier de la forêt de Dieu.

*

Quel titan avait peint cette chose inouïe ?
120 Sur la paroi sans fond de l'ombre épanouie
Qui donc avait sculpté ce rêve où j'étouffais ?
Quel bras avait construit avec tous les forfaits,
Tous les deuils, tous les pleurs, toutes les épouvantes,

Ce vaste enchaînement de ténèbres vivantes ?
125 Ce rêve, et j'en tremblais, c'était une action
Ténébreuse entre l'homme et la création ;
Des clameurs jaillissaient de dessous les pilastres ;
Des bras sortant du mur montraient le poing aux astres ;
La chair était Gomorrhe et l'âme était Sion ;
130 Songe énorme ! c'était la confrontation
De ce que nous étions avec ce que nous sommes ;
Les bêtes s'y mêlaient, de droit divin, aux hommes,
Comme dans un enfer ou dans un paradis ;
Les crimes y rampaient, de leur ombre grandis ;
135 Et même les laideurs n'étaient pas malséantes
A la tragique horreur de ces fresques géantes.
Et je revoyais là le vieux temps oublié.
Je le sondais. Le mal au bien était lié
Ainsi que la vertèbre est jointe à la vertèbre.

140 Cette muraille, bloc d'obscurité funèbre,
Montait dans l'infini vers un brumeux matin.
Blanchissant par degrés sur l'horizon lointain,
Cette vision sombre, abrégé noir du monde,
Allait s'évanouir dans une aube profonde,
145 Et, commencée en nuit, finissait en lueur.

Le jour triste y semblait une pâle sueur ;
Et cette silhouette informe était voilée
D'un vague tournoiement de fumée étoilée.

★

Tandis que je songeais, l'œil fixé sur ce mur
150 Semé d'âmes, couvert d'un mouvement obscur
Et des gestes hagards d'un peuple de fantômes,
Une rumeur se fit sous les ténébreux dômes,
J'entendis deux fracas profonds, venant du ciel
En sens contraire au fond du silence éternel ;
155 Le firmament que nul ne peut ouvrir ni clore
Eut l'air de s'écarter.
★

Du côté de l'aurore,
L'esprit de l'Orestie, avec un fauve bruit,
Passait ; en même temps, du côté de la nuit,
Noir génie effaré fuyant dans une éclipse,
160 Formidable, venait l'immense Apocalypse ;
Et leur double tonnerre à travers la vapeur,
A ma droite, à ma gauche, approchait, et j'eus peur
Comme si j'étais pris entre deux chars de l'ombre.

Ils passèrent. Ce fut un ébranlement sombre.
165 Et le premier esprit cria : Fatalité !

Le second cria : Dieu ! L'obscure éternité
Répéta ces deux cris dans ses échos funèbres.

Ce passage effrayant remua les ténèbres ;
Au bruit qu'ils firent, tout chancela ; la paroi
170 Pleine d'ombres frémit ; tout s'y mêla ; le roi
Mit la main à son casque et l'idole à sa mitre ;
Toute la vision trembla comme une vitre,
Et se rompit, tombant dans la nuit en morceaux ;
Et quand les deux esprits, comme deux grands oiseaux,
175 Eurent fui, dans la brume étrange de l'idée,
La pâle vision reparut lézardée,
Comme un temple en ruine aux gigantesques fûts,
Laissant voir de l'abîme entre ses pans confus.

*

Lorsque je la revis, après que les deux anges
180 L'eurent brisée au choc de leurs ailes étranges,
Ce n'était plus ce mur prodigieux, complet,
Où le destin avec l'infini s'accouplait,
Où tous les temps groupés se rattachaient au nôtre,
Où les siècles pouvaient s'interroger l'un l'autre
185 Sans que pas un fît faute et manquât à l'appel ;
Au lieu d'un continent, c'était un archipel ;
Au lieu d'un univers, c'était un cimetière ;
Par places se dressait quelque lugubre pierre,
Quelque pilier debout, ne soutenant plus rien ;
190 Tous les siècles tronqués gisaient ; plus de lien ;
Chaque époque pendait démantelée ; aucune
N'était sans déchirure et n'était sans lacune ;
Et partout croupissaient sur le passé détruit
Des stagnations d'ombre et des flaques de nuit.
195 Ce n'était plus, parmi les brouillards où l'œil plonge,
Que le débris difforme et chancelant d'un songe,
Ayant le vague aspect d'un pont intermittent
Qui tombe arche par arche et que le gouffre attend,
Et de toute une flotte en détresse qui sombre
200 Ressemblant à la phrase interrompue et sombre,
Que l'ouragan, ce bègue errant sur les sommets,
Recommence toujours sans l'achever jamais.

Seulement l'avenir continuait d'éclore
Sur ces vestiges noirs qu'un pâle orient dore,
205 Et se levait avec un air d'astre, au milieu
D'un nuage où, sans voir de foudre, on sentait Dieu.

*

De l'empreinte profonde et grave qu'a laissée
Ce chaos de la vie à ma sombre pensée,

De cette vision du mouvant genre humain,
210 Ce livre, où près d'hier on entrevoit demain,
Est sorti, reflétant de poème en poème
Toute cette clarté vertigineuse et blême ;
Pendant que mon cerveau douloureux le couvait,
La légende est parfois venue à mon chevet,
215 Mystérieuse sœur de l'histoire sinistre ;
Et toutes deux ont mis leur doigt sur ce registre.

Et qu'est-ce maintenant que ce livre, traduit
Du passé, du tombeau, du gouffre et de la nuit ?
C'est la tradition tombée à la secousse
220 Des révolutions que Dieu déchaîne et pousse ;
Ce qui demeure après que la terre a tremblé ;
Décombre où l'avenir, vague aurore, est mêlé ;
C'est la construction des hommes, la masure
Des siècles, qu'emplit l'ombre et que l'idée azure,
225 L'affreux charnier-palais en ruine, habité
Par la mort et bâti par la fatalité,
Où se posent pourtant parfois, quand elles l'osent,
De la façon dont l'aile et le rayon se posent,
La liberté, lumière, et l'espérance, oiseau ;
230 C'est l'incommensurable et tragique monceau
Où glissent, dans la brèche horrible, les vipères
Et les dragons, avant de rentrer aux repaires,
Et la nuée avant de remonter au ciel ;
Ce livre, c'est le reste effrayant de Babel ;
235 C'est la lugubre Tour des Choses, l'édifice
Du bien, du mal, des pleurs, du deuil, du sacrifice,
Fier jadis, dominant les lointains horizons,
Aujourd'hui n'ayant plus que de hideux tronçons,
Épars, couchés, perdus dans l'obscure vallée ;
240 C'est l'épopée humaine, âpre, immense, — écroulée.

Guernesey. — Avril 1857.

LA LÉGENDE DES SIÈCLES

I

LA TERRE

LA TERRE

HYMNE

Elle est la terre, elle est la plaine, elle est le champ.
Elle est chère à tous ceux qui sèment en marchant;
      Elle offre un lit de mousse au pâtre;
Frileuse, elle se chauffe au soleil éternel,
5 Rit, et fait cercle avec les planètes du ciel
      Comme des sœurs autour de l'âtre.

Elle aime le rayon propice aux blés mouvants,
Et l'assainissement formidable des vents,
      Et les souffles, qui sont des lyres,
10 Et l'éclair, front vivant qui, lorsqu'il brille et fuit,
Tout ensemble épouvante et rassure la nuit
      A force d'effrayants sourires.

Gloire à la terre! Gloire à l'aube où Dieu paraît!
Au fourmillement d'yeux ouverts dans la forêt,
15   Aux fleurs, aux nids que le jour dore!
Gloire au blanchissement nocturne des sommets!
Gloire au ciel bleu qui peut, sans s'épuiser jamais,
      Faire des dépenses d'aurore!

La terre aime ce ciel tranquille, égal pour tous,
20 Dont la sérénité ne dépend pas de nous,
      Et qui mêle à nos vils désastres,
A nos deuils, aux éclats de rires effrontés,
A nos méchancetés, à nos rapidités,
      La douceur profonde des astres.

25 La terre est calme auprès de l'océan grondeur;
La terre est belle; elle a la divine pudeur
      De se cacher sous les feuillages;
Le printemps son amant vient en mai la baiser;
Elle envoie au tonnerre altier pour l'apaiser
30   La fumée humble des villages.

Ne frappe pas, tonnerre. Ils sont petits ceux-ci.
La terre est bonne; elle est grave et sévère aussi;
      Les roses sont pures comme elle;
Quiconque pense, espère et travaille lui plaît,
35 Et l'innocence offerte à tout homme est son lait,
      Et la justice est sa mamelle.

La terre cache l'or et montre les moissons;
Elle met dans le flanc des fuyantes saisons
      Le germe des saisons prochaines,
40 Dans l'azur les oiseaux qui chuchotent : aimons !
Et les sources au fond de l'ombre, et sur les monts
      L'immense tremblement des chênes.

L'harmonie est son œuvre auguste sous les cieux;
Elle ordonne aux roseaux de saluer, joyeux
45   Et satisfaits, l'arbre superbe;
Car l'équilibre, c'est le bas aimant le haut;
Pour que le cèdre altier soit dans son droit, il faut
      Le consentement du brin d'herbe.

Elle égalise tout dans la fosse, et confond
50 Avec les bouviers morts la poussière que font
      Les Césars et les Alexandres;
Elle envoie au ciel l'âme et garde l'animal;
Elle ignore, en son vaste effacement du mal,
      La différence des deux cendres.

55 Elle paie à chacun sa dette, au jour la nuit,
A la nuit le jour, l'herbe aux rocs, aux fleurs le fruit;
      Elle nourrit ce qu'elle crée,
Et l'arbre confiant quand l'homme est incertain;
O confrontation qui fait honte au destin,
60   O grande nature sacrée !

Elle fut le berceau d'Adam et de Japhet,
Et puis elle est leur tombe; et c'est elle qui fait
      Dans Tyr qu'aujourd'hui l'on ignore,
Dans Sparte et Rome en deuil, dans Memphis abattu,
65 Dans tous les lieux où l'homme a parlé, puis s'est tu,
      Chanter la cigale sonore.

Pourquoi ? Pour consoler les sépulcres dormants.
Pourquoi ? Parce qu'il faut faire aux écroulements
      Succéder les apothéoses,
70 Aux voix qui disent Non les voix qui disent Oui,
Aux disparitions de l'homme évanoui
      Le chant mystérieux des choses.

La terre a pour amis les moissonneurs; le soir,
Elle voudrait chasser du vaste horizon noir

75   L'âpre essaim des corbeaux voraces,
A l'heure où le bœuf las dit : Rentrons maintenant;
Quand les bruns laboureurs s'en reviennent traînant
          Les socs pareils à des cuirasses.

      Elle enfante sans fin les fleurs qui durent peu;
80   Les fleurs ne font jamais de reproches à Dieu;
          Des chastes lys, des vignes mûres,
Des myrtes frissonnant au vent, jamais un cri
Ne monte vers le ciel vénérable, attendri
          Par l'innocence des murmures.

85   Elle ouvre un livre obscur sous les rameaux épais;
Elle fait son possible, et prodigue la paix
          Au rocher, à l'arbre, à la plante,
Pour nous éclairer, nous, fils de Cham et d'Hermès,
Qui sommes condamnés à ne lire jamais
90   Qu'à de la lumière tremblante.

      Son but, c'est la naissance et ce n'est pas la mort;
C'est la bouche qui parle et non la dent qui mord;
          Quand la guerre infâme se rue
Creusant dans l'homme un vil sillon de sang baigné,
95   Farouche, elle détourne un regard indigné
          De cette sinistre charrue.

      Meurtrie, elle demande aux hommes : A quoi sert
Le ravage ? Quel fruit produira le désert ?
          Pourquoi tuer la plaine verte ?
100 Elle ne trouve pas utiles les méchants,
Et pleure la beauté virginale des champs
          Déshonorés en pure perte.

      La terre fut jadis Cérès, Alma Cérès,
Mère aux yeux bleus des blés, des prés et des forêts
105   Et je l'entends qui dit encore :
Fils, je suis Démèter, la déesse des dieux;
Et vous me bâtirez un temple radieux
          Sur la colline Callichore.

II

D'ÈVE A JÉSUS

LE SACRE DE LA FEMME

I

L'aurore apparaissait; quelle aurore ? Un abîme
D'éblouissement, vaste, insondable, sublime;
Une ardente lueur de paix et de bonté.
C'était aux premiers temps du globe; et la clarté
5   Brillait sereine au front du ciel inaccessible,
Etant tout ce que Dieu peut avoir de visible;
Tout s'illuminait, l'ombre et le brouillard obscur;
Des avalanches d'or s'écroulaient dans l'azur;
Le jour en flamme, au fond de la terre ravie,
10   Embrasait les lointains splendides de la vie;
Les horizons, pleins d'ombre et de rocs chevelus
Et d'arbres effrayants que l'homme ne voit plus,
Luisaient, comme le songe et comme le vertige,
Dans une profondeur d'éclair et de prodige;
15   L'éden pudique et nu s'éveillait mollement;
Les oiseaux gazouillaient un hymne si charmant,
Si frais, si gracieux, si suave et si tendre,
Que les anges distraits se penchaient pour l'entendre,
Le seul rugissement du tigre était plus doux;
20   Les halliers où l'agneau paissait avec les loups,
Les mers où l'hydre aimait l'alcyon, et les plaines
Où les ours et les daims confondaient leurs haleines,
Hésitaient, dans le chœur des concerts infinis,
Entre le cri de l'antre et la chanson des nids.
25   La prière semblait à la clarté mêlée;
Et sur cette nature encore immaculée
Qui du verbe éternel avait gardé l'accent,
Sur ce monde céleste, angélique, innocent,
Le matin, murmurant une sainte parole,
30   Souriait, et l'aurore était une auréole.
Tout avait la figure intègre du bonheur;
Pas de bouche d'où vînt un souffle empoisonneur;
Pas un être qui n'eût sa majesté première;

     Tout ce que l'infini peut jeter de lumière
35 Eclatait pêle-mêle à la fois dans les airs ;
     Le vent jouait avec cette gerbe d'éclairs
     Dans le tourbillon libre et fuyant des nuées ;
     L'enfer balbutiait quelques vagues huées
     Qui s'évanouissaient dans le grand cri joyeux
40 Des eaux, des monts, des bois, de la terre et des cieux.
     Les vents et les rayons semaient de tels délires
     Que les forêts vibraient comme de grandes lyres ;
     De l'ombre à la clarté, de la base au sommet,
     Une fraternité vénérable germait ;
45 L'astre était sans orgueil et le ver sans envie ;
     On s'adorait d'un bout à l'autre de la vie ;
     Une harmonie égale à la clarté, versant
     Une extase divine au globe adolescent,
     Semblait sortir du cœur mystérieux du monde ;
50 L'herbe en était émue, et le nuage, et l'onde,
     Et même le rocher qui songe et qui se tait ;
     L'arbre, tout pénétré de lumière, chantait ;
     Chaque fleur, échangeant son souffle et sa pensée
     Avec le ciel serein d'où tombe la rosée,
55 Recevait une perle et donnait un parfum ;
     L'Etre resplendissait, Un dans Tout, Tout dans Un ;
     Le paradis brillait sous les sombres ramures
     De la vie ivre d'ombre et pleine de murmures,
     Et la lumière était faite de vérité ;
60 Et tout avait la grâce, ayant la pureté.
     Tout était flamme, hymen, bonheur, douceur, clémence,
     Tant ces immenses jours avaient une aube immense !

II

     Ineffable lever du premier rayon d'or,
     Du jour éclairant tout sans rien savoir encor !
65 O matin des matins ! amour ! joie effrénée
     De commencer le temps, l'heure, le mois, l'année !
     Ouverture du monde ! instant prodigieux !
     La nuit se dissolvait dans les énormes cieux
     Où rien ne tremble, où rien ne pleure, où rien ne souffre ;
70 Autant que le chaos la lumière était gouffre ;
     Dieu se manifestait dans sa calme grandeur,
     Certitude pour l'âme et pour les yeux splendeur ;
     De faîte en faîte, au ciel et sur terre, et dans toutes
     Les épaisseurs de l'être aux innombrables voûtes,
75 On voyait l'évidence adorable éclater ;
     Le monde s'ébauchait ; tout semblait méditer ;
     Les types primitifs, offrant dans leur mélange
     Presque la brute informe et rude et presque l'ange,
     Surgissaient, orageux, gigantesques, touffus ;

80 On sentait tressaillir sous leurs groupes confus
   La terre, inépuisable et suprême matrice;
   La création sainte, à son tour créatrice,
   Modelait vaguement des aspects merveilleux,
   Faisait sortir l'essaim des êtres fabuleux
85 Tantôt des bois, tantôt des mers, tantôt des nues,
   Et proposait à Dieu des formes inconnues
   Que le temps, moissonneur pensif, plus tard changea;
   On sentait sourdre, et vivre, et végéter déjà
   Tous les arbres futurs, pins, érables, yeuses,
90 Dans des verdissements de feuilles monstrueuses;
   Une sorte de vie excessive gonflait
   La mamelle du monde au mystérieux lait;
   Tout semblait presque hors de la mesure éclore,
   Comme si la nature, en étant proche encore,
95 Eût pris, pour ses essais sur la terre et les eaux,
   Une difformité splendide au noir chaos.

   Les divins paradis, pleins d'une étrange sève,
   Semblent au fond des temps reluire dans le rêve,
   Et, pour nos yeux obscurs, sans idéal, sans foi,
100 Leur extase aujourd'hui serait presque l'effroi.
   Mais qu'importe à l'abîme, à l'âme universelle
   Qui dépense un soleil au lieu d'une étincelle,
   Et qui, pour y pouvoir poser l'ange azuré,
   Fait croître jusqu'aux cieux l'éden démesuré !

105 Jours inouïs ! le bien, le beau, le vrai, le juste,
   Coulaient dans le torrent, frissonnaient dans l'arbuste;
   L'aquilon louait Dieu de sagesse vêtu;
   L'arbre était bon; la fleur était une vertu;
   C'est trop peu d'être blanc, le lys était candide;
110 Rien n'avait de souillure et rien n'avait de ride;
   Jours purs ! rien ne saignait sous l'ongle et sous la dent;
   La bête heureuse était l'innocence rôdant;
   Le mal n'avait encor rien mis de son mystère
   Dans le serpent, dans l'aigle altier, dans la panthère,
115 Le précipice ouvert dans l'animal sacré
   N'avait pas d'ombre, étant jusqu'au fond éclairé;
   La montagne était jeune et la vague était vierge;
   Le globe, hors des mers dont le flot le submerge,
   Sortait beau, magnifique, aimant, fier, triomphant,
120 Et rien n'était petit quoique tout fût enfant;
   La terre avait, parmi ses hymnes d'innocence,
   Un étourdissement de sève et de croissance;
   L'instinct fécond faisait rêver l'instinct vivant;
   Et, répandu partout, sur les eaux, dans le vent,
125 L'amour épars flottait comme un parfum s'exhale;
   La nature riait, naïve et colossale;
   L'espace vagissait ainsi qu'un nouveau-né.
   L'aube était le regard du soleil étonné.

III

Or, ce jour-là, c'était le plus beau qu'eût encore
130 Versé sur l'univers la radieuse aurore;
·   Le même séraphique et saint frémissement
Unissait l'algue à l'onde et l'être à l'élément;
L'éther plus pur luisait dans les cieux plus sublimes;
Les souffles abondaient plus profonds sur les cimes;
135 Les feuillages avaient de plus doux mouvements;
Et les rayons tombaient caressants et charmants
Sur un frais vallon vert, où, débordant d'extase,
Adorant ce grand ciel que la lumière embrase,
Heureux d'être, joyeux d'aimer, ivres de voir,
140 Dans l'ombre, au bord d'un lac, vertigineux miroir,
Etaient assis, les pieds effleurés par la lame,
Le premier homme auprès de la première femme.

L'époux priait, ayant l'épouse à son côté.

IV

Eve offrait au ciel bleu la sainte nudité,
145 Eve blonde admirait l'aube, sa sœur vermeille.

Chair de la femme! argile idéale! ô merveille!
O pénétration sublime de l'esprit
Dans le limon que l'Etre ineffable pétrit!
Matière où l'âme brille à travers son suaire!
150 Boue où l'on voit les doigts du divin statuaire!
Fange auguste appelant le baiser et le cœur,
Si sainte, qu'on ne sait, tant l'amour est vainqueur,
Tant l'âme est vers ce lit mystérieux poussée,
Si cette volupté n'est pas une pensée,
155 Et qu'on ne peut, à l'heure où les sens sont en feu,
Etreindre la beauté sans croire embrasser Dieu!

Eve laissait errer ses yeux sur la nature.

Et, sous les verts palmiers à la haute stature,
Autour d'Eve, au-dessus de sa tête, l'œillet
160 Semblait songer, le bleu lotus se recueillait,
Le frais myosotis se souvenait; les roses
Cherchaient ses pieds avec leurs lèvres demi-closes;
Un souffle fraternel sortait du lys vermeil;

Comme si ce doux être eût été leur pareil,
165 Comme si de ces fleurs, ayant toutes une âme,
La plus belle s'était épanouie en femme.

V

Pourtant, jusqu'à ce jour, c'était Adam, l'élu
Qui dans le ciel sacré le premier avait lu,
C'était le Marié tranquille et fort, que l'ombre
170 Et la lumière, et l'aube, et les astres sans nombre,
Et les bêtes des bois, et les fleurs du ravin
Suivaient ou vénéraient comme l'aîné divin,
Comme le front ayant la lueur la plus haute;
Et, quand tous deux, la main dans la main, côte à côte,
175 Erraient dans la clarté de l'éden radieux,
La nature sans fond, sous ses millions d'yeux,
A travers les rochers, les rameaux, l'onde et l'herbe,
Couvait, avec amour pour le couple superbe,
Avec plus de respect pour l'homme, être complet,
180 Eve qui regardait, Adam qui contemplait.
Mais, ce jour-là, ces yeux innombrables qu'entrouvre
L'infini sous les plis du voile qui le couvre,
S'attachaient sur l'épouse et non pas sur l'époux.
Comme si, dans ce jour religieux et doux
185 Béni parmi les jours et parmi les aurores,
Aux nids ailés perdus sous les branches sonores,
Au nuage, aux ruisseaux, aux frissonnants essaims,
Aux bêtes, aux cailloux, à tous ces êtres saints
Que de mots ténébreux la terre aujourd'hui nomme,
190 La femme eût apparu plus auguste que l'homme !

VI

Pourquoi ce choix ? pourquoi cet attendrissement
Immense du profond et divin firmament ?
Pourquoi tout l'univers penché sur une tête ?
Pourquoi l'aube donnant à la femme une fête ?
195 Pourquoi ces chants ? Pourquoi ces palpitations
Des flots dans plus de joie et dans plus de rayons ?
Pourquoi partout l'ivresse et la hâte d'éclore,
Et les antres heureux de s'ouvrir à l'aurore,
Et plus d'encens sur terre et plus de flamme aux cieux ?

200 Le beau couple innocent songeait silencieux.

VII

Cependant la tendresse inexprimable et douce
De l'astre, du vallon, du lac, du brin de mousse,
Tressaillait plus profonde à chaque instant autour
D'Eve, que saluait du haut des cieux le jour;
205 Le regard qui sortait des choses et des êtres,
Des flots bénis, des bois sacrés, des arbres prêtres,
Se fixait, plus pensif de moment en moment,
Sur cette femme au front vénérable et charmant;
Un long rayon d'amour lui venait des abîmes,
210 De l'ombre, de l'azur, des profondeurs, des cimes,
De la fleur, de l'oiseau chantant, du roc muet.

Et, pâle, Eve sentit que son flanc remuait.

LA CONSCIENCE

Lorsque avec ses enfants vêtus de peaux de bêtes,
Échevelé, livide au milieu des tempêtes,
Caïn se fut enfui de devant Jéhovah,
Comme le soir tombait, l'homme sombre arriva
5   Au bas d'une montagne en une grande plaine;
Sa femme fatiguée et ses fils hors d'haleine
Lui dirent : — Couchons-nous sur la terre, et dormons. —
Caïn, ne dormant pas, songeait au pied des monts.
Ayant levé la tête, au fond des cieux funèbres
10 Il vit un œil, tout grand ouvert dans les ténèbres,
Et qui le regardait dans l'ombre fixement.
— Je suis trop près, dit-il avec un tremblement.
Il réveilla ses fils dormant, sa femme lasse,
Et se remit à fuir sinistre dans l'espace.
15 Il marcha trente jours, il marcha trente nuits.
Il allait, muet, pâle et frémissant aux bruits,
Furtif, sans regarder derrière lui, sans trêve,
Sans repos, sans sommeil. Il atteignit la grève
Des mers dans le pays qui fut depuis Assur.
20 — Arrêtons-nous, dit-il, car cet asile est sûr.
Restons-y. Nous avons du monde atteint les bornes.
Et, comme il s'asseyait, il vit dans les cieux mornes
L'œil à la même place au fond de l'horizon.
Alors il tressaillit en proie au noir frisson.
25 — Cachez-moi, cria-t-il; et, le doigt sur la bouche,
Tous ses fils regardaient trembler l'aïeul farouche.
Caïn dit à Jabel, père de ceux qui vont
Sous des tentes de poil dans le désert profond :
— Étends de ce côté la toile de la tente. —
30 Et l'on développa la muraille flottante;
Et, quand on l'eut fixée avec des poids de plomb :
Vous ne voyez plus rien ? dit Tsilla, l'enfant blond,
La fille de ses fils, douce comme l'aurore;
Et Caïn répondit : — Je vois cet œil encore ! —
35 Jubal, père de ceux qui passent dans les bourgs
Soufflant dans des clairons et frappant des tambours,

Cria : — Je saurai bien construire une barrière. —
Il fit un mur de bronze et mit Caïn derrière.
Et Caïn dit : — Cet œil me regarde toujours !
40 Hénoch dit : — Il faut faire une enceinte de tours
Si terrible, que rien ne puisse approcher d'elle.
Bâtissons une ville avec sa citadelle.
Bâtissons une ville, et nous la fermerons. —
Alors Tubalcaïn, père des forgerons,
45 Construisit une ville énorme et surhumaine.
Pendant qu'il travaillait, ses frères, dans la plaine,
Chassaient les fils d'Enos et les enfants de Seth ;
Et l'on crevait les yeux à quiconque passait ;
Et, le soir, on lançait des flèches aux étoiles.
50 Le granit remplaça la tente aux murs de toiles,
On lia chaque bloc avec des nœuds de fer,
Et la ville semblait une ville d'enfer ;
L'ombre des tours faisait la nuit dans les campagnes ;
Ils donnèrent aux murs l'épaisseur des montagnes ;
55 Sur la porte on grava : « Défense à Dieu d'entrer. »
Quand ils eurent fini de clore et de murer,
On mit l'aïeul au centre en une tour de pierre.
Et lui restait lugubre et hagard. — O mon père !
L'œil a-t-il disparu ? dit en tremblant Tsilla.
60 Et Caïn répondit : — Non, il est toujours là.
Alors il dit : — Je veux habiter sous la terre
Comme dans son sépulcre un homme solitaire ;
Rien ne me verra plus, je ne verrai plus rien. —
On fit donc une fosse, et Caïn dit : C'est bien !
65 Puis il descendit seul sous cette voûte sombre.
Quand il se fut assis sur sa chaise dans l'ombre
Et qu'on eut sur son front fermé le souterrain,
L'œil était dans la tombe et regardait Caïn.

PUISSANCE ÉGALE BONTÉ

Au commencement, Dieu vit un jour dans l'espace
Iblis venir à lui; Dieu dit : — Veux-tu ta grâce ?
— Non, dit le Mal. — Alors que me demandes-tu ?
— Dieu, répondit Iblis de ténèbres vêtu,
5   Joutons à qui créera la chose la plus belle.
L'Etre dit : — J'y consens. — Voici, dit le Rebelle;
Moi, je prendrai ton œuvre et la transformerai.
Toi, tu féconderas ce que je t'offrirai;
Et chacun de nous deux soufflera son génie
10 Sur la chose par l'autre apportée et fournie.
— Soit. Que te faut-il ? Prends, dit l'Etre avec dédain.
— La tête du cheval, et les cornes du daim.
— Prends. — Le monstre hésitant que la brume enveloppe
Reprit : — J'aimerais mieux celle de l'antilope.
15 — Va, prends. — Iblis entra dans son antre et forgea.
Puis il dressa le front. — Est-ce fini déjà ?
— Non. — Te faut-il encor quelque chose ? dit l'Etre.
— Les yeux de l'éléphant, le cou du taureau, maître.
— Prends. — Je demande en outre, ajouta le Rampant,
20 Le ventre du cancer, les anneaux du serpent,
Les cuisses du chameau, les pattes de l'autruche.
— Prends. — Ainsi qu'on entend l'abeille dans la ruche,
On entendait aller et venir dans l'enfer
Le démon remuant des enclumes de fer.
25 Nul regard ne pouvait voir à travers la nue
Ce qu'il faisait au fond de la cave inconnue.
Tout à coup, se tournant vers l'Etre, Iblis hurla :
— Donne-moi la couleur de l'or. Dieu dit : — Prends-la.
Et, grondant et râlant comme un bœuf qu'on égorge,
30 Le démon se remit à battre dans sa forge;
Il frappait du ciseau, du pilon, du maillet,
Et toute la caverne horrible tressaillait;
Les éclairs des marteaux faisaient une tempête;
Ses yeux ardents semblaient deux braises dans sa tête;
35 Il rugissait; le feu lui sortait des naseaux,
Avec un bruit pareil au bruit des grandes eaux

Dans la saison livide où la cigogne émigre.
Dieu dit : — Que te faut-il encor ? — Le bond du tigre.
— Prends. — C'est bien, dit Iblis debout dans son volcan,
40   Viens m'aider à souffler, dit-il à l'ouragan.
L'âtre flambait ; Iblis suant à grosses gouttes,
Se courbait, se tordait, et, sous les sombres voûtes,
On ne distinguait rien qu'une sombre rougeur
Empourprant le profil du monstrueux forgeur.
45   Et l'ouragan l'aidait, étant démon lui-même.
L'Etre, parlant du haut du firmament suprême,
Dit : — Que veux-tu de plus ? — Et le grand paria,
Levant sa tête énorme et triste, lui cria :
— Le poitrail du lion et les ailes de l'aigle.
50   Et Dieu jeta, du fond des éléments qu'il règle,
A l'ouvrier d'orgueil et de rébellion
L'aile de l'aigle avec le poitrail du lion.
Et le démon reprit son œuvre sous les voiles.
— Quelle hydre fait-il donc ? demandaient les étoiles.
55   Et le monde attendait, grave, inquiet, béant,
Le colosse qu'allait enfanter ce géant.
Soudain, on entendit dans la nuit sépulcrale
Comme un dernier effort jetant un dernier râle ;
L'Etna, fauve atelier du forgeron maudit,
60   Flamboya ; le plafond de l'enfer se fendit,
Et, dans une clarté blême et surnaturelle,
On vit des mains d'Iblis jaillir la sauterelle.

Et l'infirme effrayant, l'être ailé, mais boiteux,
Vit sa création et n'en fut pas honteux,
65   L'avortement étant l'habitude de l'ombre.
Il sortit à mi-corps de l'éternel décombre,
Et, croisant ses deux bras, arrogant, ricanant,
Cria dans l'infini : — Maître, à toi maintenant !
Et ce fourbe, qui tend à Dieu même une embûche,
70   Reprit : — Tu m'as donné l'éléphant et l'autruche,
Et l'or pour dorer tout ; et ce qu'ont de plus beau
Le chameau, le cheval, le lion, le taureau,
Le tigre et l'antilope, et l'aigle et la couleuvre ;
C'est mon tour de fournir la matière à ton œuvre ;
75   Voici tout ce que j'ai. Je te le donne. Prends. —
Dieu, pour qui les méchants mêmes sont transparents,
Tendit sa grande main de lumière baignée
Vers l'ombre, et le démon lui donna l'araignée.

Et Dieu prit l'araignée et la mit au milieu
80   Du gouffre qui n'était pas encor le ciel bleu ;
Et l'esprit regarda la bête ; sa prunelle,
Formidable, versait la lueur éternelle ;
Le monstre, si petit qu'il semblait un point noir,
Grossit alors, et fut soudain énorme à voir ;
85   Et Dieu le regardait de son regard tranquille ;

Une aube étrange erra sur cette forme vile;
L'affreux ventre devint un globe lumineux;
Et les pattes, changeant en sphères d'or leurs nœuds,
S'allongèrent dans l'ombre en grands rayons de flamme.
90   Iblis leva les yeux; et tout à coup l'infâme,
Ebloui, se courba sous l'abîme vermeil;
Car Dieu, de l'araignée, avait fait le soleil.

LES LIONS

Les lions dans la fosse étaient sans nourriture.
Captifs, ils rugissaient vers la grande nature
Qui prend soin de la brute au fond des antres sourds.
Les lions n'avaient pas mangé depuis trois jours.
5 Ils se plaignaient de l'homme, et, pleins de sombres haines,
A travers leur plafond de barreaux et de chaînes,
Regardaient du couchant la sanglante rougeur;
Leur voix grave effrayait au loin le voyageur
Marchant à l'horizon dans les collines bleues.

10 Tristes, ils se battaient le ventre de leurs queues;
Et les murs du caveau tremblaient, tant leurs yeux roux
A leur gueule affamée ajoutaient de courroux.

La fosse était profonde; et, pour cacher leur fuite
Og et ses vastes fils l'avaient jadis construite;
15 Ces enfants de la terre avaient creusé pour eux
Ce palais colossal dans le roc ténébreux;
Leurs têtes en ayant crevé la large voûte,
La lumière y tombait et s'y répandait toute,
Et ce cachot de nuit pour dôme avait l'azur.
20 Nabuchodonosor, qui régnait dans Assur,
En avait fait couvrir d'un dallage le centre;
Et ce roi fauve avait trouvé bon que cet antre,
Qui jadis vit les Chams et les Deucalions,
Bâti pour les géants, servît pour les lions.

25 Ils étaient quatre, et tous affreux. Une litière
D'ossements tapissait le vaste bestiaire;
Les rochers étageaient leur ombre au-dessus d'eux;
Ils marchaient, écrasant sur le pavé hideux
Des carcasses de bête et des squelettes d'homme.

30 Le premier arrivait du désert de Sodome;
Jadis, quand il avait sa fauve liberté,
Il habitait le Sin, tout à l'extrémité

Du silence terrible et de la solitude;
Malheur à qui tombait sous sa patte au poil rude;
Et c'était un lion des sables.

35   Le second
Sortait de la forêt de l'Euphrate fécond;
Naguère, en le voyant vers le fleuve descendre,
Tout tremblait; on avait eu du mal à le prendre,
Car il avait fallu les meutes de deux rois;
40 Il grondait; et c'était une bête des bois.

Et le troisième était un lion des montagnes.
Jadis il avait l'ombre et l'horreur pour compagnes,
Dans ce temps-là, parfois, vers les ravins bourbeux
Se ruaient des galops de moutons et de bœufs;
45 Tous fuyaient, le pasteur, le guerrier et le prêtre;
Et l'on voyait sa face effroyable apparaître.

Le quatrième, monstre épouvantable et fier,
Etait un grand lion des plages de la mer.
Il rôdait près des flots avant son esclavage.
50 Gur, cité forte, était alors sur le rivage;
Ses toits fumaient; son port abritait un amas
De navires mêlant confusément leurs mâts;
Le paysan portant son gomor plein de manne
S'y rendait; le prophète y venait sur son âne;
55 Ce peuple était joyeux comme un oiseau lâché;
Gur avait une place avec un grand marché,
Et l'abyssin venait y vendre des ivoires,
L'amorrhéen, de l'ambre et des chemises noires,
Ceux d'Ascalon, du beurre, et ceux d'Aser, du blé;
60 Du vol de ses vaisseaux l'abime était troublé,
Or, ce lion était gêné par cette ville,
Il trouvait, quand le soir il songeait immobile,
Qu'elle avait trop de peuple et faisait trop de bruit.
Gur était très farouche et très haute; la nuit,
65 Trois lourds barreaux fermaient l'entrée inabordable;
Entre chaque créneau se dressait, formidable,
Une corne de buffle ou de rhinocéros;
Le mur était solide et droit comme un héros;
Et l'océan roulait à vagues débordées
70 Dans le fossé, profond de soixante coudées.
Au lieu de dogues noirs jappant dans le chenil,
Deux dragons monstrueux pris dans les joncs du Nil
Et dressés par un mage à la garde servile
Veillaient des deux côtés de la porte de ville.
75 Or, le lion s'était une nuit avancé,
Avait franchi d'un bond le colossal fossé,
Et broyé, furieux, entre ses dents barbares,
La porte de la ville avec ses triples barres,
Et, sans même les voir, mêlé les deux dragons

80 Au vaste écrasement des verrous et des gonds;
    Et, quand il s'en était retourné vers la grève,
    De la ville et du peuple il ne restait qu'un rêve,
    Et, pour loger le tigre et nicher les vautours,
    Quelques larves de murs sous des spectres de tours.

85 Celui-là se tenait accroupi sur le ventre.
    Il ne rugissait pas, il bâillait; dans cet antre
    Où l'homme misérable avait le pied sur lui,
    Il dédaignait la faim, ne sentant que l'ennui.

    Les trois autres allaient et venaient; leur prunelle,
90 Si quelque oiseau battait leurs barreaux de son aile,
    Le suivait; et leur faim bondissait, et leur dent
    Mâchait l'ombre à travers leur cri rauque et grondant.

    Soudain, dans l'angle obscur de la lugubre étable,
    La grille s'entrouvrit; sur le seuil redoutable,
95 Un homme, que poussaient d'horribles bras tremblants,
    Apparut; il était vêtu de linceuls blancs;
    La grille referma ses deux battants funèbres;
    L'homme avec les lions resta dans les ténèbres.

    Les monstres, hérissant leur crinière, écumant,
100 Se ruèrent sur lui, poussant ce hurlement
    Effroyable, où rugit la haine et le ravage
    Et toute la nature irritée et sauvage
    Avec son épouvante et ses rébellions;
    Et l'homme dit : — La paix soit avec vous, lions !
105 L'homme dressa la main; les lions s'arrêtèrent.

    Les loups qui font la guerre aux morts et les déterrent,
    Les ours au crâne plat, les chacals convulsifs
    Qui pendant le naufrage errent sur les récifs,
    Sont féroces; l'hyène infâme est implacable;
110 Le tigre attend sa proie et d'un seul bond l'accable;
    Mais le puissant lion, qui fait de larges pas,
    Parfois lève sa griffe et ne la baisse pas,
    Etant le grand rêveur solitaire de l'ombre.

    Et les lions, groupés dans l'immense décombre,
115 Se mirent à parler entre eux, délibérant;
    On eût dit des vieillards réglant un différend,
    Au froncement pensif de leurs moustaches blanches.
    Un arbre mort pendait, tordant sur eux ses branches.

    Et, grave, le lion des sables dit : — Lions,
120 Quand cet homme est entré, j'ai cru voir les rayons
    De midi dans la plaine où l'ardent semoun passe,
    Et j'ai senti le souffle énorme de l'espace;
    Cet homme vient à nous de la part du désert.

Le lion des bois dit : — Autrefois le concert
125 Du figuier, du palmier, du cèdre et de l'yeuse,
Emplissait jour et nuit ma caverne joyeuse ;
Même à l'heure où l'on sent que le monde se tait,
Le grand feuillage vert autour de moi chantait.
Quand cet homme a parlé, sa voix m'a semblé douce
130 Comme le bruit qui sort des nids d'ombre et de mousse ;
Cet homme vient à nous de la part des forêts.

Et celui qui s'était approché le plus près,
Le lion noir des monts dit : — Cet homme ressemble
Au Caucase, où jamais une roche ne tremble ;
135 Il a la majesté de l'Atlas ; j'ai cru voir,
Quand son bras s'est levé, le Liban se mouvoir
Et se dresser, jetant l'ombre immense aux campagnes ;
Cet homme vient à nous de la part des montagnes.

Le lion qui, jadis, au bord des flots rôdant,
140 Rugissait aussi haut que l'océan grondant,
Parla le quatrième, et dit : — Fils, j'ai coutume,
En voyant la grandeur, d'oublier l'amertume,
Et c'est pourquoi j'étais le voisin de la mer.
J'y regardais — laissant les vagues écumer —
145 Apparaître la lune et le soleil éclore,
Et le sombre infini sourire dans l'aurore ;
Et j'ai pris, ô lions, dans cette intimité,
L'habitude du gouffre et de l'éternité ;
Or, sans savoir le nom dont la terre le nomme,
150 J'ai vu luire le ciel dans les yeux de cet homme ;
Cet homme au front serein vient de la part de Dieu. —

Quand la nuit eut noirci le grand firmament bleu,
Le gardien voulut voir la fosse, et cet esclave,
Collant sa face pâle aux grilles de la cave,
155 Dans la profondeur vague aperçut Daniel
Qui se tenait debout et regardait le ciel,
Et songeait, attentif aux étoiles sans nombre,
Pendant que les lions léchaient ses pieds dans l'ombre.

LE TEMPLE

Moïse pour l'autel cherchait un statuaire;
Dieu dit : — Il en faut deux; et dans le sanctuaire
Conduisit Oliab avec Béliséel.
L'un sculptait l'idéal et l'autre le réel.

BOOZ ENDORMI

Booz s'était couché de fatigue accablé;
Il avait tout le jour travaillé dans son aire,
Puis avait fait son lit à sa place ordinaire;
Booz dormait auprès des boisseaux pleins de blé.

5   Ce vieillard possédait des champs de blés et d'orge;
Il était, quoique riche, à la justice enclin;
Il n'avait pas de fange en l'eau de son moulin,
Il n'avait pas d'enfer dans le feu de sa forge.

Sa barbe était d'argent comme un ruisseau d'avril.
10 Sa gerbe n'était point avare ni haineuse;
Quand il voyait passer quelque pauvre glaneuse :
— Laissez tomber exprès des épis, disait-il.

Cet homme marchait pur loin des sentiers obliques,
Vêtu de probité candide et de lin blanc;
15 Et, toujours du côté des pauvres ruisselant,
Ses sacs de grains semblaient des fontaines publiques.

Booz était bon maître et fidèle parent;
Il était généreux, quoiqu'il fût économe;
Les femmes regardaient Booz plus qu'un jeune homme,
20 Car le jeune homme est beau, mais le vieillard est grand.

Le vieillard, qui revient vers la source première,
Entre aux jours éternels et sort des jours changeants;
Et l'on voit de la flamme aux yeux des jeunes gens,
Mais dans l'œil du vieillard on voit de la lumière.

*

25 Donc, Booz dans la nuit dormait parmi les siens;
Près des meules, qu'on eût prises pour des décombres,
Les moissonneurs couchés faisaient des groupes sombres;
Et ceci se passait dans des temps très anciens.

Les tribus d'Israël avaient pour chef un juge;
30   La terre, où l'homme errait sous la tente, inquiet
Des empreintes de pieds de géant qu'il voyait,
Était encor mouillée et molle du déluge.

★

Comme dormait Jacob, comme dormait Judith,
Booz, les yeux fermés, gisait sous la feuillée;
35   Or, la porte du ciel s'étant entre-bâillée
Au-dessus de sa tête, un songe en descendit.

Et ce songe était tel, que Booz vit un chêne
Qui, sorti de son ventre, allait jusqu'au ciel bleu;
Une race y montait comme une longue chaîne;
40   Un roi chantait en bas, en haut mourait un dieu.

Et Booz murmurait avec la voix de l'âme :
« Comment se pourrait-il que de moi ceci vînt ?
Le chiffre de mes ans a passé quatrevingt,
Et je n'ai pas de fils, et je n'ai plus de femme.

45   « Voilà longtemps que celle avec qui j'ai dormi,
O Seigneur ! a quitté ma couche pour la vôtre;
Et nous sommes encor tout mêlés l'un à l'autre,
Elle à demi vivante et moi mort à demi.

« Une race naîtrait de moi ! Comment le croire ?
50   Comment se pourrait-il que j'eusse des enfants ?
Quand on est jeune, on a des matins triomphants,
Le jour sort de la nuit comme d'une victoire;

« Mais, vieux, on tremble ainsi qu'à l'hiver le bouleau.
Je suis veuf, je suis seul, et sur moi le soir tombe,
55   Et je courbe, ô mon Dieu ! mon âme vers la tombe,
Comme un bœuf ayant soif penche son front vers l'eau. »

Ainsi parlait Booz dans le rêve et l'extase,
Tournant vers Dieu ses yeux par le sommeil noyés;
Le cèdre ne sent pas une rose à sa base,
60   Et lui ne sentait pas une femme à ses pieds.

★

Pendant qu'il sommeillait, Ruth, une moabite,
S'était couchée aux pieds de Booz, le sein nu,
Espérant on ne sait quel rayon inconnu,
Quand viendrait du réveil la lumière subite.

65   Booz ne savait point qu'une femme était là,
Et Ruth ne savait point ce que Dieu voulait d'elle,

Un frais parfum sortait des touffes d'asphodèle;
Les souffles de la nuit flottaient sur Galgala.

L'ombre était nuptiale, auguste et solennelle;
70 Les anges y volaient sans doute obscurément,
Car on voyait passer dans la nuit, par moment,
Quelque chose de bleu qui paraissait une aile.

La respiration de Booz qui dormait,
Se mêlait au bruit sourd des ruisseaux sur la mousse.
75 On était dans le mois où la nature est douce,
Les collines ayant des lys sur leur sommet.

Ruth songeait et Booz dormait; l'herbe était noire;
Les grelots des troupeaux palpitaient vaguement;
Une immense bonté tombait du firmament;
80 C'était l'heure tranquille où les lions vont boire.

Tout reposait dans Ur et dans Jérimadeth;
Les astres émaillaient le ciel profond et sombre;
Le croissant fin et clair parmi ces fleurs de l'ombre
Brillait à l'occident, et Ruth se demandait,

85 Immobile, ouvrant l'œil à moitié sous ses voiles,
Quel dieu, quel moissonneur de l'éternel été
Avait, en s'en allant, négligemment jeté
Cette faucille d'or dans le champ des étoiles.

DIEU INVISIBLE AU PHILOSOPHE

Le philosophe allait sur son âne ; prophète,
Prunelle devant l'ombre horrible stupéfaite,
Il allait, il pensait.

           Devin des nations,
Il vendait aux païens des malédictions,
5 Sans savoir si des mains dans les ténèbres blêmes
S'ouvraient pour recevoir ses vagues anathèmes.
Il venait de Phétor ; il allait chez Balac,
Fils des gomorrhéens qui dorment sous le lac,
Mage d'Assur et roi du peuple moabite.
10 Il avait quitté l'ombre où l'épouvante habite
Et le hideux abri des chênes chevelus
Que l'ouragan secoue en ses larges reflux.
Morne il laissait marcher au hasard sa monture,
Son esprit cheminant dans une autre aventure ;
15 Il se demandait : Tout est-il vide ? et le fond
N'est-il que de l'abîme où des spectres s'en vont ?
L'ombre prodigieuse est-elle une personne ?
Le flot qui murmure, est-ce une voix qui résonne ?
Depuis quatre-vingts ans je vis dans un réduit,
20 Regardant la sueur des antres de la nuit,
Ecoutant les sanglots de l'air dans les nuées.
Le gouffre est-il vivant ? Larves exténuées,
Qu'est-ce que nous cherchons ? Je sais l'assyrien,
L'arabe, le persan, l'hébreu ; je ne sais rien.
25 De quel profond néant sommes-nous les ministres ?... —
Ainsi, pâle, il songeait sous les branches sinistres,
Les cheveux hérissés par les souffles des bois.
L'âne s'arrêta court et lui dit : Je le vois.

PREMIÈRE RENCONTRE DU CHRIST
AVEC LE TOMBEAU

En ce temps-là, Jésus était dans la Judée;
Il avait délivré la femme possédée,
Rendu l'ouïe aux sourds et guéri les lépreux;
Les prêtres l'épiaient et parlaient bas entre eux.
5 Comme il s'en retournait vers la ville bénie,
Lazare, homme de bien, mourut à Béthanie.
Marthe et Marie étaient ses sœurs; Marie, un jour,
Pour laver les pieds nus du maître plein d'amour,
Avait été chercher son parfum le plus rare.
10 Or, Jésus aimait Marthe et Marie et Lazare.
Quelqu'un lui dit : Lazare est mort.

                          Le lendemain,
Comme le peuple était venu sur son chemin,
Il expliquait la loi, les livres, les symboles,
Et, comme Elie et Job, parlait par paraboles.
15 Il disait : — Qui me suit, aux anges est pareil.
Quand un homme a marché tout le jour au soleil
Dans un chemin sans puits et sans hôtellerie,
S'il ne croit pas, quand vient le soir, il pleure, il crie;
Il est las; sur la terre il tombe haletant.
20 S'il croit en moi, qu'il prie, il peut au même instant
Continuer sa route avec des forces triples. —
Puis il s'interrompit, et dit à ses disciples :
— Lazare, notre ami, dort; je vais l'éveiller. —
Eux dirent : — Nous irons, maître, où tu veux aller. —
25 Or, de Jérusalem, où Salomon mit l'arche,
Pour gagner Béthanie, il faut trois jours de marche.
Jésus partit. Durant cette route souvent,
Tandis qu'il marchait seul et pensif en avant,
Son vêtement parut blanc comme la lumière.

30 Quand Jésus arriva, Marthe vint la première,
Et, tombant à ses pieds, s'écria tout d'abord :
— Si nous t'avions eu, maître, il ne serait pas mort.

Puis reprit en pleurant : — Mais il a rendu l'âme.
Tu viens trop tard. Jésus lui dit : — Qu'en sais-tu, femme ?
35 Le moissonneur est seul maître de la moisson.

Marie était restée assise à la maison.

Marthe lui cria : — Viens, le maître te réclame.
Elle vint. Jésus dit : — Pourquoi pleures-tu, femme ?
Et Marie à genoux lui dit : — Toi seul es fort.
40 Si nous t'avions eu, maître, il ne serait pas mort.
Jésus reprit : — Je suis la lumière et la vie.
Heureux celui qui voit ma trace et l'a suivie !
Qui croit en moi vivra, fût-il mort et gisant. —
Et Thomas, appelé Didyme, était présent.
45 Et le seigneur, dont Jean et Pierre suivaient l'ombre,
Dit aux juifs accourus pour le voir en grand nombre :
— Où donc l'avez-vous mis ? — Ils répondirent : Vois,
Lui montrant de la main, dans un champ, près d'un bois,
A côté d'un torrent qui dans les pierres coule,
Un sépulcre.

              Et Jésus pleura.

50   Sur quoi la foule
Se prit à s'écrier : — Voyez comme il l'aimait !
Lui qui chasse, dit-on, Satan et le soumet,
Eût-il, s'il était Dieu, comme on nous le rapporte,
Laissé mourir quelqu'un qu'il aimait de la sorte ?

55 Or, Marthe conduisit au sépulcre Jésus.
Il vint. On avait mis une pierre dessus.
— Je crois en vous, dit Marthe, ainsi que Jean et Pierre ;
Mais voilà quatre jours qu'il est sous cette pierre.

Et Jésus dit : — Tais-toi, femme, car c'est le lieu
60 Où tu vas, si tu crois, voir la gloire de Dieu. —
Puis il reprit : — Il faut que cette pierre tombe. —
La pierre ôtée, on vit le dedans de la tombe.

Jésus leva les yeux au ciel et marcha seul
Vers cette ombre où le mort gisait dans son linceul,
65 Pareil au sac d'argent qu'enfouit un avare.
Et, se penchant, il dit à haute voix : Lazare !

Alors le mort sortit du sépulcre ; ses pieds
Des bandes du linceul étaient encor liés ;
Il se dressa debout le long de la muraille ;
70 Jésus dit : — Déliez cet homme, et qu'il s'en aille. —
Ceux qui virent cela crurent en Jésus-Christ.

Or, les prêtres, selon qu'au livre il est écrit,
S'assemblèrent, troublés, chez le préteur de Rome;
Sachant que Christ avait ressuscité cet homme,
75 Et que tous avaient vu le sépulcre s'ouvrir,
Ils dirent : — Il est temps de le faire mourir.

III

SUPRÉMATIE

SUPRÉMATIE

Lorsque les trois grands dieux eurent dans un cachot
Mis les démons, chassé les monstres de là-haut,
Oté sa griffe à l'hydre, au noir dragon son aile,
Et sur ce tas hurlant fermé l'ombre éternelle,
5 Laissant grincer l'enfer, ce sépulcre vivant,
Ils vinrent tous les trois, Vâyou, le dieu du Vent,
Agni, dieu de la Flamme, Indra, dieu de l'Espace,
S'asseoir sur le zénith, qu'aucun mont ne dépasse,
Et se dirent, ayant dans le ciel radieux
10 Chacun un astre au front : Nous sommes les seuls dieux !

Tout à coup devant eux surgit dans l'ombre obscure
Une lumière ayant les yeux d'une figure.

Ce que cette lumière était, rien ne saurait
Le dire, et, comme brille au fond d'une forêt
15 Un long rayon de lune en une route étroite,
Elle resplendissait, se tenant toute droite.
Ainsi se dresse un phare au sommet d'un récif.
C'était un flamboiement immobile, pensif,
Debout.

　　　　Et les trois dieux s'étonnèrent.

　　　　　　　　　　Ils dirent :
Qu'est ceci ?

20　　　　Tout se tut et les cieux attendirent.

— Dieu Vâyou, dit Agni, dieu Vâyou, dit Indra,
Parle à cette lumière. Elle te répondra.
Crois-tu que tu pourras savoir ce qu'elle est ?

　　　　　　　　　　　　— Certes,
Dit Vâyou. Je le puis.

                       Les profondeurs désertes

25 Songeaient; tout fuyait, l'aigle ainsi que l'alcyon.
Alors Vâyou marcha droit à la vision.
— Qu'es-tu ? cria Vâyou, le dieu fort et suprême.
Et l'apparition lui dit : — Qu'es-tu toi-même ?
Et Vâyou dit : — Je suis Vâyou, le dieu du Vent.
30 — Et qu'est-ce que tu peux ? — Je peux, en me levant,
Tout déplacer, chasser les flots, courber les chênes,
Arracher tous les gonds, rompre toutes les chaînes,
Et si je le voulais, d'un souffle, moi Vâyou,
Plus aisément qu'au fleuve on ne jette un caillou
35 Ou que d'une araignée on ne crève les toiles,
J'emporterais la terre à travers les étoiles.

L'apparition prit un brin de paille et dit :
— Emporte ceci.

                    Puis, avant qu'il répondît,
Elle posa devant le dieu le brin de paille.

40 Alors, avec des yeux d'orage et de bataille,
Le dieu Vâyou se mit à grandir jusqu'au ciel,
Il troua l'effrayant plafond torrentiel,
Il ne fut plus qu'un monstre ayant partout des bouches,
Pâle, il démusela les ouragans farouches
45 Et mit en liberté l'âpre meute des airs;
On entendit mugir le semoun des déserts
Et l'aquilon qui peut, par-dessus les épaules
Des montagnes, pousser l'océan jusqu'aux pôles;
Vâyou, géant des vents, immense, au-dessus d'eux
50 Plana, gronda, frémit et rugit, et, hideux,
Remua les profonds tonnerres de l'abîme;
Tout l'univers trembla de la base à la cime
Comme un toit où quelqu'un d'affreux marche à grands pas.

Le brin de paille aux pieds du dieu ne bougea pas.

Le dieu s'en retourna.

55   — Dieu du vent, notre frère,
Parle, as-tu pu savoir ce qu'est cette lumière ?

Et Vâyou répondit aux deux autres dieux : Non.

— Agni, dit Indra; frère Agni, mon compagnon,
Dit Vâyou, pourrais-tu le savoir, toi ?

                          — Sans doute,
Dit Agni.

60   Le dieu rouge, Agni, que l'eau redoute,
Et devant qui médite à genoux le bouddha,
Alla vers la clarté sereine et demanda :
— Qu'es-tu, clarté ? — Qu'es-tu toi-même ? lui dit-elle.
— Le dieu du Feu. — Quelle est ta puissance ? — Elle est telle
65 Que, si je veux, je puis brûler le ciel noirci,
Les mondes, les soleils, et tout.

                                        — Brûle ceci,
Dit la clarté, montrant au dieu le brin de paille.

Alors, comme un bélier défonce une muraille,
Agni, frappant du pied, fit jaillir de partout
70 La flamme formidable, et, fauve, ardent, debout,
Crachant des jets de lave entre ses dents de braise,
Fit sur l'humble fétu crouler une fournaise;
Un soufflement de forge emplit le firmament;
Et le jour s'éclipsa dans un vomissement
75 D'étincelles, mêlé de tant de nuit et d'ombre
Qu'une moitié du ciel en resta longtemps sombre;
Ainsi bout le Vésuve, ainsi flambe l'Hékla.
Lorsque enfin la vapeur énorme s'envola,
Quand le dieu rouge Agni, dont l'incendie est l'âme,
80 Eut éteint ce tumulte effroyable de flamme
Où grondait on ne sait quel monstrueux soufflet,
Il vit le brin de paille à ses pieds, qui semblait
N'avoir pas même été touché par la fumée.

Le dieu s'en revint.

                                        — Dieu du feu, force enflammée,
85 Quelle est cette lumière enfin ? Sais-tu son nom ?
Dirent les autres dieux.

                    Agni répondit : Non.

— Indra, dit Vâyou; frère Indra, dit Agni, sage !
Roi ! dieu ! qui, sans passer, de tout vois le passage,
Peux-tu savoir, ô toi dont rien ne se perdra,
Ce qu'est cette clarté qui nous regarde ?

90   Indra
Répondit : Oui.

                    Toujours droite, la clarté pure
Brillait, et le dieu vint lui parler.

                                        — O figure,
Qu'es-tu ? dit Indra, d'ombre et d'étoiles vêtu.
Et l'apparition dit : — Toi-même, qu'es-tu ?

95 Indra lui dit : — Je suis Indra, dieu de l'Espace.
    — Et quel est ton pouvoir, dieu ? — Sur sa carapace
    La divine tortue, aux yeux toujours ouverts,
    Porte l'éléphant blanc qui porte l'univers.
    Autour de l'univers est l'infini. Ce gouffre
100 Contient tout ce qui vit, naît, meurt, existe, souffre,
    Règne, passe ou demeure, au sommet, au milieu,
    En haut, en bas, et c'est l'espace, et j'en suis dieu.
    Sous moi la vie obscure ouvre tous ses registres ;
    Je suis le grand voyant des profondeurs sinistres ;
105 Ni dans les bleus édens, ni dans l'enfer hagard,
    Rien ne m'échappe, et rien n'est hors de mon regard ;
    Si quelque être pour moi cessait d'être visible,
    C'est lui qui serait dieu, pas nous ; c'est impossible.
    Etant l'énormité, je vois l'immensité ;
110 Je vois toute la nuit et toute la clarté ;
    Je vois le dernier lieu, je vois le dernier nombre,
    Et ma prunelle atteint l'extrémité de l'ombre ;
    Je suis le regardeur infini. Dans ma main
    J'ai tout, le temps, l'esprit, hier, aujourd'hui, demain.
115 Je vois les trous de taupe et les gouffres d'aurore.
    Tout ! et là même où rien n'est plus, je vois encore.
    Depuis l'azur sans borne où les cieux sur les cieux
    Tournent comme un rouage aux flamboyants essieux,
    Jusqu'au néant des mots auquel le ver travaille,
    Je sais tout ! je vois tout !

120   — Vois-tu ce brin de paille ?
    Dit l'étrange clarté d'où sortait une voix.
    Indra baissa la tête et cria : Je le vois.
    Lumière, je te dis que j'embrasse tout l'être ;
    Toi-même, entends-tu bien, tu ne peux disparaître
125 De mon regard, jamais éclipsé ni décru !

    A peine eut-il parlé qu'elle avait disparu.

IV

ENTRE GÉANTS ET DIEUX

LE GÉANT, AUX DIEUX

Un mot. Si, par hasard, il vous venait l'idée
Que cette herbe où je dors, de rosée inondée,
Est faite pour subir n'importe quel pied nu,
Et que ma solitude est au premier venu,
5   Si vous pensiez entrer dans l'ombre où je séjourne
Sans que ma grosse tête au fond des bois se tourne,
Si vous vous figuriez que je vous laisserais
Tout déranger, percer des trous dans mes forêts,
Ployer mes vieux sapins et casser mes grands chênes,
10 Mettre à la liberté de mes torrents des chaînes,
Chasser l'aigle, et marcher sur mes petites fleurs,
Que vous pourriez venir faire les enjôleurs
Chez les nymphes des bois qui ne sont que des sottes,
Que vous pourriez le soir amener dans mes grottes
15 La Vénus avec qui tous vous vous mariez,
Que je n'ai pas des yeux pour voir, que vous pourriez
Vous vautrer sur mes joncs où les dragons des antres
Laissent en s'en allant la trace de leurs ventres,
Que vous pourriez salir la pauvre source en pleurs,
20 Que je vous laisserais, ainsi que des voleurs,
Aller, venir, rôder dans la grande nature;
Si vous imaginiez cette étrange aventure
Qu'ici je vous verrais rire, semer l'effroi,
Faire l'amour, vous mettre à votre aise chez moi,
25 Sans des soulèvements énormes de montagnes,
Et sans vous traiter, vous, princes, et vos compagnes,
Comme les ours qu'au fond des halliers je poursuis,
Vous me croiriez plus bête encor que je ne suis !

JUPITER

Calme-toi.

VÉNUS

    Nous avons dans l'Olympe des chambres,
Bonhomme.

LE GÉANT

30   Oui, je sais bien, parce que j'ai des membres
Vastes, et que les doigts robustes de mes pieds
Semblent sur l'affreux tronc des saules copiés,
Parce que mes talons sont tout noirs de poussière,
Parce que je suis fait de la pâte grossière
35 Dont est faite la terre auguste et dont sont faits
Les grands monts, ces muets et sacrés portefaix ;
Vu que des plus vieux rocs j'ai passé les vieillesses,
Et que je n'ai pas, moi, toutes vos gentillesses,
Etant une montagne à forme humaine, au fond
40 Du gouffre, où l'ombre avec les pierres me confond,
Vu que j'ai l'air d'un bloc, d'une tour, d'un décombre,
Et que je fus taillé dans l'énormité sombre,
Je passe pour stupide. On rit de moi, vraiment,
Et l'on croit qu'on peut tout me faire impunément.
45 Soit. Essayez. Tâtez mon humeur endurante.
Combien de dards avait le serpent Stryx ? Quarante.
Combien de pieds avait l'hydre Phluse ? Trois cents.
J'ai broyé Stryx et Phluse entre mes poings puissants.
Osez donc ! Ah ! je sens la colère hagarde
50 Battre de l'aile autour de mon front. Prenez garde !
Laissez-moi dans mon trou plein d'ombre et de parfums.
Que les olympiens ne soient pas importuns,
Car il se pourrait bien qu'on vît de quelle sorte
On les chasse, et comment, pour leur fermer sa porte,
55 Un ténébreux s'y prend avec les radieux,
Si vous venez ici m'ennuyer, tas de dieux !

PAROLES DE GÉANT

Je suis votre vaincu, mais, regardez ma taille,
Dieux, je reste montagne après votre bataille;
Et moi qui suis pour vous un sombre encombrement,
A peine je vous vois au fond du firmament.
Si vous existez, soit. Je dors.

5   Vous, troglodytes,
Hommes qui ne savez jamais ce que vous dites,
Vivants qui fourmillez dans de l'ombre, indistincts,
Ayant déjà les vers de terre en vos instincts,
Vous qu'attend le sépulcre et qui rampez d'avance,
10 Sachez que la prière est une connivence,
Et ne me plaignez pas ! Nains promis aux linceuls,
Tremblez si vous voulez, mais tremblez pour vous seuls !

Quant à moi, que Vénus, déesse aux yeux de grue,
Que Mars bête et sanglant, que Diane bourrue,
15 Viennent rire au-dessus de mon sinistre exil
Ou faire un froncement quelconque de sourcil,
Que dans mon ciel farouche et lourd l'Olympe ébauche
Son tumulte mêlé de crime et de débauche,
Qu'il raille le grand Pan, croyant l'avoir tué,
20 Que Jupiter joyeux, tonnant, infatué,
Démuselle les vents imbéciles, dérègle
L'éclair et l'aquilon, et déchaîne son aigle,
Cela m'est bien égal à moi qui suis trois fois
Plus haut que n'est profond l'océan plein de voix.
25 Hommes, je ris des nœuds dont la peur vous enlace.
Tous ces olympiens sont de la populace.
Ah ! certes, ces passants, que vous nommez les dieux,
Furent de fiers bandits sous le ciel radieux;
Les montagnes, avec leurs bois et leurs vallées,
30 Sont de leur noir viol toutes échevelées,
Je le sais, et, resté presque seul maintenant,
Je suis par la grandeur de ma chute gênant;
Non, je ne les crains pas; et, quant à leurs approches,

Je les attends avec des roulements de roches,
35 Je les appelle gueux et voleurs, c'est leur nom,
Et ne veux pas savoir s'ils sont contents ou non.

O vivants, il paraît qu'à la haine tenaces,
Ces dieux me font de loin, dans l'ombre, des menaces.
Soit, j'oublie et je songe; et je m'informe peu
40 Si l'éclair que je vois est la lueur d'un dieu.
J'ai ma flûte et j'en joue au penchant des montagnes,
Je m'ajoute aux sommets au-dessus des campagnes,
Et je laisse les dieux bruire et bougonner.
Croit-on que je prendrai la peine de tourner
45 La tête dans les bois et sur les hautes cimes,
Que je m'effarerai dans les forêts sublimes,
Et que j'interromprai mon rêve et ma chanson,
Pour un roucoulement de foudre à l'horizon ?

LES TEMPS PANIQUES

Les dieux ont dit entre eux : — Nous sommes la matière,
Les dieux. Nous habitons l'insondable frontière
Au-delà de laquelle il n'est rien ; nous tenons
L'univers par le mal qui règne sous nos noms,
5   Par la guerre, euménide éparse, par l'orgie
Chantante, dans la joie et le meurtre élargie,
Par Cupidon l'immense enfant, par Astarté,
Larve pleine de nuit d'où sort une clarté.
L'ouragan tourne autour de nos faces sereines ;
10 Les saisons sont des chars dont nous tenons les rênes,
Nous régnons, nous mettons à la tempête un mors,
Et nous sommes au fond de la pâleur des morts.
L'Olympe est à jamais la cime de la vie ;
Chronos est prisonnier ; Géo tremble asservie ;
15 Nous sommes tout. Nos coups de foudre sont fumants.
Jouissons. Sous nos pieds un pavé d'ossements,
C'est la terre ; un plafond de néant sur nos têtes,
C'est le ciel ; nous avons les temples et les fêtes ;
L'ombre que nous faisons met le monde à genoux.
20 Les premiers-nés du gouffre étaient plus grands que nous,
Nous leur avons jeté l'Othryx et le Caucase ;
A cette heure, un amas de roches les écrase ;
Poursuivons, achevons notre œuvre, et consommons
La lapidation des géants par les monts !

*

25 Les dieux ont triomphé. Leur victoire est tombée
Sur Enna, sur Larisse et Pylos, sur l'Eubée ;
L'horizon est partout difforme maintenant ;
Pas un mont qui ne soit blessé ; l'Atlas saignant
Est noir sous l'assemblage horrible des nuées ;
30 Chalcis que les hiboux emplissent de huées,
La Thrace où l'on adore un vieux glaive rouillé,
L'Hémonie où l'éclair féroce a travaillé,
Sont de mornes déserts que la ruine encombre.

Une peau de satyre écorché pend dans l'ombre,
35   Car la lyre a puni la flûte au fond des bois.
La source aux pleurs profonds sanglote à demi-voix.
Où sont les jours d'Evandre et les temps de Saturne ?
On s'aimait. On se craint. L'univers est nocturne ;
L'azur hait le matin, inutile doreur ;
40   L'ombre auguste et hideuse est pleine de terreur ;
On entend des soupirs étouffés dans les marbres ;
Des simulacres sont visibles sous les arbres,
Et des spectres sont là, signe d'un vaste ennui.
Les bois naguère étaient confiants, aujourd'hui
45   Ils ont peur, et l'on sent que leur tremblement songe
Aux autans, rauque essaim qui serpente et s'allonge
Et qui souvent remplit de trahisons l'éther ;
Car l'orage est l'esclave obscur de Jupiter.
Les cavernes des fils d'Inachus sont vacantes ;
50   Le grand Orphée est mort tué par les bacchantes ;
Seuls les dieux sont debout, formidables vivants,
Et la terre subit la sombre horreur des vents.

Thèbe adore en tremblant la foudre triomphale ;
Et trois fleuves, le Styx, l'Alphée et le Stymphale,
55   Se sont enfuis sous terre et n'ont plus reparu.
Aquilon passe avec un grondement bourru ;
On ne sait ce qu'Eurus complote avec Borée ;
Faune se cache ainsi qu'une bête effarée ;
Plus de titans ; Mercure éclipse Hypérion ;
60   Zéphire chante et danse ainsi qu'un histrion ;
Quant aux Cyclopes, fils puînés, ils sont lâches,
Ils servent ; ils ont fait leur paix ; les viles tâches
Conviennent aux cœurs bas ; Vulcain, le dieu cagneux,
Les emploie à sa forge, a confiance en eux,
65   Les gouverne, et, difforme et boiteux, distribue
L'ouvrage à ces géants par qui la honte est bue ;
Brontès fait des trépieds qui parlent, Pyracmon
Fait des spectres d'airain où remue un démon ;
On ne résiste plus aux dieux, même en Sicile ;
70   Polyphème amoureux n'est plus qu'un imbécile,
Et Galatée en rit avec Acis.

                         Les champs
N'ont presque plus de fleurs, tant les dieux sont méchants ;
Les dieux semblent avoir cueilli toutes les roses.
Ils font la guerre à Pan, à l'être, au gouffre, aux choses ;
75   Ils ont mis de la nuit jusque dans l'œil du lynx ;
Ils ont pris l'ombre, ils ont fait avouer les sphinx,
Ils ont échoué l'hydre, éteint les ignivomes,
Et du sinistre enfer augmenté les fantômes,
Et, bouleversant tout, ondes, souffles, typhons,
80   Ils ont déconcerté les prodiges profonds.
La terre en proie aux dieux fut le champ de bataille ;

Ils ont frappé les fronts qui dépassaient leur taille,
Et détruit sans pitié, sans gloire, sans pudeur,
Hélas ! quiconque avait pour crime la grandeur.

85   Les lacs sont indignés des monts qu'ils réfléchissent,
     Car les monts ont trahi ; sur un faîte où blanchissent
     Des os d'enfants percés par les flèches du ciel,
     Cime aride et pareille aux lieux semés de sel,
     La pierre qui jadis fut Niobé médite ;
90   La vaste Afrique semble exilée et maudite ;
     Le Nil cache éperdu sa source à tous les yeux,
     De peur de voir briser son urne par les dieux ;
     On sent partout la fin, la borne, la limite ;
     L'étang, clair sous l'amas des branchages, imite
95   L'œil tragique et brillant du fiévreux qui mourra ;
     L'effroi tient Delphe en Grèce et dans l'Inde Ellorah ;
     Phœbus Sminthée usurpe aux cieux le char solaire ;
     Que de honte ! Et l'on peut juger de la colère
     De Démèter, l'aïeule auguste de Cérès,
100 Par l'échevèlement farouche des forêts.
     La terre avait une âme et les dieux l'ont tuée.
     Hélas ! dit le torrent. Hélas ! dit la nuée.
     Les vagues voix du soir murmurent : Oublions !
     L'absence des géants attriste les lions.

LE TITAN

I

SUR L'OLYMPE

Une montagne emplit tout l'horizon des hommes;
L'Olympe. Pas de ciel. Telle est l'ombre où nous sommes.
L'orgueil, la volupté féroce aux chants lascifs,
La guerre secouant des éclairs convulsifs,
5   La splendide Vénus, nue, effrayante, obscure,
Le meurtre appelé Mars, le vol nommé Mercure,
L'inceste souriant, ivre, au sinistre hymen,
Le parricide ayant le tonnerre à la main,
Pluton livide avec l'enfer pour auréole,
10 L'immense fou Neptune en proie au vague Eole,
L'orageux Jupiter, Diane à l'œil peu sûr,
Des fronts de météore entrevus dans l'azur,
Habitent ce sommet; et tout ce que l'augure,
Le flamine, imagine, invente, se figure,
15 Et vénère à Corinthe, à Syène, à Paphos,
Tout le vrai des autels qui dans la tombe est faux,
L'oppression, la soif du sang, l'âpre carnage,
L'impudeur qui survit à la guerre et surnage,
L'extermination des enfants de Japhet,
20 Toute la quantité de crime et de forfait
Que de noms révérés la religion nomme,
Et que peut dans la nuit d'un temple adorer l'homme,
Sur ce faîte fatal que l'aube éclaire en vain,
Rayonne, et tout le mal possible est là, divin.

25 Jadis la terre était heureuse; elle était libre.
Et, donnant l'équité pour base à l'équilibre,
Elle avait ses grands fils, les géants; ses petits,
Les hommes; et tremblants, cachés, honteux, blottis
Dans les antres, n'osant nuire à la créature,
30 Les fléaux avaient peur de la sainte nature;

L'étang était sans peste et la mer sans autans;
Tout était beauté, fête, amour, blancheur, printemps;
L'églogue souriait dans la forêt; les tombes
S'entr'ouvraient pour laisser s'envoler des colombes;
35 L'arbre était sous le vent comme un luth sous l'archet;
L'ourse allaitait l'agneau que le lion léchait;
L'homme avait tous les biens que la candeur procure;
On ne connaissait pas Plutus, ni ce Mercure
Qui plus tard fit Sidon et Tharsis, et sculpta
40 Le caducée aux murs impurs de Sarepta;
On ignorait ces mots, corrompre, acheter, vendre.
On donnait. Jours sacrés! jours de Rhée et d'Evandre!
L'homme était fleur; l'aurore était sur les berceaux.
Hélas! au lait coulant dans les champs par ruisseaux
45 A succédé le vin d'où sortent les orgies;
Les hommes maintenant ont des tables rougies;
Le lait les faisait bons et le vin les rend fous :
Atrée est ivre auprès de Thyeste en courroux;
Les Centaures, prenant les femmes sur leurs croupes,
50 Frappent l'homme, et l'horreur tragique est dans les coupes.
O beaux jours passés! terre amante, ciel époux!
Oh! que le tremblement des branches était doux!
Les cyclopes jouaient de la flûte dans l'ombre.

La terre est aujourd'hui comme un radeau qui sombre.
55 Les dieux, ces parvenus, règnent, et, seuls debout,
Composent leur grandeur de la chute de tout.
Leur banquet resplendit sur la terre et l'affame,
Ils dévorent l'amour, l'âme, la chair, la femme,
Le bien, le mal, le faux, le vrai, l'immensité.
60 Ils sont hideux au fond de la sérénité.   [s'entourent
Quels festins! Comme ils sont contents! Comme ils
De vertiges, de feux, d'ombre! Comme ils savourent
La gloire d'être grands, d'être dieux, d'être seuls!
Comme ils raillent les vieux géants dans leurs linceuls!
65 Toutes les vérités premières sont tuées.
Les heures, qui ne sont que des prostituées,
Viennent chanter chez eux, montrant de vils appas,
Leur offrant l'avenir sacré, qu'elles n'ont pas.
Hébé leur verse à boire et leur soif dit : encore!
70 Trois danseuses, Thalie, Aglaé, Terpsichore,
Sont là, belles, croisant leurs pas mélodieux.
Qu'il est doux d'avoir fait le mal qui vous fait dieux!
Vaincre! être situés aux lieux inabordables!
Torturer et jouir! Ils vivent formidables
75 Dans l'éblouissement des Grâces aux seins nus.
Ils sont les radieux, ils sont les inconnus.
Ils ont détruit Craos, Nephtis, Antée, Otase;
Etre horribles et beaux, c'est une double extase;
Comme ils sont adorés! Comme ils sont odieux!
80 Ils perdent la raison à force d'être dieux;

Car la férocité, c'est la vraie allégresse,
Et Bacchus fait traîner par des tigres l'ivresse.
Ils inspirent Dodone, Éléphantine, Endor.
Chacun d'eux à la main tient une coupe d'or
85 Pure à mouler dessus un sein de jeune fille.
Sur son trépied en Crète, à Cumes sous sa grille,
La sibylle leur livre à travers ses barreaux
Le secret de la foudre en ses vers fulguraux,
Car cette louve sait le fatal fond des choses;
90 Toute la terre tremble à leurs métamorphoses;
La forêt, où le jour pâle pénètre peu,
Quand elle voit un monstre a peur de voir un dieu.
Quelle joie ils se font avec l'univers triste!
Comme ils sont convaincus que rien hors d'eux n'existe!
95 Comme ils se sentent forts, immortels, éternels!
Quelle tranquillité d'être les criminels,
Les tyrans, les bourreaux, les dogmes, les idoles!
D'emplir d'ombre et d'horreur les pythonisses folles,
Les ménades d'amour, les sages de stupeur!
100 D'avoir partout pour soi l'autel noir de la peur!
D'avoir l'antre, l'écho, le lieu visionnaire,
Tous les fracas depuis l'Etna jusqu'au tonnerre,
Toutes les tours depuis Pharos jusqu'à Babel!
D'être, sous tous les noms possibles, Dagon, Bel,
105 Jovis, Horus, Moloch et Teutatès, les maîtres!
D'avoir à soi la nuit, le vent, les bois, les prêtres!
De posséder le monde entier, Ephèse et Tyr,
Thulé, Thèbe, et les flots dont on ne peut sortir,
Et d'avoir, au-delà des colonnes d'Hercule,
110 Toute l'obscurité qui menace et recule!
Quelle toute-puissance! effarer le lion,
Dompter l'aigle, poser Ossa sur Pélion,
Avoir, du cap d'Asie aux pics Acrocéraunes,
Toute la mer pour peuple et tous les monts pour trônes,
115 Avoir le sable et l'onde, et l'herbe et le granit,
Et la brume ignorée où le monde finit!
En bas, le tremblement des flèches dans les cibles,
Le passage orageux des meutes invisibles,
Le roulement des chars, le pas des légions,
120 Le bruit lugubre fait par les religions,
D'étranges voix sortant d'une sombre ouverture,
L'obscur rugissement de l'immense nature,
Réalisent, au pied de l'Olympe inclément,
On ne sait quel sinistre anéantissement;
125 Et la terre, où la vie indistincte végète,
Sous ce groupe idéal et monstrueux qui jette
Les fléaux, à la fois moissonneur et semeur,
N'est rien qu'une nuée où flotte une rumeur.
Par moments le nuage autour du mont s'entr'ouvre;
130 Alors on aperçoit sur ces êtres, que couvre
Un divin flamboiement brusquement éclairci,

Des rejaillissements de rayons, comme si
L'on avait écrasé sur eux de la lumière ;
Puis le hautain sommet rentre en son ombre altière
135 Et l'on ne voit plus rien que les sanglants autels ;
Seulement on entend rire les immortels.

Et les hommes ? Que font les hommes ? Ils frissonnent.
Les clairons dans les camps et dans les temples sonnent,
L'encens et les bûchers fument, et le destin
140 Du fond de l'ombre immense écrase tout, lointain ;
Et les blêmes vivants passent, larves, pygmées ;
Ils regardent l'Olympe à travers les fumées,
Et se taisent, sachant que le sort est sur eux,
D'autant plus éblouis qu'ils sont plus ténébreux ;
145 Leur seule volonté c'est de ne pas comprendre ;
Ils acceptent tout, vie et tombeau, flamme et cendre,
Tout ce que font les rois, tout ce que les dieux font,
Tant le frémissement des âmes est profond !

II

SOUS L'OLYMPE

Cependant un des fils de la terre farouche,
150 Un titan, l'ombre au front et l'écume à la bouche,
Phtos le géant, l'aîné des colosses vaincus,
Tandis qu'en haut les dieux, enivrés par Bacchus,
Mêlent leur joie autour de la royale table,
Rêve sous l'épaisseur du mont épouvantable.
155 Les maîtres, sous l'Olympe, ont, dans un souterrain
Jeté Phtos, l'ont lié d'une corde d'airain,
Puis ils l'ont laissé là, car la victoire heureuse
Oublie et chante ; et Phtos médite ; il sonde, il creuse,
Il fouille le passé, l'avenir, le néant.
160 Oh ! quand on est vaincu, c'est dur d'être géant !
Un nain n'a pas la honte, ayant la petitesse.
Seuls, les cœurs de titans ont la grande tristesse ;
Le volcan morne sent qu'il s'éteint par degrés,
Et la défaite est lourde aux fronts démesurés.
Ce vaincu saigne et songe, étonné.

165   Quelle chute !
Les dieux ont commencé la tragique dispute,
Et la terre est leur proie. O deuil ! Il mord son poing.
Comment respire-t-il ? Il ne respire point.
Son corps vaste est blessé partout comme une cible.
170 Le câble que Vulcain fit en bronze flexible
Le serre, et son cou râle, étreint d'un nœud d'airain.

Phtos médite, et ce grand furieux est serein ;
Il méprise, indigné, les fers, les clous, les gênes.

III

CE QUE LES GÉANTS SONT DEVENUS

Il songe au fier passé des puissants terrigènes,
175 Maintenant dispersés dans vingt charniers divers,
Vastes membres d'un monstre auguste, l'univers ;
Toute la terre était dans ces hommes énormes ;
A cette heure, mêlés aux montagnes sans formes,
Ils gisent, accablés par le destin hideux,
180 Plus morts que le sarment qu'un pâtre casse en deux.
Où sont-ils ? sous des rocs abjects, cariatides
Des Ténares ardents, des Cocytes fétides ;
Encelade a sur lui l'infâme Etna fumant ;
C'est son bagne et l'on voit de l'âpre entassement
185 Sortir son pied qui semble un morceau de montagne ;
Thor est sous l'écueil noir qui sera la Bretagne,
Sur Anax, le géant de Tyrinthe, Arachné
File sa toile, tant il est bien enchaîné ;
Pluton, après avoir mis Kothos dans l'Erèbe,
190 A cloué ses cent mains aux cent portes de Thèbe ;
Mopse est évanoui sous l'Athos, c'est Hermès
Qui l'enferme ; on ne peut espérer que jamais
Dans ces caves du monde aucun souffle ranime
Rhœtus, Porphyrion, Mégatlas, Evonyme ;
195 Couché de son long sous le haut mont Liban,
Titlis souffre, et, saisi par Notus, vil forban,
Scrops flotte sous Délos, l'île errante et funeste ;
Dronte est muré sous Delphe et Mimas sous Prœneste ;
Cœbès, Géreste, Andès, Béor, Cédalion,
200 Jax, qui dormait le jour ainsi que le lion,
Tous ces êtres plus grands que des monts, sont esclaves,
Les uns sous des glaciers, les autres sous des laves,
Dans on ne sait quel lâche enfer fastidieux ;
Et Prométhée ! Hélas ! quels bandits que ces dieux !
205 Personne au fond ne sait le crime de Tantale ;
Pour avoir entrevu la baigneuse fatale,
Actéon fuit dans l'ombre ; et qu'a fait Adonis ?
Que de héros brisés ! Que d'innocents punis !
Phtos repasse en son cœur l'affreux sort de ses frères ;
210 Star dans Lesbos subit l'affront des stercoraires ;
Cerbère garde Ephlops, par mille éclairs frappé,
Sur qui rampe en enfer la chenille Campé ;
C'est sur Mégarios que le mont Ida pèse ;
Darse endure le choc des flots que rien n'apaise ;

215 Rham est si bien captif du Styx fuligineux
     Qu'il n'en a pas encor pu desserrer les nœuds ;
     Atlas porte le monde, et l'on entend le pôle
     Craquer quand le géant lassé change d'épaule ;
     Lié sous le volcan Liparis, noir récif,
220 Typhée est au milieu de la flamme pensif.
     Tous ces titans, Stellos, Talémon, Ecmonide,
     Gès dont l'œil bleu faisait reculer l'euménide,
     Ont succombé, percés des flèches de l'éther,
     Sous le guet-apens brusque et vil de Jupiter.
225 Les géants qui gardaient l'âge d'or, dont la taille
     Rassurait la nature, ont perdu la bataille,
     Et les colosses sont remplacés par les dieux.
     La terre n'a plus d'âme, et le ciel n'a plus d'yeux ;
     Tout est mort. Seuls, ces rois épouvantables vivent.
230 Les stupides saisons comme des chiens les suivent,
     L'ordre éternel les semble approuver en marchant ;
     Dans l'Oiympe, où le cri du monde arrive chant,
     Où l'étourdissement conseille l'inclémence,
     On rit. Tant de victoire a droit à la démence.
235 Et ces dieux ont raison. Phtos écume. — Oui, dit-il,
     Ils ont raison. Eau, flamme, éléments, air subtil,
     Vous ne vous êtes pas défendus. Votre orage
     N'a pas eu dans la lutte affreuse assez de rage ;
     Vous vous êtes laissé museler lâchement.
240 Le mal triomphe ! — Et Phtos frémit. Ecroulement !
     Tous les géants sont pris et garrottés. Que faire ?
     Il songe.

                              IV

                           L'EFFORT

              Quoi ! l'eau court, le cheval se déferre,
     L'humble oiseau brise l'œuf à coups de bec, le vent
     Prend la fuite, malgré l'éclair le poursuivant,
245 Le loup s'en va, bravant le pâtre et le molosse,
     Le rat ronge sa cage ; et lui, titan, colosse,
     Lui dont le cœur a plus de lave qu'un volcan,
     Lui Phtos, il resterait dans cette ombre, au carcan !
     O fureur ! Non. Il tord ses os, tend ses vertèbres,
250 Se débat. Lequel est le plus dur, ô ténèbres !
     De la chair d'un titan ou de l'airain des dieux ?
     Tout à coup, sous l'effort... — ô matin radieux,
     Quand tu remplis d'aurore et d'amour le grand chêne,
     Ton chant n'est pas plus doux que le bruit d'une chaîne
255 Qui se casse et qui met une âme en liberté ! —
     Le carcan s'est fendu, les nœuds ont éclaté !
     Le roc sent remuer l'être extraordinaire ;

Ah ! dit Phtos, et sa joie est semblable au tonnerre ;
Le voilà libre !

                Non, la montagne est sur lui.
260   Les fers sont les anneaux de ce serpent, l'ennui,
Ils sont rompus ; mais quoi ! tout ce granit l'arrête ;
Que faire avec ce mont difforme sur sa tête ?
Qu'importe une montagne à qui brisa ses fers !
Certe, il fuira. Dût-il déranger les enfers,
265   Certe, il s'évadera dans la profondeur sombre !
Qu'importe le possible, et les chaos sans nombre,
Le précipice en bas, l'escarpement en haut ?
Fauve, il dépave avec ses ongles son cachot.
Il arrache une pierre, une autre, une autre encore ;
270   Oh ! quelle étrange nuit sous l'univers sonore !
Un trou s'offre lugubre, il y plonge, et, rampant
Dans un vide où l'effroi du tombeau se répand,
Il voit sous lui de l'ombre et de l'horreur. Il entre.
Il est dans on ne sait quel intérieur d'antre ;
275   Il avance, il serpente, il fend les blocs mal joints ;
Il disloque la roche entre ses vastes poings ;
Les enchevêtrements de racines vivaces,
Les fuites d'eau mouillant de livides crevasses,
Il franchit tout ; des reins, des coudes, des talons,
280   Il pousse devant lui l'abîme et dit : Allons !
Et le voilà perdu sous des amas funèbres,
Remuant les granits, les miasmes, les ténèbres,
Et tout le noir dessous de l'Olympe éclatant.
Par moments il s'arrête, il écoute, il entend
285   Sur sa tête les dieux rire, et pleurer la terre.
Bruit tragique.

            A plat ventre, ainsi que la panthère,
Il s'aventure ; il voit ce qui n'a pas de nom.
Il n'est plus prisonnier ; s'est-il échappé ? Non.
Où fuir, puisqu'ils ont tout ? Rage ! ô pensée amère !
290   Il rentre au flanc sacré de la terre sa mère.
Stagnation. Noirceur. Tombe. Blocs étouffants.
Et dire que les dieux sont là-haut triomphants !
Et que la terre est tout, et qu'ils ont pris la terre !
L'ombre même lui semble hostile et réfractaire.
295   Mourir, il ne le peut ; mais renaître, qui sait ?
Il va. L'obscurité sans fond, qu'est-ce que c'est ?
Il fouille le néant, et le néant résiste.
Parfois un flamboiement, plus noir que la nuit triste,
Derrière une cloison de fournaise apparaît.
300   Le titan continue. Il se tient en arrêt,
Guette, sape, reprend, creuse, invente sa route,
Et fuit, sans que le mont qu'il a sur lui s'en doute,
Les olympes n'ayant conscience de rien.

V

LE DEDANS DE LA TERRE

Pas un rayon de jour; nul souffle aérien;
305 Des fentes dans la nuit; il rampe. Après des caves
Où gronde un gonflement de soufres et de laves,
Il traverse des eaux hideuses; mais que font
L'onde et la flamme et l'ombre à qui cherche le fond,
Le dénoûment, la fin, la liberté, l'issue ?
310 Son crâne est son levier, sa main est sa massue;
Plongeur de l'ignoré, crispant ses bras noueux,
Il écarte des tas d'obstacles monstrueux,
Il perce du chaos les pâles casemates;
Il est couvert de sang, de fange, de stigmates;
315 Comme, ainsi formidable, il plairait à Vénus !
La pierre âpre et cruelle écorche ses flancs nus
Et sur son corps, criblé par l'éclair sanguinaire,
Rouvre la cicatrice énorme du tonnerre.

Glissement colossal sous l'amoncellement
320 De la nuit, du granit affreux, de l'élément !
L'eau le glace, le feu le mord, l'ombre l'accable;
Mais l'évasion fière, indignée, implacable,
L'entraîne; et que peut-il craindre, étant foudroyé ?
Il va. Râlant, grinçant, luttant, saignant, ployé,
325 Il se fraie un chemin tortueux, tourne, tombe,
S'enfonce, et l'on dirait un ver trouant la tombe;
Il tend l'oreille au bruit qui va s'affaiblissant,
S'enivre de la chute et du gouffre, et descend.
Il entend rire, tant la voix des dieux est forte.
330 Il troue, il perce, il fuit... — Le puits que, de la sorte,
Il creuse est effroyable et sombre; et maintenant
Ce n'est plus seulement l'Olympe rayonnant
Que ce fuyard terrible a sur lui, c'est la terre.

Tout à coup le bruit cesse.

                      Et tout ce qu'il faut taire,
335 Il l'aperçoit. La fin de l'être et de l'espoir,
L'inhospitalité sinistre du fond noir,
Le cloaque où plus tard crouleront les Sodomes,
Le dessous ténébreux des pas de tous les hommes,
Le silence gardant le secret. Arrêtez !
340 Plus loin n'existe pas. L'ombre de tous côtés !
Ce gouffre est devant lui. L'abject, le froid, l'horrible,
L'évanouissement misérable et terrible,

L'espèce de brouillard que ferait le Léthé,
Cette chose sans nom, l'univers avorté,
345 Un vide monstrueux où de l'effroi surnage,
L'impossibilité de tourner une page,
Le suprême feuillet faisant le dernier pli !
C'est cela qu'on verrait si l'on voyait l'oubli.
Plus bas que les effets et plus bas que les causes,
350 La clôture à laquelle aboutissent les choses,
Il la touche, et dans l'ombre, inutile éclaireur,
Il est à l'endroit morne où Tout n'est plus. Terreur.
C'est fini. Le titan regarde l'invisible.

Se rendre sans avoir épuisé le possible,
355 Les colosses n'ont point cette coutume-là ;
Les géants qu'un amas d'infortune accabla
Luttent encore ; ils ont un fier reste de rage ;
La résistance étant ressemblante à l'outrage
Plaît aux puissants vaincus ; l'aigle mord ses barreaux.
360 Faire au sort violence est l'humeur des héros.
Et ce désespoir-là seul est grand et sublime
Qui donne un dernier coup de talon à l'abîme.
Phtos, comme s'il voulait, de ses deux bras ouverts,
Arracher le dernier morceau de l'univers,
Se baisse, étreint un bloc et l'écarte...

VI

LA DÉCOUVERTE DU TITAN

365   O vertige !
O gouffres ! l'effrayant soupirail d'un prodige
Apparaît ; l'aube fait irruption ; le jour,
Là, dehors, un rayon d'allégresse et d'amour,
Formidable, aussi pur que l'aurore première,
370 Entre dans l'ombre, et Phtos, devant cette lumière,
Brusque aveu d'on ne sait quel profond firmament,
Recule, épouvanté par l'éblouissement.

Le soupirail est large, et la brèche est béante.
Phtos y passe son bras, puis sa tête géante ;
Il regarde.
                          *

375   Il croyait, quand sur lui tout croula,
Voir l'abîme ; eh bien non ! l'abîme, le voilà.
Phtos est à la fenêtre immense du mystère.
Il voit l'autre côté monstrueux de la terre,
L'inconnu, ce qu'aucun regard ne vit jamais ;
380 Des profondeurs qui sont en même temps sommets,

Un tas d'astres derrière un gouffre d'empyrées,
Un océan roulant aux plis de ses marées
Des flux et des reflux de constellations;
Il voit les vérités qui sont les visions;
385 Des flots d'azur, des flots de nuit, des flots d'aurore,
Quelque chose qui semble une croix météore,
Des étoiles après des étoiles, des feux
Après des feux, des cieux, des cieux, des cieux, des cieux !
Le géant croyait tout fini; tout recommence !
390 Ce qu'aucune sagesse et pas une démence,
Pas un être sauvé, pas un être puni
Ne rêverait, l'abîme absolu, l'infini,
Il le voit. C'est vivant, et son œil y pénètre.

Cela ne peut mourir et cela n'a pu naître,
395 Cela ne peut s'accroître ou décroître en clarté,
Toute cette lumière étant l'éternité.
Phtos a le tremblement effrayant qui devine.
Plus d'astres qu'il n'éclôt de fleurs dans la ravine,
Plus de soleils qu'il n'est de fourmis, plus de cieux
400 Et de mondes à voir que les hommes n'ont d'yeux !
Ces blancheurs sont des lacs de rayons; ces nuées
Sont des créations sans fin continuées.
Là plus de rives, plus de bords, plus d'horizons.
Dans l'étendue, où rien ne marque les saisons,
405 Où luisent les azurs, où les chaos sanglotent,
Des millions d'enfers et de paradis flottent,
Éclairant de leurs feux, lugubres ou charmants,
D'autres humanités sous d'autres firmaments.
Où cela cesse-t-il ? Cela n'a pas de terme.
410 Quel Styx étreint ce ciel ? Aucun. Quel mur l'enferme ?
Aucun. Globes, soleils, lunes, sphères. Forêt.
L'impossible à travers l'évident transparaît.
C'est le point fait soleil, c'est l'astre fait atome;
Tant de réalité que tout devient fantôme;
415 Tout un univers spectre apparu brusquement.
Un globe est une bulle; un siècle est un moment;
Mondes sur mondes; l'un par l'autre ils se limitent.
Des sphères restent là, fixes; d'autres imitent
L'évanouissement des passants inconnus,
420 Et s'en vont. Portant tout et par rien soutenus,
Des foules d'univers s'entre-croisent sans nombre;
Point de Calpé pour l'aube et d'Abyla pour l'ombre;
Des astres errants vont, viennent, portent secours;
Ténèbres, clartés, gouffre. Et puis après ? Toujours.
425 Phtos voit l'énigme; il voit le fond, il voit la cime.
Il sent en lui la joie obscure de l'abîme;
Il subit, accablé de soleils et de cieux,
L'inexprimable horreur des lieux prodigieux.
Il regarde, éperdu, le vrai, ce précipice.
430 Évidence sans borne, ou fatale, ou propice !

O stupeur ! il finit par distinguer, au fond
De ce gouffre où le jour avec la nuit se fond,
A travers l'épaisseur d'une brume éternelle,
Dans on ne sait quelle ombre énorme, une prunelle !

⋆

435 Cependant sur le haut de l'Olympe on riait ;
Les Immortels, sereins sur le monde inquiet,
Resplendissaient, debout dans un brouillard de gloire ;
Tout à coup, une étrange et haute forme noire
Surgit en face d'eux, et Vénus dit : Quelqu'un !
440 C'était Phtos. Comme un feu hors du vase à parfum,
Ou comme un flamboiement au-dessus du cratère,
Le colosse, en rampant dans l'ombre et sous la terre,
S'était fait libre, était sorti de sa prison,
Et maintenant montait, sinistre, à l'horizon.
445 Il avait traversé tout le dessous du monde.
Il avait dans les yeux l'éternité profonde.
Il se fit un silence inouï ; l'on sentit
Que ce spectre était grand, car tout devint petit ;
L'aigle ouvrit son œil fauve où l'âpre éclair palpite,
450 Et sembla regarder du côté de la fuite ;
L'Olympe fut noirci par l'ombre du géant ;
Jupiter se dressa, pâle, sur son séant ;
Le dur Vulcain cessa de battre son enclume
Qui sonna si souvent, dans sa forge qui fume,
455 Sur les fers des vaincus lorsqu'il les écrouait ;
Afin qu'on n'entendît pas même leur rouet
Les trois Grâces d'en haut firent signe aux trois Parques.
Alors le titan, grave, altier, portant les marques
Des tonnerres sur lui tant de fois essayés,
460 Ayant l'immense aspect des sommets foudroyés
Et la difformité sublime des décombres,
Regarda fixement les olympiens sombres
Stupéfaits sur leur cime au fond de l'éther bleu,
Et leur cria, terrible : O dieux, il est un Dieu !

V

LA VILLE DISPARUE

LA VILLE DISPARUE

Peuple, l'eau n'est jamais sans rien faire. Mille ans
Avant Adam, qui semble un spectre en cheveux blancs,
Notre aïeul, c'est du moins ainsi que tu le nommes,
Quand les géants étaient encor mêlés aux hommes,
5   Dans des temps dont jamais personne ne parla,
Une ville bâtie en briques était là
Où sont ces flots qu'agite un aquilon immense,
Et cette ville était un lieu plein de démence
Que parfois menaçait de loin un blême éclair.
10 On voyait une plaine où l'on voit une mer ;
Alors c'étaient des chars qui passaient, non des barques ;
Les ouragans ont pris la place des monarques ;
Car pour faire un désert, Dieu, maître des vivants,
Commence par les rois et finit par les vents.
15 Ce peuple, voix, rumeurs, fourmillement de têtes,
Troupeau d'âmes, ému par les deuils et les fêtes,
Faisait le bruit que fait dans l'orage l'essaim,
Point inquiet d'avoir l'océan pour voisin.

Donc cette ville avait des rois ; ces rois superbes
20 Avaient sous eux les fronts comme un faucheur les herbes.
Étaient-ils méchants ? Non. Ils étaient rois. Un roi
C'est un homme trop grand que trouble un vague effroi,
Qui, faisant plus de mal pour avoir plus de joie,
Chez les bêtes de somme est la bête de proie ;
25 Mais ce n'est pas sa faute, et le sage est clément.
Un roi serait meilleur s'il naissait autrement ;
L'homme est homme toujours ; les crimes du despote
Sont faits par sa puissance, ombre où son âme flotte,
Par la pourpre qu'il traîne et dont on le revêt,
30 Et l'esclave serait tyran s'il le pouvait.
Donc cette ville était toute bâtie en briques.
On y voyait des tours, des bazars, des fabriques,
Des arcs, des palais pleins de luths mélodieux,
Et des monstres d'airain qu'on appelait les dieux.
35 Cette ville était gaie et barbare ; ses places

Faisaient par leurs gibets rire les populaces;
On y chantait des chœurs pleins d'oubli, l'homme étant
L'ombre qui jette un souffle et qui dure un instant;
De claires eaux luisaient au fond des avenues;
40 Et les reines du roi se baignaient toutes nues
Dans les parcs où rôdaient des paons étoilés d'yeux;
Les marteaux, au dormeur nonchalant odieux,
Sonnaient, de l'aube au soir, sur les noires enclumes;
Les vautours se posaient, fouillant du bec leurs plumes,
45 Sur les temples, sans peur d'être chassés, sachant
Que l'idole féroce aime l'oiseau méchant;
Le tigre est bienvenu près de l'hydre; et les aigles
Sentent qu'ils n'ont jamais enfreint aucunes règles,
Quand le sang coule auprès des autels radieux,
50 En venant partager le meurtre avec les dieux.
L'autel du temple était d'or pur, que rien ne souille;
Le toit était en cèdre et, de peur de la rouille,
Au lieu de clous avait des chevilles de bois.
Jour et nuit les clairons, les cistres, les hautbois,
55 De crainte que le dieu farouche ne s'endorme,
Chantaient dans l'ombre. Ainsi vivait la ville énorme.
Les femmes y venaient pour s'y prostituer.
Mais un jour l'océan se mit à remuer;
Doucement, sans courroux, du côté de la ville
60 Il rongea les rochers et les dunes, tranquille,
Sans tumulte, sans chocs, sans efforts haletants,
Comme un grave ouvrier qui sait qu'il a le temps;
Et lentement, ainsi qu'un mineur solitaire,
L'eau jamais immobile avançait sous la terre;
65 C'est en vain que sur l'herbe un guetteur assidu
Eût collé son oreille, il n'eût rien entendu;
L'eau creusait sans rumeur comme sans violence,
Et la ville faisait son bruit sur ce silence.
Si bien qu'un soir, à l'heure où tout semble frémir,
70 A l'heure où, se levant comme un sinistre émir,
Sirius apparaît, et sur l'horizon sombre
Donne un signal de marche aux étoiles sans nombre,
Les nuages qu'un vent l'un à l'autre rejoint
Et pousse, seuls oiseaux qui ne dormissent point,
75 La lune, le front blanc des monts, les pâles astres,
Virent soudain maisons, dômes, arceaux, pilastres,
Toute la ville, ainsi qu'un rêve, en un instant,
Peuple, armée, et le roi qui buvait en chantant
Et qui n'eut pas le temps de se lever de table,
80 Crouler dans on ne sait quelle ombre épouvantable;
Et pendant qu'à la fois, de la base au sommet,
Ce chaos de palais et de tours s'abîmait,
On entendit monter un murmure farouche,
Et l'on vit brusquement s'ouvrir comme une bouche
85 Un trou d'où jaillissait un jet d'écume amer,
Gouffre où la ville entrait et d'où sortait la mer.

Et tout s'évanouit; rien ne resta que l'onde.
Maintenant on ne voit au loin que l'eau profonde
Par les vents remuée et seule sous les cieux.
90   Tel est l'ébranlement des flots mystérieux.

VI

APRÈS LES DIEUX, LES ROIS

I

DE MESA A ATTILA

INSCRIPTION

(Neuf cents ans avant J.-C.)

C'est moi qui suis le roi, Mesa, fils de Chémos.
J'ai coupé la forêt de pins aux noirs rameaux,
Et j'ai bâti Baal-Méon, ville d'Afrique.
J'ai fait le mur de bois, j'ai fait le mur de brique,
5 Et j'ai dit : Que chaque homme, à peine de prison,
Se creuse une citerne auprès de sa maison,
Car, en hiver, on a deux mois de grandes pluies ;
Afin que les brebis, les chèvres et les truies,
Puissent paître dehors au temps des maïs mûrs,
10 Je réserve aux troupeaux un champ fermé de murs.
C'est moi qui fis la porte et qui fis la tourelle ;
Astarté règne, et j'ai fait la guerre pour elle ;
Le dieu Chémos, mon père et son mari, m'aida
Quand je chassai de Gad Omri, roi de Juda.
15 J'ai construit Aroër, une ville très forte ;
J'ai bâti la tourelle et j'ai bâti la porte.
Les peuples me louaient parce que j'étais bon ;
J'étais roi de l'armée immense de Dibon
Qui boit en chantant l'ombre et la mort, et qui mêle
20 Le sang fumant de l'aigle au lait de la chamelle ;
Je marchais, étant juge et prince, à la clarté
De Chémos, de Dagon, de Bel et d'Astarté,
Et ce sont là les quatre étoiles qui sont reines.
J'ai creusé d'Ur à Tyr des routes souterraines.
25 Chémos m'a dit : Reprends Nebo sur Israël.
Et je n'ai jamais fait que ce que veut le ciel.
Maintenant, dans ce puits, je ferme la paupière.
Sachez que vous devez adorer cette pierre
Et brûler du bétel devant ce grand tombeau ;
30 Car j'ai tué tous ceux qui vivaient dans Nebo,
J'ai nourri les corbeaux qui volent dans les nues,
J'ai fait vendre au marché les femmes toutes nues,
J'ai chargé de butin quatre cents éléphants,
J'ai cloué sur des croix tous les petits enfants,
35 Ma droite a balayé toutes ces races viles
Dans l'ombre, et j'ai rendu leurs anciens noms aux villes.

CASSANDRE

Argos. La cour du palais.

CASSANDRE, *sur un char*, CLYTEMNESTRE,
LE CHŒUR

LE CHŒUR

Elle est fille de roi. — Mais sa ville est en cendre.
Elle a droit à ce char et n'en veut pas descendre.
Depuis qu'on l'a saisie, elle n'a point parlé.
Le marbre de Syrta, la neige de Thulé
5 N'ont pas plus de froideur que cette âpre captive.
Elle est à l'avenir formidable attentive.
Elle est pleine d'un dieu redoutable et muet;
Le sinistre Apollon d'Ombos, qui remuait
Dodone avec le souffle et Thèbe avec la lyre,
10 Mêle une clarté sombre à son morne délire.
Elle a la vision des choses qui seront;
Un reflet de vengeance est déjà sur son front;
Elle est princesse, elle est pythie, elle est prêtresse,
Elle est esclave. Etrange et lugubre détresse !
15 Elle vient sur un char, étant fille de roi.
Le peuple, qui regarde aller, pâles d'effroi,
Les prisonniers pieds nus qu'on chasse à coups de lance,
Et qui rit de leurs cris, a peur de son silence.

Le char s'arrête.

CLYTEMNESTRE

Femme, à pied ! Tu n'es pas ici dans ton pays.

LE CHŒUR

20 Allons, descends du char, c'est la reine, obéis.

CLYTEMNESTRE

Crois-tu que j'ai le temps de t'attendre à la porte ?
Hâte-toi. Car bientôt il faut que le roi sorte.

Peut-être entends-tu mal notre langue d'ici ?
Si ce que je te dis ne se dit pas ainsi
25 Au pays dont tu viens et dont tu te sépares,
Parle en signes alors, fais comme les barbares.

LE CHŒUR

Si l'on parlait sa langue, on saurait son secret.
On sent en la voyant ce qu'on éprouverait
Si l'on venait de prendre une bête farouche.

CLYTEMNESTRE

30 Je ne lui parle plus. L'horreur ferme sa bouche.
Triste, elle songe à Troie, au ciel jadis serein.
Elle ne prendra pas l'habitude du frein
Sans le couvrir longtemps d'une sanglante écume.

Clytemnestre sort.

LE CHŒUR

Cède au destin. Crois-moi. Je suis sans amertume.
35 Descends du char. Reçois la chaîne à ton talon.

CASSANDRE

Dieux ! Grands dieux ! Terre et ciel ! Apollon ! Apollon !

APOLLON LOXIAS, *dans l'ombre.*

Je suis là. Tu vivras, afin que ton œil voie
Le flamboiement d'Argos plein des cendres de Troie.

LES TROIS CENTS

Ξέρξης τὸν Ἑλλήσποντον ἐκέλευσε τριηκοσίας
ἐπιχέσθαι μάστιγι πληγάς.

HÉRODOTE, *Polymnie.*

I

L'ASIE

L'Asie est monstrueuse et fauve; elle regarde
Toute la terre avec une face hagarde,
Et la terre lui plaît, car partout il fait nuit;
L'Asie, où la hauteur des rois s'épanouit,
5   A ce contentement que l'univers est sombre;
Ici la Cimmérie, au delà la Northumbre,
Au delà l'âpre hiver, l'horreur, les glaciers nus,
Et les monts ignorés sous les cieux inconnus;
Après l'inhabitable on voit l'infranchissable:
10 La neige fait au nord ce qu'au sud fait le sable;
Le pâle genre humain se perd dans la vapeur;
Le Caucase est hideux, les Dofrines font peur;
Au loin râle, en des mers d'où l'hirondelle émigre,
Thulé sous son volcan comme un daim sous un tigre;
15 Au pôle, où du corbeau l'orfraie entend l'appel,
Les cent têtes d'Orcus font un blême archipel,
Et, pareils au chaos, les océans funèbres
Roulent cette nuit, l'eau, sous ces flots, les ténèbres.
L'Asie en ce sépulcre a la couronne au front,
20 Nulle part son pouvoir sacré ne s'interrompt,
Elle règne sur tous les peuples qu'on dénombre,
Et tout ce qui n'est point à l'Asie est à l'ombre,
A la nuit, au désert, au sauvage aquilon;
Toutes les nations rampent sous son talon
25 Ou grelottent au nord sous la bise et la pluie.

Mais la Grèce est un point lumineux qui l'ennuie :
Il se pourrait qu'un jour cette clarté perçât,
Et rendît l'espérance à l'univers forçat.
L'Asie obscure et vaste en frémit sous son voile ;
30 Et l'énorme noirceur cherche à tuer l'étoile.

II

LE DÉNOMBREMENT

On se mettait en route à l'heure où le jour naît.

Le bagage marchait le premier, puis venait
Le gros des nations, foule au hasard semée,
Qui faisait à peu près la moitié de l'armée.
35 Dire leurs noms, leurs cris, leurs chants, leurs pas, leur bruit,
Serait vouloir compter les souffles de la nuit.
Les peuples n'ont pas tous les mêmes mœurs ; les scythes,
Qui font à l'occident de sanglantes visites,
Vont tout nus ; le macron, qui du scythe est rival,
40 A pour casque une peau de tête de cheval
Dont il a sur le front les deux oreilles droites ;
Ceux de Paphlagonie ont des bottes étroites
De peau tigrée, avec des clous sous les talons,
Et leurs arcs sont très courts et leurs dards sont très longs ;
45 Les daces, dont les rois ont pour palais un bouge,
Ont la moitié du corps peinte en blanc, l'autre en rouge ;
Le sogde emmène en guerre un singe, Béhémos,
Devant lequel l'augure inquiet dit des mots
Ténébreux, et pareils aux couleuvres sinistres ;
50 On voit passer parmi les tambours et les cistres
Les deux sortes de fils du vieil Ethiopus,
Ceux-ci les cheveux plats, ceux-là les fronts crépus ;
Les bars au turban vert viennent des deux Chaldées ;
Les piques des guerriers de Thrace ont dix coudées ;
55 Ces peuples ont chez eux un oracle de Mars ;
Comment énumérer les sospires camards,
Les lygiens, pour bain cherchant les immondices,
Les saces, les micois, les parthes, les dadyces,
Ceux de la mer Persique au front ceint de varechs,
60 Et ceux d'Assur armés presque comme les grecs,
Arthée et Sydamnès, roi du pays des fièvres,
Et les noirs caspiens, vêtus de peaux de chèvres,
Et dont les javelots sont brûlés par le bout.

Comme dans la chaudière une eau se gonfle et bout,
65 Cette troupe s'enflait en avançant, de sorte
Qu'on eût dit qu'elle avait l'Afrique pour escorte,

Et l'Asie, et tout l'âpre et féroce orient.
C'étaient les nims qui vont à la guerre en criant,
Les sardes, conquérants de Sardaigne et de Corse,
70 Les mosques tatoués sous leur bonnet d'écorce,
Les gètes, et, hideux, pressant leurs rangs épais,
Les bactriens, conduits par le mage Hystapès.
Les tybarènes, fils des races disparues,
Avaient des boucliers couverts de peaux de grues ;
75 Les lybs, nègres des bois, marchaient au son des cors ;
Leur habit était ceint par le milieu du corps,
Et chacun de ces noirs, outre les cimeterres,
Avait deux épieux, bons à la chasse aux panthères ;
Ils habitaient jadis sur le fleuve Strymon.
80 Les abrodes avaient l'air fauve du démon,
Et l'arc de bois de palme et la hache de pierre ;
Les gandars se teignaient de safran la paupière ;
Les syriens portaient des cuirasses de bois.
On entendait au loin la flûte et le hautbois
85 Des montagnards d'Abysse et le cri des numides
Amenant, du pays où sont les pyramides,
Des chevaux près desquels l'éclair est paresseux ;
Ceux de Lydie étaient coiffés de cuivre, et ceux
D'Hyrcanie acceptaient pour chef de leur colonne
90 Mégapane, qui fut prince de Babylone ;
Puis s'avançaient les blonds miliens, studieux
De ne point offenser les démons ni les dieux ;
Puis ceux d'Ophir, enfants des mers mystérieuses ;
Puis ceux du fleuve Phta qu'ombragent les yeuses,
95 Cours d'eau qui, hors des monts où l'asphodèle croît,
Sort par un défilé long et sinistre, étroit
Au point qu'il n'y pourrait passer une charrette ;
Puis les gours, nés dans l'ombre où l'univers s'arrête.
Les satrapes du Gange avaient des brodequins
100 Jusqu'à mi-jambe, ainsi que les chefs africains ;
Leur prince était Arthane, homme de renommée,
Fils d'Artha, que le roi Cambyse avait aimée
Au point de lui bâtir un temple en jade vert.
Puis venait un essaim de coureurs du désert,
105 Les sagastes, ayant pour toute arme une corde.
La légion marchait à côté de la horde,
L'homme nu coudoyait l'homme cuirassé d'or.
Une captive en deuil, la sibylle d'Endor,
S'indignait, murmurait de lugubres syllabes.
110 Les chevaux ayant peur des chameaux, les arabes
Se tenaient à distance et venaient les derniers ;
Après eux cheminaient, encombrés des paniers
Où brillait le butin rapporté des ravages,
Cent chars d'osier traînés par des ânes sauvages.
115 L'attroupement, formé de cette façon-là
Par tous ceux que la Perse en ses rangs appela,
Epais comme une neige au souffle de la bise,

Commandé par vingt chefs monstrueux, Mégabise,
Hermamythre, Masange, Acrise, Artaphernas,
120 Et poussé par les rois aux grands assassinats,
Cet énorme tumulte humain, semblable aux rêves,
Cet amas bigarré d'archers, de porte-glaives,
Et de cavaliers droits sur les lourds étriers,
Défilait, et ce tas de marcheurs meurtriers
125 Passait pendant sept jours et sept nuits dans les plaines,
Troupeau de combattants aux farouches haleines,
Vaste et terrible, noir comme le Phlégéthon,
Et qu'on faisait marcher à grands coups de bâton.
Et ce nuage était de deux millions d'hommes.

III

LA GARDE

130 Ninive, Sybaris, Chypre, et les cinq Sodomes
Ayant fourni beaucoup de ces soldats, la loi
Ne les admettait point dans la garde du roi.
L'armée est une foule; elle chante, elle hue;
Mais la garde, jamais mêlée à la cohue,
135 Muette, comme on est muet près des autels,
Marchait seule. Et d'abord venaient les Immortels,
Semblables aux lions secouant leurs crinières;
Rien n'était comparable au frisson des bannières
Ouvrant et refermant leurs plis pleins de dragons;
140 Tout le sérail du roi suivait dans les fourgons;
Puis marchaient, plus pressés que l'herbe des collines,
Les eunuques, armés de longues javelines;
Puis les bourreaux, masqués, traînant les appareils
De torture et d'angoisse, à des griffes pareils,
145 Et la cuve où l'on fait bouillir l'huile et le nitre.
Le perse a la tiare et le mède a la mitre;
Les Dix mille, persans, mèdes, tous couronnés,
S'avançaient, fiers, ainsi que des frères aînés,
Et ces soldats mitrés étaient sous la conduite
150 D'Alphès, qui savait tous les chemins, hors la fuite;
Et devant eux couraient, libres et sans liens,
Ces grands chevaux sacrés qu'on nomme nyséens;
Puis, commandés chacun par un roi satellite,
Venaient trente escadrons de cavaliers d'élite,
155 Tous la pique baissée à cause du roi, tous
Vêtus d'or sous des peaux de zèbres ou de loups;
Ces hommes étaient beaux comme l'aube sereine;
Puis des prêtres portaient le pétrin où la reine
Faisait cuire le pain sans orge et sans levain;
160 Huit chevaux blancs tiraient le chariot divin

De Jupiter, devant lequel le clairon sonne
Et dont le cocher marche à pied, vu que personne
N'a le droit de monter au char de Jupiter.
Les constellations qu'au fond du sombre éther
165 On entrevoit ainsi qu'en un bois les dryades,
Tous ces profonds flambeaux du ciel, ces myriades
De clartés, Arcturus, Céphée, et l'alcyon
De la mer étoilée et noire, Procyon,
Pollux qui vient vers nous, Castor qui s'en éloigne,
170 Cet amas de soleils qui pour les dieux témoigne,
N'a pas plus de splendeur et de fourmillement
Que cette armée en marche autour du roi dormant,

Car le roi sommeillait sur son char formidable.

IV

LE ROI

Il était là, superbe, obscur, inabordable ;
175 Par moments, il bâillait, disant : Quelle heure est-il ?
Artabane, son oncle, homme auguste et subtil,
Répondait : — Fils des dieux, roi des trois Ecbatanes
Où les fleuves sacrés coulent sous les platanes,
Il n'est pas nuit encor, le soleil est ardent.
180 O roi, reposez-vous, dormez, et cependant
Je vais vous dénombrer votre armée, inconnue
De vous-même et pareille aux aigles dans la nue.
Dormez. — Alors, tandis qu'il nommait les drapeaux
Du monde entier, le roi rentrait dans son repos,
185 Et se rendormait, sombre ; et le grand char d'ébène
Avait, sur son timon de structure thébaine,
Pour cocher un seigneur nommé Patyramphus.
Deux mille bataillons mêlant leurs pas confus,
Mille éléphants portant chacun sa tour énorme,
190 Suivaient, et d'un croissant l'armée avait la forme ;
L'archer suprême était Mardonius, bâtard ;
L'armée était nombreuse à ce point que, plus tard,
Elle but en un jour tout le fleuve Scamandre.
Les villes derrière elle étaient des tas de cendre ;
195 Tout saignait et brûlait quand on avait passé.
On enjamba l'Indus comme on saute un fossé.
Artabane ordonnait tout ce qu'un chef décide ;
Pour le reste on prenait les conseils d'Hermécyde,
Homme considéré des peuples du levant.

200 L'armée ainsi partit de Lydie, observant
Le même ordre jusqu'au Caïce, et, de ce fleuve,
Gagna la vieille Thèbe après la Thèbe neuve,

Et traversa le sable immense où la guida
Par-dessus l'horizon le haut du mont Ida.
205 Puis on vit l'Ararat, cime où s'arrêta l'arche.
Les gens de pied faisaient dans cette rude marche
Dix stades chaque jour et les cavaliers vingt.

Quand l'armée eut passé le fleuve Halys, on vint
En Phrygie, et l'on vit les sources du Méandre;
210 C'est là qu'Apollon prit la peine de suspendre
Dans Célène, à trois clous, au poteau du marché,
La peau de Marsyas, le satyre écorché.
On gagna Colossos, chère à Minerve Aptère,
Où le fleuve Lycus se cache sous la terre,
215 Puis Cydre où fut Crésus, le maître universel,
Puis Anane, et l'étang d'où l'on tire le sel;
Puis on vit Canos, mont plus affreux que l'Erèbe,
Mais sans en approcher; et l'on prit Callathèbe
Où des chiens de Diane on entend les abois.
220 Ville où l'homme est pareil à l'abeille des bois
Et fait du miel avec de la fleur de bruyère.
Le jour d'après on vint à Sardes, ville altière,
D'où l'on fit dire aux grecs d'attendre avec effroi
Et de tout tenir prêt pour le souper du roi.
225 Puis on coupa l'Athos que la foudre fréquente;
Et, des eaux de Sanos jusqu'à la mer d'Acanthe,
On fit un long canal évasé par le haut.
Enfin, sur une plage où souffle ce vent chaud
Qui vient d'Afrique, terre ignorée et maudite,
230 On fit près d'Abydos, entre Seste et Médyte,
Un vaste pont porté par de puissants donjons,
Et Tyr fournit la corde et l'Egypte les joncs.
Ce pont pouvait donner passage à des armées.
Mais une nuit, ainsi que montent les fumées,
235 Un nuage farouche arriva, d'où sortit
Le semoun, près duquel l'ouragan est petit;
Ce vent sur les travaux poussa les flots humides,
Rompit arches, piliers, tabliers, pyramides,
Et heurtant l'Hellespont contre le Pont-Euxin,
240 Fauve, il détruisit tout, comme on chasse un essaim;
Et la mer fut fatale. Alors le roi sublime
Cria : — Tu n'es qu'un gouffre, et je t'insulte, abîme !
Moi je suis le sommet. Lâche mer, souviens-t'en. —
Et donna trois cents coups de fouet à l'Océan.

245 Et chacun de ces coups de fouet toucha Neptune.

Alors ce dieu, qu'adore et que sert la Fortune,
Mouvante comme lui, créa Léonidas,
Et de ces trois cents coups il fit trois cents soldats,
Gardiens des monts, gardiens des lois, gardiens des villes,
250 Et Xercès les trouva debout aux Thermopyles.

LE DÉTROIT DE L'EURIPE

Il faisait nuit; le ciel sinistre était sublime;
La terre offrait sa brume et la mer son abîme.
Voici la question qui se posait devant
Des hommes secoués par l'onde et par le vent :
5   Faut-il fuir le détroit d'Euripe ? Y faut-il faire
Un front terrible à ceux que le destin préfère,
Et qui sont les affreux conquérants sans pitié ?
Ils ont une moitié, veulent l'autre moitié,
Et ne s'arrêteront qu'ayant toute la terre.
10 Demeurer, ou partir ? Choix grave. Angoisse austère.
Les chefs délibéraient sur un grand vaisseau noir.
Bien que ce ne soit pas la coutume d'avoir
Des colloques la nuit entre les capitaines,
La guerre ayant déjà des chances incertaines,
15 Et l'ombre ne pouvant, dans les camps soucieux,
Qu'ajouter à la nuit des cœurs la nuit des cieux,
Bien que l'heure lugubre où le prêtre médite
Soit aux discussions des soldats interdite,
On était en conseil, vu l'urgence. Il fallait
20 Savoir si l'on peut prendre une hydre en un filet
Et la Perse en un siège, et forcer les passages
De l'Euripe, malgré l'abîme et les présages.
Les hommes ont l'énigme éternelle autour d'eux.
Devait-on accepter un combat hasardeux ?
25 Les nefs étaient à l'ancre autour du grand navire,
Les mâts se balançaient sur le flot qui chavire,
L'aquilon remuait l'eau que rien ne corrompt;
Et sur la poupe altière où veillaient, casque au front,
Les archers de Platée, hommes de haute taille,
30 Thémistocle, debout en habit de bataille,
Cherchant à distinguer dans l'ombre des lueurs,
Parlait aux commandants de la flotte, rêveurs.

— Eurybiade, à qui Pallas confie Athène,
Noble Adymanthe, fils d'Ocyre, capitaine
35 De Corinthe, et vous tous, princes et chefs, sachez

Que les dieux sont sur nous à cette heure penchés;
Tandis que ce conseil hésite, attend, varie,
Je vois poindre une larme aux yeux de la patrie;
La Grèce en deuil chancelle et cherche un point d'appui.
40 Rois, je sens que tout ment, demain trompe aujourd'hui,
Le jour est louche, l'air est fuyant, l'onde est lâche;
Le sort est une main qui nous tient, puis nous lâche;
J'estime peu la vague instable, mais je dis
Qu'un gouffre est moins mouvant sous des pieds plus hardis
45 Et qu'il faut traiter l'eau comme on traite la vie,
Avec force et dédain; et, n'ayant d'autre envie
Que la bataille, ô grecs, je la voudrais tenter!
Il est temps que les cœurs renoncent à douter,
Et tout sera perdu, peuple, si tu n'opposes
50 La fermeté de l'homme aux trahisons des choses.
Nous sommes de fort près par Némésis suivis,
Tout penche, et c'est pourquoi je vous dis mon avis.
Restons dans ce détroit. Ce qui me détermine,
C'est de sauver Mégare, Egine et Salamine,
55 Et je trouve prudent en même temps que fier
De protéger la terre en défendant la mer.
L'immense roi venu des ténèbres profondes
Est sur le tremblement redoutable des ondes,
Qu'il y reste, et luttons corps à corps. Rois, je veux
60 Prendre aux talons celui qui nous prend aux cheveux,
Et frapper cet Achille à l'endroit vulnérable.
Que l'augure, appuyé sur son sceptre d'érable,
Interroge le foie et le cœur des moutons
Et tende dans la nuit ses deux mains à tâtons;
65 C'est son affaire; moi soldat, j'ai pour augure
Le Glaive, et c'est par lui que je me transfigure.
Combattre, c'est démence? Ah! soyons insensés!
Je sais bien que ce prince est effrayant, je sais
Que du vaisseau qu'il monte un démon tient la barre;
70 Ces mèdes sont hideux, et leur flotte barbare
Fait fuir éperdument la flottante Délos;
Ils ont bouleversé la mer, troublé ses flots,
Et dispersé si loin devant eux les écumes
Que l'eau de l'Hellespont va se briser à Cumes,
75 Je sais cela. Je sais aussi qu'on peut mourir.

UN PRÊTRE

Ce n'est point pour l'Hadès, trop pressé de s'ouvrir,
Que la nature, source et principe des choses,
Tend sa triple mamelle à tant de bouches roses;
Elle n'a point pour but le monstrueux tombeau;
80 Elle hait l'affreux Mars soufflant sur son flambeau;
Tendre, elle donne, au seuil des jours pleins de chimères,
Pour berceuse aux enfants l'espérance des mères,
Et le glaive farouche est par elle abhorré
Quand elle fait jaillir des seins le lait sacré.

THÉMISTOCLE

85 Prêtre, je sais cela. Mais la patrie existe.
Pour les vaincus, la lutte est un grand bonheur triste
Qu'il faut faire durer le plus longtemps qu'on peut.
Tâchons de faire au fil des Parques un tel nœud
Que leur fatal rouet déconcerté s'arrête.
90 Ici nous couvrons tout, de l'Eubée à la Crète ;
C'est donc ici qu'il faut frapper ce roi, contraint
De confier sa flotte au détroit qui l'étreint ;
Nous sommes peu nombreux, mais profitons de l'ombre,
La grande audace peut cacher le petit nombre ;
95 Et d'ailleurs à la mort nous irons radieux.
Montrons nos cœurs vaillants à ce grand ciel plein d'yeux.
Si l'abîme est obscur, les étoiles sont claires :
Les heures noires sont de bonnes conseillères,
O rois, et je reçois volontiers de la nuit
100 L'avis sombre qui fait que l'ennemi s'enfuit.
Par le tombeau béant je me laisse convaincre ;
Consentir à mourir c'est consentir à vaincre ;
La tombe est la maison du pâle sphinx guerrier
Qui promet un cyprès et qui donne un laurier ;
105 Elle se ferme au brave osant heurter sa porte ;
Car, devant un héros, la mort est la moins forte.
C'est pourquoi ceux qui sont imprudents ont raison.
Les deux mille vaisseaux qu'on voit à l'horizon
Ne me font pas peur. J'ai nos quatre cents galères,
110 L'onde, l'ombre, l'écueil, le vent, et nos colères.
Il est temps que les dieux nous aident ; et d'ailleurs
Nous serons pires, nous, s'ils ne sont pas meilleurs.
Nous les ferons rougir de nous trahir. Le sage,
C'est le hardi. Vaincu, moi, je crache au visage
115 Du destin ; et, vainqueur, et mon pays sauvé,
J'entre au temple et je baise à genoux le pavé.
Combattons. —

               Comme s'ils entendaient ces paroles,
Les vaisseaux secouaient aux vents leurs banderoles ;
Deux jours après, à l'heure où l'aube se leva,
120 Les chevaux du soleil dirent : Xercès s'en va !

LA CHANSON DE SOPHOCLE
A SALAMINE

Me voilà, je suis un éphèbe,
Mes seize ans sont d'azur baignés;
Guerre, déesse de l'Erèbe,
Sombre guerre aux cris indignés,

5   Je viens à toi, la nuit est noire!
Puisque Xercès est le plus fort,
Prends-moi pour la lutte et la gloire
Et pour la tombe; mais d'abord

Toi dont le glaive est le ministre,
10   Toi que l'éclair suit dans les cieux,
Choisis-moi de ta main sinistre
Une belle fille aux doux yeux,

Qui ne sache pas autre chose
Que rire d'un rire ingénu,
15   Qui soit divine, ayant la rose
Aux deux pointes de son sein nu,

Et ne soit pas plus importune
A l'homme plein du noir destin
Que ne l'est au profond Neptune
20   La vive étoile du matin.

Donne-la-moi, que je la presse
Vite sur mon cœur enflammé;
Je veux bien mourir, ô déesse,
Mais pas avant d'avoir aimé.

LES BANNIS

Cynthée, athénien proscrit, disait ceci :
Un jour, moi Cynthæus et Méphialte aussi,
Tous deux exilés, lui de Sparte, moi d'Athènes,
Nous suivions le sentier que voici dans les plaines,
5   Car on nous a bannis au désert de Thryos.
Un bruit pareil au bruit de mille chariots,
Un fracas comme en peut faire un million d'hommes,
S'éleva tout à coup dans la plaine où nous sommes.
Alors pour écouter nous nous sommes assis ;
10   Et ce grand bruit venait du côté d'Eleusis ;
Or Eleusis était alors abandonnée,
Et tout était désert de Thèbe à Mantinée
A cause du ravage horrible des persans.
Les champs sans laboureurs, les routes sans passants
15   Attristaient le regard depuis plus d'une année.
Nous étions là, la face à l'orient tournée,
Et l'étrange rumeur sur nos têtes passait ;
Et Méphialte alors me dit : — Qu'est-ce que c'est ?
— Je l'ignore, lui dis-je. Il reprit : — C'est l'Attique
20   Qui se soulève, ou bien c'est l'Iacchus mystique
Qui parle bruyamment dans le ciel à quelqu'un.
— Ami, ce que l'exil a de plus importun,
Repris-je, c'est qu'on est en proie à la chimère.
Et cependant le bruit cessa. — Fils de ta mère,
25   Me dit-il, je suis sûr qu'on parle en ce ciel bleu,
Et c'est la voix d'un peuple ou c'est la voix d'un dieu.
Maintenant comprends-tu ce que cela veut dire ?
— Non. — Ni moi. Cependant je sens comme une lyre
Qui dans mon cœur s'éveille et chante, et qui répond,
30   Sereine, à ce fracas orageux et profond.
— Et moi, dis-je, j'entends de même une harmonie
Dans mon âme, et pourtant la rumeur est finie.
Alors Méphialtès s'écria : — Crois et vois.
Nous avons tous les deux entendu cette voix ;
35   Elle n'a point passé pour rien sur notre tête ;
Elle nous donne avis que la revanche est prête ;

Qu'aux champs où, jeune, au tir de l'arc je m'exerçais
Des enfants ont grandi qui chasseront Xercès;
Cette voix a l'accent farouche du prodige.
40 Si c'est le cri d'un peuple, il est pour nous, te dis-je;
Si c'est un cri des dieux, il est contre ceux-là
Par qui le sol sacré de l'Olympe trembla.
Xercès souille la Grèce auguste. Il faut qu'il parte. —
Et moi banni d'Athène et lui banni de Sparte,
45 Nous disions; lui : — Que Sparte, invincible à jamais,
Soit comme un lever d'astre au-dessus des sommets !
Et moi : — Qu'Athènes vive et soit du ciel chérie ! —
Et nous étions ainsi pensifs pour la patrie.

AIDE OFFERTE A MAJORIEN

PRÉTENDANT A L'EMPIRE

Germanie. Forêt. Crépuscule. Camp. Majorien à un créneau.
Une immense horde humaine emplissant l'horizon.

UN HOMME DE LA HORDE

Majorien, tu veux de l'aide. On t'en apporte.

MAJORIEN

Qui donc est là ?

L'HOMME

La mer des hommes bat ta porte.

MAJORIEN

Peuple, quel est ton chef ?

L'HOMME

Le chef s'appelle Tous.

MAJORIEN

As-tu des tyrans ?

L'HOMME

Deux. Faim et soif.

MAJORIEN

Qu'êtes-vous ?

L'HOMME

5 Nous sommes les marcheurs de la foudre et de l'ombre.

MAJORIEN

Votre pays ?

L'HOMME

La nuit.

MAJORIEN

Votre nom ?

L'HOMME

Les Sans nombre.

MAJORIEN

Ce sont vos chariots qu'on voit partout là-bas ?

L'HOMME

Quelques-uns seulement de nos chars de combats.
Ce que tu vois ici n'est que notre avant-garde.
10   Dieu seul peut nous voir tous quand sur terre il regarde.

MAJORIEN

Qu'est-ce que vous savez faire en ce monde ?

L'HOMME

Errer.

MAJORIEN

Vous qui cernez mon camp, peut-on vous dénombrer ?

L'HOMME

Oui.

MAJORIEN

Pour passer ici devant l'aigle romaine,
Combien vous faudra-t-il de temps ?

L'HOMME

Une semaine.

MAJORIEN

Qu'est-ce que vous voulez ?

L'HOMME

Nous nous offrons à toi.
15   Car avec du néant nous pouvons faire un roi.

MAJORIEN

César vous a vaincus.

L'HOMME

Qui, César ?

MAJORIEN

Nul ne doute
Que Dentatus n'ait mis vos hordes en déroute.

L'HOMME

Va-t'en le demander aux os de Dentatus.

MAJORIEN

Spryx vous dompta.

L'HOMME

Je ris.

MAJORIEN

20   Cimber vous a battus.

L'HOMME

Nous n'avons de battu que le fer de nos casques.

MAJORIEN

Qui donc vous a chassés jusqu'ici ?

L'HOMME

Les bourrasques,
Les tempêtes, la pluie et la grêle, le vent,
L'éclair, l'immensité ; personne de vivant.
25 Nul n'est plus grand que nous sur la terre où nous sommes.
Nous fuyons devant Dieu, mais non devant les hommes.
Nous voulons notre part des tièdes horizons.
Si tu nous la promets, nous t'aidons. Finissons.
Veux-tu de nous ? La paix. N'en veux-tu pas ? La guerre.

MAJORIEN

Me redoutez-vous ?

L'HOMME

Non.

MAJORIEN

Me connaissez-vous ?

L'HOMME

30   Guère.

MAJORIEN

Que suis-je pour vous ?

L'HOMME

Rien. Un homme. Le romain.

MAJORIEN

Mais où donc allez-vous ?

L'HOMME

La terre est le chemin,
Le but est l'infini, nous allons à la vie.
Là-bas une lueur immense nous convie.
35 Nous nous arrêterons lorsque nous serons là.

MAJORIEN

Quel est ton nom à toi qui parles ?

L'HOMME

Attila.

II

DE RAMIRE A COSME DE MÉDICIS

L'HYDRE

Quand le fils de Sancha, femme du duc Geoffroy,
Gil, ce grand chevalier nommé l'Homme qui passe,
Parvint, la lance haute et la visière basse,
Aux confins du pays dont Ramire était roi,
Il vit l'hydre. Elle était effroyable et superbe;
Et, couchée au soleil, elle rêvait dans l'herbe.
Le chevalier tira l'épée et dit : C'est mòi.
Et l'hydre, déroulant ses torsions farouches
Et se dressant, parla par une de ses bouches,
Et dit : — Pour qui viens-tu, fils de doña Sancha ?
Est-ce pour moi, réponds, ou pour le roi Ramire ?
— C'est pour le monstre. — Alors c'est pour le roi, beau sire.
Et l'hydre, reployant ses nœuds, se recoucha.

Quand le Cid fut entré dans le Généralife,
Il alla droit au but et tua le calife,
Le noir calife Ogrul, haï de ses sujets.
Le cid Campeador aux prunelles de jais,
5   Au poing de bronze, au cœur de flamme, à l'âme honnête,
Fit son devoir, frappa le calife à la tête,
Et sortit du palais seul, tranquille et rêveur.
Devant ce meurtrier et devant ce sauveur
Tout semblait s'écarter comme dans un prodige.

10   Soudain parut Médnat, le vieillard qui rédige
Le commentaire obscur et sacré du koran
Et regarde la nuit l'étoile Aldebaran.
Il dit au Cid, après le salut ordinaire :

    — Cid, as-tu rencontré quelqu'un ?

                         — Oui, le tonnerre.

15   — Je le sais ; je l'ai vu, répondit le docteur.
Il m'a parlé. J'étais monté sur la hauteur,
Pour prier. Le tonnerre a dit à mon oreille :
Me voici, la douleur des peuples me réveille,
Et je descends du ciel quand un prince est mauvais ;
20   Mais je vois arriver le Cid et je m'en vais.

LE ROMANCERO DU CID

I

L'ENTRÉE DU ROI

Vous ne m'allez qu'à la hanche ;
Quoique altier et hasardeux,
Vous êtes petit, roi Sanche ;
Mais le Cid est grand pour deux.

5   Quand, chez moi, je vous accueille
Dans ma tour et dans mon fort,
Vous tremblez comme la feuille,
Roi Sanche, et vous avez tort.

Sire, ma herse est fidèle ;
10   Sire, mon seuil est pieux ;
Et ma bonne citadelle
Rit à l'aurore des cieux.

Ma tour n'est qu'un tas de pierre,
Roi, mais j'en suis le seigneur ;
15   Elle porte son vieux lierre
Comme moi mon vieil honneur.

Mes hirondelles sont douces ;
Mes bois ont un pur parfum,
Mes nids n'ont pas dans leurs mousses
20   Un cheveu pris à quelqu'un.

Tout passant, roi de Castille,
More ou juif, rabbin, émir,
Peut entrer dans ma bastille
Tranquillement, et dormir.

25
Je suis le Cid calme et sombre
Qui n'achète ni ne vend,
Et je n'ai sur moi que l'ombre
De la main du Dieu vivant.

30
Cependant je vous admire,
Vous m'avez fait triste et nu
Et vous venez chez moi, sire ;
Roi, soyez le mal venu.

II

SOUVENIR DE CHIMÈNE

Si le mont faisait reproche
A l'air froid, aigre et jaloux,
35
C'est moi qui serais la roche,
Et le vent ce serait vous.

Roi, j'en connais qui trahissent,
Mais je suis le vieux soumis ;
40
Tous vos amis me haïssent,
Moi, je hais vos ennemis.

Et dans mon dédain je mêle
Tous vos favoris, ô roi ;
L'épaisseur de ma semelle
Me suffit entre eux et moi.

45
Roi, quand j'épousai ma femme,
J'eus à me plaindre de vous ;
Pourtant je n'ai rien dans l'âme,
Dieu fut grand, le ciel fut doux,

L'évêque avait sa barrette,
50
On marchait sur des tapis,
Chimène eut sa gorgerette
Pleine de fleurs et d'épis.

J'avais un habit de moire
Sous l'acier de mon corset.
55
Je ne garde en ma mémoire
Que le soleil qu'il faisait.

Entrez en paix dans ma ville.
On vous parlerait pourtant
D'une façon plus civile
60
Si l'on était plus content.

III

LE ROI JALOUX

Parce que, Léon, la Manche,
L'Ebre, on vous a tout donné,
Et qu'on était grand, don Sanche,
Avant que vous fussiez né,

65 Est-ce une raison pour être
Vil envers moi qui suis vieux ?
Roi, c'est trop d'être le maître
Et d'être aussi l'envieux.

Nous fils de race guerrière,
70 Seigneur, nous vous en voulons
Pour vos rires par derrière
Qui nous mordent les talons.

Est-ce qu'à votre service
Le Cid s'est estropié
75 Au point d'avoir quelque vice
Dans le poignet ou le pié,

Qu'il s'entend, sans frein ni règle,
Moquer par vos gens à vous ?
Ne suis-je plus qu'un vieux aigle
80 A réjouir les hiboux ?

Roi, qu'on mette, avec sa chape,
Sa mitre et son palefroi,
Dans une balance un pape
Portant sur son dos un roi ;

85 Ils pèseront dans leur gloire
Moins que moi, Campeador,
Quand le roi serait d'ivoire,
Quand le pape serait d'or !

IV

LE ROI INGRAT

Je vous préviens qu'on me fâche
90 Moi qui n'ai rien que ma foi,
Lorsque étant homme, on est lâche,
Et qu'on est traître, étant roi.

Je sens vos ruses sans nombre;
Oui, je sens tes trahisons.
95   Moi pour le bien, toi pour l'ombre,
Dans la nuit nous nous croisons.

Je te sers, et je m'en vante;
Tu me hais et tu me crains;
Et mon cheval t'épouvante
100   Quand il jette au vent ses crins.

Tu te fais, tristes refuges,
Adorer soir et matin
En castillan par tes juges,
Par tes prêtres en latin.

105   Roi, si deux et deux font quatre,
Un fourbe est un mécréant.
Quant à moi, je veux rabattre
Plus d'un propos malséant.

Quand don Sanche est dans sa ville,
110   Il me parle avec hauteur;
Je suis un bien vieux pupille
Pour un si jeune tuteur.

Je ne veux pas qu'on me manque.
Quand tu me fais défier
115   Par ton clerc à Salamanque,
A Jaen par ton greffier;

Quand, derrière tes murailles
Où tu chasses aux moineaux,
Roi, je t'entends qui me railles,
120   Moi, l'arracheur de créneaux,

Je pourrais y mettre un terme;
Je t'enverrais, roi des goths,
D'une chiquenaude à Lerme
Ou d'un soufflet à Burgos.

V

LE ROI DÉFIANT

125   Quand je songe en ma tanière,
Mordant ma barbe et rêvant,
Regardant dans ma bannière
Les déchirures du vent,

Ton effroi sur moi se penche.
130 Tremblant, par tes alguazils
Tu te fais garder, roi Sanche,
Contre mes sombres exils.

Moi, je m'en ris. Peu m'importe,
O roi, quand un vil gardien
135 Couche en travers de ta porte,
Qu'il soit homme ou qu'il soit chien !

Tu dis à ton économe,
A tes pages blancs ou verts :
— « A quoi pense ce bonhomme
140 Qui regarde de travers ?

« A quoi donc est-ce qu'il songe ?
Va-t-il rompre son lien ?
J'ai peur. Quel est l'os qu'il ronge ?
Est-ce son nom ou le mien ?

145 « Qu'est-ce donc qu'il prémédite ?
S'il n'est traître, il en a l'air.
Dans sa montagne maudite
Ce baron-là n'est pas clair.

« A quoi pense ce convive
150 Des loups et des bûcherons ?
J'ai peur. Est-ce qu'il ravive
La fraîcheur des vieux affronts ?

« Le laisser libre est peu sage;
Le Cid est mal muselé. » —
155 Roi, c'est moi qui suis ma cage
Et c'est moi qui suis ma clé.

C'est moi qui ferme mon antre;
Mes rocs sont mes seuls trésors;
Et c'est moi qui me dis : rentre !
160 Et c'est moi qui me dis : sors !

Soit que je vienne ou que j'aille,
Je tire seul mon verrou.
Ah ! tu trouves que je bâille
Trop librement dans mon trou !

165 Tu voudrais dans ma vieillesse,
Comme un dogue dans ta cour,
M'avoir, moi, le Cid, en laisse,
Et me tenir dans ma tour,

Et me tenir dans mes lierres,
170   Gardé comme les brigands... —
Va mettre des muselières
Aux gueules des ouragans !

VI

LE ROI ABJECT

Roi que gêne la cuirasse,
Roi qui m'as si mal payé,
175   Tu fais douter de ta race ;
Et, dans sa tombe ennuyé,

Ton vieux père, âme loyale,
Dit : — Quelque bohémien
A, dans la crèche royale,
180   Mis son fils au lieu du mien ! —

Roi, ma meilleure cuisine
C'est du pain noir, le sais-tu,
Avec quelque âpre racine,
Le soir quand on s'est battu.

185   M'as-tu nourri sous ta tente,
Et suis-je ton écolier ?
M'as-tu donné ma patente
De comte et de chevalier ?

Roi, je vis dans la bataille.
190   Si tu veux, comparons-nous.
Pour ne point passer ta taille,
Je vais me mettre à genoux.

Pendant que tu fais tes pâques
Et que tu dis ton credo,
195   Je prends les tours de Saint-Jacques
Et les monts d'Oviédo.

Je ne m'en fais pas accroire.
Toi-même tu reconnais
Que j'ai la peau toute noire
200   D'avoir porté le harnais.

Seigneur, tu fis une faute
Quand tu me congédias ;
C'est mal de chasser un hôte,
Fou de chasser Ruy Diaz.

205   Roi, c'est moi qui te protège.
    On craint le son de mon cor.
    On croit voir dans ton cortège
    Un peu de mon ombre encor.

    Partout, dans les abbayes,
210   Dans les forts baissant leurs ponts,
    Tes volontés obéies
    Font du mal, dont je réponds.

    Roi par moi; sans moi, poupée!
    Le respect qu'on a pour toi,
215   La longueur de mon épée
    En est la mesure, ô roi!

    Ce pays ne connaît guère,
    Du Tage à l'Almonacid,
    D'autre musique de guerre
220   Que le vieux clairon du Cid.

    Mon nom prend toute l'Espagne,
    Toute la mer à témoin;
    Ma fanfare de montagne
    Vient de haut et s'entend loin.

225   Mon pas fait du bruit sur terre,
    Et je passe mon chemin
    Dans la rumeur militaire
    D'un triomphateur romain.

    Et tout tremble, Irun, Coïmbre,
230   Santander, Almodovar,
    Sitôt qu'on entend le timbre
    Des cymbales de Bivar.

VII

LE ROI FOURBE

    Certe, il tient moins de noblesse
    Et de bonté, vois-tu bien,
235   Roi, dans ton collier d'altesse,
    Que dans le collier d'un chien!

    Ta foi royale est fragile,
    Elle affirme, jure et fuit.
    Roi, tu mets sur l'évangile
240   Une main pleine de nuit.

Avec toi tout est précaire,
Surtout quand tu t'es signé
Devant quelque reliquaire
Où le saint tremble indigné.

245   A tes traités, verbiage,
Je préférerais souvent
Les promesses du nuage
Et la parole du vent.

La parole qu'un roi fausse
250   Derrière les gens trahis
N'est plus que la sombre fosse
De la pudeur d'un pays.

Moi, je tiens pour périls graves,
Et je dois le déclarer,
255   Ce qu'en arrière des braves
Les traîtres peuvent jurer.

Roi, vous l'avouerez, j'espère,
Mieux vaut avoir au talon
Le venin d'une vipère
260   Que le serment d'un félon.

Je suis dans ma seigneurie,
Parlant haut, quoique vassal.
Après cela, je vous prie
De ne pas le prendre mal.

VIII

LE ROI VOLEUR

265   Roi, fallait-il que tu vinsses
Pour nous écraser d'impôts ?
Nous vivons dans nos provinces,
Pauvres sous nos vieux drapeaux.

Nous bravons tes cavalcades.
270   Sommes-nous donc des vilains,
Pour engraisser des alcades
Et nourrir des chapelains ?

Quant à payer, roi bravache,
Jamais ! et j'en fais serment.
275   Ma ville est-elle une vache
Pour la traire effrontément ?

Je vais continuer, sire,
Et te parler du passé,
Puisqu'il est bon de tout dire
280   Et puisque j'ai commencé.

Roi, tu m'as pris mes villages,
Roi, tu m'as pris mes vassaux,
Tu m'as pris mes grands feuillages
Où j'écoutais les oiseaux;

285   Roi, tu m'as pris mon domaine,
Mon champ, de saules bordé;
Tu m'allais prendre Chimène,
Roi, mais je t'ai regardé.

Si les rois étaient pendables,
290   Je t'aurais offert déjà
Dans mes ongles formidables
Au gibet d'Albavieja.

D'ombre en vain tu t'environnes;
Ma colère un jour pensa
295   Prendre l'or de tes couronnes
Pour ferrer Babieça.

Je suis plein de rêves sombres,
Ayant, vieux suspect vainqueur,
Toute ma gloire en décombres
300   Dans le plus noir de mon cœur.

IX

LE ROI SOUDARD

Quand vous entrez en campagne,
Louche orfraie au fatal vol,
On ferait honte à l'Espagne
De vous nommer espagnol.

305   Sire, on se bat dans les plaines,
Sire, on se bat dans les monts;
Les campagnes semblent pleines
D'archanges et de démons.

On se bat dans les provinces;
310   Et ce choc de boucliers
Va de vous, les petits princes,
A nous, les grands chevaliers.

Les rocs ont des citadelles
Et les villes ont des tours
315   Où volent à tire-d'ailes
Les aigles et les vautours.

La guerre est le cri du reître,
Du vaillant et du maraud,
Un jeu d'en bas et peut-être
320   Un jugement de là-haut;

La guerre, cette aventure
Sur qui plane le corbeau,
Se résout en nourriture
Pour les bêtes du tombeau;

325   Le chacal se désaltère
A tous ces sanglants hasards;
Et c'est pour les vers de terre
Que travaillent les césars;

Les camps sont de belles choses;
330   Mais l'homme loyal ne croit
Qu'à la justice des causes
Et qu'à la bonté du droit.

Car la guerre est folle et rude.
Pour la faire honnêtement
335   Il faut une certitude
Prise dans le firmament.

Je remarque en mes tristesses
Que la gloire aux durs sentiers
Ne connaît pas les altesses
340   Et s'en passe volontiers.

Un soldat vêtu de serge
Est parfois son favori;
Et l'épée est une vierge
Qui veut choisir son mari.

345   Roi, les guerres que vous faites
Sont les guerres d'un félon
Qui souffle dans des trompettes
Avec un bruit d'aquilon;

Qui, ne risquant son panache
350   Qu'à demi dans les brouillards,
S'il voit des hommes se cache,
Et vient s'il voit des vieillards;

Qui, se croyant Alexandre,
Ne laisse dans les maisons
355 Que des os dans de la cendre
Et du sang sur des tisons;

Et qui, riant sous les portes,
Vous montre, quand vous entrez,
Sur des tas de femmes mortes
360 Des tas d'enfants éventrés.

X

LE ROI COUARD

Roi, dans tes courses damnées,
Avec tes soldats nouveaux,
Ne va pas aux Pyrénées,
Ne va pas à Roncevaux.

365 Ces roches sont des aïeules,
Les mères des océans.
Elles se défendraient seules;
Car ces monts sont des géants.

Une forte race d'hommes,
370 Pleins de l'âpreté du lieu,
Vit là loin de vos sodomes
Avec les chênes de Dieu.

Y passer est téméraire.
Nul encor n'a deviné
375 Si le chêne est le grand frère
Ou bien si l'homme est l'aîné.

Ce peuple est là, loin du monde,
Libre hier, libre demain.
Sur ces hommes l'éclair gronde;
380 Leur chien leur lèche la main.

Hercule y vint. Tout recule
Dans ces monts où fuit l'isard.
Roi, César après Hercule,
Charlemagne après César,

385 Ont crié miséricorde
Devant ces pâtres jaloux
Chaussés de souliers de corde
Et vêtus de peaux de loups.

Dieu, caché sous leur feuillage,
390 Prit ce noir pays vaillant
Pour faire naître Pélage,
Pour faire mourir Roland.

Si jamais, dans ces repaires,
Risquant tes hautains défis,
395 Tu venais voir si les pères
Vivent encor dans les fils,

Eusses-tu vingt mille piques,
Eusses-tu, roi fanfaron,
Tes bannières, tes musiques,
400 Tout ton bruit de moucheron,

Pour!que tu t'en ailles vite,
Fussent-ils un contre cent,
Et pour qu'on te voie en fuite,
De mont en mont bondissant,

405 Comme on voit des rocs descendre
Les torrents en février,
Il te suffirait d'entendre
La trompe d'un chevrier.

XI

LE ROI MOQUEUR

Quand, barbe grise, je parle
410 Du saint pays montagnard
Et du grand empereur Charle
Et du grand bâtard Bernard,

Et d'Hercule et de Pélage,
Roi Sanche, tu me crois fou;
415 Tu prends ces fiertés de l'âge
Pour la rouille d'un vieux clou.

Mais ton vain rire farouche,
Roi, n'est pas une raison
Qui puisse fermer la bouche
420 A quelqu'un dans ma maison;

C'est pourquoi je continue,
Te saluant du drapeau,
Et te parlant tête nue
Quand tu gardes ton chapeau.

XII

LE ROI MÉCHANT

425
J'ai, dans Albe et dans Girone,
Vu l'honnête homme flétri,
Et des gens dignes d'un trône
Qu'on liait au pilori ;

430
J'ai vu, c'est mon amertume,
Tes bourreaux abattre, ô roi,
Des fronts qu'on avait coutume
De saluer plus que toi.

Rois, Dieu fait croître où nous sommes,
Dans ce monde de péchés,
435
Une herbe de têtes d'hommes,
Et c'est vous qui la fauchez.

Ah ! nos maîtres, quand vous n'êtes,
Avec vos vils compagnons,
Occupés que de sornettes,
440
Nous pleurons et nous saignons.

Roi, cela fendrait des pierres
Et toucherait des voleurs
Que de si fermes paupières
Versent de si sombres pleurs !

445
Sous toi l'Espagne est mal sûre
Et tremble, et finit par voir,
Roi, que ta main lui mesure
Trop d'aunes de crêpe noir.

J'ai reconnu, car vous êtes
450
Le sinistre et l'inhumain,
Des amis dans des squelettes
Qui pendaient sur le chemin.

J'ai, dans les forêts prochaines,
Vu le travail des bourreaux,
455
Et la tristesse des chênes
Pliant au poids des héros.

J'ai vu râler sous des porches
De vieux corps désespérés.
Roi, de lances et de torches
460
Ces pays sont effarés.

J'ai vu des ducs et des comtes
S'agenouiller au billot.
Tu ne nous dois pas de comptes,
Cœur trop bas et front trop haut !

465   Roi, le sang qu'un roi pygmée
Verse à flots par ses valets
Fait une sombre fumée
Sur les dalles des palais.

O roi des noires sentences,
470   Un vol de corbeaux te suit,
Tant les chaînes des potences
Dans ton règne font de bruit !

Vous avez fouetté des femmes
Dans Vich et dans Alcala,
475   Ce sont des choses infâmes
Que vous avez faites là !

Tu n'es qu'un méchant, en somme.
Mais je te sers, c'est la loi ;
La difformité de l'homme
480   N'étant pas comptée au roi.

XIII

LE CID FIDÈLE

Princes, on voit souvent croître
Des gueux entre les pavés
Qui font de vous dans un cloître
Des moines aux yeux crevés.

485   Je ne suis pas de ces traîtres ;
Je suis muré dans ma foi,
Les grands spectres des ancêtres
Sont toujours autour de moi,

Comme on a, dans les campagnes
490   Où rit la verte saison,
Une chaîne de montagnes
Qui ferme l'âpre horizon.

Il n'est pas de cœurs obliques
Voués aux vils intérêts,
495   Dans nos vieilles républiques
De torrents et de forêts.

Le traître est pire qu'un more ;
De son souffle il craint le bruit ;
Il met un masque d'aurore
500 Sur un visage de nuit ;

Rouge aujourd'hui comme braise,
Noir hier comme charbon.
Roi, moi je respire à l'aise ;
Et quand je parle, c'est bon.

505 Roi, je suis un homme probe
De l'antique probité.
Chimène recoud ma robe,
Mais non pas ma loyauté.

Je sonne à l'ancienne mode
510 La cloche de mon beffroi.
Je trouve même incommode
D'avoir des fourbes chez moi.

Sous cette fange, avarice,
Vol, débauche, trahison,
515 Je ne veux pas qu'on pourrisse
Le plancher de ma maison.

Reconnais à mes paroles
Le Cid aimé des meilleurs,
A qui les pâtres d'Eroles
520 Donnent des chapeaux de fleurs.

XIV

LE CID HONNÊTE

Donc, sois tranquille, roi Sanche,
Tu n'as rien à craindre ici.
La vieille âme est toute blanche
Dans le vieux soldat noirci.

525 Grondant, je te sers encore.
Dieu m'a donné pour emploi,
Sire, de courber le more
Et de redresser le roi.

Etant durs pour vous, nous sommes
530 Doux pour le peuple aux abois,
Nous autres les gentilshommes
Des bruyères et des bois.

Personne sur nous ne marche.
Il suffit de oui, de non,
535 Pour rompre à nos ponts une arche,
A notre chaîne un chaînon.

Loin de vos palais infâmes
Pleins de gens aux vils discours,
La fierté pousse en nos âmes
540 Comme l'herbe dans nos cours.

Les vieillards ont des licences,
Seigneurs, et ce sont nos mœurs
De rudoyer les puissances
Dans nos mauvaises humeurs.

545 Le Cid est, suivant l'usage,
Droit, sévère et raisonneur.
Peut-être n'est-ce point sage,
Mais c'est honnête, seigneur.

Pour avoir ce qu'il désire
550 Le flatteur baise ton pied.
Nous disons ce qu'il faut, sire,
Et nous faisons ce qui sied.

Nous vivons aux solitudes
Où tout croît dans les sentiers,
555 Excepté les habitudes
Des valets et des portiers.

Nous fauchons nos foins, nos seigles,
Et nos blés aux flancs des monts;
Nous entendons des cris d'aigles
560 Et nous nous y conformons.

Nous savons ce que vous faites,
Sire, et, loin de son lever,
De ses gibets, de ses fêtes,
Le prince nous sent rêver.

565 Nous avons l'absence fière,
Et sommes peu courtisans,
Ayant sur nous la poussière
Des batailles et des ans.

Et c'est pourquoi je te parle
570 Comme parlait, grave et seul,
A ton aïeul Boson d'Arle
Gil de Bivar mon aïeul.

D'où naît ton inquiétude ?
D'où vient que ton œil me suit
575   Epiant mon attitude
Comme un nuage de nuit ?

Craindrais-tu que je te prisse
Un matin dans mon manteau ?
Et que j'eusse le caprice
580   D'une ville ou d'un château ?

Roi, la chose qui m'importe
C'est de vivre exempt de fiel ;
Non de glisser sous ma porte
Ma main jusqu'à Peñafiel.

585   Roi, le Cid que l'âge gagne
S'aime mieux, en vérité,
Montagnard dans sa montagne
Que roi dans ta royauté.

Roi, le Cid qu'on amadoue,
590   Mais que nul n'intimida,
Ne t'a pas donné Cordoue
Pour te prendre Lérida.

Qu'ai-je besoin de Tortose,
De tes tours d'Alcacébé,
595   Et de ta chambre mieux close
Que la chambre d'un abbé,

Et des filles de la reine,
Et des plis de brocart d'or
De ta robe souveraine
600   Que porte un corrégidor,

Et de tes palais de marbre ?
Moi qui n'ai qu'à me pencher
Pour prendre une mûre à l'arbre
Et de l'eau dans le rocher !

XV

LE ROI EST LE ROI

605   Roi, vous vous croyez moins prince
Et vous jurez par l'enfer
Dans cette montagne où grince
Ma vieille herse de fer ;

D'effroi votre âme est frappée;
Vous vous défiez, trompeur;
Traître et poltron, mon épée
Vous fait honte et vous fait peur.

Vous me faites garder, sire;
Vous me faites épier
Par tous vos barons de cire
Dans leurs donjons de papier;

Derrière vos capitaines
Vous tremblez en m'approchant;
Comme l'eau sort des fontaines,
Le soupçon sort du méchant;

Votre altesse scélérate
N'aurait pas d'autre façon
Quand je serais un pirate,
Le spectre de l'horizon!

Vous consultez des sorcières
Pour que je meure bientôt;
Vous cherchez dans mes poussières
De quoi faire un échafaud;

Vous rêvez quelque équipée;
Vous dites bas au bourreau
Que, lorsqu'un homme est épée,
Le sépulcre est le fourreau;

Votre habileté subtile
Me guette à tous les instants;
Eh bien! c'est peine inutile
Et vous perdez votre temps,

Vos précautions sont vaines;
Pourquoi? je le dis à tous :
C'est que le sang de mes veines
N'est pas à moi, mais à vous.

Quoique vous soyez un prince
Vil, on ne peut le nier,
Le premier de la province,
De la vertu le dernier;

Quoique à ta vue on se sauve,
Seigneur; quoique vous ayez
Des allures de loup fauve
Dans des chemins non frayés;

Quoiqu'on ait pour récompense
650　La haine de vos bandits;
Et malgré ce que je pense,
Et malgré ce que je dis,

Roi, devant vous je me courbe,
Raillé par votre bouffon;
655　Le loyal devant le fourbe,
L'acier devant le chiffon;

Devant vous, fuyard, s'efface
Le Cid, l'homme sans effroi.
Que voulez-vous que j'y fasse,
660　Puisque vous êtes le roi!

XVI

LE CID EST LE CID

Don Sanche, une source coule
A l'ombre de mes donjons;
Comme le Cid dans la foule
Elle est pure dans les joncs.

665　Je n'ai pas d'autre vignoble;
Buvez-y; je vous absous.
Autant que vous je suis noble
Et chevalier plus que vous.

Les savants, ces prêcheurs mornes,
670　Sire, ont souvent pour refrains
Qu'un trône même a des bornes
Et qu'un roi même a des freins;

De quelque nom qu'il se nomme,
Nul n'est roi sous le ciel bleu
675　Plus qu'il n'est permis à l'homme
Et qu'il ne convient à Dieu.

Mais, pour marquer la limite,
Il faudrait étudier;
Il faudrait être un ermite
680　Ou bien un contrebandier.

Moi, ce n'est pas mon affaire;
Je ne veux rien vous ôter;
Étant le Cid, je préfère
Obéir à disputer.

685   Accablez nos sombres têtes
       De désespoir et d'ennuis,
       Roi, restez ce que vous êtes;
       Je reste ce que je suis.

       J'ai toujours, seul dans ma sphère,
690   Souffert qu'on me dénigrât.
       Je n'ai pas de compte à faire
       Avec le roi, mon ingrat.

       Je t'ai, depuis que j'existe,
       Donné Jaen, Balbastro,
695   Et Valence, et la mer triste
       Qui fait le bruit d'un taureau,

       Et Zamora, rude tâche,
       Huesca, Jaca, Teruel,
       Et Murcie où tu fus lâche,
700   Et Vich où tu fus cruel,

       Et Lerme et ses sycomores,
       Et Tarragone et ses tours,
       Et tous les ans des rois mores,
       Et le grand Cid tous les jours !

705   Nos deux noms iront ensemble
       Jusqu'à nos derniers neveux.
       Souviens-t'en, si bon te semble;
       N'y songe plus, si tu veux.

       Je baisse mes yeux, j'en ôte
710   Tout regard audacieux;
       Entrez sans peur, roi mon hôte;
       Car il n'est qu'un astre aux cieux;

       Cet astre de la nuit noire,
       Roi, ce n'est pas le bonheur,
715   Ni l'amour, ni la victoire,
       Ni la force; c'est l'honneur.

       Et moi qui sur mon armure
       Ramasse mes blancs cheveux,
       Moi sur qui le soir murmure,
720   Moi qui vais mourir, je veux

       Que, le jour où sous son voile
       Chimène prendra le deuil,
       On allume à cette étoile
       Le cierge de mon cercueil.

                        *

725   Ainsi le Cid, qui harangue
                    Sans peur ni rébellion,
                    Lèche son maître, et sa langue
                    Est rude, étant d'un lion.

LE ROI DE PERSE

Le roi de Perse habite, inquiet, redouté,
En hiver Ispahan et Tiflis en été;
Son jardin, paradis où la rose fourmille,
Est plein d'hommes armés, de peur de sa famille;
5 Ce qui fait que parfois il va dehors songer.
Un matin, dans la plaine il rencontre un berger
Vieux, ayant près de lui son fils, un beau jeune homme.
— Comment te nommes-tu ? dit le roi. — Je me nomme
Karam, dit le vieillard, interrompant un chant
10 Qu'il chantait au milieu des chèvres, en marchant;
J'habite un toit de jonc sous la roche penchante,
Et j'ai mon fils que j'aime, et c'est pourquoi je chante,
Comme autrefois Hafiz, comme à présent Sadi,
Et comme la cigale à l'heure de midi. —
15 Et le jeune homme alors, figure humble et touchante,
Baise la main du pâtre harmonieux qui chante,
Comme à présent Sadi, comme autrefois Hafiz.
— Il t'aime, dit le roi, pourtant il est ton fils.

LES DEUX MENDIANTS

LA TAXE AU SAINT-EMPIRE

LA DIME AU SAINT-SIÈGE

L'un s'appelle César, l'autre se nomme Pierre.
Celui-là fait le guet, celui-ci la prière ;
Tous deux sont embusqués au détour du chemin,
Ont au poing l'escopette et la sébile en main,
5   Vident les sacs d'argent, partagent les maraudes
Et l'on règne, et l'on fait payer les émeraudes
Des tiares à ceux qui n'ont pas de souliers.
Les dogmes et les lois sont de profonds halliers
Où des tas de vieux droits divins mêlent leurs branches ;
10   Qui mendie en cette ombre a ses allures franches ;
Nul n'échappe. Arrêtez ! il faut payer, de gré
Ou de force, en passant dans le noir bois sacré.
Les peuples, que l'infâme ignorance ravage,
Ont au front la sueur de l'antique esclavage.
15   Christ, c'est pour eux qu'au pied de ta croix tu prias ;
Ils sont les travailleurs ; ils sont les parias ;
Ils sont les patients qu'on traîne sur des claies.
Certes, rien ne leur manque ; ils ont beaucoup de plaies,
Beaucoup d'infirmités qu'ils ne peuvent guérir,
20   Beaucoup de maux, beaucoup de petits à nourrir ;
C'est à ces riches-là que demandent l'aumône
Ce meurt-de-faim, l'autel, et ce pauvre, le trône.

MONTFAUCON

I

POUR LES OISEAUX

A l'heure où le soleil descend tiède et pâli,
Seul à seul, près du bois de Saint-Jean-d'Angely,
L'archevêque Bertrand parlait au roi Philippe :

— Roi, le trône et l'autel sont le même principe ;
5   Défendons-nous ensemble ; il faut de tous côtés
Du front du peuple obscur chasser les nouveautés.
Sauver l'église, ô roi, c'est vous sauver vous-même.
L'état devient plus fort par la terreur qu'il sème,
Et par le tremblement du peuple s'affermit ;
10 Toujours, quand elle eut peur, la foule se soumit.
Il n'est qu'un droit : régner. Le nécessaire est juste.
Les quatre grands baillis du roi Philippe-Auguste,
Toutes les vieilles lois, c'est trop peu désormais ;
Pour arrêter le mal, sur de hautains sommets,
15 Il faut la permanence étrange de l'exemple.
Sire, les schismes vont à l'attaque du temple ;
Le peuple semble las d'être sur les genoux ;
La révolte est sur vous, l'hérésie est sur nous ;
D'où viennent ces essaims tumultueux d'idées ?
20 Des profondeurs que nul prophète n'a sondées,
Peut-être de la nuit, ou peut-être du ciel.
Parlons bas. Ecoutez, roi providentiel.
Rien n'est plus effrayant que ces sombres descentes
D'instincts nouveaux parmi les foules frémissantes ;
25 Ces chimères d'en haut s'abattant tout à coup
Volent, courent, s'en vont, reviennent, sont partout,
Ouvrent les yeux fermés, fouillent les têtes pleines,
Se mêlent aux esprits, se mêlent aux haleines,
Blessent les dogmes saints dans l'ombre, et, fatal jeu,
30 Frappent l'homme endormi de mille becs de feu ;

Elles tentent, troublant le mystère où nous sommes,
Un travail inconnu sur le cerveau des hommes,
Leur ôtant quelque chose et leur donnant aussi;
Quoi ? c'est là votre perte et c'est là mon souci.
35 Que font-elles ? du jour, du mal ? Qu'apportent-elles ?
Un souffle, un bruit, le vent qui tombe de leurs ailes;
Je l'ignore; ici Dieu m'échappe; mais je sai
Qu'il ne nous reste rien quand elles ont passé.

Le roi Philippe écoute; et l'archevêque songe,
40 Et vers la papauté son bras pensif s'allonge.

— Chassez les nouveautés, roi Philippe.

                                        En marchant,
Tous deux rêveurs, ils sont arrivés près d'un champ
Qu'emplit de son frisson toute une moisson mûre;
Au-dessus des épis jetant un long murmure,
45 Sous de hauts échalas plantés parmi les blés,
Flottent, mouillés de pluie et de soleil brûlés,
A des cordes que l'air pousse, éloigne et ramène,
De hideux sacs de paille ayant la forme humaine;
Nœuds de débris sans nom, lambeaux fous, balançant
50 On ne sait quel aspect farouche et menaçant;
Les oiseaux, les moineaux que le blé d'or invite,
L'alouette criant aux autres : vite ! vite !
Accourent vers le champ plein d'épis; mais, au vent,
Chaque haillon devient lugubrement vivant,
55 Et tout l'essaim chantant s'effraie et se dissipe.
— Quel est donc le moyen de régner ? dit Philippe.

Comme le roi parlait, l'archevêque pieux
Vit ce champ, hérissé de poteaux et de pieux,
Où pendaient, à des fils tremblant quand l'air s'agite,
60 Des larves qui mettaient tous les oiseaux en fuite.
Et, le montrant au roi, Bertrand dit : — Le voici.

II

POUR LES IDÉES

Et c'est pourquoi, dans l'air par la brume obscurci,
Depuis ces temps de deuil, d'angoisse et de souffrance,
Au-dessus de la foule, au-dessus de la France,
65 Comme sur Babylone on distingue Babel,
On voit, dans le Paris de Philippe le Bel,
On ne sait quelle difforme et funèbre édifice;
Tas de poutres hideux où le jour rampe et glisse,
Lourd enchevêtrement de poteaux, de crampons,

70   Et d'arcs-boutants pareils aux piles des vieux ponts.
      Terrible, il apparaît sur la colline infâme.
      Les autres monuments, où Paris met son âme,
      Collèges, hôpitaux, tours, palais radieux,
      Sont les docteurs, les saints, les héros et les dieux;
75   Lui, misérable, il est le monstre. Fauve, il traîne,
      Sur sa pente d'où sort une horreur souterraine,
      Son funeste escalier qui dans la mort finit;
      Tout ce que le ciment, la brique, le granit,
      Le fer, peuvent avoir de la bête féroce,
80   Il l'a; ses piliers bruts, runes d'un dogme atroce,
      Semblent des Irmensuls livides, et ses blocs
      Dans l'obscurité vague ébauchent des Molochs;
      Baal pour le construire a donné ses solives
      Où flottaient des anneaux que secouaient les dives,
85   Saturne ses crochets, Teutatès ses menhirs;
      Tous les cultes sanglants ont là leurs souvenirs;
      Si le lierre ou le houx dans ses dalles végète,
      Si quelque ronce y croît, la feuille horrible jette
      Une ombre onglée et noire, affreux stigmate obscur,
90   Qui ressemble aux cinq doigts du bourreau sur le mur.
      Vil bâtiment, des temps fatals fatal complice !
      Il est la colonnade immonde du supplice,
      L'échafaud que le Louvre a pour couronnement,
      La caresse au tombeau, l'insulte au firmament;
95   Et cette abominable et fétide bâtisse
      Devant le ciel sacré se nomme la Justice,
      Et ce n'est pas la moindre horreur du monument
      De s'appeler l'autel en étant l'excrément.
      Morne, il confine moins aux Paris qu'aux Sodomes.
100   Spectre de pierre ayant au front des spectres d'hommes,
      Inexorable plus que l'airain et l'acier,
      Il est, il vit, farouche et sans se soucier
      Que le monde à ses pieds souffre, existe ou périsse,
      Et contre on ne sait quoi dans l'ombre il se hérisse;
105   A de certains moments ce charnier qui se tait
      Frissonne, et comme si, triste, il se lamentait,
      Mêle une clameur sourde aux vents, et continue
      En râle obscur le bruit des souffles dans la nue;
      Là grince le rouet sinistre du cordier.
110   Du cadavre au squelette on peut étudier
      Le progrès que les morts font dans la pourriture;
      Chaque poteau chargé d'un corps sans sépulture
      Marque une date abjecte, et chaque madrier
      Semble le signe affreux d'un noir calendrier.

115   La nuit il semble croître, et dans le crépuscule
      Il a l'air d'avancer sur Paris qui recule.

      Rien de plus ténébreux n'a jamais été mis
      Sur ce tas imbécile et triste de fourmis

Que la hautaine histoire appelle populace.
120 O pâle humanité, quand donc seras-tu lasse ?
Lugubre vision ! au-dessus d'un mur blanc
Quelque chose d'informe et qui paraît tremblant
Se dresse ; chaos morne et ténébreux ; broussaille
De silence, d'horreur et de nuit qui tressaille ;
125 On ne voit le nuage, et l'ombre aux vagues yeux,
Et le blêmissement formidable des cieux,
Et la brume qui flotte, et l'astre qui flamboie,
Qu'à travers une vaste et large claire-voie
De poutres, dont chacune est un sanglant barreau ;
130 On dirait que Satan, l'infâme ange-bourreau,
Dont la rage et la joie et la haine, acharnées,
Exécutent Adam depuis six mille années,
Sur ces fauves piliers a posé de sa main
La grande claie où fut traîné le genre humain.
135 C'est, dans l'obscurité lugubrement émue,
De la terreur, bâtie en pierre, et qui remue ;
C'est délabré, croulant, lépreux, désespéré ;
Les poteaux ont pour toit le vide ; le degré
Aboutit à l'échelle et l'échelle aux ténèbres ;
140 Le crépuscule passe à travers des vertèbres
Et montre dans la nuit des pieds aux doigts ouverts ;
Entre les vieux piliers, de moisissure verts,
Blêmes quand les rayons de lune s'y répandent,
Là-haut des larves vont et viennent, des morts pendent.
145 Et la fouine a rongé leur crâne et leur fémur,
Et leur ventre effrayant se fend comme un fruit mûr ;
Si la mort connaissait les trépassés, si l'homme
Valait que le tombeau sût comment il se nomme,
Si l'on comptait les grains du hideux chapelet,
150 On dirait : — Celui-ci, c'est Tryphon, qui voulait
Fêter le jour de Pâque autrement qu'Irénée ;
Ceux-là sont des routiers, engeance forcenée,
Gueux qui contre le sceptre ont croisé le bâton ;
Cet autre, c'est Glanus, traducteur de Platon ;
155 Celui-ci, que des lois frappa la prévoyance,
Osa propager l'art du sorcier de Mayence,
Et jeter à la foule un Virgile imprimé ;
C'est Pierre Albin ; l'oubli sur lui s'est refermé ;
Cet autre est un voleur,.cet autre est un poète.
160 Derrière leur tragique et noire silhouette,
L'azur luit, le soir vient, l'aube blanchit le ciel ;
Le vent, s'il entre là, sort pestilentiel ;
Chacun d'eux sous le croc du sépulcre tournoie ;
Et tous, que juin les brûle ou que janvier les noie,
165 S'entre-heurtent, fameux, chétifs, obscurs, marquants,
Et sont la même nuit dans les mêmes carcans ;
Le craquement farouche et massif des traverses
Accompagne leurs chocs sous les âpres averses,
Et, comble de terreur, on croirait par instant

170 Que le cadavre, au gré des brises s'agitant,
    Avec son front sans yeux et ses dents sans gencives,
    Rit dans la torsion des chaînes convulsives.
    L'exécrable charnier, sous ses barres de fer,
    Regardant du côté de Rome et de l'enfer,
175 Dans l'étrange épaisseur des brumes infinies
    Semble chercher au loin ses sœurs les gémonies,
    Et demander au gouffre où nul astre n'a lui
    Si Josaphat sera plus sinistre que lui.
    Et toujours, au-dessus des clochers et des dômes,
180 Le vent lugubre joue avec tous ces fantômes,
    Hier, demain, le jour, la nuit, l'été, l'hiver;
    Et ces morts sans repos, où fourmille le ver
    Plus que l'abeille d'or dans le creux des yeuses,
    Cette agitation d'ombres mystérieuses,
185 L'affreux balancement de ces spectres hagards,
    Ces crânes sans cheveux, ces sourcils sans regards,
    Ce grelottement sourd de ferrailles funèbres,
    Chassent dans la nuée, à travers les ténèbres,
    Les purs esprits de l'aube et de l'azur, venus
190 Pour s'abattre au milieu des vivants inconnus,
    Pour faire leur moisson sublime dans la foule,
    Dire aux peuples le mot du siècle qui s'écoule,
    Et leur jeter une âme et leur apporter Dieu;
    Et l'on voit, reprenant leur vol vers le ciel bleu,
195 La sainte vérité, la pensée immortelle,
    L'amour, la liberté, le droit, heurtant de l'aile
    Le Louvre et son beffroi, l'église et son portail,
    Fuir, blancs oiseaux, devant le sombre épouvantail.

LES REITRES

CHANSON BARBARE

Sonnez, clairons,
Sonnez, cymbales !
On entendra siffler les balles ;
L'ennemi vient, nous le battrons ;
Les déroutes sont des cavales
Qui s'envolent quand nous soufflons ;
Nous jouerons aux dés sur les dalles ;
Sonnez, rixdales,
Sonnez, doublons !

Sonnez, cymbales,
Sonnez, clairons !
On entendra siffler les balles ;
Nous sommes les durs forgerons
Des victoires impériales ;
Personne n'a vu nos talons ;
Nous jouerons aux dés sur les dalles ;
Sonnez, doublons,
Sonnez, rixdales !

Sonnez, clairons,
Sonnez, cymbales !
On entendra siffler les balles ;
Sitôt qu'en guerre nous entrons
Les rois ennemis font leurs malles,
Et commandent leurs postillons ;
Nous jouerons aux dés sur les dalles ;
Sonnez, rixdales,
Sonnez, doublons !

Sonnez, cymbales,
Sonnez, clairons !
On entendra siffler les balles ;

Sur les villes nous tomberons ;
Toutes femmes nous sont égales,
Que leurs cheveux soient bruns ou blonds ;
Nous jouerons aux dés sur les dalles ;
35   Sonnez, doublons,
                      Sonnez, rixdales !

                      Sonnez, clairons,
                      Sonnez, cymbales !
On entendra siffler les balles ;
40   Du vin ! Du faro ! nous boirons !
Dieu, pour nos bandes triomphales
Fit les vignes et les houblons ;
Nous jouerons aux dés sur les dalles ;
                      Sonnez, rixdales,
45   Sonnez, doublons !

                      Sonnez, cymbales,
                      Sonnez, clairons !
On entendra siffler les balles ;
Quelquefois, ivres, nous irons
50   A travers foudres et rafales,
En zigzag, point à reculons.
Nous jouerons aux dés sur les dalles ;
                      Sonnez, doublons,
                      Sonnez, rixdales !

55   Sonnez, clairons,
                      Sonnez, cymbales !
On entendra siffler les balles ;
Nous pillons, mais nous conquérons ;
La guerre a parfois les mains sales,
60   Mais la victoire a les bras longs ;
Nous jouerons aux dés sur les dalles ;
                      Sonnez, rixdales,
                      Sonnez, doublons !

                      Sonnez, rixdales,
65   Sonnez, doublons !
Nous jouerons aux dés sur les dalles ;
Rois, nous sommes les aquilons ;
Vos couronnes sont nos vassales,
Et nous rirons quand nous mourrons.
70   On entendra siffler les balles ;
                      Sonnez, clairons,
                      Sonnez, cymbales !

LE COMTE FÉLIBIEN

Attendu qu'il faut mettre à la raison la ville,
Qu'il faut tout écraser dans la guerre civile
Et vaincre les forfaits à force d'attentats,
Cosme vient d'égorger, pêle-mêle, des tas
5   De misérables, vieux, jeunes, toute une foule,
Dans Sienne où la fierté des grands siècles s'écroule.
Tous les murs sont criblés de biscayens de fer.
Le massacre est fini; mais un reste d'enfer
Est sur la ville, en proie aux cohortes lombardes.
10 La fumée encor flotte aux gueules des bombardes;
Et l'horreur du combat, des chocs et des assauts
Est visible partout, dans les rouges ruisseaux
Et dans l'effarement des morts, faces farouches;
On dirait que les cris sont encor dans les bouches,
15 On dirait que la foudre est encor dans les yeux,
Tant les cadavres sont vivants et furieux.
Cependant les marchands ont rouvert leurs boutiques.
Des gens quelconques vont et viennent; domestiques,
Patrons, clercs, artisans, chacun a son souci;
20 Chacun a ce regard qui dit : — C'est bien ainsi.
Finissons-en. Silence ! un nouveau maître arrive. —
L'indifférence aux morts qu'on a, pourvu qu'on vive,
L'acceptation froide et calme des affronts,
Cette lâcheté-là se lit sur tous les fronts.
25 — Pourquoi ces vanupieds sortaient-ils de leurs sphères ?
Ils sont morts. C'est bien fait. Nous avons nos affaires.
Les rois qui sont un peu tyrans sont presque dieux.
Nous serons muselés et rudoyés; tant mieux.
Enterrons. Oublions. Et parlons d'autre chose. —
30 Ainsi le vieux troupeau bourgeois raisonne et glose.
Et tous sont apaisés, et beaucoup sont contents.

Seul, un homme, — on dirait qu'il a près de cent ans
Et qu'il n'en a pas vingt, et qu'un astre est son âme,
A voir son front de neige, à voir ses yeux de flamme, —
35 Cet homme, moins semblable aux vivants qu'aux aïeux,

Rôde, et, quand il s'arrête, il n'a plus dans les yeux
Qu'un vague reste obscur de lueurs disparues,
Tant il songe et médite ! et les passants des rues,
Voyant ce noir rêveur qui vient on ne sait d'où,
40 Disent : C'est un génie ; et d'autres : C'est un fou.
L'un crie : — Alighieri ! c'est lui ! c'est l'homme-fée
Qui revient des enfers comme en revint Orphée ;
Orphée a vu Pluton, et Dante a vu Satan.
Il arrive de chez les morts ; Dante, va-t'en ! —
45 L'autre dit : — Ce n'est pas Dante, c'est Jérémie. —
La plainte a presque peur d'avoir été gémie
Et se cache devant le vainqueur irrité,
Mais cet homme est un tel spectre dans la cité
Qu'il semble effrayant même à la horde ennemie.
50 Et pourtant ce n'est point Dante ni Jérémie,
C'est simplement le vieux comte Félibien
Qui ne croit que le vrai, qui ne veut que le bien,
Et par qui fut fondé le collège de Sienne ;
Il porte haut la tête étant une âme ancienne,
55 Et fait trembler ; cet homme affronte les vainqueurs ;
Mais, dans l'écroulement des esprits et des cœurs,
On le hait ; le meilleur semble aux lâches le pire,
Et celui qui n'a pas d'épouvante en inspire.

Qu'importe à ce passant ? Dans ce vil guet-apens,
60 Les uns étant gisants et les autres rampants,
Les uns étant la tombe et les autres la foule,
Il est le seul debout ; il songe ; le sang coule,
Le sang fume, le sang est partout ; sombre, il va.

Tout à coup, au détour de la via Corva,
65 Il aperçoit dans l'ombre une femme inconnue ;
Une morte étendue à terre toute nue,
Corps terrible aux regards de tous prostitué
Et dont le ventre ouvert montre un enfant tué.

Alors il crie : — O ciel ! un enfant ! guerre affreuse !
70 Où donc s'arrêtera le gouffre qui se creuse ?
Massacrer l'inconnu, l'enfant encor lointain !
Supprimer la promesse obscure du destin !
Mais on poussera donc l'horreur jusqu'au prodige ?
Mais vous êtes hideux et stupides, vous dis-je !
75 Mais c'est abominable, ô ciel ! ciel éclatant !
Et les bêtes des bois n'en feraient pas autant !
Qu'on ait tort et raison des deux côtés, qu'on fasse
Au fond le mal, croyant bien faire à la surface,
Vous êtes des niais broyant des ignorants,
80 Cette justice-là, c'est bien, je vous la rends ;
Je vous hais et vous plains. Mais quoi ! quand l'empyrée
Attend du nouveau-né l'éclosion sacrée,
Quoi ! ces soldats, ces rois, sans savoir ce qu'ils font,

Touchent avec leur main sanglante au ciel profond !
85 Ils interrompent l'ombre ébauchant son ouvrage !
Ils veulent en finir d'un coup, et, dans leur rage
D'avoir bien fait justice et d'avoir bien vaincu,
Ils vont jusqu'à tuer ce qui n'a pas vécu !
Mais, bandits, laissez donc au moins venir l'aurore !
90 Brutes, vous châtiez ce qui n'est pas encore !
La femme que voilà morte sur le pavé,
Qui cachait dans son sein l'enfant inachevé,
L'avenir, l'écheveau des jours impénétrables,
Était de droit divin parmi vous, misérables,
95 Car la maternité, c'est la grande action ;
Sachez qu'on doit avoir la même émotion
Devant Ève portant les races inconnues
Que devant l'astre immense entrevu dans les nues ;
Sachez-le, meurtriers ! les respects sont pareils
100 Pour la femme et le ciel, l'abîme des soleils
Étant continué par le ventre des mères,
Rois, le vrai c'est l'enfant ; vous êtes des chimères.
Ah ! maudits ! Mais voyons, réfléchissez un peu.
Crime inouï ! l'enfant arrive en un milieu
105 Ignoré, parmi nous ; il sort des sphères vierges ;
Il quitte les soleils remplacés par vos cierges ;
Sa mère, qui le sent remuer, s'attendrit ;
Il n'est pas encor l'homme, il est déjà l'esprit,
Il cherche à deviner sa nouvelle patrie ;
110 Et, dans le bercement de cette rêverie
Où tout l'azur divin est vaguement mêlé,
Voilà que, brusque, affreux, de mitraille étoilé,
L'assassinat, au fond de ce flanc qu'on vénère,
Entre avec le fracas infâme du tonnerre,
115 Et se rue et s'abat, monstrueux ennemi,
Sur le pauvre doux être, ange encor endormi !
Qu'est-ce que ce réveil sans nom, et cette tombe
Ouverte par l'orfraie horrible à la colombe !
Ah ! prêtres, qu'a domptés César, vous qu'à leurs plis
120 Toutes les actions des grands ont assouplis,
Vous qui leur amenez chez eux cette servante,
La prière, et mettez le Te Deum en vente,
Vous qui montrez devant les rois le Tout-Puissant
Agenouillé, lavant les pavés teints de sang,
125 Vous qui pourtant parfois, fronts chauves, barbes grises,
Avez des tremblements dans vos mornes églises
Et sentez que la tombe est peut-être un cachot,
Prêtres, que pensez-vous qui se passe là-haut,
Dans l'abîme du vrai sans fond, dans le mystère,
130 Dans le sombre équilibre ignoré, quand la terre
Sinistre, renvoyant l'innocence au ciel bleu,
Jette une petite âme épouvantée à Dieu ?

VII

ENTRE LIONS ET ROIS

QUELQU'UN MET LE HOLA

Les grands lions ont dit aux rois épouvantables :

— Vous couchez dans des lits, vous buvez à des tables,
Nous couchons sur la pierre et buvons aux ruisseaux ;
Vous faites en marchant le bruit des grandes eaux,
5   O rois, tant vous avez autour de vous d'armées.
Vos femelles, au bain, pour être parfumées,
Se laissent par l'eunuque infâme manier ;
Les nôtres ont l'odeur féroce du charnier,
Et, comme leur caresse est féconde en blessures,
10   Nous leur rendons parfois leurs baisers en morsures,
Mais elles ont la fauve et sombre chasteté.
La nuit profonde a beau regarder de côté,
Elle a peur devant nous, et la terreur la gagne
Quand nous questionnons sur l'ombre la montagne ;
15   Vous, elle vous méprise, et nous, elle nous craint.
Rois, vous croyez avoir le monde, humble et contraint ;
Mais c'est nous qui l'avons. La forêt nous encense.
Rois, nous sommes la faim, la soif, et la puissance ;
Pour manger les agneaux et pour manger les loups
20   Nos mâchoires font plus de besogne que vous ;
Vous disparaîtriez, ô princes, que nos gueules
Sauraient bien dévorer les hommes toutes seules.
Chacun de nous au fond de sa caverne est roi ;
Et nous tenons ce sceptre en nos pattes, l'effroi.
25   Rois, l'échevèlement que notre tête épaisse
Secoue en sa colère est de la même espèce
Que l'avalanche énorme et le torrent des monts.
Rois, vous régnez un peu parce que nous dormons ;
Nos femmes font téter leurs petits sous leurs ventres,
30   Mais lorsqu'il nous plaira de sortir de nos antres,
Vous verrez. Le seigneur des forêts vous vaut tous.
Sachez que nous n'avons rien au-dessus de nous.
O rois, dans notre voix nous avons le tonnerre.
Le seigneur des forêts n'est pas un mercenaire
35   Qu'on leurre et qu'on désarme avec un sac d'argent ;

Et nous nous coucherons sur vous en vous rongeant,
Comme vous vous couchez, maitres, sur vos provinces.
C'est vous les faux bandits et c'est nous les vrais princes.
Vous, et vos légions, vous, et vos escadrons,
40   Quand nous y penserons et quand nous le voudrons,
O princes, nous ferons de cela des squelettes.
Lâches, vous frissonnez devant des amulettes ;
Mais nous les seuls puissants, nous maîtres des sommets,
Nous rugissons toujours et ne prions jamais ;
45   Car nous ne craignons rien. Puisqu'on nous a fait bêtes,
N'importe qui peut bien exister sur nos têtes
Sans que nous le sachions et que nous y songions.
Vous les rois, le ciel noir, plein de religions,
Vous voit, mains jointes, vils, prosternés dans la poudre ;
50   Mais, tout rempli qu'il est de tempête et de foudre,
De rayons et d'éclairs, il ne sait pas si nous,
Qui sommes les lions, nous avons des genoux. —

Ainsi les fiers lions parlaient aux rois farouches.
Ce verbe monstrueux rugissait dans leurs bouches,
55   Et les bois demandaient aux monts : Qu'est-ce que c'est ?
Soudain on entendit une voix qui disait :

— Vous êtes les lions, moi je suis Dieu. Crinières,
Ne vous hérissez pas, je vous tiens prisonnières.
Toutes vos griffes sont, devant mon doigt levé,
60   Ce qu'est sous une meule un grain de sénevé ;
Je tolère les rois comme je vous tolère ;
La grande patience et la grande colère,
C'est moi. J'ai mes desseins. Brutes et rois, tyrans,
Tremblez, eux les mangeurs et vous les dévorants.
65   Sachez que je suis là. J'abaisse et j'humilie ;
Je tiens, je tords, je courbe, et je lie et délie
La vague adriatique et le vent syrien ;
Je suis celui qui prouve à tous qu'ils ne sont rien ;
Je suis toute l'aurore et je suis toute l'ombre ;
70   Je suis celui qui sème au hasard et sans nombre,
Et qui, lorsqu'il lui plaît, donne des millions
D'astres aux firmaments et de poux aux lions.

VIII

DÉCADENCE DE ROME

AU LION D'ANDROCLÈS

La ville ressemblait à l'univers. C'était
Cette heure où l'on dirait que toute âme se tait,
Que tout astre s'éclipse et que le monde change.
Rome avait étendu sa pourpre sur la fange.
5   Où l'aigle avait plané, rampait le scorpion.
Trimalcion foulait les os de Scipion.
Rome buvait, gaie, ivre et la face rougie ;
Et l'odeur du tombeau sortait de cette orgie.
L'amour et le bonheur, tout était effrayant.
10 Lesbie, en se faisant coiffer, heureuse, ayant
Son Tibulle à ses pieds qui chantait leurs tendresses,
Si l'esclave persane arrangeait mal ses tresses,
Lui piquait les seins nus de son épingle d'or.
Le mal à travers l'homme avait pris son essor ;
15 Toutes les passions sortaient de leurs orbites.
Les fils aux vieux parents faisaient des morts subites.
Les rhéteurs disputaient les tyrans aux bouffons.
La boue et l'or régnaient. Dans les cachots profonds
Les bourreaux s'accouplaient à des martyres mortes.
20 Rome horrible chantait. Parfois, devant ses portes,
Quelque Crassus, vainqueur d'esclaves et de rois,
Plantait le grand chemin de vaincus mis en croix ;
Et, quand Catulle, amant que notre extase écoute,
Errait avec Délie, aux deux bords de la route,
25 Six mille arbres humains saignaient sur leurs amours.
La gloire avait hanté Rome dans les grands jours,
Toute honte à présent était la bienvenue,
Messaline en riant se mettait toute nue, '
Et sur le lit public, lascive, se couchait.
30 Epaphrodite avait un homme pour hochet
Et brisait en jouant les membres d'Epictète.
Femme grosse, vieillard débile, enfant qui tette,
Captifs, gladiateurs, chrétiens, étaient jetés
Aux bêtes, et, tremblants, blêmes, ensanglantés,
35 Fuyaient, et l'agonie effarée et vivante
Se tordait dans le cirque, abîme d'épouvante.

Pendant que l'ours grondait, et que les éléphants,
Effroyables, marchaient sur les petits enfants,
La vestale songeait dans sa chaise de marbre.
40 Par moments, le trépas, comme le fruit d'un arbre,
Tombait du front pensif de la pâle beauté ;
Le même éclair de meurtre et de férocité
Passait de l'œil du tigre au regard de la vierge.
Le monde était le bois, l'empire était l'auberge.
45 De noirs passants trouvaient le trône en leur chemin,
Entraient, donnaient un coup de dent au genre humain,
Puis s'en allaient. Néron venait après Tibère.
César foulait aux pieds le hun, le goth, l'ibère ;
Et l'empereur, pareil aux fleurs qui durent peu,
50 Le soir était charogne à moins qu'il ne fût dieu.
Le porc Vitellius roulait aux gémonies.
Escalier des grandeurs et des ignominies,
Bagne effrayant des morts, pilori des néants,
Saignant, fumant, infect, ce charnier de géants
55 Semblait fait pour pourrir le squelette du monde.
Des torturés râlaient sur cette rampe immonde,
Juifs sans langue, poltrons sans poings, larrons sans yeux ;
Ainsi que dans le cirque atroce et furieux
L'agonie était là, hurlant sur chaque marche.
60 Le noir gouffre cloaque au fond ouvrait son arche
Où croulait Rome entière ; et, dans l'immense égout,
Quand le ciel juste avait foudroyé coup sur coup,
Parfois deux empereurs, chiffres du fatal nombre,
Se rencontraient, vivants encore, et, dans cette ombre,
65 Où les chiens sur leurs os venaient mâcher leur chair,
Le césar d'aujourd'hui heurtait celui d'hier.
Le crime sombre était l'amant du vice infâme.
Au lieu de cette race en qui Dieu mit sa flamme,
Au lieu d'Eve et d'Adam, si beaux, si purs tous deux,
70 Une hydre se traînait dans l'univers hideux ;
L'homme était une tête et la femme était l'autre.
Rome était la truie énorme qui se vautre.
La créature humaine, importune au ciel bleu,
Faisait une ombre affreuse à la cloison de Dieu ;
75 Elle n'avait plus rien de sa forme première ;
Son œil semblait vouloir foudroyer la lumière ;
Et l'on voyait, c'était la veille d'Attila,
Tout ce qu'on avait eu de sacré jusque-là
Palpiter sous son ongle ; et pendre à ses mâchoires,
80 D'un côté les vertus et de l'autre les gloires.
Les hommes rugissaient quand ils croyaient parler.
L'âme du genre humain songeait à s'en aller ;
Mais, avant de quitter à jamais notre monde,
Tremblante, elle hésitait sous la voûte profonde,
85 Et cherchait une bête où se réfugier.
On entendait la tombe appeler et crier.
Au fond, la pâle Mort riait sinistre et chauve.

Ce fut alors que toi, né dans le désert fauve
Où le soleil est seul avec Dieu, toi, songeur
90 De l'antre que le soir emplit de sa rougeur,;
Tu vins dans la cité toute pleine de crimes
Tu frissonnas devant tant d'ombre et tant d'abîmes;
Ton œil fit, sur ce monde horrible et châtié,
Flamboyer tout à coup l'amour et la pitié;
95 Pensif tu secouas ta crinière sur Rome;
Et, l'homme étant le monstre, ô lion, tu fus l'homme.

IX

L'ISLAM

L'AN NEUF DE L'HÉGIRE

Comme s'il pressentait que son heure était proche,
Grave, il ne faisait plus à personne un reproche;
Il marchait en rendant aux passants leur salut;
On le voyait vieillir chaque jour, quoiqu'il eût
5   A peine vingt poils blancs à sa barbe encor noire;
Il s'arrêtait parfois pour voir les chameaux boire,
Se souvenant du temps qu'il était chamelier.

Il songeait longuement devant le saint pilier;
Par moments, il faisait mettre une femme nue
10   Et la regardait, puis il contemplait la nue,
Et disait : La beauté sur la terre, au ciel le jour.

Il semblait avoir vu l'éden, l'âge d'amour,
Les temps antérieurs, l'ère immémoriale.
Il avait le front haut, la joue impériale,
15   Le sourcil chauve, l'œil profond et diligent,
Le cou pareil au col d'une amphore d'argent,
L'air d'un Noé qui sait le secret du déluge.
Si des hommes venaient le consulter, ce juge
Laissait l'un affirmer, l'autre rire et nier,
20   Ecoutait en silence et parlait le dernier.
Sa bouche était toujours en train d'une prière;
Il mangeait peu, serrant sur son ventre une pierre;
Il s'occupait lui-même à traire ses brebis;
Il s'asseyait à terre et cousait ses habits.

25   Il jeûnait plus longtemps qu'autrui les jours de jeûne,
Quoiqu'il perdît sa force et qu'il ne fût plus jeune.

A soixante-trois ans une fièvre le prit.
Il relut le koran de sa main même écrit,
Puis il remit au fils de Séid la bannière,
30   En lui disant : — Je touche à mon aube dernière.
Il n'est pas d'autre Dieu que Dieu. Combats pour lui. —
Et son œil, voilé d'ombre, avait ce morne ennui

D'un vieux aigle forcé d'abandonner son aire.
Il vint à la mosquée à son heure ordinaire,
35   Appuyé sur Ali, le peuple le suivant;
Et l'étendard sacré se déployait au vent.
Là, pâle, il s'écria, se tournant vers la foule :
— Peuple, le jour s'éteint, l'homme passe et s'écoule;
La poussière et la nuit, c'est nous. Dieu seul est grand.
40   Peuple, je suis l'aveugle et je suis l'ignorant.
Sans Dieu je serais vil plus que la bête immonde. —
Un scheik lui dit : — O chef des vrais croyants ! le monde,
Sitôt qu'il t'entendit, en ta parole crut;
Le jour où tu naquis une étoile apparut,
45   Et trois tours du palais de Chosroës tombèrent. —
Lui reprit : — Sur ma mort les anges délibèrent;
L'heure arrive. Ecoutez. Si j'ai de l'un de vous
Mal parlé, qu'il se lève, ô peuple, et devant tous
Qu'il m'insulte et m'outrage avant que je m'échappe;
50   Si j'ai frappé quelqu'un, que celui-là me frappe. —
Et, tranquille, il tendit aux passants son bâton.
Une vieille, tondant la laine d'un mouton,
Assise sur un seuil, lui cria : — Dieu t'assiste !

Il semblait regarder quelque vision triste,
55   Et songeait; tout à coup, pensif, il dit : — Voilà,
Vous tous, je suis un mot dans la bouche d'Allah;
Je suis cendre comme homme et feu comme prophète.
J'ai complété d'Issa la lumière imparfaite.
Je suis la force, enfants; Jésus fut la douceur.
60   Le soleil a toujours l'aube pour précurseur.
Jésus m'a précédé, mais il n'est pas la Cause.
Il est né d'une vierge aspirant une rose.
Moi, comme être vivant, retenez bien ceci,
Je ne suis qu'un limon par les vices noirci;
65   J'ai de tous les péchés subi l'approche étrange;
Ma chair a plus d'affront qu'un chemin n'a de fange.
Et mon corps par le mal est tout déshonoré;
O vous tous, je serai bien vite dévoré,
Si dans l'obscurité du cercueil solitaire
70   Chaque faute de l'homme engendre un ver de terre.
Fils, le damné renaît au fond du froid caveau,
Pour être par les vers dévoré de nouveau;
Toujours sa chair revit, jusqu'à ce que la peine,
Finie, ouvre à son vol l'immensité sereine.
75   Fils, je suis le champ vil des sublimes combats,
Tantôt l'homme d'en haut, tantôt l'homme d'en bas,
Et le mal dans ma bouche avec le bien alterne
Comme dans le désert le sable et la citerne;
Ce qui n'empêche pas que je n'aie, ô croyants !
80   Tenu tête dans l'ombre aux anges effrayants
Qui voudraient replonger l'homme dans les ténèbres;
J'ai parfois dans mes poings tordu leurs bras funèbres;

Souvent, comme Jacob, j'ai la nuit, pas à pas,
Lutté contre quelqu'un que je ne voyais pas;
85 Mais les hommes surtout ont fait saigner ma vie;
Ils ont jeté sur moi leur haine et leur envie,
Et, comme je sentais en moi la vérité,
Je les ai combattus, mais sans être irrité;
Et, pendant le combat, je criais : « Laissez faire !
90 Je suis seul, nu, sanglant, blessé; je le préfère.
Qu'ils frappent sur moi tous ! que tout leur soit permis !
Quand même, se ruant sur moi, mes ennemis
Auraient, pour m'attaquer dans cette voie étroite,
Le soleil à leur gauche et la lune à leur droite,
95 Ils ne me feraient point reculer ! » C'est ainsi
Qu'après avoir lutté quarante ans, me voici
Arrivé sur le bord de la tombe profonde,
Et j'ai devant moi Dieu, derrière moi le monde.
Quant à vous qui m'avez dans l'épreuve suivi,
100 Comme les grecs Hermès et les hébreux Lévi,
Vous avez bien souffert, mais vous verrez l'aurore.
Après la froide nuit, vous verrez l'aube éclore;
Peuple, n'en doutez pas; celui qui prodigua
Les lions aux ravins du Jebel-Kronnega,
105 Les perles à la mer et les astres à l'ombre,
Peut bien donner un peu de joie à l'homme sombre. —

Il ajouta : — Croyez, veillez; courbez le front.
Ceux qui ne sont ni bons ni mauvais resteront
Sur le mur qui sépare Eden d'avec l'abîme,
110 Etant trop noirs pour Dieu, mais trop blancs pour le crime;
Presque personne n'est assez pur de péchés
Pour ne pas mériter un châtiment; tâchez,
En priant, que vos corps touchent partout la terre;
L'enfer ne brûlera dans son fatal mystère
115 Que ce qui n'aura point touché la cendre, et Dieu
A qui baise la terre obscure, ouvre un ciel bleu;
Soyez hospitaliers; soyez saints; soyez justes;
Là-haut sont les fruits purs dans les arbres augustes,
Les chevaux sellés d'or, et, pour fuir aux sept cieux,
120 Les chars vivants ayant des foudres pour essieux;
Chaque houri, sereine, incorruptible, heureuse,
Habite un pavillon fait d'une perle creuse;
Le gehennam attend les réprouvés; malheur !
Ils auront des souliers de feu dont la chaleur
125 Fera bouillir leur tête ainsi qu'une chaudière.
La face des élus sera charmante et fière. —

Il s'arrêta, donnant audience à l'esprit.
Puis, poursuivant sa marche à pas lents, il reprit :
— O vivants ! je répète à tous que voici l'heure
130 Où je vais me cacher dans une autre demeure;
Donc, hâtez-vous. Il faut, le moment est venu,

Que je sois dénoncé par ceux qui m'ont connu,
Et que, si j'ai des torts, on me crache au visage. —

La foule s'écartait muette à son passage.
135 Il se lava la barbe au puits d'Aboulféia.
Un homme réclama trois drachmes, qu'il paya,
Disant : — Mieux vaut payer ici que dans la tombe. —
L'œil du peuple était doux comme un œil de colombe
En regardant cet homme auguste, son appui;
140 Tous pleuraient; quand, plus tard, il fut rentré chez lui,
Beaucoup restèrent là sans fermer la paupière,
Et passèrent la nuit couchés sur une pierre.
Le lendemain matin, voyant l'aube arriver :
— Aboubèkre, dit-il, je ne puis me lever,
145 Tu vas prendre le livre et faire la prière. —
Et sa femme Aïscha se tenait en arrière;
Il écoutait pendant qu'Aboubèkre lisait,
Et souvent à voix basse achevait le verset;
Et l'on pleurait pendant qu'il priait de la sorte.
150 Et l'ange de la mort vers le soir à la porte
Apparut, demandant qu'on lui permît d'entrer.
— Qu'il entre. — On vit alors son regard s'éclairer
De la même clarté qu'au jour de sa naissance;
Et l'ange lui dit : — Dieu désire ta présence.
155 — Bien, dit-il. Un frisson sur ses tempes courut,
Un souffle ouvrit sa lèvre, et Mahomet mourut.

MAHOMET

Le divin Mahomet enfourchait tour à tour
Son mulet Daïdol et son âne Yafour ;
Car le sage lui-même a, selon l'occurrence,
Son jour d'entêtement et son jour d'ignorance.

LE CÈDRE

Omer, scheik de l'Islam et de la loi nouvelle
Que Mahomet ajoute à ce qu'Issa révèle,
Marchant, puis s'arrêtant, et sur son long bâton,
Par moments, comme un pâtre, appuyant son menton,
5 Errait près de Djeddah la sainte, sur la grève
De la mer Rouge, où Dieu luit comme au fond d'un rêve,
Dans le désert jadis noir de l'ombre des cieux
Où Moïse voilé passait mystérieux.
Tout en marchant ainsi, plein d'une grave idée,
10 Par-dessus le désert, l'Egypte et la Judée,
A Pathmos, au penchant d'un mont, chauve sommet,
Il vit Jean qui, couché sur le sable, dormait.
Car saint Jean n'est pas mort, l'effrayant solitaire;
Dieu le tient en réserve; il reste sur la terre
15 Ainsi qu'Enoch le Juste, et, comme il est écrit,
Ainsi qu'Elie, afin de vaincre l'Antéchrist.

Jean dormait; ses regards étaient fermés qui virent
Les océans du songe où les astres chavirent;
L'obscur sommeil couvrait cet œil illuminé,
20 Le seul chez les vivants auquel il fut donné
De regarder, par l'âpre ouverture du gouffre,
Les anges noirs vêtus de cuirasses de soufre,
Et de voir les Babels pencher, et les Sions
Tomber, et s'écrouler les blêmes visions,
25 Et les religions rire prostituées,
Et des noms de blasphème errer dans les nuées.

Jean dormait, et sa tête était nue au soleil.

Omer, le puissant prêtre, aux prophètes pareil,
Aperçut, tout auprès de la mer Rouge, à l'ombre
30 D'un santon, un vieux cèdre au grand feuillage sombre
Croissant dans un rocher qui bordait le chemin;
Scheik Omer étendit à l'horizon sa main
Vers le nord habité par les aigles rapaces,

Et, montrant au vieux cèdre, au-delà des espaces,
35   La mer Egée, et Jean endormi dans Pathmos,
Il poussa du doigt l'arbre et prononça ces mots :

— Va, cèdre, va couvrir de ton ombre cet homme !

Le blanc spectre de sel qui regarde Sodome
N'est pas plus immobile au bord du lac amer
40   Que ne le fut le cèdre à qui parlait Omer;
Plus rétif que l'onagre à la voix de son maître,
L'arbre n'agita pas une branche.

                                                  Le prêtre
Dit : Va donc ! et frappa l'arbre de son bâton.
Le cèdre, enraciné sous le mur du santon,
45   N'eut pas même un frisson et demeura paisible.

Le scheik alors tourna ses yeux vers l'invisible,
Fit trois pas, puis, ouvrant sa droite et la levant :
— Va ! cria-t-il, va, cèdre, au nom du Dieu vivant !

— Que n'as-tu prononcé ce nom plus tôt ? dit l'arbre.
50   Et, frissonnant, brisant le dur rocher de marbre,
Dressant ses bras ainsi qu'un vaisseau ses agrès,
Fendant la vieille terre aïeule des forêts,
Le grand cèdre, arrachant aux profondes crevasses
Son tronc et sa racine et ses ongles vivaces,
55   S'envola comme un sombre et formidable oiseau.
Il passa le mont Gour, posé comme un boisseau
Sur la rouge lueur des forgerons d'Erèbe;
Laissa derrière lui Gophna, Jéricho, Thèbe,
L'Egypte aux dieux sans nombre, informe panthéon,
60   Le Nil, fleuve d'Eden, qu'Adam nommait Gehon,
Le champ de Galgala plein de couteaux de pierre,
Ur, d'où vint Abraham, Bethsad, où naquit Pierre,
Et, quittant le désert d'où sortent les fléaux,
Traversa Chanaan d'Arphac à Borcéos;
65   Là, retrouvant la mer, vaste, obscure, sublime,
Il plongea dans la nue énorme de l'abîme,
Et, franchissant les flots, sombre gouffre ennemi,
Vint s'abattre à Pathmos près de Jean endormi.

Jean, s'étant réveillé, vit l'arbre, et le prophète
70   Songea, surpris d'avoir de l'ombre sur sa tête;
Puis il dit, redoutable en sa sérénité :
— Arbre, que fais-tu là ? pourquoi t'es-tu hâté
De sourdre, de germer, de grandir dans une heure ?
Pourquoi donner de l'ombre au roc où je demeure ?
75   L'ordre éternel n'a point de ces rapidités;
Jéhovah, dont les yeux s'ouvrent de tous côtés,
Veut que l'œuvre soit lente, et que l'arbre se fonde

Sur un pied fort, scellé dans l'argile profonde ;
Pendant qu'un arbre naît, bien des hommes mourront ;
80 La pluie est sa servante, et, par le bois du tronc,
La racine aux rameaux frissonnants distribue
L'eau qui se change en sève aussitôt qu'elle est bue.
Dieu le nourrit de terre, et, l'en rassasiant,
Veut que l'arbre soit dur, solide et patient,
85 Pour qu'il brave, à travers sa rude carapace,
Les coups de fouet du vent tumultueux qui passe,
Pour qu'il porte le temps comme l'âne son bât,
Et qu'on puisse compter, quand la hache l'abat,
Les ans de sa durée aux anneaux de sa sève.
90 Un cèdre n'est pas fait pour croître comme un rêve ;
Ce que l'heure a construit, l'instant peut le briser. —
Le cèdre répondit : — Jean, pourquoi m'accuser ?
Jean, si je suis ici, c'est par l'ordre d'un homme. —
Et Jean, fauve songeur, qu'en frémissant on nomme,
95 Reprit : — Quel est cet homme à qui tout se soumet ? —
L'arbre dit : — C'est Omer, prêtre de Mahomet.
J'étais près de Djeddah depuis des ans sans nombre ;
Il m'a dit de venir te couvrir de mon ombre.

Alors Jean, oublié par Dieu chez les vivants,
100 Se tourna vers le sud, et cria dans les vents,
Par-dessus le rivage austère de son île :
— Nouveaux venus, laissez la nature tranquille. —

X

LE CYCLE HÉROÏQUE CHRÉTIEN

LE PARRICIDE

Un jour, Kanut, à l'heure où l'assoupissement
Ferme partout les yeux sous l'obscur firmament,
Ayant pour seul témoin la nuit, l'aveugle immense,
Vit son père Swéno, vieillard presque en démence,
5 Qui dormait, sans un garde à ses pieds, sans un chien ;
Il le tua, disant : Lui-même n'en sait rien.
Puis il fut un grand roi.

                                    Toujours vainqueur, sa vie
Par la prospérité fidèle fut suivie ;
Il fut plus triomphant que la gerbe des blés ;
10 Quand il passait devant les vieillards assemblés,
Sa présence éclairait ces sévères visages ;
Par la chaîne des mœurs pures et des lois sages
A son cher Danemark natal il enchaîna
Vingt îles, Fionie, Arnhout, Folster, Mona ;
15 Il bâtit un grand trône en pierres féodales ;
Il vainquit les saxons, les pictes, les vandales,
Le celte, et le borusse, et le slave aux abois,
Et les peuples hagards qui hurlent dans les bois ;
Il abolit l'horreur idolâtre, et la rune,
20 Et le menhir féroce où le soir, à la brune,
Le chat sauvage vient frotter son dos hideux ;
Il disait en parlant du grand César : Nous deux ;
Une lueur sortait de son cimier polaire ;
Les monstres expiraient partout sous sa colère ;
25 Il fut, pendant vingt ans qu'on l'entendit marcher,
Le cavalier superbe et le puissant archer ;
L'hydre morte, il mettait le pied sur la portée ;
Sa vie, en même temps bénie et redoutée,
Dans la bouche du peuple était un fier récit ;
30 Rien que dans un hiver, ce chasseur détruisit
Trois dragons en Ecosse et deux rois en Scanie ;
Il fut héros, il fut géant, il fut génie ;
Le sort de tout un monde au sien semblait lié ;
Quant à son parricide, il l'avait oublié.

35 Il mourut. On le mit dans un cercueil de pierre,
Et l'évêque d'Aarhus vint dire une prière
Et chanter sur sa tombe un hymne, déclarant
Que Kanut était saint, que Kanut était grand,
Qu'un céleste parfum sortait de sa mémoire,
40 Et qu'ils le voyaient, eux, les prêtres, dans la gloire,
Assis comme un prophète à la droite de Dieu.

Le soir vint; l'orgue en deuil se tut dans le saint lieu;
Et les prêtres, quittant la haute cathédrale,
Laissèrent le roi mort dans la paix sépulcrale.
45 Alors il se leva, rouvrit ses yeux obscurs,
Prit son glaive, et sortit de la tombe, les murs
Et les portes étant brumes pour les fantômes;
Il traversa la mer qui reflète les dômes
Et les tours d'Altona, d'Aarhus et d'Elseneur;
50 L'ombre écoutait les pas de ce sombre seigneur;
Mais il marchait sans bruit, étant lui-même un songe;
Il alla droit au mont Savo que le temps ronge,
Et Kanut s'approcha de ce farouche aïeul,
Et lui dit : — Laisse-moi, pour m'en faire un linceul,
55 O montagne Savo que la tourmente assiège,
Me couper un morceau de ton manteau de neige. —
Le mont le reconnut et n'osa refuser.
Kanut prit son épée impossible à briser,
Et sur le mont, tremblant devant ce belluaire,
60 Il coupa de la neige et s'en fit un suaire;
Puis il cria : — Vieux mont, la mort éclaire peu;
De quel côté faut-il aller pour trouver Dieu ? —
Le mont au flanc difforme, aux gorges obstruées,
Noir, triste dans le vol éternel des nuées,
65 Lui dit : — Je ne sais pas, spectre, je suis ici. —
Kanut quitta le mont par les glaces saisi;
Et, le front haut, tout blanc dans son linceul de neige,
Il entra, par delà l'Islande et la Norvège,
Seul, dans le grand silence et dans la grande nuit;
70 Derrière lui le monde obscur s'évanouit;
Il se trouva, lui, spectre, âme, roi sans royaume,
Nu, face à face avec l'immensité fantôme;
Il vit l'infini, porche horrible et reculant
Où l'éclair quand il entre expire triste et lent,
75 L'ombre, hydre dont les nuits sont les pâles vertèbres,
L'informe se mouvant dans le noir, les Ténèbres;
Là, pas d'astre; et pourtant on ne sait quel regard
Tombe de ce chaos immobile et hagard;
Pour tout bruit, le frisson lugubre que fait l'onde
80 De l'obscurité, sourde, effarée et profonde,
Il avança disant : — C'est la tombe; au-delà
C'est Dieu. — Quand il eut fait trois pas, il appela;
Mais la nuit est muette ainsi que l'ossuaire,
Et rien ne répondit; pas un pli du suaire

85   Ne s'émut, et Kanut avança; la blancheur
     Du linceul rassurait le sépulcral marcheur;
     Il allait. Tout à coup, sur son livide voile
     Il vit poindre et grandir comme une noire étoile;
     L'étoile s'élargit lentement, et Kanut,
90   La tâtant de sa main de spectre, reconnut
     Qu'une goutte de sang était sur lui tombée.
     Sa tête, que la peur n'avait jamais courbée,
     Se redressa, terrible, il regarda la nuit,
     Et ne vit rien, l'espace était noir, pas un bruit.
95   — En avant! dit Kanut, levant sa tête fière.
     Une seconde tache auprès de la première
     Tomba, puis s'élargit; et le chef cimbrien
     Regarda l'ombre épaisse et vague, et ne vit rien.
     Comme un limier à suivre une piste s'attache,
100 Morne, il reprit sa route; une troisième tache
     Tomba sur le linceul. Il n'avait jamais fui;
     Kanut pourtant cessa de marcher devant lui,
     Et tourna du côté du bras qui tient le glaive;
     Une goutte de sang, comme à travers un rêve,
105 Tomba sur le suaire et lui rougit la main;
     Pour la seconde fois il changea de chemin,
     Comme en lisant on tourne un feuillet d'un registre,
     Et se mit a marcher vers la gauche sinistre;
     Une goutte de sang tomba sur le linceul;
110 Et Kanut recula, frémissant d'être seul,
     Et voulut regagner sa couche mortuaire;
     Une goutte de sang tomba sur le suaire.
     Alors il s'arrêta livide, et ce guerrier,
     Blême, baissa la tête et tâcha de prier;
115 Une goutte de sang tomba sur lui. Farouche,
     La prière effrayée expirant dans sa bouche,
     Il se remit en marche; et, lugubre, hésitant,
     Hideux, ce spectre blanc passait; et, par instant,
     Une goutte de sang se détachait de l'ombre,
120 Implacable, et tombait sur cette blancheur sombre.
     Il voyait, plus tremblant qu'au vent le peuplier,
     Ces taches s'élargir et se multiplier;
     Une autre, une autre, une autre, une autre, ô cieux funèbres!
     Leur passage rayait vaguement les ténèbres;
125 Ces gouttes, dans les plis du linceul, finissant
     Par se mêler, faisaient des nuages de sang;
     Il marchait, il marchait; de l'insondable voûte
     Le sang continuait à pleuvoir goutte à goutte,
     Toujours, sans fin, sans bruit, et comme s'il tombait
130 De ces pieds noirs qu'on voit la nuit pendre au gibet.
     Hélas! qui donc pleurait ces larmes formidables?
     L'infini. Vers les cieux, pour le juste abordables,
     Dans l'océan de nuit sans flux et sans reflux,
     Kanut s'avançait, pâle et ne regardant plus.
135 Enfin, marchant toujours comme en une fumée,

Il arriva devant une porte fermée
Sous laquelle passait un jour mystérieux;
Alors sur son linceul il abaissa les yeux;
C'était l'endroit sacré, c'était l'endroit terrible;
140 On ne sait quel rayon de Dieu semble visible;
De derrière la porte on entend l'hosanna :
Le linceul était rouge et Kanut frissonna.

Et c'est pourquoi Kanut, fuyant devant l'aurore
Et reculant, n'a pas osé paraître encore
145 Devant le juge au front duquel le soleil luit;
C'est pourquoi ce roi sombre est resté dans la nuit,
Et, sans pouvoir rentrer dans sa blancheur première,
Sentant, à chaque pas qu'il fait vers la lumière,
Une goutte de sang sur sa tête pleuvoir,
150 Rôde éternellement sous l'énorme ciel noir.

LE MARIAGE DE ROLAND

Ils se battent — combat terrible ! — corps à corps.
Voilà déjà longtemps que leurs chevaux sont morts ;
Ils sont là seuls tous deux dans une île du Rhône.
Le fleuve à grand bruit roule un flot rapide et jaune,
5   Le vent trempe en sifflant les brins d'herbe dans l'eau.
L'archange saint Michel attaquant Apollo
Ne ferait pas un choc plus étrange et plus sombre.
Déjà, bien avant l'aube, ils combattaient dans l'ombre.
Qui, cette nuit, eût vu s'habiller ces barons,
10 Avant que la visière eût dérobé leurs fronts,
Eût vu deux pages blonds, roses comme des filles.
Hier, c'étaient deux enfants riant à leurs familles,
Beaux, charmants ; — aujourd'hui, sur ce fatal terrain,
C'est le duel effrayant de deux spectres d'airain,
15 Deux fantômes auxquels le démon prête une âme,
Deux masques dont les trous laissent voir de la flamme.
Ils luttent, noirs, muets, furieux, acharnés.
Les bateliers pensifs qui les ont amenés
Ont raison d'avoir peur et de fuir dans la plaine,
20 Et d'oser, de bien loin, les épier à peine :
Car de ces deux enfants, qu'on regarde en tremblant,
L'un s'appelle Olivier et l'autre a nom Roland:

Et, depuis qu'ils sont là, sombres, ardents, farouches,
Un mot n'est pas encor sorti de ces deux bouches.

25 Olivier, sieur de Vienne et comte souverain,
A pour père Gérard et pour aïeul Garin.
Il fut pour ce combat habillé par son père.
Sur sa targe est sculpté Bacchus faisant la guerre
Aux normands, Rollon ivre, et Rouen consterné,
30 Et le dieu souriant par des tigres traîné,
Chassant, buveur de vin, tous ces buveurs de cidre ;
Son casque est enfoui sous les ailes d'une hydre ;
Il porte le haubert que portait Salomon ;
Son estoc resplendit comme l'œil d'un démon ;

35 Il y grava son nom afin qu'on s'en souvienne ;
    Au moment du départ, l'archevêque de Vienne
    A béni son cimier de prince féodal.

    Roland a son habit de fer, et Durandal.

    Ils luttent de si près avec de sourds murmures,
40 Que leur souffle âpre et chaud s'empreint sur leurs armures ;
    Le pied presse le pied ; l'île à leurs noirs assauts
    Tressaille au loin ; l'acier mord le fer ; des morceaux
    De heaume et de haubert, sans que pas un s'émeuve,
    Sautent à chaque instant dans l'herbe et dans le fleuve ;
45 Leurs brassards sont rayés de longs filets de sang
    Qui coule de leur crâne et dans leurs yeux descend.
    Soudain, sire Olivier, qu'un coup affreux démasque,
    Voit tomber à la fois son épée et son casque.
    Main vide et tête nue, et Roland l'œil en feu !
50 L'enfant songe à son père et se tourne vers Dieu.
    Durandal sur son front brille. Plus d'espérance !
    — Çà, dit Roland, je suis neveu du roi de France,
    Je dois me comporter en franc neveu de roi.
    Quand j'ai mon ennemi désarmé devant moi,
55 Je m'arrête. Va donc chercher une autre épée,
    Et tâche, cette fois, qu'elle soit bien trempée.
    Tu feras apporter à boire en même temps,
    Car j'ai soif.

              — Fils, merci, dit Olivier.

                                    — J'attends,
    Dit Roland, hâte-toi.

                        Sire Olivier appelle
60 Un batelier caché derrière une chapelle.

    — Cours à la ville, et dis à mon père qu'il faut
    Une autre épée à l'un de nous, et qu'il fait chaud.

    Cependant les héros, assis dans les broussailles,
    S'aident à délacer leurs capuchons de mailles,
65 Se lavent le visage, et causent un moment.
    Le batelier revient, il a fait promptement ;
    L'homme a vu le vieux comte ; il rapporte une épée
    Et du vin, de ce vin qu'aimait le grand Pompée
    Et que Tournon récolte au flanc de son vieux mont.
70 L'épée est cette illustre et fière Closamont,
    Que d'autres quelquefois appellent Haute-Claire.
    L'homme a fui. Les héros achèvent sans colère
    Ce qu'ils disaient, le ciel rayonne au-dessus d'eux ;
    Olivier verse à boire à Roland ; puis tous deux

75 Marchent droit l'un vers l'autre, et le duel recommence.
Voilà que par degrés de sa sombre démence
Le combat les enivre, il leur revient au cœur
Ce je ne sais quel dieu qui veut qu'on soit vainqueur,
Et qui, s'exaspérant aux armures frappées,
80 Mêle l'éclair des yeux aux lueurs des épées.

Ils combattent, versant à flots leur sang vermeil.
Le jour entier se passe ainsi. Mais le soleil
Baisse vers l'horizon. La nuit vient.
                                    — Camarade,
Dit Roland, je ne sais, mais je me sens malade.
85 Je ne me soutiens plus, et je voudrais un peu
De repos.

            — Je prétends, avec l'aide de Dieu,
Dit le bel Olivier, le sourire à la lèvre,
Vous vaincre par l'épée et non point par la fièvre.
Dormez sur l'herbe verte; et, cette nuit, Roland,
90 Je vous éventerai de mon panache blanc.
Couchez-vous et dormez.

                        — Vassal, ton âme est neuve,
Dit Roland. Je riais, je faisais une épreuve.
Sans m'arrêter et sans me reposer, je puis
Combattre quatre jours encore, et quatre nuits.

95 Le duel reprend. La mort plane, le sang ruisselle.
Durandal heurte et suit Closamont; l'étincelle
Jaillit de toutes parts sous leurs coups répétés.
L'ombre autour d'eux s'emplit de sinistres clartés.
Ils frappent; le brouillard du fleuve monte et fume;
100 Le voyageur s'effraie et croit voir dans la brume
D'étranges bûcherons qui travaillent la nuit.

Le jour naît, le combat continue à grand bruit;
La pâle nuit revient, ils combattent; l'aurore
Reparaît dans les cieux, ils combattent encore.

105 Nul repos. Seulement, vers le troisième soir,
Sous un arbre, en causant, ils sont allés s'asseoir;
Puis ont recommencé.

                        Le vieux Gérard dans Vienne
Attend depuis trois jours que son enfant revienne.
Il envoie un devin regarder sur les tours;
110 Le devin dit : Seigneur, ils combattent toujours.

Quatre jours sont passés, et l'île et le rivage
Tremblent sous ce fracas monstrueux et sauvage.
Ils vont, viennent, jamais fuyant, jamais lassés,

Froissent le glaive au glaive et sautent les fossés,
115   Et passent, au milieu des ronces remuées,
Comme deux tourbillons et comme deux nuées.
O chocs affreux ! terreur ! tumulte étincelant !
Mais enfin Olivier saisit au corps Roland,
Qui de son propre sang en combattant s'abreuve,
120   Et jette d'un revers Durandal dans le fleuve.

— C'est mon tour maintenant, et je vais envoyer
Chercher un autre estoc pour vous, dit Olivier.
Le sabre du géant Sinnagog est à Vienne.
C'est, après Durandal, le seul qui vous convienne.
125   Mon père le lui prit alors qu'il le défit.
Acceptez-le.

                    Roland sourit. — Il me suffit
De ce bâton. — Il dit, et déracine un chêne.

Sire Olivier arrache un orme dans la plaine
Et jette son épée, et Roland, plein d'ennui,
130   L'attaque. Il n'aimait pas qu'on vînt faire après lui
Les générosités qu'il avait déjà faites.

Plus d'épée en leurs mains, plus de casque à leurs têtes.
Ils luttent maintenant, sourds, effarés, béants,
A grands coups de troncs d'arbre, ainsi que des géants.

135   Pour la cinquième fois, voici que la nuit tombe.
Tout à coup Olivier, aigle aux yeux de colombe,
S'arrête et dit :

                    — Roland, nous n'en finirons point.
Tant qu'il nous restera quelque tronçon au poing,
Nous lutterons ainsi que lions et panthères.
140   Ne vaudrait-il pas mieux que nous devinssions frères ?
Ecoute, j'ai ma sœur, la belle Aude au bras blanc,
Epouse-la.

                    — Pardieu ! je veux bien, dit Roland.
Et maintenant buvons, car l'affaire était chaude. —

C'est ainsi que Roland épousa la belle Aude.

AYMERILLOT

Charlemagne, empereur à la barbe fleurie,
Revient d'Espagne; il a le cœur triste, il s'écrie :
— Roncevaux ! Roncevaux ! ô traître Ganelon !
Car son neveu Roland est mort dans ce vallon
5   Avec les douze pairs et toute son armée.
Le laboureur des monts qui vit sous la ramée
Est rentré chez lui, grave et calme, avec son chien;
Il a baisé sa femme au front et dit : C'est bien.
Il a lavé sa trompe et son arc aux fontaines;
10 Et les os des héros blanchissent dans les plaines.

Le bon roi Charle est plein de douleur et d'ennui;
Son cheval syrien est triste comme lui.
Il pleure; l'empereur pleure de la souffrance
D'avoir perdu ses preux, ses douze pairs de France,
15 Ses meilleurs chevaliers qui n'étaient jamais las,
Et son neveu Roland, et la bataille, hélas !
Et surtout de songer, lui, vainqueur des Espagnes,
Qu'on fera des chansons dans toutes ces montagnes
Sur ses guerriers tombés devant des paysans,
20 Et qu'on en parlera plus de quatre cents ans !

Cependant il chemine; au bout de trois journées
Il arrive au sommet des hautes Pyrénées.
Là, dans l'espace immense il regarde en rêvant;
Et sur une montagne, au loin, et bien avant
25 Dans les terres, il voit une ville très forte,
Ceinte de murs avec deux tours à chaque porte.
Elle offre à qui la voit ainsi dans le lointain
Trente maîtresses tours avec des toits d'étain,
Et des mâchicoulis de forme sarrasine.
30 Encor tout ruisselants de poix et de résine.
Au centre est un donjon si beau, qu'en vérité
On ne le peindrait pas dans tout un jour d'été.
Ses créneaux sont scellés de plomb, chaque embrasure
Cache un archer dont l'œil toujours guette et mesure.

35   Ses gargouilles font peur, à son faîte vermeil
      Rayonne un diamant gros comme le soleil,
      Qu'on ne peut regarder fixement de trois lieues.

      Sur la gauche est la mer aux grandes ondes bleues,
      Qui jusqu'à cette ville apporte ses dromons.

40   Charle, en voyant ces tours, tressaille sur les monts.

      — Mon sage conseiller, Naymes, duc de Bavière,
      Quelle est cette cité près de cette rivière ?
      Qui la tient la peut dire unique sous les cieux.
      Or, je suis triste, et c'est le cas d'être joyeux.
45   Oui, dussé-je rester quatorze ans dans ces plaines,
      O gens de guerre, archers, compagnons, capitaines,
      Mes enfants ! mes lions ! saint Denis m'est témoin
      Que j'aurai cette ville avant d'aller plus loin ! —

      Le vieux Naymes frissonne à ce qu'il vient d'entendre.

50   — Alors, achetez-la, car nul ne peut la prendre.
      Elle a pour se défendre, outre ses béarnais,
      Vingt mille turcs ayant chacun double harnais.
      Quant à nous, autrefois, c'est vrai, nous triomphâmes;
      Mais, aujourd'hui, vos preux ne valent pas des femmes,
55   Ils sont tous harassés et du gîte envieux,
      Et je suis le moins las, moi qui suis le plus vieux.
      Sire, je parle franc et je ne farde guère.
      D'ailleurs, nous n'avons point de machines de guerre;
      Les chevaux sont rendus, les gens rassasiés;
60   Je trouve qu'il est temps que vous vous reposiez,
      Et je dis qu'il faut être aussi fou que vous l'êtes
      Pour attaquer ces tours avec des arbalètes.

      L'empereur répondit au duc avec bonté :
      — Duc, tu ne m'as pas dit le nom de la cité ?

65   — On peut bien oublier quelque chose à mon âge.
      Mais, sire, ayez pitié de votre baronnage;
      Nous voulons nos foyers, nos logis, nos amours.
      C'est ne jouir jamais que conquérir toujours.
      Nous venons d'attaquer bien des provinces, sire,
70   Et nous en avons pris de quoi doubler l'empire.
      Ces assiégés riraient de vous du haut des tours.
      Ils ont, pour recevoir sûrement des secours,
      Si quelque insensé vient heurter leurs citadelles,
      Trois souterrains creusés par les turcs infidèles,
75   Et qui vont, le premier, dans le val de Bastan,
      Le second, à Bordeaux, le dernier, chez Satan.

      L'empereur, souriant, reprit d'un air tranquille :
      — Duc, tu ne m'as pas dit le nom de cette ville ?

— C'est Narbonne.

          — Narbonne est belle, dit le roi,
80   Et je l'aurai ; je n'ai jamais vu, sur ma foi,
Ces belles filles-là sans leur rire au passage,
Et me piquer un peu les doigts à leur corsage. —

Alors, voyant passer un comte de haut lieu,
Et qu'on appelait Dreus de Montdidier. — Pardieu !
85   Comte, ce bon duc Nayme expire de vieillesse !
Mais vous, ami, prenez Narbonne, et je vous laisse
Tout le pays d'ici jusques à Montpellier ;
Car vous êtes le fils d'un gentil chevalier ;
Votre oncle, que j'estime, était abbé de Chelles ;
90   Vous-même êtes vaillant ; donc, beau sire, aux échelles !
L'assaut !

          — Sire empereur, répondit Montdidier,
Je ne suis désormais bon qu'à congédier ;
J'ai trop porté haubert, maillot, casque et salade ;
J'ai besoin de mon lit, car je suis fort malade ;
95   J'ai la fièvre ; un ulcère aux jambes m'est venu ;
Et voilà plus d'un an que je n'ai couché nu.
Gardez tout ce pays, car je n'en ai que faire.

L'empereur ne montra ni trouble ni colère.
Il chercha du regard Hugo de Cotentin ;
100 Ce seigneur était brave et comte palatin.

— Hugues, dit-il, je suis aise de vous apprendre
Que Narbonne est à vous ; vous n'avez qu'à la prendre.

Hugo de Cotentin salua l'empereur.

— Sire c'est un manant heureux qu'un laboureur !
105 Le drôle gratte un peu la terre brune ou rouge,
Et, quand sa tâche est faite, il rentre dans son bouge.
Moi, j'ai vaincu Tryphon, Thessalus, Gaïffer ;
Par le chaud, par le froid, je suis vêtu de fer ;
Au point du jour, j'entends le clairon pour antienne ;
110 Je n'ai plus à ma selle une boucle qui tienne ;
Voilà longtemps que j'ai pour unique destin
De m'endormir fort tard pour m'éveiller matin,
De recevoir des coups pour vous et pour les vôtres.
Je suis très fatigué. Donnez Narbonne à d'autres.

115 Le roi laissa tomber sa tête sur son sein.
Chacun songeait, poussant du coude son voisin.
Pourtant Charle, appelant Richer de Normandie :
— Vous êtes grand seigneur et de race hardie,
Duc ; ne voudrez-vous pas prendre Narbonne un peu ?
120 — Empereur, je suis duc par la grâce de Dieu.

Ces aventures-là vont aux gens de fortune.
Quand on a ma duché, roi Charle, on n'en veut qu'une.

L'empereur se tourna vers le comte de Gand.

    — Tu mis jadis à bas Maugiron le brigand.
125 Le jour où tu naquis sur la plage marine,
L'audace avec le souffle entra dans ta poitrine;
Bavon, ta mère était de fort bonne maison;
Jamais on ne t'a fait choir que par trahison;
'T'on âme après la chute était encor meilleure.
130 Je me rappellerai jusqu'à ma dernière heure
L'air joyeux qui parut dans ton œil hasardeux,
Un jour que nous étions en marche seuls tous deux,
Et que nous entendions dans les plaines voisines
Le cliquetis confus des lances sarrasines.
135 Le péril fut toujours de toi bien accueilli,
Comte; eh bien! prends Narbonne et je t'en fais bailli.

    — Sire, dit le gantois, je voudrais être en Flandre.
J'ai faim, mes gens ont faim; nous venons d'entreprendre
Une guerre à travers un pays endiablé;
140 Nous y mangions, au lieu de farine de blé,
Des rats et des souris, et, pour toutes ribotes,
Nous avons dévoré beaucoup de vieilles bottes.
Et puis votre soleil d'Espagne m'a hâlé
Tellement, que je suis tout noir et tout brûlé;
145 Et, quand je reviendrai de ce ciel insalubre
Dans ma ville de Gand avec ce front lugubre,
Ma femme, qui déjà peut-être a quelque amant,
Me prendra pour un maure et non pour un flamand!
J'ai hâte d'aller voir là-bas ce qui se passe.
150 Quand vous me donneriez, pour prendre cette place,
Tout l'or de Salomon et tout l'or de Pépin,
Non! je m'en vais en Flandre, où l'on mange du pain.

    — Ces bons flamands, dit Charle, il faut que cela mange.
Il reprit:

            — Çà, je suis stupide. Il est étrange
155 Que je cherche un preneur de ville, ayant ici
Mon vieil oiseau de proie, Eustache de Nancy.
Eustache, à moi! Tu vois, cette Narbonne est rude;
Elle a trente châteaux, trois fossés, et l'air prude;
A chaque porte un camp, et, pardieu! j'oubliais,
160 Là-bas, six grosses tours en pierre de liais.
Ces douves-là nous font parfois si triste mine
Qu'il faut recommencer à l'heure où l'on termine,
Et que, la ville prise, on échoue au donjon.
Mais qu'importe! es-tu pas le grand aigle?
                         — Un pigeon,

165 Un moineau, dit Eustache, un pinson dans la haie !
Roi, je me sauve au nid. Mes gens veulent leur paie ;
Or, je n'ai pas le sou ; sur ce, pas un garçon
Qui me fasse crédit d'un coup d'estramaçon ;
Leurs yeux me donneront à peine une étincelle
170 Par sequin qu'ils verront sortir de l'escarcelle.
T'as de gueux ! Quant à moi, je suis très ennuyé ;
Mon vieux poing tout sanglant n'est jamais essuyé ;
Je suis moulu. Car, sire, on s'échine à la guerre ;
On arrive à haïr ce qu'on aimait naguère,
175 Le danger qu'on voyait tout rose, on le voit noir ;
On s'use, on se disloque, on finit par avoir
La goutte aux reins, l'entorse aux pieds, aux mains l'am-
[poule,
Si bien, qu'étant parti vautour, on revient poule.
Je désire un bonnet de nuit. Foin du cimier !
180 J'ai tant de gloire, ô roi, que j'aspire au fumier.

Le bon cheval du roi frappait du pied la terre
Comme s'il comprenait ; sur le mont solitaire
Les nuages passaient. Gérard de Roussillon
Etait à quelques pas avec son bataillon ;
185 Charlemagne en riant vint à lui.

                                    — Vaillant homme,
Vous êtes dur et fort comme un romain de Rome ;
Vous empoignez le pieu sans regarder aux clous ;
Gentilhomme de bien, cette ville est à vous ! —

Gérard de Roussillon regarda d'un air sombre
190 Son vieux gilet de fer rouillé, le petit nombre
De ses soldats marchant tristement devant eux,
Sa bannière trouée et son cheval boiteux.

— Tu rêves, dit le roi, comme un clerc en Sorbonne.
Faut-il donc tant songer pour accepter Narbonne ?

195 — Roi, dit Gérard, merci, j'ai des terres ailleurs. —

Voilà comme parlaient tous ces fiers batailleurs
Pendant que les torrents mugissaient sous les chênes.

L'empereur fit le tour de tous ses capitaines ;
Il appela les plus hardis, les plus fougueux,
200 Eudes, roi de Bourgogne, Albert de Périgueux,
Samo, que la légende aujourd'hui divinise,
Garin, qui, se trouvant un beau jour à Venise,
Emporta sur son dos le lion de Saint-Marc,
Ernaut de Bauléande, Ogier de Danemark,
205 Roger, enfin, grande âme au péril toujours prête.
Ils refusèrent tous.

                                    Alors, levant la tête,
          Se dressant tout debout sur ses grands étriers,
          Tirant sa large épée aux éclairs meurtriers,
          Avec un âpre accent plein de sourdes huées,
210   Pâle, effrayant, pareil à l'aigle des nuées,
          Terrassant du regard son camp épouvanté,
          L'invincible empereur s'écria : — Lâcheté !
          O comtes palatins tombés dans ces vallées,
          O géants qu'on voyait debout dans les mêlées,
215   Devant qui Satan même aurait crié merci,
          Olivier et Roland, que n'êtes-vous ici !
          Si vous étiez vivants, vous prendriez Narbonne,
          Paladins ! vous, du moins, votre épée était bonne,
          Votre cœur était haut, vous ne marchandiez pas !
220   Vous alliez en avant sans compter tous vos pas !
          O compagnons couchés dans la tombe profonde,
          Si vous étiez vivants, nous prendrions le monde !
          Grand Dieu ! que voulez-vous que je fasse à présent ?
          Mes yeux cherchent en vain un brave au cœur puissant
225   Et vont, tout effrayés de nos immenses tâches,
          De ceux-là qui sont morts à ceux-ci qui sont lâches !
          Je ne sais point comment on porte des affronts !
          Je les jette à mes pieds, je n'en veux pas ! Barons,
          Vous qui m'avez suivi jusqu'à cette montagne,
230   Normands, lorrains, marquis des marches d'Allemagne,
          Poitevins, bourguignons, gens du pays Pisan,
          Bretons, picards, flamands, français, allez-vous-en !
          Guerriers, allez-vous-en d'auprès de ma personne,
          Des camps où l'on entend mon noir clairon qui sonne ;
235   Rentrez dans vos logis, allez-vous-en chez vous,
          Allez-vous-en d'ici, car je vous chasse tous !
          Je ne veux plus de vous ! Retournez chez vos femmes !
          Allez vivre cachés, prudents, contents, infâmes !
          C'est ainsi qu'on arrive à l'âge d'un aïeul.
240   Pour moi, j'assiégerai Narbonne à moi tout seul.
          Je reste ici rempli de joie et d'espérance !
          Et, quand vous serez tous dans notre douce France,
          O vainqueurs des saxons et des aragonais !
          Quand vous vous chaufferez les pieds à vos chenets,
245   Tournant le dos aux jours de guerres et d'alarmes,
          Si l'on vous dit, songeant à tous vos grands faits d'armes
          Qui remplirent longtemps la terre de terreur :
          — Mais où donc avez-vous quitté votre empereur ?
          Vous répondrez, baissant les yeux vers la muraille :
250   — Nous nous sommes enfuis le jour d'une bataille,
          Si vite et si tremblants et d'un pas si pressé
          Que nous ne savons plus où nous l'avons laissé ! —

          Ainsi Charles de France appelé Charlemagne,
          Exarque de Ravenne, empereur d'Allemagne,
255   Parlait dans la montagne avec sa grande voix ;

Et les pâtres lointains, épars au fond des bois,
Croyaient en l'entendant que c'était le tonnerre.

Les barons consternés fixaient leurs yeux à terre.
Soudain, comme chacun demeurait interdit,
260 Un jeune homme bien fait sortit des rangs et dit :

— Que monsieur saint Denis garde le roi de France !
L'empereur fut surpris de ce ton d'assurance.
Il regarda celui qui s'avançait, et vit,
Comme le roi Saül lorsque apparut David,
265 Une espèce d'enfant au teint rose, aux mains blanches,
Que d'abord les soudards dont l'estoc bat les hanches
Prirent pour une fille habillée en garçon,
Doux, frêle, confiant, serein, sans écusson
Et sans panache, ayant, sous ses habits de serge,
270 L'air grave d'un gendarme et l'air froid d'une vierge.

— Toi, que veux-tu, dit Charle, et qu'est-ce qui t'émeut ?
— Je viens vous demander ce dont pas un ne veut,
L'honneur d'être, ô mon roi, si Dieu ne m'abandonne,
L'homme dont on dira : C'est lui qui prit Narbonne.

275 L'enfant parlait ainsi d'un air de loyauté,
Regardant tout le monde avec simplicité.

Le gantois, dont le front se relevait très vite,
Se mit à rire, et dit aux reîtres de sa suite :
— Hé ! c'est Aymerillot, le petit compagnon.

280 — Aymerillot, reprit le roi, dis-nous ton nom.

— Aymery. Je suis pauvre autant qu'un pauvre moine.
J'ai vingt ans, je n'ai point de paille et point d'avoine,
Je sais lire en latin, et je suis bachelier.
Voilà tout, sire. Il plut au sort de m'oublier
285 Lorsqu'il distribua les fiefs héréditaires.
Deux liards couvriraient fort bien toutes mes terres,
Mais tout le grand ciel bleu n'emplirait pas mon cœur.
J'entrerai dans Narbonne et je serai vainqueur.
Après, je châtierai les railleurs, s'il en reste.

290 Charles, plus rayonnant que l'archange céleste,
S'écria :

                    — Tu seras, pour ce propos hautain,
Aymery de Narbonne et comte palatin,
Et l'on te parlera d'une façon civile,
Va, fils !

          Le lendemain Aymery prit la ville.

BIVAR

Bivar était, au fond d'un bois sombre, un manoir
Carré, flanqué de tours, fort vieux, et d'aspect noir.
La cour était petite et la porte était laide.
Quand le scheik Jabias, depuis roi de Tolède,
5 Vint visiter le Cid au retour de Cintra,
Dans l'étroit patio le prince maure entra;
Un homme, qui tenait à la main une étrille,
Pansait une jument attachée à la grille;
Cet homme, dont le scheik ne voyait que le dos,
10 Venait de déposer à terre des fardeaux,
Un sac d'avoine, une auge, un harnais, une selle;
La bannière arborée au donjon était celle
De don Diègue, ce père étant encor vivant;
L'homme, sans voir le scheik, frottant, brossant, lavant,
15 Travaillait, tête nue et bras nus, et sa veste
Etait d'un cuir farouche, et d'une mode agreste;
Le scheik, sans ébaucher même un *buenos dias*,
Dit : — Manant, je viens voir le seigneur Ruy Diaz,
Le grand campéador des Castilles. — Et l'homme,
20 Se retournant, lui dit : C'est moi.

                                    — Quoi ! vous qu'on nomme
Le héros, le vaillant, le seigneur des pavois,
S'écria Jabias, c'est vous qu'ainsi je vois !
Quoi ! c'est vous qui n'avez qu'à vous mettre en campagne,
Et qu'à dire : Partons ! pour donner à l'Espagne,
25 D'Avis à Gibraltar, d'Algarve à Cadafal,
O grand Cid, le frisson du clairon triomphal,
Et pour faire accourir au-dessus de vos tentes,
Ailes au vent, l'essaim des victoires chantantes !
Lorsque je vous ai vu, seigneur, moi prisonnier,
30 Vous vainqueur, au palais du roi, l'été dernier,
Vous aviez l'air royal du conquérant de l'Ebre;
Vous teniez à la main la Tizona célèbre;
Votre magnificence emplissait cette cour,
Comme il sied quand on est celui d'où vient le jour;

35 Cid, vous étiez vraiment un Bivar très superbe ;
    On eût dans un brasier cueilli des touffes d'herbe,
    Seigneur, plus aisément, certes, qu'on n'eût trouvé
    Quelqu'un qui devant vous prît le haut du pavé ;
    Plus d'un richomme avait pour orgueil d'être membre
40 De votre servidumbre et de votre antichambre ;
    Le Cid dans sa grandeur allait, venait, parlait,
    La faisant boire à tous, comme aux enfants le lait ;
    D'altiers ducs, tous enflés de faste et de tempête,
    Qui, depuis qu'ils avaient le chapeau sur la tête,
45 D'aucun homme vivant ne s'étaient souciés,
    Se levaient, sans savoir pourquoi, quand vous passiez ;
    Vous vous faisiez servir par tous les gentilshommes ;
    Le Cid comme une altesse avait ses majordomes ;
    Lerme était votre archer ; Gusman, votre frondeur.
50 Vos habits étaient faits avec de la splendeur ;
    Vous si bon, vous aviez la pompe de l'armure ;
    Votre miel semblait or comme l'orange mûre ;
    Sans cesse autour de vous vingt coureurs étaient prêts ;
    Nul n'était au-dessus du Cid, et nul auprès ;
55 Personne, eût-il été de la royale estrade,
    Prince, infant, n'eût osé vous dire : Camarade !
    Vous éclatiez, avec des rayons jusqu'aux cieux,
    Dans une préséance éblouissante aux yeux ;
    Vous marchiez entouré d'un ordre de bataille ;
60 Aucun sommet n'était trop haut pour votre taille,
    Et vous étiez un fils d'une telle fierté
    Que les aigles volaient tous de votre côté.
    Vous regardiez ainsi que néants et fumées
    Tout ce qui n'était pas commandement d'armées,
65 Et vous ne consentiez qu'au nom de général ;
    Cid était le baron suprême et magistral ;
    Vous dominiez tout, grand, sans chef, sans joug, sans digue,
    Absolu, lance au poing, panache au front.

                                        Rodrigue
    Répondit : — Je n'étais alors que chez le roi.
70 Et le scheik s'écria : — Mais, Cid, aujourd'hui, quoi,
    Que s'est-il donc passé ? quel est cet équipage ?
    J'arrive, et je vous trouve en veste, comme un page,
    Dehors, bras nus, nu-tête, et si petit garçon
    Que vous avez en main l'auge et le caveçon !
75 Et faisant ce qu'il sied aux écuyers de faire !

    — Scheik, dit le Cid, je suis maintenant chez mon père.

LE JOUR DES ROIS

I

L'aube sur les grands monts se leva frémissante
Le six janvier de l'an du Christ huit cent soixante,
Comme si dans les cieux cette clarté savait
Pourquoi l'homme de fer et d'acier se revêt
5   Et quelle ombre il prépare aux livides journées.

Une blême blancheur baigne les Pyrénées;
Le louche point du jour de la morne saison,
Par places, dans le large et confus horizon,
Brille, aiguise un clocher, ébauche un monticule;
10 Et la plaine est obscure, et dans le crépuscule
L'Egba, l'Arga, le Cil, tous ces cours d'eau rampants,
Font des fourmillements d'éclairs et de serpents;
Le bourg Chagres est là près de sa forteresse.

II

Le mendiant du pont de Crassus, où se dresse
15 L'autel d'Hercule offert aux Jeux aragonaux,
Est, comme à l'ordinaire, entre deux noirs créneaux
Venu s'asseoir, tranquille et muet, dès l'aurore.
La larve qui n'est plus ou qui n'est pas encore
Ressemble à ce vieillard, spectre aux funèbres yeux,
20 Grelottant dans l'horreur d'un haillon monstrueux;
C'est le squelette ayant faim et soif dans la tombe.
Dans ce siècle où sur tous l'esclavage surplombe,
Où tout être, perdu dans la nuit, quel qu'il soit,
Même le plus petit, même le plus étroit,
25 Offre toujours assez de place pour un maître,
Où c'est un tort de vivre, où c'est un crime d'être,

Ce pauvre homme est chétif au point qu'il est absous ;
Il habite le coin du néant, au-dessous
Du dernier échelon de la souffrance humaine,
30 Si bas, que les heureux ne prennent pas la peine
D'ajouter sa misère à leur joyeux orgueil,
Ni les infortunés d'y confronter leur deuil ;
Penché sur le tombeau plein de l'ombre mortelle,
Il est comme un cheval attendant qu'on dételle ;
35 Abject au point que l'homme et la femme, les pas,
Les bruits, l'enterrement, la noce, les trépas,
Les fêtes, sans l'atteindre autour de lui s'écoulent,
Et le bien et le mal sans le voir sur lui roulent ;
Tout au plus raille-t-on ce gueux sur son fumier ;
40 Tout le tumulte humain, soldats au fier cimier,
Moines tondus, l'amour, le meurtre, la bataille,
Ignore cette cendre ou rit de cette paille ;
Qu'est-il ? Rien, ver de terre, ombre ; et même l'ennui
N'a pas le temps de perdre un coup de pied sur lui ;
45 Il rampe entre la chose et la bête de somme ;
Tibère, sans marcher dessus, verrait cet homme,
Cet être obscur, infect, pétrifié, dormant,
Ne valant pas l'effort de son écrasement ;
Celui qui le voit, dit : C'est l'idiot ! et passe ;
50 Son regard fixe semble effaré par l'espace ;
Infirme, il ne pouvait manier des outils ;
C'est un de ces vivants lugubres, engloutis
Dans cette extrémité de l'ombre où se termine
La maladie en lèpre et l'ordure en vermine ;
55 C'est à lui que les maux en bas sont limités ;
Du rendez-vous des deuils et des calamités
Sa loque, au vent flottante, est l'effroyable enseigne ;
Sous ses ongles crispés sa peau s'empourpre et saigne ;
Il regarde, voit-il ? il écoute, entend-il ?
60 Si cet être aperçoit l'homme, c'est de profil,
Nul visage n'étant tourné vers ses ténèbres ;
La famine et la fièvre ont ployé ses vertèbres ;
On voudrait balayer son ombre du pavé ;
Au passant qui lui donne, il bégaie un ave ;
65 Sa parole ébauchée en murmure s'achève ;
Et si, dans sa stupeur et du fond de son rêve,
Parfois à quelque chose ici-bas il répond,
C'est à ce que dit l'eau sous les arches du pont ;
Sa maigreur est hideuse aux trous de sa guenille ;
70 Et le seul point par où ce fantôme-chenille
Touche aux hommes courbés le soir et le matin,
C'est, à l'aube, au couchant, sa prière en latin,
Dans l'ombre, d'une voix lente, psalmodiée.

III

Flamme au septentrion. C'est Vich incendiée.
75   Don Pancho s'est rué sur Vich au point du jour.
Sancho, roi d'Oloron, commande au carrefour
Des trois pertuis profonds qui vont d'Espagne en France;
Voulant piller, il a donné la préférence
A Vich, qui fait commerce avec Tarbe et Cahors;
80   Pancho, fauve au-dedans, est difforme au-dehors;
Il est camard, son nez étant sans cartilages,
Et si méchant, qu'on dit que les gens des villages
Ramassent du poil d'ours où cet homme a passé.
Il a brisé la porte, enjambé le fossé,
85   Est entré dans l'église, et sous les sombres porches
S'est dressé, rouge spectre, ayant aux poings deux torches;
Et maintenant maisons, tours, palais spacieux,
Toute la ville monte en lueur dans les cieux.
Flamboiement au midi. C'est Girone qui brûle.
90   Le roi Blas a jadis eu d'Inez la matrulle
Deux bâtards, ce qui fait qu'à cette heure l'on a
Gil, roi de Luz, avec Jean, duc de Cardona;
L'un règne à Roncevaux et l'autre au col d'Andorre.
Quiconque voit des dieux dans les loups, les adore.
95   Ils ont, la veille au soir, quitté leurs deux donjons,
Ensemble, avec leur bande, en disant : Partageons!
N'étant pas trop de deux pour ce qu'ils ont à faire.
En route, le plus jeune a crié : — Bah! mon frère,
Rions; et renonçons à la chose, veux-tu?
100 Revenons sur nos pas; je ne suis point têtu;
Si tu veux t'en ôter, c'est dit, je me retire.
— Ma règle, a dit l'aîné, c'est de ne jamais rire
Ni reculer, ayant derrière moi l'enfer. —
Et c'est ainsi qu'ils ont, ces deux princes de fer,
105 Après avoir rompu le mur qui la couronne,
Brûlé la belle ville heureuse de Girone,
Et fait noir l'horizon que le Seigneur fait bleu.

Rougeur à l'orient. C'est Lumbier en feu.
Ariscat l'est venu piller pour se distraire.
110 Ariscat est le roi d'Aguas; ce téméraire,
Car, en basque, Ariscat veut dire le Hardi,
A son donjon debout près du pic du Midi,
Comme s'il s'égalait à la montagne immense.
Il brûle Lumbier comme on brûla Numance;
115 L'histoire est quelquefois l'infidèle espion,
Elle oublie Ariscat et vante Scipion;
N'importe! le roi basque est invincible, infâme,

Superbe, comme un autre, et fait sa grande flamme;
Cette ville n'est plus qu'un bûcher; il est fier;
120 Et le tas de tisons d'Ariscat, Lumbier,
Vaut bien Tyr, le monceau de braises d'Alexandre.

Fumée à l'occident. C'est Teruel en cendre.
Le roi du mont Jaxa, Gesufal le Cruel,
Pour son baiser terrible a choisi Teruel;
125 Il vient d'en approcher ses deux lèvres funèbres,
Et Teruel se tord dans un flot de ténèbres.
Le fort que sur un pic Gesufal éleva
Est si haut, que du faîte on voit tout l'Alava,
Tout l'Ebre, les deux mers, et le merveilleux golfe
130 Où tombe Phaéton et d'où s'envole Astolphe.
Gesufal est ce roi, gai comme les démons,
Qui disait aux pays gisant au pied des monts,
Sol inquiet, tremblant comme une solfatare :
— Je suis ménétrier; je mets à ma guitare
135 La corde des gibets dressés sur le chemin;
Dansez, peuples ! j'ai deux royaumes dans ma main;
Aragon et Léon sont mes deux castagnettes. —
C'est lui qui dit encor : — Je fais les places nettes.
Et Teruel, hier une ville, aujourd'hui
140 Est de l'ombre. O désastre, ô peuple sans appui !
Des tourbillons de nuit et d'étincelles passent,
Les façades au fond des fournaises s'effacent,
L'enfant cherche la femme et la femme l'enfant,
Un râle horrible sort du foyer étouffant;
145 Les flammèches au vent semblent d'affreux moustiques;
On voit dans le brasier le comptoir des boutiques
Où le marchand vendait la veille, et les tiroirs
Sont là béants, montrant de l'or dans leurs coins noirs.
Le feu poursuit la foule et sur les toits s'allonge;
150 On crie, on tombe, on fuit, tant la vie est un songe !

IV

Qu'est-ce que ce torrent de rois ? Pourquoi ce choix,
Quatre villes ? Pourquoi toutes quatre à la fois ?
Sont-ce des châtiments, ou n'est-ce qu'un carnage ?
Pas de choix. Le hasard, ou bien le voisinage,
155 Voilà tout; le butin pour but et pour raison;
Quant aux quatre cités brûlant à l'horizon,
Regardez, vous verrez bien d'autres rougeurs sombres.
Toute la perspective est un tas de décombres.
La montagne a jeté sur la plaine ses rois,
160 Rien de plus. Quant au fait, le voici. Navarrois,
Basques, aragonais, catalans, ont des terres;

Pourquoi ? Pour enrichir les princes. Monastères
Et seigneurs sont le but du paysan. Le droit
Est l'envers du pouvoir dont la force est l'endroit ;
165 Depuis que le puissant sur le faible se rue,
Entre l'homme d'épée et l'homme de charrue
Il existe une loi dont l'article premier
C'est que l'un est le maître et l'autre le fermier ;
Les enfants sont manants, les femmes sont servantes.
170 A quoi bon discuter ? Sans cessions ni ventes,
La maison appartient au fort, source des lois,
Et le bourg est à qui peut pendre le bourgeois ;
Toute chose est à l'homme armé ; les cimeterres
Font les meilleurs contrats et sont les bons notaires ;
175 Qui peut prendre doit prendre, et le tabellion
Qui sait le mieux signer un bail, c'est le lion.

Cela posé, qu'ont fait ces peuples ? Leur délire
Fut triste. L'autre mois, les rois leur ont fait dire
D'alimenter les monts d'où l'eau vers eux descend,
180 Et d'y mener vingt bœufs et vingt moutons sur cent,
Plus, une fanéga d'orge et de blé par homme.
La plaine est ouvrière et partant économe ;
Les pays plats se sont humblement excusés,
Criant grâce, alléguant qu'ils n'ont de rien assez,
185 Que maigre est l'Aragon et pauvre la Navarre.
Peuple pauvre, les rois prononcent peuple avare ;
De là, frémissement et colère là-haut.
Ordre aux arrière-bans d'accourir au plus tôt ;
Et Gesufal, celui d'où tombent les sentences,
190 A fait venir devant un monceau de potences
Les alcades des champs et les anciens des bourgs,
Affirmant qu'il irait, au son de ses tambours,
Pardieu ! chercher leurs bœufs chez eux sous des arcades
Faites de pieds d'anciens et de jambes d'alcades.
195 Le refus persistant, les rois sont descendus.

V

Et c'est pourquoi, s'étant par message entendus,
En bons cousins, étant convenus en famille
De sortir à la fois, vers l'heure où l'aube brille,
Chacun de sa montagne et chacun de sa tour,
200 Ils vont fêtant le jour des rois, car c'est leur jour,
Par un grand brûlement de villes dans la plaine.

Déroute ; enfants, vieillards, bœufs, moutons ; clameur vaine ;
Trompettes, cris de guerre : exterminons ! frappons !
Chariots s'accrochant aux passages des ponts ;

205 Les champs hagards sont pleins de sombres débandades,
    La même flamme court sur les cinq Mérindades;
    Olite tend les bras à Tudela qui fuit
    Vers la pâle Estrella sur qui le brandon luit;
    Et Sanguesa frémit, et toutes quatre ensemble
210 Appellent au secours Pampelune qui tremble.
    Comme on sait tous les noms de ces rois, Gilimer,
    Torismondo, Garci, grand maître de la mer,
    Harizetta, Wermond, Barbo, l'homme égrégore,
    Juan, prince de Héas, Guy, comte de Bigorre,
215 Blas-el-Matador, Gil, Francavel, Favilla,
    Et qu'enfin c'est un flot terrible qui vient là,
    Devant toutes ces mains dans tant d'horreurs trempées,
    On n'a pas songé même à courir aux épées;
    On sent qu'en cet essaim que la rage assembla,
220 Chaque monstre est un grain de cendre d'Attila,
    Qu'ils sont fléaux, qu'ils ont en eux l'esprit de guerre;
    Qu'ouverts comme Oyarzun, fermés comme Figuère,
    Tous les bourgs sont égaux devant l'effrayant vol
    De ces chauves-souris du noir ciel espagnol,
225 Et que tours et créneaux croulent comme des rêves
    Au tourbillonnement farouche de leurs glaives;
    Nul ne résiste; on meurt. Tant d'hommes poursuivis !
    Pas une ville n'a dressé son pont-levis,
    Croyant fléchir les rois écumants de victoire
230 Par l'acceptation tremblante de leur gloire.
    On se cache, on s'enfuit, chacun avec les siens.
    Ils ont vers Gesufal envoyé leurs anciens,
    Pieds nus, la corde au cou, criant miséricorde;
    Fidèle à sa promesse, il a serré la corde.

235 On n'a pas même à Reuss, ô fureur de ces rois !
    Epargné le couvent des Filles de la Croix;
    Comme on force un fermoir pour feuilleter un livre,
    Ils en ont fait briser la porte au soldat ivre.
    Hélas ! Christ abritait sous un mur élevé
240 Ces anges où Marie est lisible, où l'ave
    Est écrit, mot divin, sur des pages fidèles,
    Vierges pures ayant la Vierge sainte en elles,
    Reliure d'ivoire à l'exemplaire d'or !
    La grille ouverte, ils ont franchi le corridor;
245 Les nonnes frémissaient au fond du sanctuaire;
    En vain le couvent sombre agitait son suaire,
    En vain grondait au seuil le vieux foudre romain,
    En vain l'abbesse, blanche, en deuil, la crosse en main,
    Sinistre, protégeait son tremblant troupeau d'âmes;
250 Devant des mécréants, des saintes sont des femmes;
    L'homme parfois à Dieu jette d'affreux défis;
    L'autel, l'horreur du lieu, le sanglant crucifix,
    Le cloître avec sa nuit, l'abbesse avec sa crosse,
    Tout s'est évanoui dans un rire féroce.

255 Et ceci fut l'exploit de Blas-el-Matador.

Partout on voit l'alcade et le corrégidor
Pendus, leurs noms au dos, à la potence vile,
L'un devant son hameau, l'autre devant sa ville.

Tous les bourgs ont tendu leurs gorges au couteau.
260 Chagres, comme le reste, est mort sur son coteau,
O deuil ! ce fut pendant une journée entière,
Entre les parapets de l'étroit pont de pierre
Que bâtit là Crassus, lieutenant de César,
Comme l'écrasement d'un peuple sous un char.
265 Ils voulaient s'évader, les manants misérables ;
Mais les pointes d'épée, âpres, inexorables,
Comme des becs de flamme, accouraient derrière eux ;
Les bras levés, les cris, les pleurs étaient affreux ;
On n'avait jamais vu peut-être une contrée
270 D'un tel rayonnement de meurtre pénétrée ;
Le pont, d'un bout à l'autre, était un cliquetis ;
Les soldats arrachaient aux mères leurs petits ;
Et l'on voyait tomber morts et vivants dans l'Ebre,
Pêle-mêle ; et pour tous, hélas ! ce pont funèbre
275 Qui sortait de la ville, entrait dans le tombeau.

VI

Le couchant empourpra le mont Tibidabo ;
Le soir vint ; tirant l'âne obstiné qui recule,
Le soldat se remit en route au crépuscule,
Heure trouble assortie au cri du chat-huant ;
280 Lourds de butin, le long des chemins saluant
Les images des saints que les passants vénèrent,
Vainqueurs, sanglants, joyeux, les rois s'en retournèrent
Chacun avec ses gens, chacun vers son état ;
Et, reflet du couchant, ou bien de l'attentat,
285 La chaîne des vieux monts, funeste et vaste bouge,
Apparaissait, dans l'ombre horrible, toute rouge ;
On eût dit que, tandis qu'en bas on triomphait,
Quelque archange, vengeur de la plaine, avait fait
Remonter tout ce sang au front de la montagne.
290 Chaque bande, à travers la brumeuse campagne,
Dans des directions diverses s'enfonça.
Ceux-là vers Roncevaux, ceux-ci vers Tolosa ;
Et les pillards tâtaient leurs sacs, de peur que l'ombre
N'en fît tomber l'enflure ou décroître le nombre,
295 La crainte du voleur étant d'être volé.
Meurtre du laboureur et pillage du blé,
La journée était bonne, et les files de lances

Serpentaient dans les champs pleins de sombres silences ;
Les montagnards disaient : Quel beau coup de filet !
300   Après avoir tué la plaine qui râlait,
Ils rentraient dans leurs monts, comme une flotte au havre,
Et, riant et chantant, s'éloignaient du cadavre.
On vit leurs dos confus reluire quelque temps,
Et leurs rangs se grouper sous les drapeaux flottants,
305   Ainsi que des chaînons ténébreux se resserrent ;
Puis ces farouches voix dans la nuit s'effacèrent.

VII

Le pont de Crassus, morne et tout mouillé de sang,
Resta désert.

        Alors, tragique et se dressant,
Le mendiant, tendant ses deux mains décharnées,
310   Montra sa souquenille immonde aux Pyrénées,
Et cria dans l'abîme et dans l'immensité :
— Confrontez-vous. Sentez votre fraternité,
O mont superbe, ô loque infâme ! neige, boue !
Comparez, sous le vent des cieux qui les secoue,
315   Toi, tes nuages noirs, toi, tes haillons hideux,
O guenille, ô montagne ; et cachez toutes deux,
Pendant que les vivants se traînent sur leurs ventres,
Toi, les poux dans tes trous, toi, les rois dans tes antres !

XI

LE CID EXILÉ

LE CID EXILÉ

I

Le Cid est exilé. Qui se souvient du Cid ?
Le roi veut qu'on l'oublie ; et Reuss, Almonacid,
Graos, tous ses exploits ressemblent à des songes ;
Les rois maures chassés ou pris sont des mensonges ;
5 Et quant à ces combats puissants qu'il a livrés,
Pancorbo, la bataille illustre de Givrez
Qui semble une volée effrayante d'épées,
Coca, dont il dompta les roches escarpées,
Gor où le Cid pleurait de voir le jour finir,
10 C'est offenser le roi que de s'en souvenir.
Même il est malséant de parler de Chimène.

Un homme étant allé visiter un domaine
Dans les pays qui sont entre l'Ebre et le Cil,
Du côté que le Cid habite en son exil,
15 A passé par hasard devant son écurie ;
Le duc Juan, dont cet homme est serf en Asturie,
Bon courtisan, l'a fait à son retour punir
Pour avoir entendu Babieça hennir.

Donc, chacun l'a pour dit, n'est pas sujet fidèle
20 Qui parle de Tortose et de la citadelle
Où le glorieux Cid arbora son drapeau ;
Dire ces mots : Baxa, Médina del Campo,
Vergara, Salinas, Mondragon-les-Tours-Noires,
Avec l'intention de nommer des victoires,
25 Ce n'est point d'un loyal Espagnol ; qu'autrefois
Un homme ait fait lâcher au comte Odet de Foix
Les infantes d'Irun, Payenne et Manteline ;
Que cet homme ait sauvé la Castille orpheline ;
Qu'il ait dans la bataille été le grand cimier ;
30 Que les maures, foulés par lui comme un fumier,
L'admirent, et, vaincus, donnent son nom célèbre

Au ruisseau Cidacos qui se jette dans l'Ebre ;
Qu'il ait rempli du bruit de ses fiers pas vainqueurs
Astorga, Zamora, l'Aragon, tous les cœurs ;
35   Qu'il ait traqué, malgré les gouffres et les pièges,
L'horrible Abdulmalic dans la sierra des Neiges,
En janvier, sans vouloir attendre le dégel ;
Qu'il ait osé défendre aux notaires d'Urgel
De dater leurs contrats de l'an du roi de France ;
40   Que cet homme ait pour tous été la délivrance,
Allant, marchant, courant, volant de tous côtés,
Effarant l'ennemi dans ces rapidités ;
Qu'on l'ait vu sous Lorca, figure surhumaine,
Et devant Balbastro, dans la même semaine ;
45   Qu'il ait, sur la tremblante échelle des hasards,
Calme, donné l'assaut à tous les alcazars,
Toujours ferme, et toujours, à Tuy comme à Valence,
Fier dans le tourbillon sombre des coups de lance,
C'est possible ; mais l'ombre est sur cet homme-là ?
50   Silence. Est-ce après tout grand-chose que cela ?
Le pont Matamoros peut vous montrer ses brèches :
Mais, s'il parle du Cid vainqueur, bravant les flèches,
On fera démolir le pont Matamoros !
Le roi ne veut pas plus qu'on nomme le héros
55   Que le pape ne veut qu'on nomme la comète ;
Il n'est pas démontré que l'aigle se permette
De faire encor son nid dans ce mont Muradal,
Qui fit de Tizona la sœur de Durandal.

                                    II

Du reste, comme il faut des héros pour la guerre,
60   Le roi, cassant le Cid, a trouvé bon d'en faire ;
Il en a fait. L'Espagne a des hommes nouveaux.
Alvar Rambla, le duc Nuño Saz y Calvos,
Don Gil, voilà les noms dont la foule s'effare ;
Ils sont dans la lumière, ils sont dans la fanfare ;
65   Leur moindre geste s'enfle au niveau des exploits ;
Et, dans leur antichambre, on entend quelquefois
Les pages, d'une voix féminine et hautaine,
Dire : — Ah oui-da, le Cid ! c'était un capitaine
D'alors. Vit-il encor, ce Campéador-là ?

70   Le Cid n'existe plus auprès d'Alvar Rambla ;
Gil, plus grand que le Cid, dans son ombre le cache ;
Nuño Saz engloutit le Cid sous son panache ;
Sur Achille tombé les myrmidons ont crû ;
Et du siècle du Cid le Cid a disparu.

75   L'exil, est-ce l'oubli vraiment ? Une mémoire
Qu'un prince étouffe est-elle éteinte pour la gloire ?

Est-ce à jamais qu'Alvar, Nuño, Gil, nains heureux,
Eclipsent le grand Cid exilé derrière eux ?

Quand le voyageur sort d'Oyarzun, il s'étonne,
80 Il regarde, il ne voit, sous le noir ciel qui tonne,
Que le mont d'Oyarzun, médiocre et pelé :
— Mais ce Pic du Midi, dont on m'avait parlé,
Où donc est-il ? Ce Pic, le plus haut des Espagnes,
N'existe point. S'il m'est caché par ces montagnes,
85 Il n'est pas grand. Un peu d'ombre l'anéantit. —
Cela dit, il s'en va, point fâché, lui petit,
Que ce mont qu'on disait si haut ne soit qu'un rêve.
Il marche, la nuit vient, puis l'aurore se lève,
Le voyageur repart, son bâton à la main,
90 Et songe, et va disant tout le long du chemin :
— Bah ! s'il existe un Pic du Midi, que je meure !
La montagne Oyarzun est belle, à la bonne heure ! —
Laissant derrière lui hameaux, clochers et tours,
Villes et bois, il marche un jour, deux jours, trois jours;
95 — Le genre humain dirait trois siècles; — il s'enfonce
Dans la lande à travers la bruyère et la ronce;
Enfin, par hasard, las, inattentif, distrait,
Il se tourne, et voici qu'à ses yeux reparaît,
Comme un songe revient confus à la pensée,
100 La plaine dont il sort et qu'il a traversée,
L'église et la forêt, le puits et le gazon;
Soudain, presque tremblant, là-bas, sur l'horizon
Que le soir teint de pourpre et le matin d'opale,
Dans un éloignement mystérieux et pâle,
105 Au-delà de la ville et du fleuve, au-dessus
D'un tas de petits monts sous la brume aperçus
Où se perd Oyarzun avec sa butte informe,
Il voit dans la nuée une figure énorme,
Un mont blême et terrible emplit le fond des cieux;
110 Un pignon de l'abîme, un bloc prodigieux
Se dresse, aux lieux profonds mêlant les lieux sublimes;
Sombre apparition de gouffres et de cimes,
Il est là; le regard croit, sous son porche obscur,
Voir le nœud monstrueux de l'ombre et de l'azur,
115 Et son faîte est un toit sans brouillard et sans voile
Où ne peut se poser d'autre oiseau que l'étoile;
C'est le Pic du Midi.

L'Histoire voit le Cid.

III

Grande nouvelle. Emoi dans tout Valladolid.
Quoi ? Qu'est-ce donc ? Le roi se dément ! Le roi cède !
120 Alphonse a pour maîtresse une fille assez laide,
Et qui, par cela même, on ne sait pas pourquoi,
Fait tout ce qu'elle veut de la raison du roi,
Au point qu'elle en pourrait tirer des choses sages.
Cette fille a-t-elle eu quelques mauvais présages ?
125 Ou bien le roi du peuple entend-il la rumeur ?
Est-il las des héros qu'il a faits par humeur ?
Finit-il par trouver cette gloire trop plate ?
Craint-il que tout à coup une guerre n'éclate
Qui soit vraiment méchante et veuille un vrai héros ?
130 Le certain, c'est qu'après le combat de taureaux
Son altesse un dimanche a dit dans la chapelle :
— Ruy Diaz de Bivar revient. Je le rappelle.
Je le veux. — Ils sont là plus d'un esprit subtil;
Pourtant pas un n'a dit : Mais le Cid voudra-t-il ?
135 N'importe, il plaît au roi de revoir ce visage.
Pour éblouir le Cid, il charge du message
Un roi, l'homme entre tous vénéré dans sa cour,
Son vassal, son parent, le roi d'Acqs-en-Adour,
Santos le Roux, qu'on nomme aussi le Magnanime,
140 Parce qu'étant tuteur d'Atton, comte de Nîme,
Il le fit moine, et prit sa place, et confisqua
Ses biens pour les donner au couvent de Huesca.

IV

Ce sont de braves cœurs que les gens de la plaine;
Ils chantent dans les blés un chant bizarre et fou;
145 Et quant à leurs habits faits de cuir et de laine,
Boire les use au coude et prier, au genou.

Etant fils du sang basque, ils ont cet avantage
Sur les froids espagnols murés dans leurs maisons,
Qu'ils préfèrent à l'eau, fût-elle prise au Tage,
150 Le vin mystérieux d'où sortent les chansons.

Ils sont hospitaliers, prodigues, bons dans l'âme.
L'homme dit aux passants : Entrez, les bienvenus !
Pour un petit enfant qu'elle allaite, la femme
Montre superbement deux seins de marbre nus.

155 Lorsque l'homme est aux champs, la femme reste seule.
N'importe, entrez ! passants, le lard est sur l'étal,
Mangez ! Et l'enfant joue, et dans un coin l'aïeule
Raccommode un vieux cistre aux cordes de métal.

Quelques-uns sont bergers dans les grands terrains vagues,
160 Champs que les bataillons ont légués aux troupeaux,
Mer de plaines ayant les collines pour vagues,
Où César a laissé l'ombre de ses drapeaux.

Là passent des bœufs roux qui sonnent de la cloche,
Avertissant l'oiseau de leur captivité ;
165 L'homme y féconde un sol plus âpre que la roche,
Et de cette misère extrait de la fierté.

L'égyptienne y rôde et suspend en guirlandes
Sur sa robe en lambeaux les bleuets du sillon ;
La fleur s'offre aux gypsis errantes dans les landes,
170 Car, fille du fumier, elle est sœur du haillon.

Là, tout est rude ; août flamboie et janvier gèle ;
Le zingaro regarde, en venant boire aux puits,
Les fonds mouillés que font les seaux sur la margelle,
Tout cercle étant la forme effrayante des nuits.

175 Là, dans les grès hideux, l'ermite fait sa grotte.
Lieux tristes ! le boucher y vient trois fois par an ;
Le grelot des moutons y semble la marotte
Dont l'animal, fou sombre, amuse Dieu tyran.

Peu d'herbe ; les brebis paissent exténuées ;
180 Le pâtre a tout l'hiver sur son toit de roseaux
Le bouleversement farouche des nuées
Quand les hydres de pluie ouvrent leurs noirs naseaux.

Ces hommes sont vaillants. Ames de candeur pleines,
Leur regard est souvent fauve, jamais moqueur ;
185 Rien ne gêne le souffle immense dans les plaines ;
La liberté du vent leur passe dans le cœur.

Leurs filles qui s'en vont laver aux cressonnières,
Plongent leur jambe rose au courant des ruisseaux ;
On ne sait, en entrant dans leurs maisons-tanières,
190 Si l'on voit des enfants ou bien des lionceaux.

Voisins du bon proscrit, ils labourent, ils sèment,
A l'ombre de la tour du preux Campéador ;
Contents de leur ciel bleu, pauvres, libres, ils aiment
Le Cid plus que le roi, le soleil plus que l'or.

195 Ils récoltent au bas des monts, comme en Provence,
Du vin qu'ils font vieillir dans des outres de peau ;

Le fisc, quand il leur fait payer leur redevance,
Leur fait l'effet du roi qui leur tend son chapeau.

Les rayons du grand Cid sur leurs toits se répandent;
200 Il est l'auguste ami du chaume et du grabat;
Car avec les héros les laboureurs s'entendent;
L'épée a sa moisson, le soc a son combat;

La charrue est de fer comme les pertuisanes;
Les victoires, sortant du champ et du hallier,
205 Parlent aux campagnards étant des paysannes,
Et font le peuple avec la gloire familier.

Ils content que parfois ce grand Cid les arrête,
Les fait entrer chez lui, les nomme par leur nom,
Et que, lorsqu'à l'étable ils attachent leur bête,
210 Babieça n'est pas hautaine pour l'ânon.

Le barbier du hameau le plus proche raconte
Que parfois chez lui vient le Cid paisible et franc,
Et, vrai ! qu'il s'assied là sur l'escabeau, ce comte
Et ce preux qui serait, pour un trône, trop grand.

215 Le barbier rase bien le héros, quoiqu'il tremble;
Puis, une loque est là pour tous ceux qui viendront;
Le Cid prend ce haillon, torchon du peuple, et semble
Essuyer le regard des princes sur son front.

Comment serait-il fier puisqu'il a tant de gloire ?
220 Les filles dans leur cœur aiment cet Amadis;
La main blanche souvent jalouse la main noire
Qui serre ce poing fort, plein de foudres jadis.

Ils se disent, causant, quand les nuits sont tombées,
Que cet homme si doux, dans des temps plus hardis,
225 Fut terrible, et, géant, faisait des enjambées
Des tours de Pampelune aux clochers de Cadix.

Il n'est pas un d'entre eux qui ne soit prêt à suivre
Partout ce Ruy Diaz comme un céleste esprit,
En mer, sur terre, au bruit des trompettes de cuivre,
230 Malgré le groupe blond des enfants qui sourit.

Tels sont ces laboureurs. Pour défendre l'Espagne,
Ces rustres au besoin font plus que des infants;
Ils ont des chariots criant dans la campagne,
Et sont trop dédaigneux pour être triomphants.

235 Ils cultivent les blés où chantent les cigales;
Pélage à lui jadis les voyait accourir,
Et jamais ne trouva leurs âmes inégales
Au danger, quel qu'il fût, quand il fallait mourir.

V

Ruy Diaz de Bivar est leur plus belle gerbe.
240 Dans un beau train de guerre et de chevaux fougueux,
Don Santos traversa leurs villages, superbe,
Avec le bruit d'un roi qui passe chez des gueux.

On ne le suivit point comme on fait dans les villes ;
Nul ne le harangua, ces hommes aux pieds nus
245 Ayant la nuque dure aux saluts inutiles
Et se dérangeant peu pour des rois inconnus.

— Je suis l'ami du roi, disait-il avec gloire ;
Et nul ne s'inclinait que le corrégidor ;
Le lendemain, ayant grand'soif et voulant boire,
250 Il dit : — Je suis l'ami du Cid Campéador.

Don Santos traversa la plaine vaste et rude,
Et l'on voyait au fond la tour du fier banni ;
C'est là qu'était le Cid. Le ciel, la solitude,
Et l'ombre, environnaient sa grandeur d'infini.

255 Quand Santos arriva, Ruy, qui sortait de table,
Était dans l'écurie avec Babieça ;
Et Santos apparut sur le seuil de l'étable ;
Ruy ne recula point, et le roi s'avança.

La jument, grasse alors comme un cheval de moine,
260 Regardait son seigneur d'un regard presque humain ;
Et le bon Cid, prenant dans l'auge un peu d'avoine,
La lui faisait manger dans le creux de sa main.

VI

Le roi Santos parla de sa voix la plus haute :
— « Cid, je viens vous chercher. Nous vous honorons tous.
265 Vous avez une épine au talon, je vous l'ôte.
Voici pourquoi le roi n'est pas content de vous :

« Votre allure est chez lui si fière et si guerrière,
Que, tout roi qu'est le roi, son altesse a souvent
L'air de vous annoncer quand vous marchez derrière,
270 Et de vous suivre, ô Cid, quand vous marchez devant.

« Vous regardez fort mal toute la servidumbre.
Cid, vous êtes Bivar, c'est un noble blason;
Mais le roi n'aime pas que quelqu'un fasse une ombre
Plus grande que la sienne au mur de sa maison.

275   « Don Ruy, chacun se plaint : — Le Cid est dans la nue;
Du sceptre à son épée il déplace l'effroi;
Ce sujet-là se tient trop droit; il diminue
L'utile tremblement qu'on doit avoir du roi. —

« Vous n'êtes qu'à peu près le serviteur d'Alphonse;
280   Quand le roi brise Arcos, vous sauvez Ordoñez;
Vous retirez l'épée avant qu'elle s'enfonce;
Le roi dit : Frappe. Alors, vous, Cid, vous pardonnez.

« Qui s'arrête en chemin sert à demi son maître;
Jamais d'un vain scrupule un preux ne se troubla;
285   La moitié d'un ami, c'est la moitié d'un traître;
Et ce n'est pas pour vous, Cid, que je dis cela.

« Enfin, et j'y reviens, vous êtes trop superbe;
Le roi jeta sur vous l'exil comme un rideau;
Rayon d'astre, soyez moins lourd pour lui, brin d'herbe,
290   Ce qui d'abord est gloire à la fin est fardeau.

« Vous êtes au-dessus de tous, et cela gêne;
Quiconque veut briller vous sent comme un affront,
Tant Valence, Graos, Givrez et Carthagène
Font d'éblouissement autour de votre front.

295   « Tel mot, qui par moments tombe de vous, fatigue
Son altesse à la cour, à la ville, au Prado;
Le creusement n'est pas moins importun, Rodrigue,
De la goutte d'orgueil que de la goutte d'eau.

« Je ne dis pas ceci pour vous, Cid redoutable.
300   Vous êtes sans orgueil, étant de bonne foi;
Si j'étais empereur, vous seriez connétable;
Mais seulement tâchez de faire cas du roi.

« Quand vous lui rapportez, vainqueur, quelque province,
Le roi trouve, et ceci de nous tous est compris,
305   Que jamais un vassal n'a salué son prince,
Cid, avec un respect plus semblable au mépris.

« Votre bouche en parlant sourit avec tristesse;
On sent que le roi peut avoir Burgos, Madrid,
Tuy, Badajoz, Léon, soit; mais que son altesse
310   N'aura jamais le coin de la lèvre du Cid.

« Le vassal n'a pas droit de dédain sur le maître.
On vous tire d'exil; mais, Cid, écoutez-moi,

Il faut dorénavant qu'il vous convienne d'être
Aussi grand devant Dieu, moins haut devant le roi.

315 « Pour apaiser l'humeur du roi, fort légitime,
Il suffit désormais que le roi, comme il sied,
Sente qu'en lui parlant vous avez de l'estime. » —
Babieça frappait sa litière du pied,

Les chiens tiraient leur chaîne et grondaient à la porte,
320 Et le Cid répondit au roi Santos le Roux :
— Sire, il faudrait d'abord que vous fissiez en sorte
Que j'eusse de l'estime en vous parlant à vous.

XII

LES SEPT MERVEILLES
DU MONDE

I. LE TEMPLE D'ÉPHÈSE.

II. LES JARDINS DE BABYLONE.

III. LE MAUSOLÉE.

IV. LE JUPITER OLYMPIEN.

V. LE PHARE.

VI. LE COLOSSE DE RHODES.

VII. LES PYRAMIDES.

LES SEPT MERVEILLES DU MONDE

*

Des voix parlaient; pour qui ? Pour l'espace sans bornes,
Pour le recueillement des solitudes mornes,
Pour l'oreille, partout éparse, du désert;
Nulle part, dans la plaine où le regard se perd,
5   On ne voyait marcher la foule aux bruits sans nombre,
Mais on sentait que l'homme écoutait dans cette ombre.
Qui donc parlait ? C'étaient des monuments pensifs.
Debout sur l'onde humaine ainsi que des récifs,
Calmes, et chacun d'eux semblait un personnage
10   Vivant, et se rendant lui-même témoignage.
Nulle rumeur n'osait à ces voix se mêler,
Et le vent se taisait pour les laisser parler,
Et le flot apaisait ses mystérieux râles.
Un soleil vague au loin dorait les frontons pâles.
15   Les astres commençaient à se faire entrevoir
Dans l'assombrissement religieux du soir.

I

Et l'une de ces voix, c'était la voix d'un temple,
Disait :

      — Admirez-moi ! Qui que tu sois, contemple;
Qui que tu sois, regarde et médite, et reçois
20   A genoux mon rayon sacré, qui que tu sois;
Car l'idéal est fait d'une étoile, et rayonne,
Et je suis l'idéal. Troie, Argos, Sicyone,
Ne sont rien près d'Ephèse, et l'envieront toujours,
O peuple, Ephèse ayant mon ombre sur ses tours.
25   Ephèse heureuse dit : « Si j'étais Delphe ou Thèbe,
On verrait flamboyer sur mes dômes l'Erèbe,

Mes oracles feraient les hommes soucieux ;
Si j'étais Cos, j'irais forgeant les durs essieux ;
Si j'étais Teutyris, sombre ville du rêve,
30   Mes pâtres, fronts sacrés en qui le ciel se lève,
Regarderaient, à l'heure où naît le jour riant,
Les constellations penchant sur l'Orient
Verser dans l'infini leurs chariots pleins d'astres ;
Si j'étais Bactria, j'aurais des Zoroastres ;
35   Si j'étais Olympie en Elide, mes jeux
Montreraient une palme aux lutteurs courageux,
Les devins combattraient chez moi les astronomes,
Et mes courses, rendant les dieux jaloux des hommes,
Essouffleraient le vent à suivre Corœbus ; —
40   Mais à quoi bon chercher tant d'inutiles buts,
Ayant, que l'aube éclate ou que le soir décline,
Ce temple ionien debout sur ma colline,
Et pouvant faire dire à la terre : « c'est beau ! » —
Et ma ville a raison. Ainsi qu'un escabeau
45   Devant un trône, ainsi devant moi disparaissent
Les Parthénons fameux que les rayons caressent ;
Ils sont l'effort, je suis le miracle.

                                    A celui
Qui ne m'a jamais vu, le jour n'a jamais lui.
Ma tranquille blancheur fait venir les colombes ;
50   Le monde entier me fête, et couvre d'hécatombes,
Et de rois inclinés, et de mages pensifs,
Mes grands perrons de jaspe aux clous d'argent massifs ;
L'homme élève vers moi ses mains universelles ;
Les éphèbes, portant de sonores crécelles,
55   Dansent sur mes parvis, jeunes fronts inégaux ;
Sous ma porte est la pierre où Deuxippe d'Argos
S'asseyait, et d'Orphée expliquait les passages ;
Mon vestibule sert de promenade aux sages,
Parlant, causant, avec des gestes familiers,
60   Tour à tour blancs et noirs dans l'ombre des piliers.

Corinthe en me voyant pleure, et l'art ionique
Me revêt de sa pure et sereine tunique.

Le mont porte en triomphe à son sommet hautain
L'épanouissement glorieux du matin.
65   Mais ma beauté n'est point par la sienne éclipsée,
Car le soleil n'est pas plus grand que la pensée ;
Ce que j'étais hier, je le serai demain ;
Je vis, j'ai sur mon front, siècles, l'esprit humain,
Et le génie, et l'art, ces égaux de l'aurore.

70   La pierre est dans la terre ; âpre et froide, elle ignore ;
Le granit est la brute informe de la nuit,
L'albâtre ne sait pas que l'aube existe et luit,

Le porphyre est aveugle et le marbre stupide ;
Mais que Ctésiphon passe, ou Dédale, ou Chrespide,
75 Qu'il fixe ses yeux pleins d'un divin flamboiement
Sur le sol où les rocs dorment profondément,
Tout s'éveille ; un frisson fait remuer la pierre ;
Lourd, ouvrant on ne sait quelle trouble paupière,
Le granit cherche à voir son maître, le rocher
80 Sent la statue en lui frémir et s'ébaucher,
Le marbre obscur s'émeut dans la nuit infinie
Sous la parenté sombre et sainte du génie,
Et l'albâtre enfoui ne veut plus être noir,
Le sol tressaille, il sent là-haut l'homme vouloir :
85 Et voilà que, sous l'œil de ce passant qui crée,
Des sourdes profondeurs de la terre sacrée,
Tout à coup étageant ses murs, ses escaliers,
Sa façade, et ses rangs d'arches et de piliers,
Fier, blanchissant, cherchant le ciel avec sa cime,
90 Monte et sort lentement l'édifice sublime,
Composé de la terre et de l'homme, unissant
Ce que dans sa racine a le chêne puissant
Et ce que rêve Euclide aidé de Praxitèle,
Mêlant l'éternel bloc à l'idée immortelle !

95 Mon frontispice appuie au calme entablement
Ses deux plans lumineux inclinés mollement,
Si doux qu'ils semblent faits pour coucher des déesses ;
Parfois, comme un sein nu sous l'or des blondes tresses,
Je me cache parmi les nuages d'azur ;
100 Trois sculpteurs sur ma frise, un volsque, Albus d'Anxur,
Un mède, Ajax de Suze, un grec, Phtos de Mégare,
Ont ciselé les monts où la meute s'égare,
Et la pudeur sauvage, et les dieux de la paix,
Des Triptolèmes nus parmi les blés épais,
105 Et des Cérès foulant sous leurs pieds des Bellones ;
Cent vingt-sept rois ont fait mes cent vingt-sept colonnes.
Je suis l'art radieux, saint, jamais abattu ;
Ma symétrie auguste est sœur de la vertu ;
Mon resplendissement couvre toute la Grèce ;
110 Le rocher qui me porte est rempli d'allégresse,
Et la ville à mes pieds adore avec ferveur.
Sparte a reçu sa loi de Lycurgue rêveur,
Mantinée a reçu sa loi de Nicodore,
Athènes, qu'un reflet de divinité dore,
115 De Solon, grand pasteur des hommes convaincus,
La Crète de Minos, Locre de Séleucus.
Moi, le temple, je suis législateur d'Ephèse ;
Le peuple en me voyant comprend l'ordre et s'apaise ;
Mes degrés sont les mots d'un code, mon fronton
120 Pense comme Thalès, parle comme Platon,
Mon portique serein, pour l'âme qui sait lire,
A la vibration pensive d'une lyre,

Mon péristyle semble un précepte des cieux;
Toute loi vraie étant un rythme harmonieux,
125 Nul homme ne me voit sans qu'un dieu l'avertisse;
Mon austère équilibre enseigne la justice;
Je suis la vérité bâtie en marbre blanc,
Le beau, c'est, ô mortels, le vrai plus ressemblant.
Venez donc à moi, foule, et, sur mes saintes marches,
130 Mêlez vos cœurs, jetez vos lois, posez vos arches;
Hommes, devenez tous frères en admirant;
Réconciliez-vous devant le pur, le grand,
Le chaste, le divin, le saint, l'impérissable;
Car, ainsi que l'eau coule et comme fuit le sable,
135 Les ans passent, mais moi je demeure; je suis
Le blanc palais de l'aube et l'autel noir des nuits;
Quand l'aurore apparaît, je ris, doux édifice;
Le soir, l'horreur m'emplit, un sombre sacrifice
Semble en mes profondeurs muettes s'apprêter,
140 De derrière mon faîte on voit la nuit monter
Ainsi qu'une fumée avec mille étincelles.
Tous les oiseaux de l'air m'effleurent de leurs ailes,
Hirondelles, faisans, cigognes au long cou;
Mon fronton n'a pas plus la crainte du hibou
145 Que Calliope n'a la crainte de Minerve.
Tous ceux que Sybaris voluptueuse énerve
N'ont qu'à franchir mon seuil d'austérité vêtu
Pour renaître, étonnés, à la forte vertu.
Sous ma crypte on entend chuchoter la sibylle;
150 Parfois, troublé soudain dans sa brume immobile,
Le plafond, où des mots de l'ombre sont écrits,
Tremble à l'explosion tragique de ses cris;
Sur ma paroi secrète et terrible, l'augure
Du souriant Olympe entrevoit la figure,
155 Et voit des mouvements confus et radieux
De visages qui sont les visages des dieux;
De vagues aboiements sous ma voûte se mêlent;
Et des voix de passants invisibles s'appellent;
Et le prêtre, épiant mon redoutable mur,
160 Croit par moments qu'au fond du sanctuaire obscur,
Assise près d'un chien qui sous ses pieds se couche,
La grande chasseresse, éclatante et farouche,
Songe, ayant dans les yeux la lueur des forêts.
O temps, je te défie. Est-ce que tu pourrais
165 Quelque chose sur moi, l'édifice suprême?
Un siècle sur un siècle accroît mon diadème;
J'entends autour de moi les peuples s'écrier:
Tu nous fais admirer et tu nous fais prier;
Nos fils t'adoreront comme nous t'adorâmes,
170 Chef-d'œuvre pour les yeux et temple pour les âmes!

II

Une deuxième voix s'éleva; celle-ci,
Dans l'azur par degrés mollement obscurci,
Parlait non loin d'un fleuve à la farouche plage,
Et cette voix semblait le bruit d'un grand feuillage.

175 — Gloire à Sémiramis la fatale! Elle mit
Sur ces palais nos fleurs sans nombre où l'air frémit.
Gloire! en l'épouvantant elle éclaira la terre;
Son lit fut formidable et son cœur solitaire;
Et la mort avait peur d'elle en la mariant.
180 La lumière se fit spectre dans l'orient,
Et fut Sémiramis. Et nous, les arbres sombres
Qui, tandis que les toits s'écroulent en décombres,
Grandissons, rajeunis sans cesse et reverdis,
Nous que sa main posa sur ce sommet jadis,
185 Nous saluons au fond des nuits cette géante;
Notre verdure semble une ruche béante
Où viennent s'engouffrer les mille oiseaux du ciel;
Nos bleus lotus penchés sont des urnes de miel;
Nos halliers, tout chargés de fleurs rouges et blanches
190 Composent, en mêlant confusément leurs branches,
En inondant de gomme et d'ambre leurs sarments,
Tant d'embûches, d'appeaux et de pièges charmants,
Et de filets tressés avec les rameaux frêles,
Que le printemps s'est pris dans cette glu les ailes,
195 Et rit dans notre cage et ne peut plus partir.
Nos rosiers ont l'air peints de la pourpre de Tyr;
Nos murs prodigieux ont cent portes de cuivre;
Avril s'est fait titan pour nous et nous enivre
D'âcres parfums qui font végéter le caillou,
200 Vivre l'herbe, et qui font penser l'animal fou,
Et qui, quand l'homme vient errer sous nos pilastres,
Font soudain flamboyer ses yeux comme des astres;
Les autres arbres, fils du silence hideux,
Ont la terre muette et sourde au-dessous d'eux;
205 Nous, transplantés dans l'air, plus haut que Babylone
Pleine d'un peuple épais qui roule et tourbillonne
Et de pas et de chars par des buffles traînés,
Nous vivons au niveau du nuage, étonnés
D'entendre murmurer des voix sous nos racines;
210 Le voyageur qui vient des campagnes voisines
Croit que la grande reine aux bras forts, à l'œil sûr,
A volé dans l'éden ces forêts de l'azur.
Le rayon de midi dans nos fraîcheurs s'émousse;
La lune s'assoupit dans nos chambres de mousse;

215 Les paons ouvrent leur queue éblouissante au fond
Des antres que nos fleurs et nos feuillages font;
Plus d'une nymphe y songe, et dans nos perspectives
Parfois se laissent voir des nudités furtives;
La ville, nous ayant sur sa tête, va, vient,
220 Se parle et se répond, querelle, s'entretient,
Travaille, achète, vend, forge, allume ses lampes;
Le vent, sur nos plateaux et sur nos longues rampes,
Mêle l'horizon vague et les murs et les toits
Et les tours au frisson vertigineux des bois;
225 Et nos blancs escaliers, nos porches, nos arcades
Flottent dans le nuage écumant des cascades;
Sous nos abris sacrés, nul bruit ne les troublant,
Vivent le martinet, l'ibis, le héron blanc
Qui porte sur le front deux longues plumes noires;
230 L'air ride nos bassins, inquiètes baignoires
Où viennent s'apaiser les pâles voluptés;
Des bœufs à face humaine, à nos portes sculptés,
Témoignent que Belus est le seul roi du monde;
A de certains endroits notre ombre est si profonde
235 Que la nuit en montant aux cieux n'y change rien;
Nous avons vu grandir le trône assyrien;
Nos troncs, contemporains des anciens jours de l'homme,
Ont vu le premier arbre et la première pomme,
Et, vieux, ils sont puissants et leurs antiques fûts
240 Ont des rameaux si durs, si noueux, si touffus,
Et d'un balancement si noir, que le zéphire
Epuisé s'y fatigue et ne peut leur suffire;
Et leur vaste branchage est fait d'un tel granit
Qu'il faudrait l'ouragan pour y bercer un nid.

245 Gloire à Sémiramis qui posa nos terrasses
Sur des murs que vient battre en vain le flot des races
Et sur des ponts dont l'arche est au-dessus du temps!
Cette reine, parfois, sous nos rameaux flottants,
Venait rire entre deux écroulements d'empires;
250 Elle abattait au loin les rois moindres ou pires,
Puis s'en allait ayant l'homme jusqu'aux genoux,
Et venait respirer contente parmi nous;
Gaie, elle se couchait sur des peaux de panthère;
Quels lieux, quels champs, quels murs, quels palais sur la
255 Hors nous, ont entendu rire Sémiramis ?   [terre,
Nous, les arbres hautains, nous étions ses amis;
Nos taillis ont été les parvis et les salles
Où s'épanouissaient ses fêtes colossales;
C'est dans nos bras, que n'a jamais touchés la faulx,
260 Que cette reine a fait ses songes triomphaux;
Nos parfums ont parfois conseillé des supplices;
De ses enivrements nos fleurs furent complices;
Nos sentiers n'ont gardé qu'une trace, son pas.
Fils de Sémiramis, nous ne périrons pas;

265 Ce qu'assembla sa main, qui pourrait le disjoindre ?
Nous regardons le siècle après le siècle poindre ;
Nous regardons passer les peuples tour à tour ;
Nous sommes à jamais, et jusqu'au dernier jour,
Jusqu'à ce que l'aurore au front des cieux s'endorme,
270 Les jardins monstrueux pleins de sa joie énorme.

III

Une troisième voix dit :

                              — Sésostris est grand.
Cadmus est sur la terre un homme fulgurant ;
Comme Typhon cent bras, Cyrus a cent batailles ;
Ochus, portant sa hache aux profondes entailles,
275 Du Taurus fièrement garde l'âpre ravin ;
Hécube est sainte ; Achille est terrible et divin ;
Il semble, après Thésée, Astyage, Alexandre,
Que l'homme trop grandi ne peut plus que descendre ;
La calme majesté revêt Belochus trois ;
280 Xercès, de Salamine assiégeant les détroits,
Ressemble à l'aquilon des mers ; Penthésilée
A sur son dos la peau d'une bête étoilée,
Et, superbe, apparaît tendant son arc courbé ;
Didon, Sémiramis, Thalestris, Niobé,
285 Resplendissent parmi les profondeurs sereines ;
Mais entre tous ces rois, entre toutes ces reines,
Reines au sceptre d'or qu'admire un peuple heureux,
Rois vainqueurs ou bénis, se disputant entre eux
Ces fiers surnoms, le grand, le beau, le fort, le juste,
290 Artémise est sublime et Mausole est auguste.

Je suis le monument du cœur démesuré ;
La mort n'est plus la mort sous mon dôme azuré ;
Elle est splendide, elle est prospère, elle est vivante ;
Elle a tant de porphyre et d'or qu'elle s'en vante ;
295 Je suis le deuil-triomphe et le tombeau-palais.
Oh ! tant qu'on chantera ce chant : — Oublions-les,
Vivons, soyons heureux ! — aux morts gisant sous terre ;
Tant que les voluptés riront près du mystère ;
Tant qu'on noiera ses deuils dans les vins décevants,
300 Moi l'édifice sombre et superbe, ô vivants,
Je jetterai mon ombre à vos joyeux visages ;
Jusqu'à la fin des ans, jusqu'au terme des âges,
Jusqu'à ce que le temps, las, demande à s'asseoir,
Mes cippes, mes piliers, mes arcs, l'aube et le soir
305 Découpant sur le ciel mes frontons taciturnes

Où des colosses noirs rêvent, portant des urnes,
Mon bronze glorieux et mon marbre sacré
Diront : Mausole est mort, Artémise a pleuré.

Les siècles, vénérable et triomphante épreuve,
310 A jamais en passant verront la grande veuve
Assise sur mon seuil, fantôme saint et doux;
Elle attend le moment d'aller, près de l'époux,
Se coucher dans le lit de la noce éternelle;
Elle pare son front d'ache et de fraxinelle,
315 Et se parfume afin de plaire à son mari;
Elle tient un miroir qui n'a jamais souri,
Et se met des anneaux aux doigts, et sous ses voiles
Peigne ses longs cheveux d'où tombent des étoiles.

IV

Quand cette voix se tut, à Pise, près de là,
320 Du haut d'une acropole une autre voix parla.

— Je suis l'Olympien, je suis le musagète;
Tout ce qui vit, respire, aime, pense et végète,
Végète, pense, vit, aime et respire en moi;
L'encens monte à mes pieds, mêlé d'un vague effroi;
325 L'angle de mon sourcil touche à l'axe du monde;
La tempête me parle avant de troubler l'onde;
Je dure sans vieillir, j'existe sans souffrir;
Je ne sais qu'une chose impossible, mourir.
J'ai sur mon front que l'ombre en reculant adore,
330 La bandelette bleue et rose de l'aurore.
O mortels effrénés, emportés, hagards, fous,
L'urne des jours me lave en vous noircissant tous;
A mesure qu'au fond des nuits et sous la voûte
Du temps d'où l'instant suinte et tombe goutte à goutte,
335 Les siècles, partant l'un après l'autre, s'en vont,
Ainsi que des oiseaux volant sous un plafond,
Hébé plus fraîche rit en mes hautes demeures;
Ma jeunesse renaît sous le baiser des heures;
J'empêche, en abaissant mon sceptre lentement
340 Vers le trou monstrueux plein du triple aboiement,
Cerbère de saisir les astres dans sa gueule;
La chaîne du destin immuable peut seule
Meurtrir ma main égale à tout l'effort des dieux;
Mon temple offre son mur au nid mélodieux;
345 Et c'est du vol de l'aigle et du vol de la foudre,
C'est du cri de l'enfer tremblant de se dissoudre,
C'est du choc convulsif des croupes des typhons,
C'est du rassemblement des nuages profonds,

Que le vieux Phidias d'Athènes, statuaire,
350 Composa, dans l'horreur sainte du sanctuaire,
L'immense apaisement de ma sérénité.
Quand, dans le saint pæan par les mondes chanté,
L'harmonie amoindrie avorte ou dégénère,
Je rends le rythme aux cieux par un coup de tonnerre;
355 Mon crâne plein d'échos, plein de lueurs, plein d'yeux,
Est l'antre éblouissant du grand Pan radieux;
En me voyant on croit entendre le murmure
De la ville habitée et de la moisson mûre,
Le bruit du gouffre au chant de l'azur réuni,
360 L'onde sur l'océan, le vent dans l'infini,
Et le frémissement des deux aiies du cygne;
On sent qu'il suffirait à Jupiter d'un signe
Pour mêler sur le front des hommes le chaos,
Que seul je mets la bride aux bouches des fléaux,
365 Que l'abîme est mon hydre, et que je pourrais faire
Heurter le pôle au pôle et l'étoile à la sphère,
Et rouler à flots noirs les nuits sur les clartés,
Et s'entre-regarder les dieux épouvantés,
Plus aisément qu'un pâtre au flanc hâlé ne jette
370 Une pierre aux chevreaux broutant sur le Taygète.

                           v

Les nuages erraient dans les souffles des airs.
Et la cinquième voix monta du bord des mers.
— Sostrate Gnidien regardait les étoiles.
De la tente des cieux dorant les larges toiles,
375 Elles resplendissaient dans le nocturne azur;
Leur rayonnement calme emplissait l'éther pur
Où, le soir, le grand char du soleil roule et sombre;
Elles croisaient, au fond des clairs plafonds de l'ombre
Où le jour met sa pourpre et la nuit ses airains,
380 Leurs chœurs harmonieux et leurs groupes sereins;
Le sinistre océan grondait au-dessous d'elles;
L'onde à coups de nageoire et les vents à coups d'ailes
Luttaient, et l'âpre houle et le rude aquilon
S'attaquaient dans un blême et fauve tourbillon;
385 Eole fou prenait aux cheveux Neptune ivre;
Et c'était la pitié du songeur que de suivre
Les pauvres nautoniers de son œil soucieux;
Partout piège et naufrage; il tombait de ces cieux
Sur l'esquif et la barque et les fortes trirèmes
390 Une foule d'instants terribles ou suprêmes;
Et pas une clarté pour dire : Ici le port !
Le gouffre, redoublant de tourmente et d'effort,
Vomissait sur les nefs, d'horreur exténuées,

Toute son épouvante et toutes ses nuées;
395 Et les brusques écueils surgissaient; et comment
S'enfuir dans ce farouche et noir déchirement ?
Et les marins perdus se courbaient sous l'orage;
La mort leur laissait voir, comme un dernier mirage,
La terre s'éclipsant derrière les agrès,
400 Les maisons, les foyers pleins de tant de regrets,
Des fantômes d'enfants à genoux, et des rêves
De femmes se tordant les bras le long des grèves;
On entendait crier de lamentables voix :
— Adieu, terre ! patrie, adieu ! collines, bois,
405 Village où je suis né, vallée où nous vécûmes !... —
Et tout s'engloutissait dans de vastes écumes,
Tout mourait; puis le calme, ainsi que le jour naît,
Presque coupable et presque infâme, revenait;
Le ciel, l'onde, achevaient en concert leur mêlée,
410 L'hydre verte laissait luire l'hydre étoilée;
L'océan se mettait, plein de morts, teint de sang,
A gazouiller ainsi qu'un enfant innocent;
Cependant l'algue allait et venait dans les chambres
Des navires roulant au fond de l'eau leurs membres;
415 Les bâtiments noyés rampaient au plus profond
Des flots qui savent seuls dans l'ombre ce qu'ils font;
Tristes esquifs partis, croyant aux providences !
Et les sphères menaient dans le ciel bleu leurs danses;
Et, n'ayant pu montrer ni le port ni l'écueil,
420 Ni préserver la nef de devenir cercueil,
Les constellations, jetant leur lueur pâle
Jusqu'au lit ténébreux de la grande eau fatale,
Et, sous l'onde et parmi les effrayants roseaux,
Dessinant la figure obscure des vaisseaux,
425 Poupes et mâts, débris des sapins et des ormes,
Eclairaient vaguement ces squelettes difformes,
Et faisaient sous l'écume, au fond du gouffre amer,
Rire aux dépens des dieux les monstres de la mer.
Les morts flottaient sous l'eau qui jamais ne s'arrête,
430 Et par moments, levant hors de l'onde la tête,
Ils semblaient adresser, dans leurs vagues réveils,
Une question sombre et terrible aux soleils.

C'est alors que, des flots dorant les sombres cimes,
Voulant sauver l'honneur des Jupiters sublimes,
435 Voulant montrer l'asile aux matelots, rêvant
Dans son Alexandrie, à l'épreuve du vent,
La haute majesté d'un phare inébranlable
A la solidité des montagnes semblable,
Présent jusqu'à la fin des siècles sur la mer,
440 Avec du jaspe, avec du marbre, avec du fer,
Avec les durs granits taillés en tétraèdres,
Avec le roc des monts, avec le bois des cèdres,
Et le feu qu'un titan a presque osé créer,

Sostrate Gnidien me fit, pour suppléer,
445   Sur les eaux, dans les nuits fécondes en désastres,
A l'inutilité magnifique des astres.

VI

Et ceci dans l'espace était à peine dit
Qu'une voix du côté de Rhodes s'entendit.

— Mon nom, Lux; ma hauteur, soixante-dix coudées;
450   Ma fonction, veiller sur les mers débordées.
Le vrai phare, c'est moi.

                              Rhode est sous mon orteil.
Devant la fixité de mes yeux sans sommeil,
L'hiver blanchit les monts où le milan séjourne,
Le zodiaque vaste et formidable tourne,
455   L'homme vit, l'océan roule, les matelots
Débarquent sur les quais les sacs et les ballots,
Le jour luit, l'ouragan s'endort ou s'exaspère,
Et, gardien de l'eau bleue en son brumeux repaire,
Sentinelle que nul ne viendra relever,
460   Je regarde la nuit venir, l'aube arriver,
La voile fuir, le flot hurler comme un molosse,
Avec la rêverie immense du colosse.

O tristes mers, l'airain, c'est l'immobilité;
L'airain, ô large gouffre à jamais agité,
465   C'est la victoire; il sort de la forge géante;
Il a Vulcain pour père, ou Lysippe, ou Cléanthe,
Ou Phidias; il sort, fier, vivant; après quoi,
Il monte au piédestal comme à son trône un roi,
Et s'empare du temps et de la solitude;
470   Et l'airain, c'est le calme, ô vaste inquiétude.

Lui l'immuable, il fut à son heure orageux;
Dans tes fixes écueils, dans tes rapides jeux,
Tu ne lui montres rien, ô mer, qu'il ne connaisse;
Il t'égale en durée, il t'égale en jeunesse;
475   Il a rongé la cuve ainsi que toi les ports;
Etant le bronze, il est rocher comme tes bords,
Et flot comme ton onde, ayant été la lave.
Il est du piédestal le triomphal esclave,
Et le piédestal morne et soumis est son chien.

480   Le ciel, auteur de tout, du mal comme du bien,
Amalgame, construit, veut, rejette, préfère,
Et seul crée, et seul fait ce que l'homme croit faire;

Le ciel, — sans demander si c'est à l'immortel
Ou si c'est au tyran qu'on élève un autel,
485 Sans s'informer à qui la foule prostitue
Ou consacre l'airain, le marbre, la statue, —
Anime l'ouvrier, fondeur ou forgeron,
Et sur le moule obscur, béant comme un clairon,
Où l'artiste sculpta Cécrops ou Polyphonte,
490 Penche et fait basculer les chaudières de fonte ;
Eh bien, ce ciel sacré, pur, jamais endormi,
Qui donne au combattant le cheval pour ami,
Au laboureur le bœuf ruminant dans l'étable,
O mer, c'est lui qui veut que, saint et respectable,
495 Le bronze soit formé d'or, de cuivre et d'étain ;
Comme un sage, envoyé pour vaincre le destin,
Etant la souveraine et grande conscience,
Est composé de foi, d'honneur, de patience ;
L'un affronte les ans et l'autre les bourreaux ;
500 Et le ciel fait l'airain comme il fait le héros.

C'est ainsi que je fus créé comme un athlète.
Aujourd'hui ta colère énorme me complète,
O mer, et je suis grand sur mon socle divin
De toute ta grandeur rongeant mes pieds en vain.
505 Nu, fort, le front plongé dans un gouffre de brume,
Enveloppé de bruit et de grêle et d'écume
Et de nuits et de vents qui se heurtent entre eux,
Je dresse mes deux bras vers l'éther ténébreux,
Comme si j'appelais à mon aide l'aurore ;
510 Mais il se tromperait s'il croit que je l'implore,
Le matin passager et court du jour changeant !
Le soleil large et chaud et la lune d'argent
Pour mon sourcil profond ne sont que des fantômes ;
L'étincelle des cieux, l'étincelle des chaumes,
515 Etoile ou paille, sont pour moi de la lueur ;
La goutte de l'orage est ma seule sueur ;
Je ne suis jamais las, et, sans que je me courbe,
Vainqueur, je sens frémir sous moi l'abîme fourbe.
Parfois l'aigle, évadé du désert nubien,
520 Au-dessus de mon front plane, et me dit : C'est bien.
Stable, plus que le gouffre éternel mais mobile,
Plus que les peuples, plus que l'astre, plus que l'île,
Je regarde errer l'eau, l'ombre, l'homme et Délos ;
J'ai sous mes yeux l'amas mystérieux des flots,
525 Image des humains, des songes et des nombres ;
Le vaisseau convulsif passe entre mes pieds sombres ;
Le mât frissonnant bat ma cuisse ou mon genou ;
Et l'on voit s'engouffrer, fuyant l'aquilon fou,
Sous l'arc prodigieux de mes jambes ouvertes,
530 La flotte qui revient du fond des ondes vertes.
Ma droite élève au loin sur ma tête un flambeau ;
La tempête, vautour, le naufrage, corbeau,

Viennent autour de moi s'abattre, et mon visage
Les effraie, et devient sévère à leur passage ;
535 Le salut me connaît, moi le grand chandelier,
Ainsi que le chameau connaît le chamelier,
Le char, Automédon et l'esquif, Palinure ;
De même que la scie agrandit la rainure,
La proue en me voyant fend l'eau plus fièrement ;
540 Comme une fille craint son redoutable amant,
La mer au sein lascif, cette prostituée,
A peur de m'apporter quelque barque tuée ;
Et le flot, dont le pli roule un pauvre nocher,
En s'approchant de moi, tâche de le cacher ;
545 Je suis le Dieu cherché par tout ce qui chancelle
Sur le frémissement de l'onde universelle ;
Le naufragé m'invoque en embrassant l'écueil ;
La nuit je suis cyclope, et le phare est mon œil ;
Rouge comme la peau d'un taureau qu'on écorche,
550 La ville semble un rêve aux lueurs de ma torche ;
Pour les marins perdus, c'est l'aurore qui point ;
Et je règne ; et le gouffre inquiet ne sait point
S'il doit japper de joie ou rugir de colère
Quand, jusqu'aux profondeurs les plus mornes, j'éclaire
555 L'immense tremblement de l'horizon confus.

Tais-toi, mer ! Je serai toujours ce que je fus.
Car il ne se peut pas qu'en ma sombre aventure
J'aie à combattre rien dans toute la nature
De plus fort que ton flot terrible dont je ris ;
560 Car il ne se peut pas, ô gouffre aux tristes cris,
Qu'après avoir fondu les briques des fournaises,
Après s'être roulé sur la pourpre des braises,
Après avoir lassé les soufflets haletants,
Mon fauve airain soit tendre aux morsures du temps ;
565 Que moi, qui brave, roi des vagues éblouies,
Le ruissellement vaste et farouche des pluies,
Moi qui, l'été, l'hiver, me dresse, sans savoir
Si la bourrasque est dure et si l'orage est noir,
Qui vois l'éclair à peine, ayant pour ordinaire
570 D'émousser sur ma peau de bronze le tonnerre,
Je sois vaincu, détruit, aboli, ruiné,
Par l'heure, égratignure au sein blanc de Phryné ;
Que jamais rien m'ébranle, et que, parce qu'il passe
Des astres au zénith, des zéphyrs dans l'espace,
575 Mes muscles, enviés par le granit souvent,
Se déforment ainsi qu'une nuée au vent ;
Et qu'une vaine année arrivant acharnée,
Et rapide, après une autre année,
Une saison venant après une saison,
580 Janvier remplaçant mai dans le vague horizon,
En soufflant sur les nids et sur les fleurs, dissipe
L'ouvrage de Charès, élève de Lysippe.

Je suis là pour jamais, lève les yeux et vois
Sur ton front le colosse, ô mer aux rudes voix !
585 Que m'importe ? rugis, tonne, éclabousse, gronde,
Je suis enraciné dans le crâne du monde,
Comme le mont Ossa, comme le mont Athos ;
Et la seule statue ayant deux piédestaux,
C'est moi ; je brave Hadès et je vaincrai Saturne ;
590 On m'a nommé Soleil, mais le bronze est nocturne ;
Vulcain forgea de l'ombre et fit l'airain ; j'ai beau
Jeter sur l'océan le frisson d'un flambeau,
J'ai beau porter au poing une flamme qui guide
L'homme, battu des mers, dans cette nuit liquide,
595 Autour de moi, sur l'île et sur l'eau, clair miroir,
L'aube a beau resplendir, je suis le géant noir ;
J'ai la durée obscure et lourde des ténèbres,
Je sens l'énigme en moi liée à mes vertèbres,
Et Pan mystérieux met sa force en mes reins ;
600 Je vis ; les ténébreux sont aussi les sereins ;
Puissant, je suis tranquille ; et la terre âpre ou blonde,
Le bouleversement tumultueux de l'onde,
Les races succédant aux races, les tribus
Et les peuples changeant de lois, de mœurs, de buts,
605 La transformation lente des destinées,
La déroute effarée et sombre des années,
Tous les êtres du globe et du bleu firmament
Entrant, sortant, flottant, surgissant, s'abîmant,
Sur mon front, qui domine et la vague et la plage,
610 Sont de la vision, mais ne sont pas de l'âge ;
Les siècles sont pour moi, colosse, des instants ;
Et, tant qu'il coulera des jours des mains du temps,
Tant que poussera l'herbe et tant que vivra l'homme,
Tant que les chars pesants et les bêtes de somme
615 Marcheront sur la plaine, usant les durs pavés,
Mes deux pieds écartés et mes deux bras levés,
Devant la mer qui vient, s'enfle, approche et recule,
Devant l'astre, devant le pâle crépuscule,
Sembleront au passant vers ces rochers venu
620 Le grand X de la nuit debout dans l'inconnu.

VII

Et, comme dans un chœur les strophes s'accélèrent,
Toutes ces voix dans l'ombre obscure se mêlèrent.
Les jardins de Bélus répétèrent : — Les jours
Nous versent les rayons, les parfums, les amours ;
625 Le printemps immortel, c'est nous, nous seuls ; nous
La joie épanouie en roses sur les hommes. —   [sommes
Le mausolée altier dit : — Je suis la douleur ;

Je suis le marbre, auguste en sa sainte pâleur;
Cieux! je suis le grand trône et le grand mausolée;
630   Contemplez-moi. Je pleure une larme étoilée.
— La sagesse, c'est moi, dit le phare marin;
— Je suis la force, dit le colosse d'airain;
Et l'olympien dit : Moi, je suis la puissance. —
Et le temple d'Ephèse, autel que l'âme encense,
635   Fronton qu'adore l'art, dit : — Je suis la beauté.
— Et moi, cria Chéops, je suis l'éternité.

Et je vis, à travers le crépuscule humide,
Apparaître la haute et sombre pyramide.

Superposant au fond des espaces béants
640   Les mille angles confus de ses degrés géants,
Elle se dressait, blême et terrible, étagée
De plus de plis brumeux que l'âpre mer Egée,
Et sur ses flots, jamais par les vents secoués,
Avait au lieu d'esquifs les siècles échoués.
645   Elle était là, montagne humaine; et sa stature,
Monstrueuse, donnait du trouble à la nature;
Son vaste cône d'ombre éclipsait l'horizon;
Les troupeaux des vapeurs lui laissaient leur toison;
Le désert sous sa base était comme une table;
650   Elle montait aux cieux, escalier redoutable
D'on ne sait quelle entrée étrange de la nuit;
Son bloc fatal semblait de ténèbres construit;
Derrière elle, au milieu des palmiers et des sables,
On en voyait surgir deux autres, formidables;
655   Mais, comme les coteaux devant le Pélion,
Comme les lionceaux à côté du lion,
Elles restaient en bas, et ces deux pyramides
Semblaient près de Chéops petites et timides;
Au-dessus de Chéops planaient, allant, venant,
660   Jetant parfois de l'ombre à tout un continent,
Des aigles effrayants ayant la forme humaine;
Et des foules sans nom éparses dans la plaine,
Dans de vagues cités dont on voyait les tours,
S'écriaient, chaque fois qu'un de ces noirs vautours
665   Passait, hérissé, fauve et sanglant, dans la bise :
— Voilà Cyrus! Voilà Rhamsès! Voilà Cambyse! —
Et ces spectres ailés secouaient dans les airs
Des lambeaux flamboyants de lumière et d'éclairs,
Comme si, dans les cieux, faisant à Dieu la guerre,
670   Ils avaient arraché des haillons au tonnerre.
Chéops les regardait passer sans s'émouvoir.
Un brouillard la cachait tout en la laissant voir;
L'obscure histoire était sur ses marches gravée;
Les sphinx dans ses caveaux déposaient leur couvée,
675   Les ans fuyaient, les vents soufflaient; le monument
Méditait, immobile et triste, et, par moment,

Toute l'humanité, comme une fourmilière,
Satrape au sceptre d'or, prêtre au thyrse de lierre,
Rois, peuples, légions, combats, trônes croulants,
680   Etait subitement visible sur ses flancs
Dans quelque déchirure immense des nuées.
Tout flottait sur sa base en ombres dénouées;
Et Chéops répéta : — Je suis l'éternité.

Ainsi parlent, le soir, dans la molle clarté,
685   Ces monuments, les sept étonnements de l'homme.

La nuit vient, et s'étend d'Elinunte à Sodome.
Ouvrant son aile où vont s'endormir tour à tour
L'onde avec son rocher, la ville avec sa tour;
Elle élargit sa brume où le silence pèse;
690   Les voix et les rumeurs expirent; tout s'apaise,
Tout bruit s'éteint, à Rhode, en Elide, au Delta.
Tout cesse.

Alors le ver du sépulcre chanta.

★

Je suis le ver. Je suis fange et cendre. O ténèbres,
Je règne. Monuments, entassements célèbres,
695   Panthéons, Rhamséions,
Façades de l'immense orgueil humain, si fières,
Que l'homme devant vous doute s'il voit des pierres
           Ou s'il voit des rayons,

Sanctuaires chargés d'astres et d'empyrées,
700   Splendides profondeurs de colonnes dorées,
           Vaste enceinte d'Assur,
Mur où Nemrod cloua l'hippanthrope Phæanthe,
Et dont la ronde tour, sous les oiseaux béante,
           Leur semble un puits obscur,

705   Terrasses de Theglath avec vos avenues
Augustes par deux rangs de sphinx aux gorges nues,
           Cirque d'Anthrops-le-Noir
Si beau que, résistant à l'heure qui s'arrête,
Les chevaux du soleil, cabrés, baissent la tête
710   Pour tâcher de te voir !

Jardins, frontons ailés aux larges envergures,
Portiques, piédestaux qui portez des figures
           Au geste souverain,

Et qui, du haut des caps que votre masse encombre,
715 Ajoutez à la mer vaste et sinistre l'ombre
          Des déesses d'airain,

Acropole où l'on vient des confins de la terre,
Tour du Bœuf, où Jason, raillant le Sagittaire,
          Vint sonner du buccin,
720 Qui fais aux voyageurs, vains comme les abeilles
Et vivants par leurs yeux avides de merveilles,
          Braver le Pont-Euxin,

O temple Acrocéraune, ô pilier d'Erythrée,
Fiers de votre archipel, car c'est la mer sacrée,
725   La mer où luit Pylos,
Ses vagues ont noyé la horde massagète,
Et, comme le vent vient de la montagne, il jette
          Des plumes d'aigle aux flots,

Chéops, bâtie avec un art épouvantable,
730 Si terrible qu'à l'heure où, couché dans l'étable,
          Le chien n'ose gronder,
Sirius, devant qui toute étoile s'efface,
Est forcé de tourner vers toi sa sombre face
          Et de te regarder !

735 Edifices ! montez, et montez davantage.
Superposez l'étage et l'étage à l'étage,
          Et le dôme aux cités ;
Montez ; sous votre base écrasez les campagnes ;
Plus haut que les forêts, plus haut que les montagnes,
740   Montez, montez, montez !

Soyez comme Babel, âpre, indignée, austère,
Cette tour qui voudrait échapper à la terre,
          Et qui dans les cieux fuit,
Montez. A l'archivolte ajoutez l'architrave.
745 Encor ! encor ! Mettez le palais sur la cave,
          Le néant sur la nuit !

Montez dans le nuage, étant de la fumée !
Montez, toi sur l'Egypte, et toi sur l'Idumée,
          Toi, sur le mont Caspé !
750 Pleurez avec le deuil, chantez avec la noce.
Va noircir le zénith, flamme que le colosse
          Tient dans son poing crispé.

Ne vous arrêtez pas. Montez ! montez encore !
Moi, je rampe, et j'attends. Du couchant, de l'aurore
755   Et du sud et du nord,
Tout vient à moi, le fait, l'être, la chose triste,
La chose heureuse ; et seul je vis, et seul j'existe,
          Puisque je suis la mort.

La ruine est promise à tout ce qui s'élève.
760 Vous ne faites, palais qui croissez comme un rêve,
        Fronton au dur ciment,
Que mettre un peu plus haut mon tas de nourriture,
Et que rendre plus grand, par plus d'architecture,
        Le sombre écroulement.

XIII

L'ÉPOPÉE DU VER

L'ÉPOPÉE DU VER

*

Au fond de la poussière inévitable, un être
Rampe, et souffle un miasme ignoré qui pénètre
      L'homme de toutes parts,
Qui noircit l'aube, éteint le feu, sèche la tige,
5 Et qui suffit pour faire avorter le prodige
      Dans la nature épars.

Le monde est sur cet être et l'a dans sa racine,
Et cet être, c'est moi. Je suis. Tout m'avoisine.
      Dieu me paye un tribut.
10 Vivez. Rien ne fléchit le ver incorruptible.
Hommes, tendez vos arcs; quelle que soit la cible,
      C'est moi qui suis le but.

O vivants, je l'avoue, on voit des hommes rire :
Plus d'une barque vogue avec un bruit de lyre;
15   On est prince et seigneur;
Le lit nuptial brille, on s'aime, on se le jure,
L'enfant naît, les époux sont beaux; — j'ai pour dorure
      Ce qu'on nomme bonheur.

Je mords Socrate, Eschyle, Homère, après l'envie.
20 Je mords l'aigle. Le bout visible de la vie
      Est à tous et partout,
Et, quand au mois de mai le rouge-gorge chante,
Ce qui fait que Satan rit dans l'ombre méchante,
      C'est que j'ai l'autre bout.

25 Je suis l'Inconnu noir qui, plus bas que la bête,
Remplit tout ce qui marche au-dessus de sa tête
      D'angoisse et de terreur,
La preuve d'Alecton pareille à Cléopâtre,
De la pourpre identique au haillon, et du pâtre
30   Egal à l'empereur.

Je suis l'extinction du flambeau, toujours prête.
Il suffit qu'un tyran pense à moi dans la fête
            Où les rois sont assis,
Pour que sa volupté, sa gaîté, sa débauche,
35 Devienne on ne sait quoi de lugubre où s'ébauche
            La pâle Némésis.

Je ne me laisse point oublier des satrapes ;
La nuit, lascifs, leur main touche à toutes les grappes
            Du plaisir hasardeux,
40 Et, pendant que leurs sens dans l'extase frémissent,
Des apparitions de méduses blêmissent
            La voûte au-dessus d'eux.

Je suis le créancier. L'échéance m'est due.
J'ai, comme l'araignée, une toile tendue.
45   Tout l'univers, c'est peu.
Le fil imperceptible et noir que je dévide
Ferait l'aurore veuve et l'immensité vide
            S'il allait jusqu'à Dieu.

J'attends. L'obscurité sinistre me rend compte.
50 Le capitaine armé de son sceptre, l'archonte,
            Le grave amphictyon,
L'augure, le poëte étoilé, le prophète,
Tristes, songent à moi, cette vie étant faite
            De disparition.

55 Le vizir sous son dais, le marchand sur son âne,
Familles et tribus, les seigneurs d'Ecbatane
            Et les chefs de l'Indus
Passent, et seul je sais dans quelle ombre est conduite
Cette prodigieuse et misérable fuite
60   Des vivants éperdus.

Brillez, cieux. Vis, nature. O printemps, fais des roses.
Rayonnez, papillons, dans les métamorphoses.
            Que le matin est pur !
Et comme les chansons des oiseaux sont charmantes,
65 Au-dessus des amants, au-dessus des amantes,
            Dans le profond azur !

                          *

Quand, sous terre rampant, j'entre dans Babylone,
Dans Tyr qui porte Ammon sur son double pylône,
            Dans Suse où l'aube luit,
70 Lorsque entendant chanter les hommes, je me glisse,
Invisible, caché, muet, dans leur délice,
            Leur triomphe et leur bruit,

Quoique l'épaisseur vaste et pesante me couvre,
Quoique la profondeur, qui jamais ne s'entr'ouvre,
75   Morne et sans mouvement,
Me cache à tous les yeux dans son horreur tranquille,
Tout, quel que soit le lieu, quelle que soit la ville,
        Quel que soit le moment,

Tout, Vesta comme Eglé, Zénon comme Epicure,
80 A le tressaillement de ma présence obscure;
        On a froid, on a peur;
L'un frémit dans son faste et l'autre dans ses crimes,
Et l'on sent dans l'orgueil démesuré des cimes
        Une vague stupeur;

85 Et le Vatican tremble avec le Capitole,
Et le roi sur le trône, et sur l'autel l'idole,
        Et Moloch et Sylla
Frissonnent, et le mage épouvanté contemple,
Sitôt que le palais a dit tout bas au temple :
90   Le ver de terre est là !

*

Je suis le niveleur des frontons et des dômes;
Le dernier lit où vont se coucher les Sodomes
        Est arrangé par moi,
Je suis fourmillement et je suis solitude,
95 Je suis sous le blasphème et sous la certitude,
        Et derrière Pourquoi.

Nul dogme n'oserait affronter ma réponse.
Laïs pour moi se frotte avec la pierre ponce.
        Je fais parler Pyrrhon.
100 La guerre crie, enrôle, ameute, hurle, vole,
Et je suis dans sa bouche alors que cette folle
        Souffle dans son clairon.

Je suis l'intérieur du prêtre en robe blanche,
Je bave dans cette âme où la vérité penche;
105   Quand il parle, je mens.
Le destin, labyrinthe, aboutit à ma fosse,
Je suis dans l'espérance et dans la femme grosse,
        Et, rois, dans vos serments.

Quel sommeil effrayant, la vie ! En proie, en butte
110 A des combinaisons de triomphe ou de chute,
        Passifs, engourdis, sourds,
Les hommes, occupés d'objets qui se transforment,
Sont hagards, et devraient s'apercevoir qu'ils dorment,
        Puisqu'ils rêvent toujours !

115 J'ai pour l'ambitieux les sept couleurs du prisme.
     C'est moi que le tyran trouve en son despotisme
                    Après qu'il l'a vomi.
     Je l'éveille, sitôt sa colère rugie.
     Qu'est la méchanceté ? C'est de la léthargie,
120   Dieu dans l'âme endormi.

     Hommes, riez. La chute adhère à l'apogée.
     L'écume manquerait à la mer submergée,
                    L'éclat au diamant,
     La neige à l'Athos, l'ombre aux loups, avant qu'on voie
125 Manquer la confiance et l'audace et la joie
                    A votre aveuglement.

     L'éventrement des monts de jaspe et de porphyre
     A bâtir vos palais peut à peine suffire,
                    Larves sans lendemain !
130 Vous avez trop d'autels. Vos sociétés folles
     Meurent presque toujours par un excès d'idoles
                    Chargeant l'esprit humain.

     Qu'est la religion ? L'abîme et ses fumées.
     Les simulacres noirs flottant sous les ramées
135   Des bois insidieux,
     La contemplation de l'ombre, les passages
     De la nue au-dessus du front pensif des sages,
                    Ont créé tous vos dieux.

     Vos prêtres insensés chargent Satan lui-même
140 D'un dogme et d'un devoir, lui le monstre suprême,
                    Lui la rébellion !
     Ils en font leur bourreau, leur morne auxiliaire,
     Sans même s'informer si cette muselière
                    Convient à ce lion.

145 Pour aller jusqu'à Dieu dans l'infini, les cultes,
     Les religions, l'Inde et ses livres occultes
                    Par Hermès copiés,
     Offrent leurs points d'appui, leurs rites, leurs prières,
     Leurs dogmes, comme un gué montre à fleur d'eau des pierres
150   Où l'on pose ses pieds.

     Songes vains ! Les Védas trompent leurs clientèles,
     Car les religions sont des choses mortelles
                    Qu'emporte un vent d'hiver;
     Hommes, comme sur vous sur elles je me traîne;
155 Et, pour ronger l'autel, Dieu n'a pas pris la peine
                    De faire un autre ver.

                         ★

Je suis dans l'enfant mort, dans l'amante quittée,
Dans le veuvage prompt à rire, dans l'athée,
      Dans les noirs oublis.
160 Toutes les voluptés sont pour moi fraternelles.
C'est moi que le fakir voit sortir des prunelles
      Du vague spectre Iblis.

Mon œil guette à travers les fêlures des urnes.
Je vois vers les gibets voler les becs nocturnes
165   Quêtant un noir lambeau.
Je suis le roi muré. J'habite le décombre.
La mort me regardait quand d'une goutte d'ombre
      Elle fit le corbeau.

Je suis. Vous n'êtes pas, feu des yeux, sang des veines,
170 Parfum des fleurs, granit des tours, ô fiertés vaines !
      Tout d'avance est pleuré.
On m'extermine en vain, je renais sous ma voûte ;
Le pied qui m'écrasa peut poursuivre sa route,
      Je le dévorerai.

175 J'atteins tout ce qui vole et court. L'argyraspide
Ne peut me fuir, eût-il un cheval plus rapide
      Que l'oiseau de Vénus ;
Je ne suis pas plus loin des chars qui s'accélèrent
Que du cachot massif où des lueurs éclairent
180   De sombres torses nus.

                     *

Un peuple s'enfle et meurt comme un flot sur la grève.
Dès que l'homme a construit une cité, le glaive
      Vient et la démolit ;
Ce qui résiste au fer croule dans les délices ;
185 Pour te tuer, ô Rome, Octave a les supplices,
      Messaline a son lit.

Tout ici-bas perd pied, se renverse, trébuche,
Et partout l'homme tombe, étant sa propre embûche ;
      Partout l'humanité
190 Se lève dans l'orgueil et dans l'orgueil se couche ;
Et le manteau de poil du prophète farouche
      Est plein de vanité.

Puisque ce sombre orgueil s'accroît toujours et monte,
Puisque Tibère est Dieu, puisque Rome sans honte
195   Lui chante un vil pæan,
Puisque l'austérité des Burrhus se croit vierge,
Puisqu'il est des Xercès qui prennent une verge
      Et fouettent l'océan,

Il faut bien que le ver soit là pour l'équilibre.
200 Ce que le Nil, l'Euphrate et le Gange et le Tibre
          Roulent avec leur eau,
C'est le reflet d'un tas de villes inouïes
Faites de marbre et d'or, plus vite évanouies
          Que la fleur du sureau.

205 Fétide, abject, je rends les majestés pensives.
Je mords la bouche, et quand j'ai rongé les gencives,
          Je dévore les dents.
Oh ! ce serait vraiment dans la nature entière
Trop de faste, de bruit, d'emphase et de lumière,
210   Si je n'étais dedans !

Le néant et l'orgueil sont de la même espèce.
Je les distingue peu lorsque je les dépèce.
          J'erre éternellement
Dans une obscurité d'horreur et d'anathème,
215 Redoutable brouillard dont Satan n'est lui-même
          Qu'un épaississement.

                    ★

Tout me sert. Glaive et soc, et sagesse et délire.
De tout temps la trompette a combattu la lyre ;
          C'est le double éperon,
220 C'est la double fanfare aux forces infinies ;
Le prodige jaillit de ce choc d'harmonies ;
          Luttez, lyre et clairon.

Lyre, enfante la paix. Clairon, produis la guerre.
Mettez en mouvement cette tourbe vulgaire
225   Des camps et des cités ;
Luttez ; poussez les uns aux batailles altières,
Les autres aux moissons, et tous aux cimetières ;
          Lyre et clairon, chantez !

Chantez ! le marbre entend. La pierre n'est pas sourde,
230 Les tours sentent frémir leur dalle la plus lourde,
          Le bloc est remué,
Le créneau cède au chant qui passe par bouffée,
Et le mur tressaillant qui naît devant Orphée,
          Meurt devant Josué.

                    ★

235 Tout périt. C'est pour moi, dernière créature,
Que travaille l'effort de toute la nature,
          Le lys prêt à fleurir,
La mésange au printemps qui dans son nid repose
Et qui sent l'œuf, cassé par un petit bec rose,
240   Sous elle s'entr'ouvrir,

Les Moïses emplis d'une puissance telle
Que le peuple, écoutant leur parole immortelle
       Au pied du mont fumant,
Leur trouve une lueur de plus en plus étrange,
245 Tremble, et croit derrière eux voir deux ailes d'archange
       Grandir confusément;

Les passants, le despote aveugle et sans limites,
Les rois sages avec leurs trois cents sulamites,
       Les pâles inconnus,
250 L'usurier froid, l'archer habile aux escarmouches,
Les cultes et les dieux plus nombreux que les mouches
       Dans les joncs du Cydnus.

Tout m'appartient. A moi symboles, mœurs, images,
A moi ce monde affreux de bourreaux et de mages
255   Qui passe, groupe noir,
Sur qui l'ombre commence à tomber, que Dieu marque,
Qu'un vent pousse, et qui semble une farouche barque
       De pirates le soir.

A moi la courtisane ! à moi la cénobite !
260 Dieu me fait Sésostris afin que je l'habite.
       En arrière, en avant,
A moi tout ! à toute heure, et qu'on entre ou qu'on sorte !
Ma morsure, qui va finir à Phryné morte,
       Commence à Job vivant.

265 A moi le condamné dans sa lugubre loge !
Il regarde effaré les pas que fait l'horloge ;
       Et, quoiqu'en son ennui
La mort soit invisible à ses fixes prunelles,
A d'obscurs battements il sent d'horribles ailes
270   Qui s'approchent de lui.

Rhode est fière, Chéops est grande, Ephèse est rare,
Le Mausolée est beau, le Dieu tonne, le Phare
       Sauve les mâts penchés,
Babylone suspend dans l'air les fleurs vermeilles,
275 Et c'est pour moi que l'homme a créé sept merveilles,
       Et Satan sept péchés.

A moi la vierge en fleur qui rit et se dérobe,
Fuit, passe les ruisseaux, et relève sa robe
       Dans les prés ingénus !
280 A moi les cris, les chants, la gaîté qui redouble !
A moi l'adolescent qui regarde avec trouble
       La blancheur des pieds nus !

Rois, je me roule en cercle et je suis la couronne ;
Buveurs, je suis la soif ; murs, je suis la colonne ;

285   Docteurs, je suis la loi ;
     Multipliez les jeux et les épithalames,
     Les soldats sur vos tours, dans vos sérails les femmes ;
                    Faites, j'en ai l'emploi.

     Sage ici-bas celui qui pense à moi sans cesse !
290 Celui qui pense à moi vit calme et sans bassesse ;
                    Juste, il craint le remord ;
     Sous son toit frêle il songe aux maisons insondables ;
     Il voit de la lumière aux deux trous formidables
                    De la tête de mort.

295 Votre prospérité n'est que ma patience.
     Hommes, la volonté, la raison, la science,
                    Tentent ; seul j'accomplis.
     Toute chose qu'on donne est à moi seul donnée.
     Il n'est pas de fortune et pas de destinée
300   Qui ne m'ait dans ses plis.

     Le héros qui, dictant des ordres à l'histoire,
     Croit laisser sur sa tombe un nuage de gloire,
                    N'est sûr que de moi seul.
     C'est à cause de moi que l'homme désespère.
305 Je regarde le fils naître, et j'attends le père
                    En dévorant l'aïeul.

     Je suis l'être final. Je suis dans tout. Je ronge
     Le dessous de la joie, et, quel que soit le songe
                    Que les poètes font,
310 J'en suis, et l'hippogriffe ailé me porte en croupe ;
     Quand Horace en riant te fait boire à sa coupe,
                    Chloé, je suis au fond.

     La dénudation absolue et complète,
     C'est moi. J'ôte la force aux muscles de l'athlète ;
315   Je creuse la beauté ;
     Je détruis l'apparence et les métamorphoses ;
     C'est moi qui maintiens nue, au fond du puits des choses,
                    L'auguste vérité.

     Où donc les conquérants vont-ils ? mes yeux les suivent.
320 A qui sont-ils ? à moi. L'heure vient ; ils m'arrivent,
                    Découronnés, pâlis,
     Et tous je les dépouille, et tous je les mutile,
     Depuis Cyrus vainqueur de Tyr jusqu'à Bathylle
                    Vainqueur d'Amaryllis

325 Le semeur me prodigue au champ qu'il ensemence ;
     Tout en achevant l'être expiré, je commence
                    L'être encor jeune et beau.
     Ce que Fausta, troublée en sa pensée aride,

Voit dans le miroir pâle où s'ébauche une ride,
330   C'est un peu de tombeau.

Toute ivresse m'aura dans sa dernière goutte;
Et sur le trône il n'est rien à quoi je ne goûte.
         Les Trajans, les Nérons
Sont à moi, honte et gloire, et la fange est épaisse
335 Et l'or est rayonnant pour que je m'en repaisse.
         Tout marche; j'interromps.

J'habite Ombos, j'habite Elis, j'habite Rome.
J'allonge mes anneaux dans la grandeur de l'homme;
         J'ai l'empire et l'exil;
340 C'est moi que les puissants et les forts représentent;
En ébranlant les cieux, les Jupiters me sentent
         Ramper dans leur sourcil.

Je prends l'homme, ébauche humble et tremblante qui pleure,
Le nerf qui souffre, l'œil qu'en vain le jour effleure,
345   Le crâne où dort l'esprit,
Le cœur d'où sort le sang ainsi qu'une couleuvre,
La chair, l'amour, la vie, et j'en fais un chef-d'œuvre,
         Le squelette qui rit.

*

L'eau n'a qu'un bruit; l'azur n'a que son coup de foudre;
350 Le juge n'a qu'un mot, punir ou bien absoudre;
         L'arbre n'a que son fruit;
L'ouragan se fatigue à de vaines huées,
Et n'a qu'une épaisseur quelconque de nuées;
         Moi, j'ai l'énorme nuit.

355 L'Etna n'est qu'un charbon que creuse un peu de soufre;
L'erreur de l'océan, c'est de se croire un gouffre;
         Je dirai : c'est profond,
Quand vous me trouverez un précipice, un piège,
Où l'univers sera comme un flocon de neige
360   Qui décroît et qui fond.

Quoique l'enfer soit triste et quoique la géhenne
Sans pitié, redoutable aux hommes pleins de haine,
         Ouverte au-dessous d'eux,
Soit étrange et farouche, et quoiqu'elle ait en elle
365 Les immenses cheveux de la flamme éternelle
         Qu'agite un vent hideux,

Le néant est plus morne encor, la cendre est pire
Que la braise, et le lieu muet où tout expire
         Est plus noir que l'enfer;
370 Le flamboiement est pourpre et la fournaise montre;

Moi je bave et j'éteins. L'hydre est une rencontre
          Moins sombre que le ver.

Je suis l'unique effroi. L'Afrique et ses rivages
Pleins du barrissement des éléphants sauvages,
375   Magog, Thor, Adrasté,
Sont vains auprès de moi. Tout n'est qu'une surface
Qui sert à me couvrir. Mon nom est Fin. J'efface
          La possibilité.

J'abolis aujourd'hui, demain, hier. Je dépouille
380 Les âmes de leur corps ainsi que d'une rouille ;
          Et je fais à jamais
De tout ce que je tiens disparaître le nombre
Et l'espace et le temps, par la quantité d'ombre
          Et d'horreur que j'y mets.

                    ★

385 Amant désespéré, tu frappes à ma porte,
Redemandant ton bien et ta maîtresse morte,
          Et la chair de ta chair,
Celle dont chaque nuit tu dénouais les tresses,
Plus fier, plus éperdu, plus ivre en ses caresses
390   Que l'aigle au vent de mer.

Tu dis : « — Je la veux ! Terre et cieux, je la réclame ;
Le jour où je la vis, je crus voir une flamme.
          Viens, dit-elle. Je vins.
Sa jeune taille était plus souple que l'acanthe ;
395 Elle errait éblouie, idéale bacchante,
          Sous des pampres divins.

« Son cœur fut si profond que j'y perdis mon âme.
Je l'aimais ! Quand le soir, les yeux de cette femme
          Au front pur, au sein nu,
400 Me regardaient, pensifs, clairs, à travers ses boucles,
Je croyais voir briller les vagues escarboucles
          D'un abîme inconnu.

« C'est elle qui prenait ma tête en ses mains blanches !
Elle qui me chantait des chansons sous les branches,
405   Des chansons dans les bois,
Si douces qu'on voyait sur l'eau rêver le cygne,
Et que les dieux là-haut se faisaient entre eux signe
          D'écouter cette voix !

« Elle est morte au milieu d'une nuit de délices...
410 Elle était le printemps, ouvrant de frais calices ;
          Elle était l'orient ;
Gaie, elle ressemblait à tout ce qu'on désire ;

L'esquif, entrant dès l'aube au golfe de Nisyre,
    N'est pas plus souriant.

415 « Elle était la plus belle et la plus douce chose !
Son âme était le lys, son corps était la rose ;
        Son chant chassait les pleurs ;
Nue, elle était déesse, et vierge, sous ses voiles ;
Elle avait le parfum que n'ont pas les étoiles,
420   L'éclair qui manque aux fleurs.

« Elle était la lumière et la grâce ; je l'aime !
Je la veux ! ô transports ! ô volupté suprême !
        O regrets déchirants !... » —
Voilà huit jours qu'elle est dans mon ombre farouche ;
425 Si tu veux lui donner un baiser sur la bouche,
        Prends-la, je te la rends !

Reprends ce corps, reprends ce sein, reprends ces lèvres ;
Cherches-y ton plaisir, ton extase, tes fièvres ;
        Je la rends à tes vœux ;
430 Viens, tu peux, pour ta joie et tes jeux et tes fautes,
La reprendre, pourvu seulement que tu m'ôtes
        De ses sombres cheveux.

Nous rions, l'ombre et moi, de tout ce qui vous navre.
Nous avons, nous aussi, notre fleur, le cadavre ;
435   La femme au front charmant,
Blanche, embaumant l'alcôve et parfumant la table,
Se transforme en ma nuit... — Viens voir quel formidable
        Epanouissement !

Cette rose du fond du tombeau, viens la prendre,
440 Je te la rends. Reprends, jeune homme, dans ma cendre,
        Dans mon fatal sillon,
Cette fleur où ma bave épouvantable brille,
Et qui, pâle, a le ver du cercueil pour chenille,
        L'âme pour papillon.

445 Elle est morte, — et c'est là ta poignante pensée, —
Au moment le plus doux d'une nuit insensée ;
        Eh bien, tu n'es plus seul,
Reprends-la ; ce lit froid vaut bien ton lit frivole ;
Entre ; et toi qui riais de la chemise folle,
450   Viens braver le linceul.

Elle t'attend, levant son crâne où l'œil se creuse,
T'offrant sa main verdie et sa hanche terreuse,
        Son flanc, mon noir séjour...
Viens, couvrant de baisers son vague rire horrible,
455 Dans ce commencement d'éternité terrible
        Finir ta nuit d'amour !

★

O vie universelle, où donc est ton dictame ?
Qu'est-ce que ton baiser ? un lèchement de flamme.
            Le cœur humain veut tout,
460 Prend tout, l'or, le plaisir, le ciel bleu, l'herbe verte...
Et dans l'éternité sinistrement ouverte
            Se vide tout à coup.

La vie est une joie où le meurtre fourmille,
Et la création se dévore en famille.
465   Baal dévore Pan.
L'arbre, s'il le pouvait, épuiserait la sève,
Léviathan, bâillant dans les ténèbres, rêve
            D'engloutir l'océan ;

L'onagre est au boa qui glisse et l'enveloppe ;
470 Le lynx tacheté saute et saisit l'antilope ;
            La rouille use le fer ;
La mort du grand lion est la fête des mouches ;
On voit sous l'eau s'ouvrir confusément les bouches
            Des bêtes de la mer ;

475 Le crocodile affreux, dont le Nil cache l'antre,
Et qui laisse aux roseaux la marque de son ventre,
            A peur de l'ichneumon ;
L'hirondelle devant le gypaète émigre ;
Le colibri, sitôt qu'il a faim, devient tigre,
480   L'oiseau-mouche est démon.

Le volcan, c'est le feu chez lui, tyran et maître,
Mâchant les durs rochers, féroce et parfois traître,
            Tel qu'un sombre empereur ;
Essuyant la fumée à sa bouche rougie,
485 Et son cratère enflé de lave est une orgie
            De flammes en fureur ;

La louve est sur l'agneau comme l'agneau sur l'herbe ;
Le pâle genre humain n'est qu'une grande gerbe
            De peuples pour les rois ;
490 Avril donne aux fleurs l'ambre et la rosée aux plantes
Pour l'assouvissement des abeilles volantes
            Dans la lueur des bois ;

De toutes parts on broute, on veut vivre, on dévore,
L'ours dans la neige horrible et l'oiseau dans l'aurore ;
495   C'est l'ivresse et la loi.
Le monde est un festin. Je mange les convives.
L'océan a des bords, ma faim n'a pas de rives ;
            Et le gouffre, c'est moi.

Vautour, qu'apportes-tu ? — Les morts de la mêlée,
500 Les morts des camps, les morts de la ville brûlée,
       Et le chef rayonnant. —
C'est bien, donne le sang, vautour; donne la cendre,
Donne les légions, c'est bien; donne Alexandre,
       C'est bien. Toi maintenant !

505 Le miracle hideux, le prodige sublime,
  C'est que l'atome soit en même temps l'abîme;
       Tout d'en haut m'est jeté;
Je suis d'autant plus grand que je suis plus immonde,
Et l'amoindrissement formidable du monde
510   Fait mon énormité.

          ★

Fouillez la mort. Fouillez l'écroulement terrible.
Que trouvez-vous ? L'insecte. Et, quoique ayant la bible,
       Quoique ayant le coran,
Je ne suis rien qu'un ver. O vivants, c'est peut-être
515 Parce que je suis fait des croyances du prêtre,
       Des splendeurs du tyran,

C'est parce qu'en ma nuit j'ai mangé vos victoires,
C'est parce que je suis composé de vos gloires
       Dont l'éclat retentit,
520 De toutes vos fiertés, de toutes vos durées,
De toutes vos grandeurs, tour à tour dévorées,
       Que je reste petit.

Qu'est-ce que l'univers ? Qu'est-ce que le mystère ?
Une table sans fin servie au ver de terre;
525   Le nain partout béant;
Un engloutissement du géant par l'atome;
Tout lentement rongé par Rien; et le fantôme
       Créé par le néant.

          ★

L'épouvante m'adore, et, ver, j'ai des pontifes.
530 Mon spectre prend une aile et mon aile a des griffes.
       Vil, infect, chassieux,
Chétif, je me dilate en une immense forme,
Je plane, et par moments, chauve-souris énorme,
       J'enveloppe les cieux.

          ★

535 Dieu qui m'avez fait ver, je vous ferai fumée.
Si je ne puis toucher votre essence innommée,
       Je puis ronger du moins
L'amour dans l'homme, et l'astre au fond du ciel livide,

Dieu jaloux, et, faisant autour de vous le vide,
540   Vous ôter vos témoins.

Parce que l'astre luit, l'homme aurait tort de croire
Que le ver du tombeau n'atteint pas cette gloire;
          Hors moi, rien n'est réel;
Le ver est sous l'azur comme il est sous le marbre;
545 Je mords, en même temps que la pomme sur l'arbre,
          L'étoile dans le ciel.

L'astre à ronger là-haut n'est pas plus difficile
Que la grappe pendante aux pampres de Sicile;
          J'abrège les rayons;
550 L'éternité n'est point aux splendeurs complaisante;
La mouche, la fourmi, tout meurt, et rien n'exempte
          Les constellations.

Il faut, dans l'océan d'en haut, que le navire
Fait d'étoiles s'entr'ouvre à la fin et chavire;
555   Saturne au large anneau
Chancelle, et Sirius subit ma sombre attaque
Comme l'humble bateau qui va du port d'Ithaque
          Au port de Calymno.

Il est dans le ciel noir des mondes plus malades
560 Que la barque au radoub sur un quai des Cyclades;
          L'abîme est un tyran;
Arcturus dans l'éther cherche en vain une digue;
La navigation de l'infini fatigue
          Le vaste Aldebaran.

565 Les lunes sont, au fond de l'azur, des cadavres;
On voit des globes morts dans les célestes havres
          Là-haut se dérober;
La comète est un monde éventré dans les ombres
Qui se traîne, laissant de ses entrailles sombres
570   La lumière tomber.

Regardez l'abbadir et voyez le bolide;
L'un tombe, et l'autre meurt; le ciel n'est pas solide;
          L'ombre a d'affreux recoins;
Le point du jour blanchit les fentes de l'espace,
575 Et semble la lueur d'une lampe qui passe
          Entre des ais mal joints.

Le monde, avec ses feux, ses chants, ses harmonies,
N'est qu'une éclosion immense d'agonies
          Sous le bleu firmament,
580 Un pêle-mêle obscur de souffles et de râles,
Et de choses de nuit, vaguement sépulcrales,
          Qui flottent un moment.

Dieu subit ma présence; il en est incurable.
Toute forme créée, ô nuit, est peu durable,
585   O nuit, tout est pour nous;
Tout m'appartient, tout vient à moi, gloire guerrière,
Force, puissance et joie et même la prière,
        Puisque j'ai ses genoux.

La démolition, voilà mon diamètre.
590 Le zodiaque ardent, que Rhamsès a beau mettre
        Sur son sanglant écu,
Craint le ver du sépulcre, et l'aube est ma sujette;
L'escarboucle est ma proie, et le soleil me jette
        Des regards de vaincu.

595 L'univers magnifique et lugubre a deux cimes,
O vivants, à ses deux extrémités sublimes,
        Qui sont aurore et nuit,
La création triste, aux entrailles profondes,
Porte deux Tout-puissants, le Dieu qui fait les mondes,
600   Le ver qui les détruit.

XIV

LE POÈTE AU VER DE TERRE

LE POÈTE AU VER DE TERRE

Non, tu n'as pas tout, monstre ! et tu ne prends point l'âme.
Cette fleur n'a jamais subi ta bave infâme.
Tu peux détruire un monde et non souiller Caton.
Tu fais dire à Pyrrhon farouche : Que sait-on ?
5 Et c'est tout. Au-dessus de ton hideux carnage
Le prodigieux cœur du prophète surnage ;
Son char est fait d'éclairs ; tu n'en mords pas l'essieu.
Tu te vantes. Tu n'es que l'envieux de Dieu.
Tu n'es que la fureur de l'impuissance noire.
10 L'envie est dans le fruit, le ver est dans la gloire.
Soit. Vivons et pensons, nous qui sommes l'Esprit.
Toi, rampe. Sois l'atome effrayant qui flétrit
Et qui ronge et qui fait que tout ment sur la terre,
Mets cette tromperie au fond du grand mystère,
15 Le néant, sois le nain qui croit être le roi,
Serpente dans la vie auguste, glisse-toi,
Pour la faire avorter, dans la promesse immense ;
Ton lâche effort finit où le réel commence,
Et le juste, le vrai, la vertu, la raison,
20 L'esprit pur, le cœur droit, bravent ta trahison.
Tu n'es que le mangeur de l'abjecte matière.
La vie incorruptible est hors de ta frontière ;
Les âmes vont s'aimer au-dessus de la mort ;
Tu n'y peux rien. Tu n'es que la haine qui mord.
25 Rien tâchant d'être Tout, c'est toi. Ta sombre sphère,
C'est la négation, et tu n'es bon qu'à faire
Frissonner les penseurs qui sondent le ciel bleu,
Indignés, puisqu'un ver s'ose égaler à Dieu,
Puisque l'ombre atteint l'astre, et puisqu'une loi vile
30 Sur l'Homère éternel met l'éternel Zoïle.

XV

LES CHEVALIERS ERRANTS

La terre a vu jadis errer des paladins;
Ils flamboyaient ainsi que des éclairs soudains,
Puis s'évanouissaient, laissant sur les visages
La crainte, et la lueur de leurs brusques passages;
5   Ils étaient, dans des temps d'oppression, de deuil,
De honte, où l'infamie étalait son orgueil,
Les spectres de l'honneur, du droit, de la justice;
Ils foudroyaient le crime, ils souffletaient le vice;
On voyait le vol fuir, l'imposture hésiter,
10   Blêmir la trahison, et se déconcerter
Toute puissance injuste, inhumaine, usurpée,
Devant ces magistrats sinistres de l'épée.
Malheur à qui faisait le mal ! Un de ces bras
Sortait de l'ombre avec ce cri : Tu périras !
15   Contre le genre humain et devant la nature,
De l'équité suprême ils tentaient l'aventure;
Prêts à toute besogne, à toute heure, en tout lieu,
Farouches, ils étaient les chevaliers de Dieu.

Ils erraient dans la nuit ainsi que des lumières.
20   Leur seigneurie était tutrice des chaumières;
Ils étaient justes, bons, lugubres, ténébreux;
Quoique gardé par eux, quoique vengé par eux,
Le peuple en leur présence avait l'inquiétude
De la foule devant la pâle solitude;
25   Car on a peur de ceux qui marchent en songeant,
Pendant que l'aquilon, du haut des cieux plongeant,
Rugit, et que la pluie épand à flots son urne
Sur leur tête entrevue au fond du bois nocturne.
Ils passaient effrayants, muets, masqués de fer.

30   Quelques-uns ressemblaient à des larves d'enfer;
Leurs cimiers se dressaient difformes sur leurs heaumes;
On ne savait jamais d'où sortaient ces fantômes;
On disait : Qui sont-ils ? d'où viennent-ils ? Ils sont
Ceux qui punissent, ceux qui jugent, ceux qui vont. —
35   Tragiques, ils avaient l'attitude du rêve.

O les noirs chevaucheurs ! ô les marcheurs sans trêve !
Partout où reluisait l'acier de leur corset,

Partout où l'un d'eux, calme et grave, apparaissait
Posant sa lance au coin ténébreux de la salle,
40 Partout où surgissait leur ombre colossale,
On sentait la terreur des pays inconnus;
Celui-ci vient du Rhin; celui-là du Cydnus;
Derrière eux cheminait la Mort, squelette chauve;
Il semblait qu'aux naseaux de leur cavale fauve
45 On entendît la mer ou la forêt gronder;
Et c'est aux quatre vents qu'il fallait demander
Si ce passant était roi d'Albe ou de Bretagne;
S'il sortait de la plaine ou bien de la montagne;
S'il avait triomphé du maure, ou du chenil
50 Des peuples monstrueux qui hurlent près du Nil;
Quelle ville son bras avait prise ou sauvée;
De quel monstre il avait écrasé la couvée.

Les noms de quelques-uns jusqu'à nous sont venus;
Ils s'appelaient Bernard, Lahire, Eviradnus;
55 Ils avaient vu l'Afrique; ils éveillaient l'idée
D'on ne sait quelle guerre effroyable en Judée;
Rois dans l'Inde, ils étaient en Europe barons;
Et les aigles, les cris des combats, les clairons,
Les batailles, les rois, les dieux, les épopées,
60 Tourbillonnaient dans l'ombre au vent de leurs épées;
Qui les voyait passer à l'angle de son mur
Pensait à ces cités d'or, de brume et d'azur
Qui font l'effet d'un songe à la foule effarée,
Tyr, Héliopolis, Solyme, Césarée.
65 Ils surgissaient du sud ou du septentrion,
Portant sur leur écu l'hydre ou l'alérion,
Couverts des noirs oiseaux du taillis héraldique,
Marchant seuls au sentier que le devoir indique,
Ajoutant au bruit sourd de leur pas solennel
70 La vague obscurité d'un voyage éternel;
Ayant franchi les flots, les monts, les bois horribles,
Ils venaient de si loin, qu'ils en étaient terribles;
Et ces grands chevaliers mêlaient à leurs blasons
Toute l'immensité des sombres horizons.

LE PETIT ROI DE GALICE

I

LE RAVIN D'ERNULA

Ils sont là tous les dix, les enfants d'Asturie.
La même affaire unit dans la même prairie
Les cinq de Santillane aux cinq d'Oviedo.
C'est midi ; les mulets, très las, ont besoin d'eau,
5   L'âne a soif, le cheval souffle et baisse un œil terne
Et la troupe a fait halte auprès d'une citerne ;
Tout à l'heure on ira plus loin, bannière au vent ;
Ils atteindront le fond de l'Asturie avant
Que la nuit ait couvert la sierra de ses ombres ;
10 Ils suivent le chemin qu'à travers ces monts sombres
Un torrent, maintenant à sec, jadis creusa,
Comme s'il voulait joindre Espos à Tolosa ;
Un prêtre est avec eux qui lit son bréviaire.

Entre eux et Compostelle ils ont mis la rivière.
15 Ils sont près d'Ernula, bois où le pin verdit,
Où Pélage est si grand, que le chevrier dit :
« Les arabes faisaient la nuit sur la patrie.
Combien sont-ils ? criaient les peuples d'Asturie.
Pélage en sa main prit la forêt d'Ernula,
20 Alluma cette torche, et, tant qu'elle brûla,
Il put voir et compter, du haut de la montagne,
Les maures ténébreux jusqu'au fond de l'Espagne. »

II

LEURS ALTESSES

L'endroit est désolé, les gens sont triomphants.

C'est un groupe tragique et fier que ces infants,
25 Précédés d'un clairon qu'à distance accompagne
Une bande des gueux les plus noirs de l'Espagne ;
Sur le front des soldats, férocement vêtus,
La montera de fer courbe ses crocs pointus,
Et Mauregat n'a point d'estafiers plus sauvages,
30 Et le forban Dragut n'a pas sur les rivages
Ecumé de forçats pires, et Gaïffer
N'a pas, dans le troupeau qui le suit, plus d'enfer ;
Les casques sont d'acier et les cœurs sont de bronze ;
Quant aux infants, ce sont dix noms sanglants ; Alonze,
35 Don Santos Pacheco le Hardi, Froïla,
Qui, si l'on veut Satan, peut dire : Me voilà !
Ponce, qui tient la mer d'Irun à Biscarosse,
Rostabat le Géant, Materne le féroce,
Blas, Ramon, Jorge, et Ruy le Subtil, leur aîné,
40 Blond, le moins violent et le plus acharné.

Le mont, complice et noir, s'ouvre en gorges désertes.

Ils sont frères ; c'est bien ; sont-ils amis ? non, certes.
Ces Caïns pour lien ont la perte d'autrui.
Blas, du reste, est l'ami de Materne, et don Ruy
45 De Ramon, comme Atrée est l'ami de Thyeste.

III

NUÑO

Les chefs parlent entre eux, les soldats font la sieste.

Les chevaux sont parqués à part, et sont gardés
Par dix hommes, riant, causant, jouant aux dés,
Qui sont dix intendants, ayant titres de maîtres,
50 Armés d'épieux, avec des poignards à leurs guêtres.
Le sentier a l'air traître et l'arbre a l'air méchant ;
Et la chèvre qui broute au flanc du mont penchant,
Entre les grès lépreux trouve à peine une câpre,

Tant la ravine est fauve et tant la roche est âpre :
55 De distance en distance, on voit des puits bourbeux
Où finit le sillon des chariots à bœufs;
Hors un peu d'herbe autour des puits, tout est aride;
Tout du grand midi sombre a l'implacable ride;
Les arbres sont gercés, les granits sont fendus;
60 L'air rare et brûlant manque aux oiseaux éperdus.
On distingue des tours sur l'épine dorsale
D'un mont lointain qui semble une ourse colossale.
Quand où Dieu met le roc l'homme bâtit le fort,
Quand à la solitude il ajoute la mort,
65 Quand de l'inaccessible il fait l'inexpugnable,
C'est triste. Dans des plis d'ocre rouge et de sable,
Les hauts sentiers des cols, vagues linéaments,
S'arrêtent court, brusqués par les escarpements.
Vers le nord, le troupeau des nuages qui passe,
70 Poursuivi par le vent, chien hurlant de l'espace,
S'enfuit, à tous les pics laissant de sa toison.
Le Corcova remplit le fond de l'horizon.
On entend dans les pins que l'âge use et mutile
Lutter le rocher hydre et le torrent reptile;
75 Près du petit pré vert pour la halte choisi,
Un précipice obscur, sans pitié, sans merci,
· Aveugle, ouvre son flanc, plein d'une pâle brume
Où l'Ybaïchalval, épouvantable, écume.
De vrais brigands n'auraient pas mieux trouvé l'endroit.
80 Le col de la vallée est tortueux, étroit,
Rude, et si hérissé de broussaille et d'ortie,
Qu'un seul homme en pourrait défendre la sortie.

De quoi sont-ils joyeux ? D'un exploit. Cette nuit,
Se glissant dans la ville avec leurs gens, sans bruit,
85 Avant l'heure où commence à poindre l'aube grise,
Ils ont dans Compostelle enlevé par surprise
Le pauvre petit roi de Galice, Nuño.
Les loups sont là, pesant dans leur griffe l'agneau.
En cercle près du puits, dans le champ d'herbe verte,
90 Cette collection de monstres se concerte.

Le jeune roi captif a quinze ans; ses voleurs
Sont ses oncles; de là son effroi; pas de pleurs,
Il se tait; il comprend le but qui les rassemble;
Il bâille, et par moments ferme les yeux, et tremble.
95 Son front triste est meurtri d'un coup de gantelet.
En partant on l'avait lié sur un mulet;
Grave et sombre, il a dit : Cette corde me blesse.
On l'a fait délier, dédaignant sa faiblesse;
Mais ses oncles hagards fixent leurs yeux sur lui.
100 L'orphelin sent le vide horrible et sans appui.
A sa mort, espérant dompter les vents contraires,
Le feu roi don Garci fit venir ses dix frères,

Supplia leur honneur, leur sang, leur cœur, leur foi,
Et leur recommanda ce faible enfant, leur roi.
105 On discute, en baissant la voix avec mystère,
Trois avis : le cloîtrer au prochain monastère,
L'aller vendre à Juzaph, prince des sarrasins,
Le jeter simplement dans un des puits voisins.

IV

LA CONVERSATION DES INFANTS

— La vie est un affront alors qu'on nous la laisse,
110 Dit Pacheco; qu'il vive et meure de vieillesse !
Tué, c'était le roi; vivant, c'est un bâtard.
Qu'il vive ! au couvent !

                              — Mais s'il reparaît plus tard ?
Dit Jorge.

            — Oui, s'il revient ? dit Materno l'Hyène.

— S'il revient ? disent Ponce et Ramon.

                                    — Qu'il revienne !
115 Réplique Pacheco. Frères, si maintenant
Nous le laissons vivant, nous le faisons manant.
Je lui dirais : Choisis; la mort, ou bien le cloître.
Si, pouvant disparaître, il aime mieux décroître,
Je vous l'enferme au fond d'un moûtier vermoulu,
120 Et je lui dis : C'est bon; c'est toi qui l'as voulu.
Un roi qu'on avilit tombe; on le destitue,
Bien quand on le méprise et mal quand on le tue.
Nuño mort, c'est un spectre; il reviendrait. Mais, bah !
Ayant plié le jour où mon bras le courba,
125 Mais s'étant laissé tondre, ayant eu la paresse
De vivre, que m'importe après qu'il reparaisse ?
Je dirais : — Le feu roi hantait les filles; bien;
A-t-il eu quelque part ce fils ? Je n'en sais rien;
Mais depuis quand, bâtard et lâche, est-on des nôtres ?
130 Toute la différence entre un rustre et nous autres,
C'est que, si l'affront vient à notre choix s'offrir,
Le rustre voudra vivre et le prince mourir;
Or, ce drôle a vécu. — Les manants ont envie
De devenir caducs, et tiennent à la vie;
135 Ils sont bourgeois, marchands, bâtards, vont aux sermons,
Et meurent vieux; mais nous, les princes, nous aimons
Une jeunesse courte et gaie à fin sanglante;
Nous sommes les guerriers; nous trouvons la mort lente,

Et nous lui crions : viens ! et nous accélérons
140 Son pas lugubre avec le bruit de nos clairons.
Le peuple nous connaît, et le sait bien ; il chasse
Quiconque prouve mal sa couronne et sa race,
Quiconque porte mal sa peau de roi. Jamais
Un roi n'est ressorti d'un cloître ; et je promets
145 De donner aux bouviers qui sont dans la prairie
Tous mes états d'Algarve et tous ceux d'Asturie,
Si quelqu'un, n'importe où, dans les pays de mer
Ou de terre, en Espagne, en France, dans l'enfer,
Me montre un capuchon d'où sort une couronne.
150 Le froc est un linceul que la nuit environne ;
Après que vous avez blêmi dans un couvent,
On ne veut plus de vous ; un moine, est-ce un vivant ?
On ne vous trouve plus la mine assez féroce.
— Moine, reprends ta robe ! Abbé, reprends ta crosse !
155 Va-t'en. — Voilà le cri qu'on vous jette. Laissons
Vivre l'enfant.

          Don Ruy, le chef des trahisons,
Froid, se parle à lui-même et dit :

                              — Cette mesure
Aurait ceci de bon qu'elle serait très sûre.

— Laquelle ? dit Ramon.

                    Mais Ruy, sans se hâter :

160 — Je ne sais rien de mieux, dit-il, pour compléter
Les choses de l'état et de la politique,
Et les actes prudents qu'on fait et qu'on pratique
Et qui ne doivent pas du vulgaire être sus,
Qu'un puits profond, avec une pierre dessus.

165 Cela se dit pendant que les gueux, pêle-mêle,
Boivent l'ombre et le rêve à l'obscure mamelle
Du sommeil ténébreux et muet, et pendant
Que l'enfant songe, assis sous le soleil ardent.
Le prêtre mange, avec les prières d'usage.

V

LES SOLDATS CONTINUENT DE DORMIR
ET LES INFANTS DE CAUSER

170 Une faute ; on n'a point fait garder le passage.
O don Ruy le Subtil, à quoi donc pensez-vous ?
Mais don Ruy répondrait : — J'ai la ronce et le houx,

Et chaque pan de roche est une sentinelle ;
La fauve solitude est l'amie éternelle
175 Des larrons, des voleurs et des hommes de nuit ;
Ce pays ténébreux comme un antre est construit,
Et nous avons ici notre aire inabordable ;
C'est un vieux recéleur que ce mont formidable ;
Sinistre, il nous accepte, et, quoi que nous fassions,
180 Il cache dans ses trous toutes nos actions ;
Et que pouvons-nous donc craindre dans ces provinces,
Etant bandits aux champs et dans les villes princes ?

Le débat sur le roi continue. — Il faudrait,
Dit l'infant Ruy, trouver quelque couvent discret,
185 Quelque in-pace bien calme où cet enfant vieillisse ;
Soit. Mais il vaudrait mieux abréger le supplice,
Et s'en débarrasser dans l'Ybaïchalval.
Prenez vite un parti, vite ! Ensuite à cheval !
Dépêchons.
                Et, voyant que l'infant don Materne
190 Jette une pierre, et puis une autre, à la citerne,
Et qu'il suit du regard les cercles qu'elles font,
L'infant Ruy s'interrompt, dit : — Pas assez profond.
J'ai regardé. — Puis, calme, il reprend :

                                    — Une affaire
Perd sa première forme alors qu'on la diffère.
195 Un point est décidé dès qu'il est éclairci.
Nous sommes tous d'accord en bons frères ici,
L'enfant nous gêne. Il faut que de la vie il sorte ;
Le cloître n'est qu'un seuil, la tombe est une porte.
Choisissez. Mais que tout soit fait avant demain.

VI

QUELQU'UN

200 Alerte ! un cavalier passe dans le chemin.

C'est l'heure où les soldats, aux yeux lourds, aux fronts blêmes,
La sieste finissant, se réveillent d'eux-mêmes.
Le cavalier qui passe est habillé de fer ;
Il vient par le sentier du côté de la mer ;
205 Il entre dans le val, il franchit la chaussée ;
Calme, il approche. Il a la visière baissée ;
Il est seul ; son cheval est blanc.

                                    Bon chevalier,
Qu'est-ce que vous venez faire dans ce hallier ?

Bon passant, quel hasard funeste vous amène
210 Parmi ces rois ayant de la figure humaine
Tout ce que les démons peuvent en copier ?
Quelle abeille êtes-vous pour entrer au guêpier ?
Quel archange êtes-vous pour entrer dans l'abîme ?
Les princes, occupés de bien faire leur crime,
215 Virent, hautains d'abord, sans trop se soucier,
Passer cet inconnu sous ce voile d'acier;
Lui-même, il paraissait, traversant la clairière,
Regarder vaguement leur bande aventurière;
Comme si ses poumons trouvaient l'air étouffant,
220 Il se hâtait; soudain il aperçut l'enfant;
Alors il marcha droit vers eux, mit pied à terre,
Et, grave, il dit :

               — Je sens une odeur de panthère,
Comme si je passais dans les monts de Tunis;
Je vous trouve en ce lieu trop d'hommes réunis;
225 Fait-on le mal ici par hasard ? Je soupçonne
Volontiers les endroits où ne passe personne.
Qu'est-ce que cet enfant ? Et que faites-vous là ?

Un rire, si bruyant qu'un vautour s'envola,
Fut du fier Pacheco la première réponse;
Puis il cria :

230   — Pardieu, mes frères ! Jorge, Ponce,
Ruy, Rostabat, Alonze, avez-vous entendu ?
Les arbres du ravin demandent un pendu;
Qu'ils prennent patience, ils l'auront tout à l'heure;
Je veux d'abord répondre à l'homme. Que je meure
235 Si je lui cèle rien de ce qu'il veut savoir !
Devant moi d'ordinaire, et dès que l'on croit voir
Quelque chose qui semble aux manants mon panache,
Vite on clôt les volets des maisons, on se cache,
On se bouche l'oreille et l'on ferme les yeux;
240 Je suis content d'avoir enfin un curieux.
Il ne sera pas dit que quelqu'un sur la terre,
Princes, m'aura vu faire une chose et la taire,
Et que, questionné, j'aurai balbutié.
Le hardi qui fait peur, muet, ferait pitié.
245 Ma main s'ouvre toujours, montrant ce qu'elle sème.
J'étalerais mon âme à Dieu, vînt-il lui-même
M'interroger du haut des cieux, moi, Pacheco,
Ayant pour voix la foudre et l'enfer pour écho.
Çà, qui que tu sois, homme, écoute, misérable,
250 Nous choisirons après ton chêne ou ton érable,
Selon qu'il peut te plaire, en ce bois d'Ernula,
Pendre à ces branches-ci plutôt qu'à celles-là.
Ecoute. Ces seigneurs à mines téméraires,
Et moi, le Pacheco, nous sommes les dix frères.

255 Nous sommes les infants d'Asturie; et ceci,
     C'est Nuño, fils de feu notre frère Garci,
     Roi de Galice, ayant pour ville Compostelle;
     Nous, ses oncles, avons sur lui droit de tutelle;
     Nous l'allons verrouiller dans un couvent. Pourquoi ?
260 C'est qu'il est si petit, qu'il est à peine roi,
     Et que ce peuple-ci veut de fortes épées;
     Tant de haines autour du maître sont groupées
     Qu'il faut que le seigneur ait la barbe au menton;
     Donc, nous avons ôté du trône l'avorton,
265 Et nous allons l'offrir au bon Dieu. Sur mon âme,
     Cela vous a la peau plus blanche qu'une femme !
     Mes frères, n'est-ce pas ? c'est mou, c'est grelottant;
     On ignore s'il voit, on ne sait s'il entend;
     Un roi, ça ! rien qu'à voir ce point on s'ennuie.
270 Moi, du moins, j'ai dans l'œil des flammes; et la pluie,
     Le soleil et le vent, ces farouches tanneurs,
     M'ont fait le cuir robuste et ferme, messeigneurs !
     Ah ! pardieu, s'il est beau d'être prince, c'est rude;
     Avoir du combattant l'éternelle attitude,
275 Vivre casqué, suer l'été, geler l'hiver,
     Etre le ver affreux d'une larve de fer,
     Coucher dans le harnais, boire à la calebasse,
     Le soir être si las qu'on va la tête basse,
     Se tordre un linge aux pieds, les souliers vous manquant,
280 Guerroyer tout le jour, la nuit garder le camp,
     Marcher à jeun, marcher vaincu, marcher malade,
     Sentir suinter le sang par quelque estafilade,
     Manger des oignons crus et dormir par hasard,
     Voilà. Vissez-moi donc le heaume et le brassard
285 Sur ce fœtus, à qui bientôt on verra croître
     Par derrière une mitre et par devant un goître !
     A la bonne heure, moi ! je suis le compagnon
     Des coups d'épée, et j'ai la colère pour nom.
     Et les poils de mon bras font peur aux bêtes fauves.
290 Ce nain vivra tondu parmi les vieillards chauves;
     Il se pourrait aussi, pour le bien de l'état,
     Si l'on trouvait un puits très creux, qu'on l'y jetât;
     Moi, je l'aimerais mieux moine en quelque cachette,
     Servant la messe au prêtre avec une clochette,
295 Pour nous, chacun de nous étant prince et géant,
     Nous gardons sceptre et lance, et rien n'est mieux séant
     Qu'aux enfants la chapelle et la bataille aux hommes.
     Il a précisément dix comtés, et nous sommes
     Dix princes; est-il rien de plus juste ? A présent,
300 N'est-ce pas, tu comprends cette affaire, passant ?
     Elle est simple, et l'on peut n'en pas faire mystère,
     Et le jour ne va pas s'éclipser, et la terre
     Ne va pas refuser aux hommes le maïs,
     Parce que dix seigneurs partagent un pays,

305 Et parce qu'un enfant rentre dans la poussière.
Le chevalier leva lentement sa visière.
— Je m'appelle Roland, pair de France, dit-il.

VII

DON RUY LE SUBTIL

Alors l'aîné prudent, le chef, Ruy le Subtil,
Sourit.

                    — Sire Roland, ma pente naturelle
310 Etant de ne chercher à personne querelle,
Je vous salue, et dis : Soyez le bienvenu !
Je vous fais remarquer que ce pays est nu,
Rude, escarpé, désert, brutal, et que nous sommes
Dix infants bien armés avec dix majordomes,
315 Ayant derrière nous cent coquins fort méchants,
Et que, s'il nous plaisait, nous pourrions dans ces champs
Laisser de la charogne en pâture aux volées
De corbeaux que le soir chasse dans les vallées.
Vous êtes dans un vrai coupe-gorge ; voyez,
320 Pas un toit, pas un mur, des sentiers non frayés,
Personne ; aucun secours possible ; et les cascades
Couvrent le cri des gens tombés aux embuscades.
On ne voyage guère en ce val effrayant.
Les songe-creux, qui vont aux chimères bayant,
325 Trouvent les âpretés de ces ravins fort belles ;
Mais ces chemins pierreux aux passants sont rebelles,
Ces pics repoussent l'homme, ils ont des coins hagards
Hantés par des vivants aimant peu les regards,
Et, quand une vallée est à ce point rocheuse,
330 Elle peut devenir aux curieux fâcheuse.
Bon Roland, votre nom est venu jusqu'à nous.
Nous sommes des seigneurs bienfaisants et très doux,
Nous ne voudrions pas vous faire de la peine,
Allez-vous-en. Parfois la montagne est malsaine.
335 Retournez sur vos pas, ne soyez point trop lent,
Retournez.

                    — Décidez mon cheval, dit Roland ;
Car il a l'habitude étrange et ridicule
De ne pas m'obéir quand je veux qu'il recule.

Les infants un moment se parlèrent tout bas.
Et Ruy dit à Roland :

340   — Tant d'illustres combats
Font luire votre gloire, ô grand soldat sincère,

Que nous vous aimons mieux compagnon qu'adversaire.
Seigneur, tout invincible et tout Roland qu'on est,
Quand il faut, pied à pied, dans l'herbe et le genêt,
345 Lutter seul, et, n'ayant que deux bras, tenir tête
A cent vingt durs garçons, c'est une sombre fête;
C'est un combat d'un sang généreux empourpré,
Et qui pourrait finir, sur le sinistre pré,
Par les os d'un héros réjouissant les aigles.
350 Entendons-nous plutôt. Les états ont leurs règles;
Et vous êtes tombé dans un arrangement
De famille, inutile à conter longuement;
Seigneur, Nuño n'est pas possible; je m'explique.
L'enfantillage nuit à la chose publique;
355 Mettre sur un tel front la couronne, l'effroi,
La guerre, n'est-ce pas stupide ? Un marmot roi !
Allons donc ! en ce cas, si le contre-sens règne,
Si l'absurde fait loi, qu'on me donne une duègne,
Et dites aux brebis de rugir, ordonnez
360 Aux biches d'emboucher les clairons forcenés;
En même temps, soyez conséquent, qu'on affuble
L'ours des monts et le loup des bois d'une chasuble,
Et qu'aux pattes du tigre on plante un goupillon.
Seigneur, pour être sage, on n'est pas un félon;
365 Et les choses qu'ici je vous dis sont certaines
Pour les docteurs autant que pour les capitaines.
J'arrive au fait; soyons amis. Nous voulons tous
Faire éclater l'estime où nous sommes de vous;
Voici. Leso n'est pas une bourgade vile,
370 La ville d'Oyarzun est une belle ville,
Toutes deux sont à vous; si, pesant nos raisons,
Vous nous prêtez main-forte en ce que nous faisons,
Nous vous donnons les gens, les bois, les métairies.
Donc vous voilà seigneur de ces deux seigneuries;
375 Il ne nous reste plus qu'à nous tendre la main.
Nous avons de la cire, un prêtre, un parchemin,
Et pour que votre grâce en tout point soit contente,
Nous allons vous signer ici votre patente;
C'est dit.

          — Avez-vous fait ce rêve ? dit Roland.
380 Et, présentant au roi son beau destrier blanc :

          — Tiens, roi ! pars au galop, hâte-toi, cours, regagne
Ta ville, et saute au fleuve et passe la montagne,
Va ! —

          L'enfant-roi bondit en selle éperdument,
Et le voilà qui fuit sous le clair firmament,
385 A travers monts et vaux, pâle, à bride abattue.
          — Çà, le premier qui monte à cheval, je le tue,
Dit Roland.

Les infants se regardaient entre eux
Stupéfaits.

VIII

PACHECO, FROILA, ROSTABAT

Et Roland :

— Il serait désastreux
Qu'un de vous poursuivît cette proie échappée,
390 Je ferais deux morceaux de lui d'un coup d'épée,
Comme le Duero coupe Léon en deux.

Et, pendant qu'il parlait, à son bras hasardeux
La grande Durandal brillait toute joyeuse.
Roland s'adosse au tronc robuste d'une yeuse,
395 Criant : — Défiez-vous de l'épée. Elle mord.
— Quand tu serais femelle ayant pour nom la Mort,
J'irais ! J'égorgerai Nuño dans la campagne !
Dit Pacheco, sautant sur son genet d'Espagne.
Roland monte au rocher qui barre le chemin.

400 L'infant pique des deux, une dague à la main,
Une autre entre les dents, prête à la repartie ;
Qui donc l'empêcherait de franchir la sortie ?
Ses poignets sont crispés d'avance du plaisir
D'atteindre le fuyard et de le ressaisir,
405 Et de sentir trembler sous l'ongle inexorable
Toute la pauvre chair de l'enfant misérable.
Il vient, et sur Roland il jette un long lacet ;
Roland, surpris, recule, et Pacheco passait...
Mais le grand paladin se roidit, et l'assomme
410 D'un coup prodigieux qui fendit en deux l'homme
Et tua le cheval, et si surnaturel
Qu'il creva le chanfrein et troua le girel.

— Qu'est-ce que j'avais dit ? fit Roland.

— Qu'on soit sage
Reprit-il ; renoncez à forcer le passage.
415 Si l'un de vous, bravant Durandal à mon poing,
A le cerveau heurté de folie à ce point,
Je lui ferai descendre au talon sa fêlure ;
Voyez. —

Don Froïla, caressant l'encolure
De son large cheval au mufle de taureau,
Crie : Allons !

420   — Pas un pas de plus, caballero !
Dit Roland.

                    Et l'infant répond d'un coup de lance ;
Roland, atteint, chancelle, et Froïla s'élance ;
Mais Durandal se dresse, et jette Froïla
Sur Pacheco, dont l'âme en ce moment hurla.
425   Froïla tombe, étreint par l'angoisse dernière ;
Son casque, dont l'épée a brisé la charnière,
S'ouvre, et montre sa bouche où l'écume apparaît.
Bave épaisse et sanglante ! Ainsi, dans la forêt,
La sève en mai, gonflant les aubépines blanches,
430   S'enfle et sort en salive à la pointe des branches.

            — Vengeance ! mort ! rugit Rostabat le Géant,
Nous sommes cent contre un. Tuons ce mécréant !

            — Infants ! cria Roland, la chose est difficile ;
Car Roland n'est pas un. J'arrive de Sicile,
435   D'Arabie et d'Egypte, et tout ce que je sais,
C'est que des peuples noirs devant moi sont passés ;
Je crois avoir plané dans le ciel solitaire ;
Il m'a semblé parfois que je quittais la terre
Et l'homme, et que le dos monstrueux des griffons
440   M'emportait au milieu des nuages profonds ;
Mais, n'importe, j'arrive, et votre audace est rare,
Et j'en ris. Prenez garde à vous, car je déclare,
Infants, que j'ai toujours senti Dieu près de moi.
Vous êtes cent contre un ! Pardieu ! le bel effroi !
445   Fils, cent maravédis valent-ils une piastre ?
Cent lampions sont-ils plus farouches qu'un astre ?
Combien de poux faut-il pour manger un lion ?
Vous êtes peu nombreux pour la rébellion
Et pour l'encombrement du chemin, quand je passe.
Arrière !

450   Rostabat le Géant, tête basse,
Crachant les grognements rauques d'un sanglier,
Lourd colosse, fondit sur le bon chevalier,
Avec le bruit d'un mur énorme qui s'écroule ;
Près de lui, s'avançant comme une sombre foule,
455   Les sept autres infants, avec leurs intendants,
Marchent, et derrière eux viennent, grinçant des dents,
Les cent coupe-jarrets à faces renégates,
Coiffés de monteras et chaussés d'alpargates,
Demi-cercle féroce, agile, étincelant ;
460   Et tous font converger leurs piques sur Roland.

            L'infant, monstre de cœur, est monstre de stature ;
Le rocher de Roland lui vient à la ceinture ;

Leurs fronts sont de niveau dans ces puissants combats,
Le preux étant en haut et le géant en bas.

465 Rostabat prend pour fronde, ayant Roland pour cible,
Un noir grappin qui semble une araignée horrible,
Masse affreuse oscillant au bout d'un long anneau ;
Il lance sur Roland cet arrache-créneau ;
Roland l'esquive, et dit au géant : Bête brute !
470 Le grappin égratigne un rocher dans sa chute,
Et le géant bondit, deux haches aux deux poings.
Le colosse et le preux, terribles, se sont joints.

— O Durandal, ayant coupé Dol en Bretagne,
Tu peux bien me trancher encor cette montagne,
475 Dit Roland, assenant l'estoc sur Rostabat.

Comme sur ses deux pieds de devant l'ours s'abat,
Après s'être dressé pour étreindre le pâtre,
Ainsi Rostabat tombe ; et sur son cou d'albâtre
Laïs nue avait moins d'escarboucles luisant
480 Que ces fauves rochers n'ont de flaques de sang.
Il tombe ; la bruyère écrasée est remplie
De cette monstrueuse et vaste panoplie ;
Relevée en tombant, sa chemise d'acier
Laisse nu son poitrail de prince carnassier,
485 Cadavre au ventre horrible, aux hideuses mamelles,
Et l'on voit le dessous de ses noires semelles.

Les sept princes vivants regardent les trois morts.

Et, pendant ce temps-là, lâchant rênes et mors,
Le pauvre enfant sauvé fuyait vers Compostelle.

490 Durandal brille et fait refluer devant elle
Les assaillants poussant des souffles d'aquilon ;
Toujours droit sur le roc qui ferme le vallon,
Roland crie au troupeau qui sur lui se resserre :

— Du renfort vous serait peut-être nécessaire.
495 Envoyez-en chercher. A quoi bon se presser ?
J'attendrai jusqu'au soir avant de commencer.

— Il raille ! Tous sur lui ! dit Jorge, et pêle-mêle !
Nous sommes vautours ; l'aigle est notre sœur jumelle,
Fils, courage ! et ce soir, pour son souper sanglant,
500 Chacun de nous aura son morceau de Roland. —

IX

DURANDAL TRAVAILLE

Laveuses qui, dès l'heure où l'orient se dore,
Chantez, battant du linge aux fontaines d'Andorre,
Et qui faites blanchir des toiles sous le ciel;
Chevriers qui roulez sur le Jaïzquivel
505 Dans les nuages gris votre hutte isolée;
Muletiers qui poussez de vallée en vallée
Vos mules sur les ponts que César éleva,
Sait-on ce que là-bas le vieux mont Corcova
Regarde par-dessus l'épaule des collines ?

510 Le mont regarde un choc hideux de javelines,
Un noir buisson vivant de piques, hérissé,
Comme au pied d'une tour que ceindrait un fossé,
Autour d'un homme, tête altière, âpre, escarpée,
Que protège le cercle immense d'une épée.
515 Tous d'un côté; de l'autre, un seul; tragique duel !
Lutte énorme ! combat de l'Hydre et de Michel !

Qui pourrait dire au fond des cieux pleins de huées
Ce que fait le tonnerre au milieu des nuées
Et ce que fait Roland entouré d'ennemis ?
520 Larges coups, flots de sang par des bouches vomis,
Faces se renversant en arrière livides,
Casques brisés roulant comme des cruches vides,
Flots d'assaillants toujours repoussés, blessés, morts,
Cris de rage. O carnage ! ô terreur ! corps à corps
525 D'un homme contre un tas de gueux épouvantable !
Comme un usurier met son or sur une table,
Le meurtre sur les morts jette les morts, et rit.
Durandal flamboyant semble un sinistre esprit;
Elle va, vient, remonte et tombe, se relève,
530 S'abat, et fait la fête effrayante du glaive;
Sous son éclair, les bras, les cœurs, les yeux, les fronts,
Tremblent, et les hardis, nivelés aux poltrons,
Se courbent; et l'épée éclatante et fidèle
Donne des coups d'estoc qui semblent des coups d'aile;
535 Et sur le héros, tous ensemble, le truand,
Le prince, furieux, s'acharnent, se ruant,
Frappant, parant, jappant, hurlant, criant : main-forte !
Roland est-il blessé ? Peut-être. Mais qu'importe ?
Il lutte. La blessure est l'altière faveur
540 Que fait la guerre au brave illustre, au preux sauveur,
Et la chair de Roland, mieux que l'acier trempée,

Ne craint pas ce baiser farouche de l'épée.
Mais, cette fois, ce sont des armes de goujats,
Lasos plombés, couteaux catalans, navajas,
545 Qui frappent le héros, sur qui cette famille
De monstres se reploie et se tord et fourmille;
Le héros sous son pied sent onduler leurs nœuds
Comme les gonflements d'un dragon épineux;
Son armure est partout bosselée et fêlée;
550 Et Roland par moments songe dans la mêlée :
— Pense-t-il à donner à boire à mon cheval ?

Un ruisseau de pourpre erre et fume dans le val,
Et sur l'herbe partout des gouttes de sang pleuvent;
Cette clairière aride et que jamais n'abreuvent
555 Les urnes de la pluie et les vastes seaux d'eau
Que l'hiver jette au front des monts d'Urbistondo,
S'ouvre, et, toute brûlée et toute crevassée,
Consent joyeusement à l'horrible rosée;
Fauve, elle dit : C'est bon. J'ai moins chaud maintenant.
560 Des satyres, couchés sur le dos, égrenant
Des grappes de raisin au-dessus de leur tête,
Des ægipans aux yeux de dieux, aux pieds de bête,
Joutant avec le vieux Silène, s'essoufflant
A se vider quelque outre énorme dans le flanc,
565 Tétant la nymphe Ivresse en leur riante envie,
N'ont pas la volupté de la soif assouvie
Plus que ce redoutable et terrible ravin.
La terre boit le sang mieux qu'un faune le vin.
Un assaut est suivi d'un autre assaut. A peine
570 Roland a-t-il broyé quelque gueux qui le gêne,
Que voilà de nouveau qu'on lui mord le talon.
Noir fracas ! la forêt, la lande, le vallon,
Les cols profonds, les pics que l'ouragan insulte,
N'entendent plus le bruit du vent dans ce tumulte;
575 Un vaste cliquetis sort de ce sombre effort;
Tout l'écho retentit. Qu'est-ce donc que la mort
Forge dans la montagne et fait dans cette brume,
Ayant ce vil ramas de bandits pour enclume,
Durandal pour marteau, Roland pour forgeron ?

X

LE CRUCIFIX

580 Et, là-bas, sans qu'il fût besoin de l'éperon,
Le cheval galopait toujours à perdre haleine.
Il passait la rivière, il franchissait la plaine,
Il volait; par moments, frémissant et ravi,

L'enfant se retournait, tremblant d'être suivi,
585 Et de voir, des hauteurs du monstrueux repaire,
Descendre quelque frère horrible de son père.

Comme le soir tombait, Compostelle apparut.
Le cheval traversa le pont de granit brut
Dont saint Jacque a posé les premières assises ;
590 Les bons clochers sortaient des brumes indécises ;
Et l'orphelin revit son paradis natal.

Près du pont se dressait, sur un haut piédestal,
Un Christ en pierre ayant à ses pieds la madone,
Un blanc cierge éclairait sa face qui pardonne,
595 Plus douce à l'heure où l'ombre au fond des cieux grandit
Et l'enfant arrêta son cheval, descendit,
S'agenouilla, joignit les mains devant le cierge,
Et dit :

            — O mon Dieu, ma bonne sainte vierge,
J'étais perdu ; j'étais le ver sous le pavé ;
600 Mes oncles me tenaient ; mais vous m'avez sauvé ;
Vous m'avez envoyé ce paladin de France,
Seigneur ; et vous m'avez montré la différence
Entre les hommes bons et les hommes méchants.
J'avais peut-être en moi bien des mauvais penchants,
605 J'eusse plus tard peut-être été moi-même infâme ;
Mais, en sauvant la vie, ô Dieu, vous sauvez l'âme,
Vous m'êtes apparu dans cet homme, Seigneur ;
J'ai vu le jour, j'ai vu la foi, j'ai vu l'honneur,
Et j'ai compris qu'il faut qu'un prince compatisse
610 Au malheur, c'est-à-dire, ô père ! à la justice.
O madame Marie ! ô Jésus ! à genoux
Devant le crucifix où vous saignez pour nous,
Je jure de garder ce souvenir, et d'être
Doux au faible, loyal au bon, terrible au traître,
615 Et juste et secourable à jamais, écolier
De ce qu'a fait pour moi ce vaillant chevalier.
Et j'en prends à témoin vos saintes auréoles. —

Le cheval de Roland entendit ces paroles,
Leva la tête, et dit à l'enfant : C'est bien, roi.
620 L'orphelin remonta sur le blanc palefroi,
Et rentra dans sa ville au son joyeux des cloches.

XI

CE QU'A FAIT RUY LE SUBTIL

Et dans le même instant, entre les larges roches,
A travers les sapins d'Arnula, frémissant
De ce défi superbe et sombre, un contre cent,
625 On pouvait voir encor, sous la nuit étoilée,
Le groupe formidable au fond de la vallée.
Le combat finissait; tous ces monts radieux
Ou lugubres, jadis hantés des demi-dieux,
S'éveillaient, étonnés, dans le blanc crépuscule,
630 Et, regardant Roland, se souvenaient d'Hercule.
Plus d'infants; neuf étaient tombés; un avait fui,
C'était Ruy le Subtil; mais la bande sans lui
Avait continué, car rien n'irrite comme
La honte et la fureur de combattre un seul homme;
635 Durandal, à tuer ces coquins s'ébréchant,
Avait jonché de morts la terre, et fait ce champ
Plus vermeil qu'un nuage où le soleil se couche;
Elle s'était rompue en ce labeur farouche;
Ce qui n'empêchait pas Roland de s'avancer;
640 Les bandits, le croyant prêt à recommencer,
Tremblants comme des bœufs qu'on ramène à l'étable,
A chaque mouvement de son bras redoutable,
Reculaient, lui montrant de loin leurs coutelas;
Et, pas à pas, Roland, sanglant, terrible, las,
645 Les chassait devant lui parmi les fondrières;
Et, n'ayant plus d'épée, il leur jetait des pierres.

ÉVIRADNUS

I

DÉPART DE L'AVENTURIER POUR L'AVENTURE

Qu'est-ce que Sigismond et Ladislas ont dit ?
Je ne sais si la roche ou l'arbre l'entendit;
Mais, quand ils ont tout bas parlé dans la broussaille,
L'arbre a fait un long bruit de taillis qui tressaille,
5 Comme si quelque bête en passant l'eût troublé,
Et l'ombre du rocher ténébreux a semblé
Plus noire, et l'on dirait qu'un morceau de cette ombre
A pris forme et s'en est allé dans le bois sombre,
Et maintenant on voit comme un spectre marchant
10 Là-bas dans la clarté sinistre du couchant.

Ce n'est pas une bête en son gîte éveillée,
Ce n'est pas un fantôme éclos sous la feuillée,
Ce n'est pas un morceau de l'ombre du rocher
Qu'on voit là-bas au fond des clairières marcher;
15 C'est un vivant qui n'est ni stryge ni lémure;
Celui qui marche là, couvert d'une âpre armure,
C'est le grand chevalier d'Alsace, Eviradnus.

Ces hommes qui parlaient, il les a reconnus;
Comme il se reposait dans le hallier, ces bouches
20 Ont passé, murmurant des paroles farouches,
Et jusqu'à son oreille un mot s'est arrivé;
Et c'est pourquoi ce juste et ce preux s'est levé.

Il connaît ce pays qu'il parcourut naguère.

Il rejoint l'écuyer Gasclin, page de guerre,
25 Qui l'attend dans l'auberge, au plus profond du val,
Où tout à l'heure il vient de laisser son cheval
Pour qu'en hâte on lui donne à boire, et qu'on le ferre.

Il dit au forgeron : — Faites vite. Une affaire
M'appelle. — Il monte en selle et part.

II

ÉVIRADNUS

                                    Éviradnus,
30 Vieux, commence à sentir le poids des ans chenus;
    Mais c'est toujours celui qu'entre tous on renomme,
    Le preux que nul n'a vu de son sang économe;
    Chasseur du crime, il est nuit et jour à l'affût;
    De sa vie il n'a fait d'action qui ne fût
35 Sainte, blanche et loyale, et la grande pucelle,
    L'épée, en sa main pure et sans tache étincelle.
    C'est le Samson chrétien, qui, survenant à point,
    N'ayant pour enfoncer la porte que son poing,
    Entra, pour la sauver, dans Sickingen en flamme;
40 Qui, s'indignant de voir honorer un infâme,
    Fit, sous son dur talon, un tas d'arceaux rompus
    Du monument bâti pour l'affreux duc Lupus,
    Arracha la statue, et porta la colonne
    Du munster de Strasbourg au pont de Wasselonne,
45 Et là, fier, la jeta dans les étangs profonds;
    On vante Eviradnus d'Altorf à Chaux-de-Fonds;
    Quand il songe et s'accoude, on dirait Charlemagne;
    Rôdant, tout hérissé, du bois à la montagne,
    Velu, fauve, il a l'air d'un loup qui serait bon;
50 Il a sept pieds de haut comme Jean de Bourbon;
    Tout entier au devoir qu'en sa pensée il couve,
    Il ne se plaint de rien, mais seulement il trouve
    Que les hommes sont bas et que les lits sont courts;
    Il écoute partout si l'on crie au secours;
55 Quand les rois courbent trop le peuple, il le redresse
    Avec une intrépide et superbe tendresse;
    Il défendit Alix comme Diègue Urraca;
    Il est le fort, ami du faible; il attaqua
    Dans les antres les rois du Rhin, et dans leurs bauges
60 Les barons effrayants et difformes des Vosges;
    De tout peuple orphelin il se faisait l'aïeul;
    Il mit en liberté les villes; il vint seul
    De Hugo Tête-d'Aigle affronter la caverne;
    Bon, terrible, il brisa le carcan de Saverne,
65 La ceinture de fer de Schelestadt, l'anneau
    De Colmar et la chaîne au pied de Haguenau.
    Tel fut Eviradnus. Dans l'horrible balance
    Où les princes jetaient le dol, la violence,
    L'iniquité, l'horreur, le mal, le sang, le feu,

70 Sa grande épée était le contre-poids de Dieu.
    Il est toujours en marche, attendu qu'on moleste
    Bien des infortunés sous la voûte céleste,
    Et qu'on voit dans la nuit bien des mains supplier;
    Sa lance n'aime pas moisir au râtelier;
75 Sa hache de bataille aisément se décroche;
    Malheur à l'action mauvaise qui s'approche
    Trop près d'Eviradnus, le champion d'acier !
    La mort tombe de lui comme l'eau du glacier.
    Il est héros; il a pour cousine la race
80 Des Amadis de France et des Pyrrhus de Thrace.
    Il rit des ans. Cet homme, à qui le monde entier
    N'eût pas fait dire Grâce ! et demander quartier,
    Ira-t-il pas crier au temps : Miséricorde !
    Il s'est, comme Baudoin, ceint les reins d'une corde;
85 Tout vieux qu'il est, il est de la grande tribu;
    Le moins fier des oiseaux n'est pas l'aigle barbu.
    Qu'importe l'âge ? il lutte. Il vient de Palestine,
    Il n'est point las. Les ans s'acharnent; il s'obstine.

                              III

                      DANS LA FORÊT

    Quelqu'un qui s'y serait perdu ce soir, verrait
90 Quelque chose d'étrange au fond de la forêt;
    C'est une grande salle éclairée et déserte.
    Où ? Dans l'ancien manoir de Corbus.

                                        L'herbe verte,
    Le lierre, le chiendent, l'églantier sauvageon,
    Font, depuis trois cents ans, l'assaut de ce donjon;
95 Le burg, sous cette abjecte et rampante escalade,
    Meurt, comme sous la lèpre un sanglier malade;
    Il tombe; les fossés s'emplissent des créneaux;
    La ronce, ce serpent, tord sur lui ses anneaux;
    Le moineau franc, sans même entendre ses murmures,
100 Sur ses vieux pierriers morts vient becqueter les mûres;
    L'épine sur son deuil prospère insolemment;
    Mais, l'hiver, il se venge; alors, le burg dormant
    S'éveille, et, quand il pleut pendant des nuits entières,
    Quand l'eau glisse des toits et s'engouffre aux gouttières,
105 Il rend grâce à l'ondée, aux vents, et, content d'eux,
    Profite, pour cracher sur le lierre hideux,
    Des bouches de granit de ses quatre gargouilles.

    Le burg est aux lichens comme le glaive aux rouilles;
    Hélas ! et Corbus, triste, agonise. Pourtant

110   L'hiver lui plaît; l'hiver, sauvage combattant,
      Il se refait, avec les convulsions sombres
      Des nuages hagards croulant sur ses décombres,
      Avec l'éclair qui frappe et fuit comme un larron,
      Avec des souffles noirs, qui sonnent du clairon,
115   Une sorte de vie effrayante, à sa taille;
      La tempête est la sœur fauve de la bataille;
      Et le puissant donjon, féroce, échevelé,
      Dit : Me voilà ! sitôt que la bise a sifflé;
      Il rit quand l'équinoxe irrité le querelle
120   Sinistrement, avec son haleine de grêle;
      Il est joyeux, ce burg, soldat encore debout,
      Quand, jappant comme un chien poursuivi par un loup,
      Novembre, dans la brume errant de roche en roche,
      Répond au hurlement de janvier qui s'approche.
125   Le donjon crie : En guerre ! ô tourmente, es-tu là ?
      Il craint peu l'ouragan, lui qui vit Attila.
      Oh ! les lugubres nuits ! Combats dans la bruine;
      La nuée attaquant, farouche, la ruine !
      Un ruissellement vaste, affreux, torrentiel,
130   Descend des profondeurs furieuses du ciel;
      Le burg brave la nue; on entend les gorgones
      Aboyer aux huit coins de ses tours octogones;
      Tous les monstres sculptés sur l'édifice épars
      Grondent, et les lions de pierre des remparts
135   Mordent la brume, l'air et l'onde, et les tarasques
      Battent de l'aile au souffle horrible des bourrasques;
      L'âpre averse en fuyant vomit sur les griffons;
      Et, sous la pluie entrant par les trous des plafonds,
      Les guivres, les dragons, les méduses, les drées,
140   Grincent des dents au fond des chambres effondrées;
      Le château de granit, pareil au preux de fer,
      Lutte toute la nuit, résiste tout l'hiver;
      En vain le ciel s'essouffle, en vain janvier se rue;
      En vain tous les passants de cette sombre rue
145   Qu'on nomme l'infini, l'ombre et l'immensité,
      Le tourbillon, d'un fouet invisible hâté,
      Le tonnerre, la trombe où le typhon se dresse,
      S'acharnent sur la fière et haute forteresse;
      L'orage la secoue en vain comme un fruit mûr;
150   Les vents perdent leur peine à guerroyer ce mur,
      Le fôhn bruyant s'y lasse, et sur cette cuirasse
      L'aquilon s'époumone et l'autan se harasse,
      Et tous ces noirs chevaux de l'air sortent fourbus
      De leur bataille avec le donjon de Corbus.

155   Aussi, malgré la ronce et le chardon et l'herbe,
      Le vieux burg est resté triomphal et superbe;
      Il est comme un pontife au cœur du bois profond,
      Sa tour lui met trois rangs de créneaux sur le front;
      Le soir, sa silhouette immense se découpe;

160 Il a pour trône un roc, haute et sublime croupe;
    Et, par les quatre coins, sud, nord, couchant, levant,
    Quatre monts, Crobius, Bléda, géants du vent,
    Aptar où croît le pin, Toxis que verdit l'orme,
    Soutiennent au-dessus de sa tiare énorme
165 Les nuages, ce dais livide de la nuit.

    Le pâtre a peur, et croit que cette tour le suit;
    Les superstitions ont fait Corbus terrible;
    On dit que l'Archer Noir a pris ce burg pour cible,
    Et que sa cave est l'antre où dort le Grand Dormant;
170 Car les gens des hameaux tremblent facilement,
    Les légendes toujours mêlent quelque fantôme
    A l'obscure vapeur qui sort des toits de chaume,
    L'âtre enfante le rêve, et l'on voit ondoyer
    L'effroi dans la fumée errante du foyer.

175 Aussi, le paysan rend grâce à sa roture
    Qui le dispense, lui, d'audace et d'aventure,
    Et lui permet de fuir ce burg de la forêt
    Qu'un preux, par point d'honneur belliqueux, chercherait.

    Corbus voit rarement au loin passer un homme.
180 Seulement, tous les quinze ou vingt ans, l'économe
    Et l'huissier du palais, avec des cuisiniers
    Portant tout un festin dans de larges paniers,
    Viennent, font des apprêts mystérieux, et partent;
    Et, le soir, à travers les branches qui s'écartent,
185 On voit de la lumière au fond du burg noirci,
    Et nul n'ose approcher. Et pourquoi ? Le voici.

                    IV

            LA COUTUME DE LUSACE

    C'est l'usage, à la mort du marquis de Lusace,
    Que l'héritier du trône, en qui revit la race,
    Avant de revêtir les royaux attributs,
190 Aille, une nuit, souper dans la tour de Corbus;
    C'est de ce noir souper qu'il sort prince et margrave;
    La marquise n'est bonne et le marquis n'est brave
    Que s'ils ont respiré les funèbres parfums
    Des siècles dans ce nid des vieux maîtres défunts.
195 Les marquis de Lusace ont une haute tige,
    Et leur source est profonde à donner le vertige;
    Ils ont pour père Antée, ancêtre d'Attila;
    De ce vaincu d'Alcide une race coula;
    C'est la race, autrefois payenne, puis chrétienne,

200 De Lechus, de Platon, d'Othon, d'Ursus, d'Etienne,
Et de tous ces seigneurs des rocs et des forêts
Bordant l'Europe au nord, flot d'abord, digue après.
Corbus est double; il est burg au bois, ville en plaine.
Du temps où l'on montait sur la tour châtelaine,
205 On voyait, au-delà des pins et des rochers,
Sa ville perçant l'ombre au loin de ses clochers;
Cette ville a des murs; pourtant ce n'est pas d'elle
Que relève l'antique et noble citadelle;
Fière, elle s'appartient; quelquefois un château
210 Est l'égal d'une ville; en Toscane, Prato,
Barletta dans la Pouille, et Crême en Lombardie,
Valent une cité, même forte et hardie;
Corbus est de ce rang. Sur ses rudes parois
Ce burg a le reflet de tous les anciens rois;
215 Tous leurs événements, toutes leurs funérailles,
Ont, chantant ou pleurant, traversé ses murailles,
Tous s'y sont mariés, la plupart y sont nés;
C'est là que flamboyaient ces barons couronnés;
Corbus est le berceau de la royauté scythe.
220 Or, le nouveau marquis doit faire une visite
A l'histoire qu'il va continuer. La loi
Veut qu'il soit seul pendant la nuit qui le fait roi.
Au seuil de la forêt, un clerc lui donne à boire
Un vin mystérieux versé dans un ciboire,
225 Qui doit, le soir venu, l'endormir jusqu'au jour;
Puis on le laisse, il part et monte dans la tour;
Il trouve dans la salle une table dressée;
Il soupe et dort; et l'ombre envoie à sa pensée
Tous les spectres des rois depuis le duc Bela:
230 Nul n'oserait entrer au burg cette nuit-là;
Le lendemain, on vient en foule, on le délivre;
Et, plein des visions du sommeil, encore ivre
De tous ces grands aïeux qui lui sont apparus,
On le mène à l'église où dort Borivorus;
235 L'évêque lui bénit la bouche et la paupière,
Et met dans ses deux mains les deux haches de pierre
Dont Attila frappait juste comme la mort,
D'un bras sur le midi, de l'autre sur le nord.

Ce jour-là, sur les tours de la ville, on arbore
240 Le menaçant drapeau du marquis Swantibore
Qui lia dans les bois et fit manger aux loups
Sa femme et le taureau dont il était jaloux.

Même quand l'héritier du trône est une femme,
Le souper de la tour de Corbus la réclame;
245 C'est la loi; seulement, la pauvre femme a peur.

V

LA MARQUISE MAHAUD

La nièce du dernier marquis, Jean le Frappeur,
Mahaud, est aujourd'hui marquise de Lusace.
Dame, elle a la couronne, et, femme, elle a la grâce.
Une reine n'est pas reine sans la beauté.
250 C'est peu que le royaume, il faut la royauté.
Dieu dans son harmonie également emploie
Le cèdre qui résiste et le roseau qui ploie,
Et, certes, il est bon qu'une femme parfois
Ait dans sa main les mœurs, les esprits et les lois,
255 Succède au maître altier, sourie au peuple, et mène,
En lui parlant tout bas, la sombre troupe humaine;
Mais la douce Mahaud, dans ces temps de malheur,
Tient trop le sceptre, hélas ! comme on tient une fleur;
Elle est gaie, étourdie, imprudente et peureuse.
260 Toute une Europe obscure autour d'elle se creuse;
Et quoiqu'elle ait vingt ans, on a beau la prier,
Elle n'a pas encor voulu se marier.
Il est temps cependant qu'un bras viril l'appuie;
Comme l'arc-en-ciel rit entre l'ombre et la pluie,
265 Comme la biche joue entre le tigre et l'ours,
Elle a, la pauvre belle aux purs et chastes jours,
Deux noirs voisins qui font une noire besogne,
L'empereur d'Allemagne et le roi de Pologne.

VI

LES DEUX VOISINS

Toute la différence entre ce sombre roi
270 Et ce sombre empereur, sans foi, sans Dieu, sans loi,
C'est que l'un est la griffe et que l'autre est la serre;
Tous deux vont à la messe et disent leur rosaire,
Ils n'en passent pas moins pour avoir fait tous deux
Dans l'enfer un traité d'alliance hideux;
275 On va même jusqu'à chuchoter à voix basse,
Dans la foule où la peur d'en haut tombe et s'amasse,
L'affreux texte d'un pacte entre eux et le pouvoir
Qui s'agite sous l'homme au fond du monde noir;
Quoique l'un soit la haine et l'autre la vengeance,
280 Ils vivent côte à côte en bonne intelligence;

Tous les peuples qu'on voit saigner à l'horizon
Sortent de leur tenaille et sont de leur façon ;
Leurs deux figures sont lugubrement grandies
Par de rouges reflets de sacs et d'incendies ;
285 D'ailleurs, comme David, suivant l'usage ancien,
L'un est poète, et l'autre est bon musicien ;
Et, les déclarant dieux, la renommée allie
Leurs noms dans les sonnets qui viennent d'Italie.
L'antique hiérarchie a l'air mise en oubli,
290 Car, suivant le vieil ordre en Europe établi,
L'empereur d'Allemagne est duc, le roi de France
Marquis ; les autres rois ont peu de différence ;
Ils sont barons autour de Rome, leur pilier,
Et le roi de Pologne est simple chevalier ;
295 Mais dans ce siècle on voit l'exception unique
Du roi sarmate égal au césar germanique.
Chacun s'est fait sa part ; l'allemand n'a qu'un soin,
Il prend tous les pays de terre ferme au loin ;
Le polonais, ayant le rivage baltique,
300 Veut des ports, il a pris toute la mer Celtique,
Sur tous les flots du nord il pousse ses dromons,
L'Islande voit passer ses navires démons ;
L'allemand brûle Anvers et conquiert les deux Prusses,
Le polonais secourt Spotocus, duc des russes,
305 Comme un plus grand boucher en aide un plus petit ;
Le roi prend, l'empereur pille, usurpe, investit ;
L'empereur fait la guerre à l'ordre teutonique,
Le roi sur le Jutland pose son pied cynique ;
Mais, qu'ils brisent le faible ou qu'ils trompent le fort,
310 Quoi qu'ils fassent, ils ont pour loi d'être d'accord ;
Des geysers du pôle aux cités transalpines,
Leurs ongles monstrueux, crispés sur des rapines,
Egratignent le pâle et triste continent.
Et tout leur réussit. Chacun d'eux, rayonnant,
315 Mène à fin tous ses plans lâches ou téméraires,
Et règne ; et, sous Satan paternel, ils sont frères ;
Ils s'aiment ; l'un est fourbe et l'autre est déloyal ;
Ils sont les deux bandits du grand chemin royal.
O les noirs conquérants ! et quelle œuvre éphémère !
320 L'ambition, branlant ses têtes de chimère,
Sous leur crâne brumeux, fétide et sans clarté,
Nourrit la pourriture et la stérilité ;
Ce qu'ils font est néant et cendre ; une hydre allaite,
Dans leur âme nocturne et profonde, un squelette.
325 Le polonais sournois, l'allemand hasardeux,
Remarquent qu'à cette heure une femme est près d'eux ;
Tous deux guettent Mahaud. Et naguère avec rage,
De sa bouche qu'empourpre une lueur d'orage
Et d'où sortent des mots pleins d'ombre et teints de sang,
330 L'empereur a jeté cet éclair menaçant :
— L'empire est las d'avoir au dos cette besace

Qu'on appelle la haute et la basse Lusace,
Et dont la pesanteur, qui nous met sur les dents,
S'accroît quand par hasard une femme est dedans. —
335   Le polonais se tait, épie et patiente.

Ce sont deux grands dangers ; mais cette insouciante
Sourit, gazouille et danse, aime les doux propos,
Se fait bénir du pauvre et réduit les impôts ;
Elle est vive, coquette, aimable et bijoutière ;
340   Elle est femme toujours ; dans sa couronne altière,
Elle choisit la perle, elle a peur du fleuron ;
Car le fleuron tranchant, c'est l'homme et le baron.
Elle a des tribunaux d'amour qu'elle préside ;
Aux copistes d'Homère elle paye un subside ;
345   Elle a tout récemment accueilli dans sa cour
Deux hommes, un luthier avec un troubadour,
Dont on ignore tout, le nom, le rang, la race,
Mais qui, conteurs charmants, le soir, sur la terrasse,
A l'heure où les vitraux aux brises sont ouverts,
350   Lui font de la musique et lui disent des vers.

Or, en juin, la Lusace, en août, les Moraves,
Font la fête du trône et sacrent leurs margraves :
C'est aujourd'hui le jour du burg mystérieux ;
Mahaud viendra ce soir souper chez ses aïeux.

355   Qu'est-ce que tout cela fait à l'herbe des plaines,
Aux oiseaux, à la fleur, au nuage, aux fontaines ?
Qu'est-ce que tout cela fait aux arbres des bois,
Que le peuple ait des jougs et que l'homme ait des rois ?
L'eau coule, le vent passe, et murmure : Qu'importe ?

VII

LA SALLE A MANGER

360   La salle est gigantesque ; elle n'a qu'une porte ;
Le mur fuit dans la brume et semble illimité ;
En face de la porte, à l'autre extrémité,
Brille, étrange et splendide, une table adossée
Au fond de ce ciel livide et froid rez-de-chaussée ;
365   La salle a pour plafond les charpentes du toit ;
Cette table n'attend qu'un convive ; on n'y voit
Qu'un fauteuil, sous un dais qui pend aux poutres noires ;
Les anciens temps ont peint sur le mur leurs histoires,
Le fier combat du roi des vendes Thassilo
370   Contre Nemrod sur terre et Neptune sur l'eau,
Le fleuve Rhin trahi par la rivière Meuse,

Et, groupes blêmissants sur la paroi brumeuse,
Odin, le loup Fenris et le serpent Asgar ;
Et toute la lumière éclairant ce hangar,
375 Qui semble d'un dragon avoir été l'étable,
Vient d'un flambeau sinistre allumé sur la table ;
C'est le grand chandelier aux sept branches de fer
Que l'archange Attila rapporta de l'enfer
Après qu'il eut vaincu le Mammon, et sept âmes
380 Furent du noir flambeau les sept premières flammes.
Toute la salle semble un grand linéament
D'abîme, modelé dans l'ombre vaguement ;
Au fond, la table éclate avec la brusquerie
De la clarté heurtant des blocs d'orfèvrerie ;
385 De beaux faisans tués par les traîtres faucons,
Des viandes froides, force aiguières et flacons
Chargent la table où s'offre une opulente agape ;
Les plats bordés de fleurs sont en vermeil ; la nappe
Vient de Frise, pays célèbre par ses draps ;
390 Et, pour les fruits, brugnons, fraises, pommes, cédrats,
Les pâtres de la Murg ont sculpté les sébiles ;
Ces orfèvres du bois sont des rustres habiles
Qui font sur une écuelle ondoyer des jardins
Et des monts où l'on voit fuir des chasses aux daims ;
395 Sur une vasque d'or aux anses florentines,
Des actéons cornus et chaussés de bottines
Luttent, l'épée au poing, contre des lévriers ;
Des branches de glaïeuls et de genévriers,
Des roses, des bouquets d'anis, une jonchée
400 De sauge tout en fleur nouvellement fauchée,
Couvrent d'un frais parfum de printemps répandu
Un tapis d'Ispahan sous la table étendu.
Dehors, c'est la ruine et c'est la solitude.
On entend, dans sa rauque et vaste inquiétude,
405 Passer sur le hallier par l'été rajeuni
Le vent, onde de l'ombre et flot de l'infini.
On a remis partout des vitres aux verrières
Qu'ébranle la rafale arrivant des clairières ;
L'étrange dans ce lieu ténébreux et rêvant,
410 Ce serait que celui qu'on attend fût vivant ;
Aux lueurs du sept-bras, qui fait flamboyer presque
Les vagues yeux épars sur la lugubre fresque,
On voit le long des murs, par place, un escabeau,
Quelque long coffre obscur à meubler le tombeau,
415 Et des buffets chargés de cuivre et de faïence ;
Et la porte, effrayante et sombre confiance,
Est formidablement ouverte sur la nuit.
Rien ne parle en ce lieu d'où tout homme s'enfuit.
La terreur, dans les coins accroupie, attend l'hôte.
420 Cette salle à manger de titans est si haute,
Qu'en égarant, de poutre en poutre, son regard
Aux étages confus de ce plafond hagard,

On est presque étonné de n'y pas voir d'étoiles.
L'araignée est géante en ces hideuses toiles
425 Flottant là-haut, parmi les madriers profonds
Que mordent aux deux bouts les gueules des griffons.
La lumière a l'air noire et la salle a l'air morte.
La nuit retient son souffle. On dirait que la porte
A peur de remuer tout haut ses deux battants.

VIII

CE QU'ON Y VOIT ENCORE

430 Mais ce que cette salle, antre obscur des vieux temps,
A de plus sépulcral et de plus redoutable,
Ce n'est pas le flambeau, ni le dais, ni la table ;
C'est, le long de deux rangs d'arches et de piliers,
Deux files de chevaux avec leurs chevaliers.

435 Chacun à son pilier s'adosse et tient sa lance ;
L'arme droite, ils se font vis-à-vis en silence ;
Les chanfreins sont lacés ; les harnais sont bouclés ;
Les chatons des cuissards sont barrés de leurs clés ;
Les trousseaux de poignards sur l'arçon se répandent ;
440 Jusqu'aux pieds des chevaux les caparaçons pendent ;
Les cuirs sont agrafés ; les ardillons d'airain
Attachent l'éperon, serrent le gorgerin ;
La grande épée à mains brille au croc de la selle ;
La hache est sur le dos, la dague est sous l'aisselle ;
445 Les genouillères ont leur boutoir meurtrier,
Les mains pressent la bride et les pieds l'étrier ;
Ils sont prêts ; chaque heaume est masqué de son crible ;
Tous se taisent ; pas un ne bouge ; c'est terrible.

Les chevaux monstrueux ont la corne au frontail ;
450 Si Satan est berger, c'est là son noir bétail.
Pour en voir de pareils dans l'ombre, il faut qu'on dorme ;
Ils sont comme engloutis sous la housse difforme ;
Les cavaliers sont froids, calmes, graves, armés,
Effroyables ; les poings lugubrement fermés ;
455 Si l'enfer tout à coup ouvrait ces mains fantômes,
On verrait quelque lettre affreuse dans leurs paumes.
De la brume du lieu leur stature s'accroît.
Autour d'eux l'ombre a peur et les piliers ont froid.
O nuit, qu'est-ce que c'est que ces guerriers livides ?

460 Chevaux et chevaliers sont des armures vides,
Mais debout. Ils ont tous encor le geste fier,
L'air fauve, et, quoique étant de l'ombre, ils sont du fer.

Sont-ce des larves ? Non ; et sont-ce des statues ?
Non. C'est de la chimère et de l'horreur, vêtues
465 D'airain, et, des bas-fonds de ce monde puni,
Faisant une menace obscure à l'infini ;
Devant cette impassible et morne chevauchée,
L'âme tremble et se sent des spectres approchée,
Comme si l'on voyait la halte des marcheurs
470 Mystérieux que l'aube efface en ses blancheurs.
Si quelqu'un, à cette heure, osait franchir la porte,
A voir se regarder ces masques de la sorte,
Il croirait que la mort, à de certains moments,
Rhabillant l'homme, ouvrant les sépulcres dormants,
475 Ordonne, hors du temps, de l'espace et du nombre,
Des confrontations de fantômes dans l'ombre.

Les linceuls ne sont pas plus noirs que ces armets ;
Les tombeaux, quoique sourds et voilés pour jamais,
Ne sont pas plus glacés que ces brassards ; les bières
480 N'ont pas leurs ais hideux mieux joints que ces jambières ;
Le casque semble un crâne, et, de squames couverts,
Les doigts des gantelets luisent comme des vers ;
Ces robes de combat ont des plis de suaires ;
Ces pieds pétrifiés siéraient aux ossuaires ;
485 Ces piques ont des bois lourds et vertigineux
Où des têtes de mort s'ébauchent dans les nœuds.
Ils sont tous arrogants sur la selle, et leurs bustes
Achèvent les poitrails des destriers robustes ;
Les mailles sur leurs flancs croisent leurs durs tricots ;
490 Le mortier des marquis près des tortils ducaux
Rayonne, et sur l'écu, le casque et la rondache,
La perle triple alterne avec les feuilles d'ache ;
La chemise de guerre et le manteau de roi
Sont si larges qu'ils vont du maître au palefroi ;
495 Les plus anciens harnais remontent jusqu'à Rome ;
L'armure du cheval sous l'armure de l'homme
Vit d'une vie horrible, et guerrier et coursier
Ne font qu'une seule hydre aux écailles d'acier.

L'histoire est là ; ce sont toutes les panoplies
500 Par qui furent jadis tant d'œuvres accomplies ;
Chacune, avec son timbre en forme de delta,
Semble la vision du chef qui la porta ;
Là sont les ducs sanglants et les marquis sauvages
Qui portaient pour pennons au milieu des ravages
505 Des saints dorés et peints sur des peaux de poissons.
Voici Geth, qui criait aux slaves : Avançons !
Mundiaque, Ottocar, Platon, Ladislas Cunne,
Welf, dont l'écu portait : « Ma peur se nomme Aucune. »
Zultan, Nazamustus, Othon le Chassieux ;
510 Depuis Spignus jusqu'à Spartibor aux trois yeux,
Toute la dynastie effrayante d'Antée

Semble là sur le bord des siècles arrêtée.

Que font-ils là, debout et droits ? Qu'attendent-ils ?
L'aveuglement remplit l'armet aux durs sourcils.
515 L'arbre est là sans la sève et le héros sans l'âme ;
Où l'on voit des yeux d'ombre on vit des yeux de flamme ;
La visière aux trous ronds sert de masque au néant ;
Le vide s'est fait spectre et rien s'est fait géant ;
Et chacun de ces hauts cavaliers est l'écorce
520 De l'orgueil, du défi, du meurtre et de la force :
Le sépulcre glacé les tient ; la rouille mord
Ces grands casques épris d'aventure et de mort,
Que baisait leur maîtresse auguste, la bannière ;
Pas un brassard ne peut remuer sa charnière ;
525 Les voilà tous muets, eux qui rugissaient tous,
Et, grondant et grinçant, rendaient les clairons fous ;
Le heaume affreux n'a plus de cri dans ses gencives ;
Ces armures, jadis fauves et convulsives,
Ces hauberts, autrefois pleins d'un souffle irrité,
530 Sont venus s'échouer dans l'immobilité,
Regarder devant eux l'ombre qui se prolonge,
Et prendre dans la nuit la figure du songe.

Ces deux files, qui vont depuis le morne seuil
Jusqu'au fond où l'on voit la table et le fauteuil,
535 Laissent entre leurs fronts une ruelle étroite ;
Les marquis sont à gauche et les ducs sont à droite ;
Jusqu'au jour où le toit que Spignus crénela,
Chargé d'ans, croulera sur leur tête, ils sont là,
Inégaux face à face, et pareils côte à côte.
540 En dehors des deux rangs, en avant, tête haute,
Comme pour commander le funèbre escadron
Qu'éveillera le bruit du suprême clairon,
Les vieux sculpteurs ont mis un cavalier de pierre,
Charlemagne, ce roi qui de toute la terre
545 Fit une table ronde à douze chevaliers.

Les cimiers surprenants, tragiques, singuliers,
Cauchemars entrevus dans le sommeil sans bornes,
Sirènes aux seins nus, mélusines, licornes,
Farouches bois de cerfs, aspics, alérions,
550 Sur la rigidité des pâles morions,
Semblent une forêt de monstres qui végète ;
L'un penche en avant, l'autre en arrière se jette ;
Tous ces êtres, dragons, cerbères orageux,
Que le bronze et le rêve ont créés dans leurs jeux,
555 Lions volants, serpents ailés, guivres palmées,
Faits pour l'effarement des livides armées,
Espèces de démons composés de terreur,
Qui sur le heaume altier des barons en fureur
Hurlaient, accompagnant la bannière géante,

560 Sur les cimiers glacés songent, gueule béante,
Comme s'ils s'ennuyaient, trouvant les siècles longs ;
Et, regrettant les morts saignant sous les talons,
Les trompettes, la poudre immense, la bataille,
Le carnage, on dirait que l'Epouvante bâille.
565 Le métal fait reluire, en reflets durs et froids,
Sa grande larme au mufle obscur des palefrois ;
De ces spectres pensifs l'odeur des temps s'exhale ;
Leur ombre est formidable au plafond de la salle ;
Aux lueurs du flambeau frissonnant, au-dessus
570 Des blêmes cavaliers vaguement aperçus,
Elle remue et croît dans les ténébreux faîtes ;
Et la double rangée horrible de ces têtes
Fait, dans l'énormité des vieux combles fuyants,
De grands nuages noirs aux profils effrayants.

575 Et tout est fixe, et pas un coursier ne se cabre
Dans cette légion de la guerre macabre ;
Oh ! ces hommes masqués sur ces chevaux voilés,
Chose affreuse !

              A la brume éternelle mêlés,
Ayant chez les vivants fini leur tâche austère,
580 Muets, ils sont tournés du côté du mystère ;
Ces sphinx ont l'air, au seuil du gouffre où rien ne luit,
De regarder l'énigme en face dans la nuit,
Comme si, prêts à faire, entre les bleus pilastres,
Sous leurs sabots d'acier étinceler les astres,
585 Voulant pour cirque l'ombre, ils provoquaient d'en bas,
Pour on ne sait quels fiers et funèbres combats,
Dans le champ sombre où n'ose aborder la pensée,
La sinistre visière au fond des cieux baissée.

                     IX

           BRUIT QUE FAIT LE PLANCHER

C'est là qu'Eviradnus entre ; Gasclin le suit.

590 Le mur d'enceinte étant presque partout détruit,
Cette porte, ancien seuil des marquis patriarches
Qu'au-dessus de la cour exhaussent quelques marches,
Domine l'horizon, et toute la forêt
Autour de son perron comme un gouffre apparaît.
595 L'épaisseur du vieux roc de Corbus est propice
A cacher plus d'un sourd et sanglant précipice ;
Tout le burg, et la salle elle-même, dit-on,
Sont bâtis sur des puits faits par le duc Platon ;

Le plancher sonne; on sent au-dessous des abîmes.

600 — Page, dit ce chercheur d'aventures sublimes,
Viens. Tu vois mieux que moi, qui n'ai plus de bons yeux,
Car la lumière est femme et se refuse aux vieux;
Bah! voit toujours assez qui regarde en arrière.
On découvre d'ici la route et la clairière;
605 Garçon, vois-tu là-bas venir quelqu'un? — Gasclin
Se penche hors du seuil; la lune est dans son plein,
D'une blanche lueur la clairière est baignée.
— Une femme à cheval. Elle est accompagnée.
— De qui? Gasclin répond: — Seigneur, j'entends les voix
610 De deux hommes parlant et riant, et je vois
Trois ombres de chevaux qui passent sur la route.
— Bien, dit Eviradnus. Ce sont eux. Page, écoute.
Tu vas partir d'ici. Prends un autre chemin.
Va-t'en sans être vu. Tu reviendras demain
615 Avec nos deux chevaux, frais, en bon équipage,
Au point du jour. C'est dit. Laisse-moi seul. — Le page
Regardant son bon maître avec des yeux de fils,
Dit: — Si je demeurais? Ils sont deux. — Je suffis.
Va.

X

ÉVIRADNUS IMMOBILE

Le héros est seul sous ces grands murs sévères.
620 Il s'approche un moment de la table où les verres
Et les hanaps, dorés et peints, petits et grands,
Sont étagés, divers pour les vins différents;
Il a soif; les flacons tentent sa lèvre avide;
Mais la goutte qui reste au fond d'un verre vide
625 Trahirait que quelqu'un dans la salle est vivant;
Il va droit aux chevaux. Il s'arrête devant
Celui qui le plus près de la table étincelle,
Il prend le cavalier et l'arrache à la selle;
La panoplie en vain lui jette un pâle éclair,
630 Il saisit corps à corps le fantôme de fer,
Et l'emporte au plus noir de la salle; et, pliée
Dans la cendre et la nuit, l'armure humiliée
Reste adossée au mur comme un héros vaincu;
Eviradnus lui prend sa lance et son écu,
635 Monte en selle à sa place, et le voilà statue.

Pareil aux autres, froid, la visière abattue,
On n'entend pas un souffle à sa lèvre échapper,
Et le tombeau pourrait lui-même s'y tromper.

Tout est silencieux dans la salle terrible.

XI

UN PEU DE MUSIQUE

640 Ecoutez ! — Comme un nid qui murmure invisible,
Un bruit confus s'approche, et des rires, des voix,
Des pas, sortent du fond vertigineux des bois.

Et voici qu'à travers la grande forêt brune
Qu'emplit la rêverie immense de la lune,
645 On entend frissonner et vibrer mollement,
Communiquant au bois son doux frémissement,
La guitare des monts d'Inspruck, reconnaissable
Au grelot de son manche où sonne un grain de sable ;
Il s'y mêle la voix d'un homme, et ce frisson
650 Prend un sens et devient une vague chanson.

« Si tu veux, faisons un rêve.
Montons sur deux palefrois ;
Tu m'emmènes, je t'enlève.
L'oiseau chante dans les bois.

655 « Je suis ton maître et ta proie ;
Partons, c'est la fin du jour ;
Mon cheval sera la joie,
Ton cheval sera l'amour.

« Nous ferons toucher leurs têtes ;
660 Les voyages sont aisés ;
Nous donnerons à ces bêtes
Une avoine de baisers.

« Viens ! nos doux chevaux mensonges
Frappent du pied tous les deux,
665 Le mien au fond de mes songes,
Et le tien au fond des cieux.

« Un bagage est nécessaire ;
Nous emporterons nos vœux,
Nos bonheurs, notre misère,
670 Et la fleur de tes cheveux.

« Viens, le soir brunit les chênes,
Le moineau rit ; ce moqueur
Entend le doux bruit des chaînes
Que tu m'as mises au cœur.

675 « Ce ne sera point ma faute
     Si les forêts et les monts,
     En nous voyant côte à côte,
     Ne murmurent pas : Aimons !

     « Viens, sois tendre, je suis ivre.
680 O les verts taillis mouillés !
     Ton souffle te fera suivre
     Des papillons réveillés.

     « L'envieux oiseau nocturne,
     Triste, ouvrira son œil rond ;
685 Les nymphes, penchant leur urne,
     Dans les grottes souriront,

     « Et diront : « Sommes-nous folles !
     « C'est Léandre avec Héro ;
     « En écoutant leurs paroles
690 « Nous laissons tomber notre eau. »

     « Allons-nous-en par l'Autriche !
     Nous aurons l'aube à nos fronts ;
     Je serai grand, et toi riche,
     Puisque nous nous aimerons.

695 « Allons-nous-en par la terre,
     Sur nos deux chevaux charmants,
     Dans l'azur, dans le mystère,
     Dans les éblouissements !

     « Nous entrerons à l'auberge,
700 Et nous payerons l'hôtelier
     De ton sourire de vierge,
     De mon bonjour d'écolier.

     « Tu seras dame, et moi comte ;
     Viens, mon cœur s'épanouit,
705 Viens, nous conterons ce conte
     Aux étoiles de la nuit. »

     La mélodie encor quelques instants se traîne
     Sous les arbres bleus par la lune sereine,
     Puis tremble, puis expire, et la voix qui chantait
710 S'éteint comme un oiseau se pose ; tout se tait.

XII

LE GRAND JOSS ET LE PETIT ZÉNO

Soudain, au seuil lugubre apparaissent trois têtes
Joyeuses, et d'où sort une lueur de fêtes;
Deux hommes, une femme en robe de drap d'or.
L'un des hommes paraît trente ans; l'autre est encor
715 Plus jeune, et sur son dos il porte en bandoulière
La guitare où s'enlace une branche de lierre;
Il est grand et blond; l'autre est petit, pâle et brun;
Ces hommes, qu'on dirait faits d'ombre et de parfum,
Sont beaux, mais le démon dans leur beauté grimace;
720 Avril a de ces fleurs où rampe une limace.

    — Mon grand Joss, mon petit Zéno, venez ici.
Voyez. C'est effrayant.
                     Celle qui parle ainsi
C'est madame Mahaud; le clair de lune semble
Caresser sa beauté qui rayonne et qui tremble,
725 Comme si ce doux être était de ceux que l'air
Crée, apporte et remporte en un céleste éclair.

    — Passer ici la nuit! Certe, un trône s'achète!
Si vous n'étiez venus m'escorter en cachette,
Dit-elle, je serais vraiment morte de peur.

730 La lune éclaire auprès du seuil, dans la vapeur,
Un des grands chevaliers adossés aux murailles.

    — Comme je vous vendrais à l'encan ces ferrailles!
Dit Zéno; je ferais, si j'étais le marquis,
De ce tas de vieux clous sortir des vins exquis,
735 Des galas, des tournois, des bouffons, et des femmes.

Et, frappant cet airain d'où sort le bruit des âmes,
Cette armure où l'on voit frémir le gantelet,
Calme et riant, il donne au sépulcre un soufflet.

    — Laissez donc mes aïeux, dit Mahaud qui murmure.
740 Vous êtes trop petit pour toucher cette armure.

Zéno pâlit. Mais Joss : — Ça, des aïeux! J'en ris.
Tous ces bonshommes noirs sont des nids de souris.
Pardieu! pendant qu'ils ont l'air terrible, et qu'ils songent,
Ecoutez, on entend le bruit des dents qui rongent.
745 Et dire qu'en effet autrefois tout cela
S'appelait Ottocar, Othon, Platon, Bela!

Hélas ! la fin n'est pas plaisante, et déconcerte.
Soyez donc ducs et rois ! Je ne voudrais pas, certe,
Avoir été colosse, avoir été héros,
750 Madame, avoir empli de morts des tombereaux,
Pour que, sous ma farouche et fière bourguignote,
Moi, prince et spectre, un rat paisible me grignote !

— C'est que ce n'est point là votre état, dit Mahaud.
Chantez, soit ; mais ici ne parlez pas trop haut.

755 — Bien dit, reprit Zéno. C'est un lieu de prodiges.
Et, quant à moi, je vois des serpentes, des stryges,
Tout un fourmillement de monstres, s'ébaucher
Dans la brume qui sort des fentes du plancher.

Mahaud frémit.

                            — Ce vin que l'abbé m'a fait boire,
760 Va bientôt m'endormir d'une façon très noire ;
Jurez-moi de rester près de moi.

                                    — J'en réponds,
Dit Joss ; et Zéno dit : — Je le jure. Soupons.

XIII

ILS SOUPENT

Et, riant et chantant, ils s'en vont vers la table.

— Je fais Joss chambellan et Zéno connétable,
765 Dit Mahaud. Et tous trois causent, joyeux et beaux,
Elle sur le fauteuil, eux sur des escabeaux ;
Joss mange, Zéno boit, Mahaud rêve. La feuille
N'a pas de bruit distinct qu'on note et qu'on recueille,
Ainsi va le babil sans force et sans lien ;
770 Joss par moments fredonne un chant tyrolien,
Et fait rire ou pleurer la guitare ; les contes
Se mêlent aux gaîtés fraîches, vives et promptes.
Mahaud dit : — Savez-vous que vous êtes heureux ?
— Nous sommes bien portants, jeunes, fous, amoureux,
775 C'est vrai. — De plus, tu sais le latin comme un prêtre,
Et Joss chante fort bien. — Oui, nous avons un maître
Qui nous donne cela par-dessus le marché.
— Quel est son nom ? — Pour nous Satan, pour vous Péché,
Dit Zéno, caressant jusqu'en sa raillerie.
780 — Ne riez pas ainsi, je ne veux pas qu'on rie.

Paix, Zéno ! Parle-moi, toi, Joss, mon chambellan.
— Madame, Viridis, comtesse de Milan,
Fut superbe ; Diane éblouissait le pâtre ;
Aspasie, Isabeau de Saxe, Cléopâtre,
785 Sont des noms devant qui la louange se tait ;
Rhodope fut divine ; Erylésis était
Si belle, que Vénus, jalouse de sa gorge,
La traîna toute nue en la céleste forge
Et la fit sur l'enclume écraser par Vulcain ;
790 Eh bien ! autant l'étoile éclipse le sequin,
Autant le temple éclipse un monceau de décombres,
Autant vous effacez toutes ces belles ombres !
Ces coquettes qui font des mines dans l'azur,
Les elfes, les péris, ont le front jeune et pur
795 Moins que vous, et pourtant le vent et ses bouffées
Les ont galamment d'ombre et de rayons coiffées.
— Flatteur, tu chantes bien, dit Mahaud. Joss reprend :
— Si j'étais, sous le ciel splendide et transparent,
Ange, fille ou démon, s'il fallait que j'apprisse
800 La grâce, la gaîté, le rire et le caprice,
Altesse, je viendrais à l'école chez vous.
Vous êtes une fée aux yeux divins et doux,
Ayant pour un vil sceptre échangé sa baguette. —
Mahaud songe : — On dirait que ton regard me guette,
805 Tais-toi. Voyons, de vous tout ce que je connais,
C'est que Joss est bohème et Zéno polonais,
Mais vous êtes charmants ; et pauvres ; oui, vous l'êtes ;
Moi, je suis riche ; eh bien ! demandez-moi, poètes,
Tout ce que vous voudrez. — Tout ! Je vous prends au mot,
810 Répond Joss. Un baiser. — Un baiser ! dit Mahaud,
Surprise en ce chanteur d'une telle pensée,
Savez-vous qui je suis ? — Et fière et courroucée,
Elle rougit. Mais Joss n'est pas intimidé.
— Si je ne le savais, aurais-je demandé
815 Une faveur qu'il faut qu'on obtienne, ou qu'on prenne ?
Il n'est don que de roi ni baiser que de reine.
— Reine ! et Mahaud sourit.

XIV

APRÈS SOUPER

                              ′Cependant, par degrés,
Le narcotique éteint ses yeux d'ombre enivrés ;
Zéno l'observe, un doigt sur la bouche ; elle penche
820 La tête, et, souriant, s'endort, sereine et blanche.

Zéno lui prend la main qui retombe.

                                   — Elle dort !
Dit Zéno; maintenant, vite, tirons au sort.
D'abord, à qui l'état ? Ensuite, à qui la fille ?

Dans ces deux profils d'homme un œil de tigre brille.

825   — Frère, dit Joss, parlons politique à présent.
La Mahaud dort et fait quelque rêve innocent;
Nos griffes sont dessus. Nous avons cette folle,
L'ami de dessous terre est sûr et tient parole;
Le hasard, grâce à lui, ne nous a rien ôté
830   De ce que nous avons construit et comploté;
Tout nous a réussi. Pas de puissance humaine
Qui nous puisse arracher la femme et le domaine.
Concluons. Guerroyer, se chamailler pour rien,
Pour un oui, pour un non, pour un dogme arien
835   Dont le pape sournois rira dans la coulisse,
Pour quelque fille ayant une peau fraîche et lisse,
Des yeux bleus et des mains blanches comme le lait,
C'était bon dans le temps où l'on se querellait
Pour la croix byzantine ou pour la croix latine,
840   Et quand Pépin tenait un synode à Leptine,
Et quand Rodolphe et Jean, comme deux hommes soûls,
Glaive au poing, s'arrachaient leur Agnès de deux sous;
Aujourd'hui, tout est mieux et les mœurs sont plus douces,
Frère, on ne se met plus ainsi la guerre aux trousses,
845   Et l'on sait en amis régler un différend;
As-tu des dés ?

                    — J'en ai.

                                   — Celui qui gagne prend
Le marquisat ; celui qui perd a la marquise.

— Bien.

                    — J'entends du bruit.
                                             [bise
                         — Non, dit Zéno, c'est la
Qui souffle bêtement et qu'on prend pour quelqu'un.
850   As-tu peur ?

                    — Je n'ai peur de rien, que d'être à jeun,
Répond Joss, et sur moi que les gouffres s'écroulent !

— Finissons. Que le sort décide.

                                   Les dés roulent.
— Quatre.

            Joss prend les dés.

                              — Six. Je gagne tout net,
J'ai trouvé la Lusace au fond de ce cornet.
855 Dès demain, j'entre en danse avec tout mon orchestre.
Taxes partout. Payez. La corde ou le séquestre.
Des trompettes d'airain seront mes galoubets.
Les impôts, cela pousse en plantant des gibets.

Zéno dit : J'ai la fille. Eh bien ! je le préfère.

   — Elle est belle, dit Joss.

                       — Pardieu !

                                    — Qu'en vas-tu
860 — Un cadavre.   [faire ?

           Et Zéno reprend :

                                — En vérité,
La créature m'a tout à l'heure insulté.
Petit ! voilà le mot qu'a dit cette femelle.
Si l'enfer m'eût crié, béant sous ma semelle,
865 Dans la sombre minute où je tenais les dés :
« Fils, les hasards ne sont pas encor décidés ;
Je t'offre le gros lot, la Lusace aux sept villes ;
Je t'offre dix pays de blés, de vins et d'huiles,
A ton choix, ayant tous leur peuple diligent ;
870 Je t'offre la Bohême et ses mines d'argent,
Ce pays le plus haut du monde, ce grand antre
D'où plus d'un fleuve sort, où pas un ruisseau n'entre ;
Je t'offre le Tyrol aux monts d'azur remplis,
Et je t'offre la France avec les fleurs de lys ;
875 Qu'est-ce que tu choisis ? » J'aurais dit : « La vengeance. »
Et j'aurais dit : « Enfer, plutôt que cette France,
Et que cette Bohême, et ce Tyrol si beau,
Mets à mes ordres l'ombre et les vers du tombeau ! »
Mon frère, cette femme, absurdement marquise
880 D'une marche terrible où tout le nord se brise,
Et qui, dans tous les cas, est pour nous un danger,
Ayant été stupide au point de m'outrager,
Il convient qu'elle meure ; et puis, s'il faut tout dire,
Je l'aime ; et la lueur que de mon cœur je tire,
885 Je la tire du tien ; tu l'aimes aussi, toi.
Frère, en faisant ici, chacun dans notre emploi,
Les bohêmes pour mettre à fin cette équipée,
Nous sommes devenus, près de cette poupée,
Niais, toi comme un page, et moi comme un barbon,
890 Et, de galants pour rire, amoureux pour de bon ;
Oui, nous sommes tous deux épris de cette femme ;
Or, frère, elle serait entre nous une flamme ;
Tôt ou tard, et malgré le bien que je te veux,

Elle nous mènerait à nous prendre aux cheveux ;
895 Vois-tu, nous finirions par rompre notre pacte,
Nous l'aimons. Tuons-la.

                        — Ta logique est exacte,
Dit Joss rêveur ; mais quoi ! du sang ici ?

                                    Zéno
Pousse un coin de tapis, tâte et prend un anneau,
Le tire, et le plancher se soulève ; un abîme
900 S'ouvre ; il en sort de l'ombre ayant l'odeur du crime ;
Joss marche vers la trappe, et, les yeux dans les yeux,
Zéno muet la montre à Joss silencieux ;
Joss se penche, approuvant de la tête le gouffre.

                        XV

                  LES OUBLIETTES

S'il sortait de ce puits une lueur de soufre,
905 On dirait une bouche obscure de l'enfer.
La trappe est large assez pour qu'en un brusque éclair
L'homme étonné qu'on pousse y tombe à la renverse ;
On distingue les dents sinistres d'une herse,
Et, plus bas, le regard flotte dans de la nuit ;
910 Le sang sur les parois fait un rougeâtre enduit ;
L'Epouvante est au fond de ce puits toute nue ;
On sent qu'il pourrit là de l'histoire inconnue,
Et que ce vieux sépulcre, oublié maintenant,
Cuve du meurtre, est plein de larves se traînant,
915 D'ombres tâtant le mur et de spectres reptiles.
— Nos aïeux ont parfois fait des choses utiles,
Dit Joss. Et Zéno dit : — Je connais le château ;
Ce que le mont Corbus cache sous son manteau,
Nous le savons, l'orfraie et moi ; cette bâtisse
920 Est vieille ; on y rendait autrefois la justice.

— Es-tu sûr que Mahaud ne se réveille point ?

— Son œil est clos ainsi que je ferme mon poing ;
Elle dort d'une sorte âpre et surnaturelle,
L'obscure volonté du philtre étant sur elle.

925 — Elle s'éveillera demain au point du jour ?

— Dans l'ombre.

                        — Et que va dire ici toute la cour,
Quand au lieu d'une femme ils trouveront deux hommes ?

— Tous se prosterneront en sachant qui nous sommes !

— Où va cette oubliette ?

                        — Aux torrents, aux corbeaux,
Au néant ; finissons.

930   Ces hommes, jeunes, beaux,
Charmants, sont à présent difformes, tant s'efface
Sous la noirceur du cœur le rayon de la face,
Tant l'homme est transparent à l'enfer qui l'emplit.
Ils s'approchent ; Mahaud dort comme dans un lit.

— Allons !

935   Joss la saisit sous les bras, et dépose
Un baiser monstrueux sur cette bouche rose ;
Zéno, penché devant le grand fauteuil massif,
Prend ses pieds endormis et charmants ; et, lascif,
Lève la robe d'or jusqu'à la jarretière.

940 Le puits, comme une fosse au fond d'un cimetière,
Est là béant.

XVI

CE QU'ILS FONT DEVIENT PLUS DIFFICILE A FAIRE

                  Portant Mahaud, qui dort toujours,
Ils marchent lents, courbés, en silence, à pas lourds,
Zéno tourné vers l'ombre et Joss vers la lumière ;
La salle aux yeux de Joss apparaît tout entière ;
945 Tout à coup il s'arrête, et Zéno dit : — Eh bien ?
Mais Joss est effrayant ; pâle, il ne répond rien,
Et fait signe à Zéno, qui regarde en arrière...
Tous deux semblent changés en deux spectres de pierre ;
Car tous deux peuvent voir, là, sous un cintre obscur,
950 Un des grands chevaliers rangés le long du mur
Qui se lève et descend de cheval ; ce fantôme,
Tranquille sous le masque horrible de son heaume,
Vient vers eux, et son pas fait trembler le plancher ;
On croit entendre un dieu de l'abîme marcher ;
955 Entre eux et l'oubliette il vient barrer l'espace,
Et dit, le glaive haut et la visière basse,
D'une voix sépulcrale et lente comme un glas :
— Arrête, Sigismond ! Arrête, Ladislas !
Tous deux laissent tomber la marquise, de sorte
960 Qu'elle gît à leurs pieds et paraît une morte.

La voix de fer parlant sous le grillage noir
Reprend, pendant que Joss blêmit, lugubre à voir,
Et que Zéno chancelle ainsi qu'un mât qui sombre :

— Hommes qui m'écoutez, il est un pacte sombre
965 Dont tout l'univers parle et que vous connaissez;
Le voici : « Moi, Satan, dieu des cieux éclipsés,
« Roi des jours ténébreux, prince des vents contraires,
« Je contracte alliance avec mes deux bons frères,
« L'empereur Sigismond et le roi Ladislas;
970 « Sans jamais m'absenter ni dire : je suis las,
« Je les protégerai dans toute conjoncture;
« De plus, je cède, en libre et pleine investiture,
« Etant seigneur de l'onde et souverain du mont,
« La mer à Ladislas, la terre à Sigismond,
975 « A la condition que, si je le réclame,
« Le roi m'offre sa tête et l'empereur son âme. »

— Serait-ce lui ? dit Joss. Spectre aux yeux fulgurants,
Es-tu Satan ?

                              — Je suis plus et moins. Je ne prends
Que vos têtes, ô rois des crimes et des trames,
980 Laissant sous l'ongle noir se débattre vos âmes.

Ils se regardent, fous, brisés, courbant le front,
Et Zéno dit à Joss : — Hein ! qu'est-ce que c'est donc ?

Joss bégaie : — Oui, la nuit nous tient. Pas de refuge.
De quelle part viens-tu ? Qu'es-tu, spectre ?

                                          — Le juge.
— Grâce !

              La voix reprend :

985   — Dieu conduit par la main
Le vengeur en travers de votre affreux chemin;
L'heure où vous existiez est une heure sonnée;
Rien ne peut plus bouger dans votre destinée;
L'idée inébranlable et calme est dans le joint.
990 Oui, je vous regardais. Vous ne vous doutiez point
Que vous aviez sur vous l'œil fixe de la peine,
Et que quelqu'un savait dans cette ombre malsaine
Que Joss fût kaÿser et que Zéno fût roi.
Vous venez de parler tout à l'heure, pourquoi ?
995 Tout est dit. Vos forfaits sont sur vous, incurables,
N'espérez rien. Je suis l'abîme, ô misérables !
Ah ! Ladislas est roi, Sigismond est césar,
Dieu n'est bon qu'à servir de roue à votre char;
Toi, tu tiens la Pologne avec ses villes fortes;

1000 Toi, Milan t'a fait duc, Rome empereur, tu portes
La couronne de fer et la couronne d'or;
Toi, tu descends d'Hercule, et toi, de Spartibor;
Vos deux tiares sont les deux lueurs du monde;
Tous les monts de la terre et tous les flots de l'onde
1005 Ont, altiers ou tremblants, vos deux ombres sur eux;
Vous êtes les jumeaux du grand vertige heureux;
Vous avez la puissance et vous avez la gloire;
Mais, sous ce ciel de pourpre et sous ce dais de moire,
Sous cette inaccessible et haute dignité,
1010 Sous cet arc de triomphe au cintre illimité,
Sous ce royal pouvoir, couvert de sacrés voiles,
Sous ces couronnes, tas de perles et d'étoiles,
Sous tous ces grands exploits, prompts, terribles, fougueux,
Sigismond est un monstre et Ladislas un gueux !
1015 O dégradation du sceptre et de l'épée !
Noire main de justice aux cloaques trempée !
Devant l'hydre le seuil du temple ouvre ses gonds,
Et le trône est un siège aux croupes des dragons !
Siècle infâme ! ô grand ciel étoilé, que de honte !
1020 Tout rampe; pas un front où le rouge ne monte,
C'est égal, on se tait, et nul ne fait un pas.
O peuple, million et million de bras,
Toi, que tous ces rois-là mangent et déshonorent,
Toi, que leurs majestés les vermines dévorent,
1025 Est-ce que tu n'as pas des ongles, vil troupeau,
Pour ces démangeaisons d'empereurs sur ta peau !
Du reste, en voilà deux de pris; deux âmes telles
Que l'enfer même rêve étonné devant elles !
Sigismond, Ladislas, vous étiez triomphants,
1030 Splendides, inouïs, prospères, étouffants;
Le temps d'être punis arrive; à la bonne heure.
Ah ! le vautour larmoie et le caïman pleure.
J'en ris. Je trouve bon qu'à de certains instants
Les princes, les heureux, les forts, les éclatants,
1035 Les vainqueurs, les puissants, tous les bandits suprêmes,
A leurs fronts cerclés d'or, chargés de diadèmes,
Sentent l'âpre sueur de Josaphat monter.
Il est doux de voir ceux qui hurlaient, sangloter.
La peur après le crime; après l'affreux, l'immonde.
1040 C'est bien. Dieu tout-puissant ! quoi, des maîtres du monde,
C'est ce que, dans la cendre et sous mes pieds, j'ai là !
Quoi, ceci règne ! Quoi, c'est un césar, cela !
En vérité, j'ai honte, et mon vieux cœur se serre
De les voir se courber plus qu'il n'est nécessaire.
1045 Finissons. Ce qui vient de se passer ici,
Princes, veut un linceul promptement épaissi.
Ces mêmes dés hideux qui virent le calvaire
Ont roulé, dans mon ombre indignée et sévère,
Sur une femme, après avoir roulé sur Dieu.
1050 Vous avez joué là, rois, un lugubre jeu.

Mais, soit. Je ne vais pas perdre à de la morale
Ce moment que remplit la brume sépulcrale.
Vous ne voyez plus clair dans vos propres chemins,
Et vos doigts ne sont plus assez des doigts humains
1055 Pour qu'ils puissent tâter vos actions funèbres ;
A quoi bon présenter le miroir aux ténèbres ?
A quoi bon vous parler de ce que vous faisiez ?
Boire de l'ombre, étant de nuit rassasiés,
C'est ce que vous avez l'habitude de faire,
1060 Rois, au point de ne plus sentir dans votre verre
L'odeur des attentats et le goût des forfaits.
Je vous dis seulement que ce vil portefaix,
Votre siècle, commence à trouver vos altesses
Lourdes d'iniquités et de scélératesses ;
1065 Il est las, c'est pourquoi je vous jette au monceau
D'ordures que des ans emporte le ruisseau !
Ces jeunes gens penchés sur cette jeune fille,
J'ai vu cela ! Dieu bon, sont-ils de la famille
Des vivants, respirant sous ton clair horizon ?
1070 Sont-ce des hommes ? Non. Rien qu'à voir la façon
Dont votre lèvre touche aux vierges endormies,
Princes, on sent en vous des goules, des lamies,
D'affreux êtres sortis des cercueils soulevés.
Je vous rends à la nuit. Tout ce que vous avez
1075 De la face de l'homme est un mensonge infâme ;
Vous avez quelque bête effroyable au lieu d'âme ;
Sigismond l'assassin, Ladislas le forban,
Vous êtes des damnés en rupture de ban ;
Donc lâchez les vivants et lâchez les empires !
1080 Hors du trône, tyrans ! à la tombe, vampires !
Chiens du tombeau, voici le sépulcre. Rentrez.

Et son doigt est tourné vers le gouffre.

                                        Atterrés,
Ils s'agenouillent.

                    — Oh ! dit Sigismond, fantôme,
Ne nous emmène pas dans ton morne royaume !
1085 Nous t'obéirons. Dis, qu'exiges-tu de nous ?
Grâce !

            Et le roi dit : — Vois, nous sommes à genoux
Spectre !

            Une vieille femme a la voix moins débile.

La figure qui tient l'épée est immobile,
Et se tait, comme si cet être souverain
1090 Tenait conseil en lui sous son linceul d'airain ;
Tout à coup, élevant sa voix grave et hautaine :

— Princes, votre façon d'être lâches me gêne.
Je suis homme et non spectre. Allons, debout ! mon bras
Est le bras d'un vivant ; il ne me convient pas
1095 De faire une autre peur que celle où j'ai coutume.
Je suis Eviradnus.

XVII

LA MASSUE

                    Comme sort de la brume
Un sévère sapin, vieilli dans l'Appenzell,
A l'heure où le matin au souffle universel
Passe, des bois profonds balayant la lisière,
1100 Le preux ouvre son casque, et hors de la visière
Sa longue barbe blanche et tranquille apparaît.

Sigismond s'est dressé comme un dogue en arrêt ;
Ladislas bondit, hurle, ébauche une huée,
Grince des dents et rit, et, comme la nuée
1105 Résume en un éclair le gouffre pluvieux,
Toute sa rage éclate en ce cri : — C'est un vieux !

Le grand chevalier dit, regardant l'un et l'autre :
— Rois, un vieux de mon temps vaut deux jeunes du vôtre.
Je vous défie à mort, laissant à votre choix
1110 D'attaquer l'un sans l'autre ou tous deux à la fois ;
Prenez au tas quelque arme ici qui vous convienne ;
Vous êtes sans cuirasse et je quitte la mienne ;
Car le châtiment doit lui-même être correct.

Eviradnus n'a plus que sa veste d'Utrecht.
1115 Pendant que, grave et froid, il déboucle sa chape,
Ladislas, furtif, prend un couteau sur la nappe,
Se déchausse, et, rapide et bras levé, pieds nus,
Il se glisse en rampant derrière Eviradnus ;
Mais Eviradnus sent qu'on l'attaque en arrière,
1120 Se tourne, empoigne et tord la lame meurtrière,
Et sa main colossale étreint comme un étau
Le cou de Ladislas, qui lâche le couteau ;
Dans l'œil du nain royal on voit la mort paraître.

— Je devrais te couper les quatre membres, traître,
1125 Et te laisser ramper sur tes moignons sanglants.
Tiens, dit Eviradnus, meurs vite !

                              Et sur ses flancs
Le roi s'affaisse, et, blême et l'œil hors de l'orbite,
Sans un cri, tant la mort formidable est subite,
Il expire.

L'un meurt, mais l'autre s'est dressé.
1130 Le preux, en délaçant sa cuirasse, a posé
Sur un banc son épée, et Sigismond l'a prise.

Le jeune homme effrayant rit de la barbe grise;
L'épée au poing, joyeux, assassin rayonnant,
Croisant les bras, il crie : A mon tour maintenant ! —
1135 Et les noirs chevaliers, juges de cette lice,
Peuvent voir, à deux pas du fatal précipice,
Près de Mahaud, qui semble un corps inanimé,
Eviradnus sans arme et Sigismond armé.
Le gouffre attend. Il faut que l'un des deux y tombe.

1140 —- Voyons un peu sur qui va se fermer la tombe,
Dit Sigismond. C'est toi le mort, c'est toi le chien !

Le moment est funèbre; Eviradnus sent bien
Qu'avant qu'il ait choisi dans quelque armure un glaive,
Il aura dans les reins la pointe qui se lève;
1145 Que faire ? Tout à coup sur Ladislas gisant
Son œil tombe; il sourit, terrible, et, se baissant
De l'air d'un lion pris qui trouve son issue :
— Hé ! dit-il, je n'ai pas besoin d'autre massue ! —
Et prenant aux talons le cadavre du roi,
1150 Il marche à l'empereur qui chancelle d'effroi;
Il brandit le roi mort comme une arme, il en joue,
Il tient dans ses deux poings les deux pieds, et secoue
Au-dessus de sa tête, en murmurant : Tout beau !
Cette espèce de fronde horrible du tombeau,
1155 Dont le corps est la corde et la tête la pierre.
Le cadavre éperdu se renverse en arrière,
Et les bras disloqués font des gestes hideux.

Lui, crie : — Arrangez-vous, princes, entre vous deux.
Si l'enfer s'éteignait, dans l'ombre universelle,
1160 On le rallumerait, certe, avec l'étincelle
Qu'on peut tirer d'un roi heurtant un empereur.

Sigismond, sous ce mort qui plane, ivre d'horreur,
Recule, sans la voir, vers la lugubre trappe;
Soudain le mort s'abat et le cadavre frappe...
1165 Eviradnus est seul. Et l'on entend le bruit
De deux spectres tombant ensemble dans la nuit.
Le preux se courbe au seuil du puits, son œil y plonge,
Et, calme, il dit tout bas, comme parlant en songe :
— C'est bien ! disparaissez, le tigre et le chacal !

XVIII

LE JOUR REPARAIT

1170 Il reporte Mahaud sur le fauteuil ducal,
Et, de peur qu'au réveil elle ne s'inquiète,
Il referme sans bruit l'infernale oubliette;
Puis remet tout en ordre autour de lui, disant :

— La chose n'a pas fait une goutte de sang;
C'est mieux.

1175   Mais, tout à coup, la cloche au loin éclate;
Les monts gris sont bordés d'un long fil écarlate;
Et voici que, portant les branches de genêt,
Le peuple vient chercher sa dame; l'aube naît.
Les hameaux sont en branle, on accourt; et, vermeille,
1180 Mahaud, en même temps que l'aurore, s'éveille;
Elle pense rêver et croit que le brouillard
A pris ces jeunes gens pour en faire un vieillard,
Et les cherche des yeux, les regrettant peut-être;
Eviradnus salue, et le vieux vaillant maître,
1185 S'approchant d'elle avec un doux sourire ami :
— Madame, lui dit-il, avez-vous bien dormi ?

XVI

LES TRONES D'ORIENT

ZIM-ZIZIMI

Zim-Zizimi, soudan d'Egypte, commandeur
Des croyants, padischah qui dépasse en grandeur
Le césar d'Allemagne et le sultan d'Asie,
Maître que la splendeur énorme rassasie,
5 Songe. C'est le moment de son festin du soir;
Toute la table fume ainsi qu'un encensoir;
Le banquet est dressé dans la plus haute crypte
D'un grand palais bâti par les vieux rois d'Egypte;
Les plafonds sont dorés et les piliers sont peints;
10 Les buffets sont chargés de viandes et de pains,
Et de tout ce que peut rêver la faim humaine;
Un roi mange en un jour plus qu'en une semaine
Le peuple d'Ispahan, de Byzance et de Tyr;
Et c'est l'art des valets que de faire aboutir
15 La mamelle du monde à la bouche d'un homme;
Tous les mets qu'on choisit, tous les vins qu'on renomme
Sont là, car le sultan Zizimi boit du vin;
Il rit du livre austère et du texte divin
Que le derviche triste, humble et pâle vénère;
20 L'homme sobre est souvent cruel, et, d'ordinaire,
L'économe de vin est prodigue de sang;
Mais Zim est à la fois ivrogne et malfaisant.

Ce qui n'empêche pas qu'il ne soit plein de gloire.
Il règne; il a soumis la vieille Afrique noire;
25 Il règne par le sang, la guerre et l'échafaud;
Il tient l'Asie ainsi qu'il tient l'Afrique; il faut
Que celui qui veut fuir son empire s'exile
Au nord, en Thrace, au sud, jusqu'au fleuve Baxile;
Toujours vainqueur, fatal, fauve, il a pour vassaux
30 Les batailles, les camps, les clairons, les assauts;
L'aigle en l'apercevant crie et fuit dans les roches.
Les rajahs de Mysore et d'Agra sont ses proches,
Ainsi qu'Omar, qui dit : Grâce à moi, Dieu vaincra.
Son oncle est Hayraddin, sultan de Bassora,
35 Les grands cheiks du désert sont tous de sa famille.

Le roi d'Oude est son frère, et l'épée est sa fille.

Il a dompté Bagdad, Trébizonde, et Mossul,
Que conquit le premier Duilius, ce consul
Qui marchait précédé de flûtes tibicines ;
40   Il a soumis Gophna, les forêts abyssines,
L'Arabie, où l'aurore a d'immenses rougeurs,
Et l'Hedjaz, où, le soir, les tremblants voyageurs,
De la nuit autour d'eux sentant rôder les bêtes,
Allument de grands feux, tiennent leurs armes prêtes,
45   Et se brûlent un doigt pour ne pas s'endormir ;
Mascate et son iman, la Mecque et son émir,
Le Liban, le Caucase et l'Atlas font partie
De l'ombre de son trône, ainsi que la Scythie,
Et l'eau de Nagaïn, et le sable d'Ophir,
50   Et le Sahara fauve, où l'oiseau vert asfir
Vient becqueter la mouche aux pieds des dromadaires ;
Pareils à des vautours forcés de changer d'aires,
Devant lui, vingt sultans, reculant hérissés,
Se sont dans la fournaise africaine enfoncés ;
55   Quand il étend son sceptre, il touche aux âpres zones
Où luit la nudité des fières amazones ;
En Grèce, il fait lutter chrétiens contre chrétiens,
Les chiens contre les porcs, les porcs contre les chiens ;
Tout le craint ; et sa tête est de loin saluée
60   Par le lama debout dans la sainte nuée,
Et son nom fait pâlir parmi les kassburdars
Le sophi devant qui flottent sept étendards ;
Il règne ; et le morceau qu'il coupe de la terre
S'agrandit chaque jour sous son noir cimeterre ;
65   Il foule les cités, les achète, les vend,
Les dévore ; à qui sont les hommes, Dieu vivant ?
A lui, comme la paille est au bœuf dans l'étable.

*

Cependant il s'ennuie. Il est seul à sa table,
Le trône ne pouvant avoir de conviés ;
70   Grandeur, bonheur, les biens par la foule enviés,
L'alcôve où l'on s'endort, le sceptre où l'on s'appuie,
Il a tout ; c'est pourquoi ce tout-puissant s'ennuie ;
Ivre, il est triste.

                Il vient d'épuiser les plaisirs ;
Il a donné son pied à baiser aux vizirs ;
75   Sa musique a joué les fanfares connues ;
Des femmes ont dansé devant lui toutes nues ;
Il s'est fait adorer par un tas prosterné
De cheiks et d'ulémas décrépits, étonné
Que la barbe fût blanche alors que l'âme est vile ;
80   Il s'est fait amener des prisons de la ville

Deux voleurs qui se sont traînés à ses genoux,
Criant grâce, implorant l'homme maître de tous,
Agitant à leurs poings de pesantes ferrailles,
Et, curieux de voir s'échapper leurs entrailles,
85 Il leur a lentement lui-même ouvert le flanc;
Puis il a renvoyé ses esclaves, bâillant.

Zim regarde, en sa molle et hautaine attitude,
Cherchant à qui parler dans cette solitude.

                    *

Le trône où Zizimi s'accoude est soutenu
90 Par dix sphinx au front ceint de roses, au flanc nu;
Tous sont en marbre blanc; tous tiennent une lyre;
L'énigme dans leurs yeux semble presque sourire;
Chacun d'eux porte un mot sur sa tête sculpté,
Et ces dix mots sont : Gloire, Amour, Jeu, Volupté,
95 Santé, Bonheur, Beauté, Grandeur, Victoire, Joie.

Et le sultan s'écrie :

                    — O sphinx dont l'œil flamboie,
Je suis le Conquérant; mon nom est établi
Dans l'azur des cieux, hors de l'ombre et de l'oubli;
Et mon bras porte un tas de foudres qu'il secoue;
100 Mes exploits fulgurants passent comme une roue;
Je vis; je ne suis pas ce qu'on nomme un mortel;
Mon trône vieillissant se transforme en autel;
Quand le moment viendra que je quitte la terre,
Etant le jour, j'irai rentrer dans la lumière;
105 Dieu dira : « Du sultan je veux me rapprocher. »
L'aube prendra son astre et viendra me chercher.
L'homme m'adore avec des faces d'épouvante;
L'Orgueil est mon valet; la Gloire est ma servante;
Elle se tient debout quand Zizimi s'assied;
110 Je dédaigne et je hais les hommes; et mon pied
Sent le mou de la fange en marchant sur leurs nuques.
A défaut des humains, tous muets, tous eunuques,
Tenez-moi compagnie, ô sphinx qui m'entourez
Avec vos noms joyeux sur vos têtes dorés,
115 Désennuyez le roi redoutable qui tonne;
Que ma splendeur en vous autour de moi rayonne;
Chantez-moi votre chant de gloire et de bonheur;
O trône triomphal dont je suis le seigneur,
Parle-moi ! Parlez-moi, sphinx couronnés de roses ! —

120 Alors les sphinx, avec la voix qui sort des choses,
Parlèrent; tels ces bruits qu'on entend en dormant.

                    *

LE PREMIER SPHINX

La reine Nitocris, près du clair firmament,
Habite le tombeau de la haute terrasse;
Elle est seule, elle est triste; elle songe à sa race,
125 A tous ces rois, terreur des grecs et des hébreux,
Durs, sanglants, et sortis de son flanc ténébreux;
Au milieu de l'azur son sépulcre est farouche;
Les oiseaux tombent morts quand leur aile le touche;
Et la reine est muette et les nuages font
130 Sur son royal silence un bruit sombre et profond.
Selon l'antique loi, nul vivant, s'il ne porte
Sur sa tête un corps mort, ne peut franchir la porte
Du tombeau, plein d'enfer et d'horreur pénétré.
La reine ouvre les yeux la nuit; le ciel sacré
135 Apparaît à la morte à travers les pilastres;
Son œil sinistre et fixe importune les astres;
Et jusqu'à l'aube, autour des os de Nitocris,
Un flot de spectres passe avec de vagues cris.

LE DEUXIÈME SPHINX

Si grands que soient les rois, les pharaons, les mages
140 Qu'entoure une nuée éternelle d'hommages,
Personne n'est plus haut que Téglath-Phalasar.
Comme Dieu même, à qui l'étoile sert de char,
Il a son temple avec un prophète pour prêtre;
Ses yeux semblent de pourpre, étant les yeux du maître;
145 Tout tremble; et, sous son joug redouté, le héros
Tient les peuples courbés ainsi que des taureaux;
Pour les villes d'Assur que son pas met en cendre,
Il est ce que sera pour l'Asie Alexandre,
Il est ce que sera pour l'Europe Attila;
150 Il triomphe, il rayonne; et, pendant ce temps-là,
Sans savoir qu'à ses pieds toute la terre tombe,
Pour le mur qui sera la cloison de sa tombe
Des potiers font sécher de la brique au soleil.

LE TROISIÈME SPHINX

Nemrod était un maître aux archanges pareil;
155 Son nom est sur Babel, la sublime masure;
Son sceptre altier couvrait l'espace qu'on mesure
De la mer du couchant à la mer du levant;
Baal le fit terrible à tout être vivant
Depuis le ciel sacré jusqu'à l'enfer immonde;
160 Ayant rempli ses mains de l'empire du monde,
Si l'on eût dit : « Nemrod mourra », qui l'aurait cru ?
Il vivait; maintenant cet homme a disparu.
Le désert est profond et le vent est sonore.

LE QUATRIÈME SPHINX

Chrem fut roi, sa statue était d'or; on ignore
165 La date de la fonte et le nom du fondeur;

Et nul ne pourrait dire à quelle profondeur,
Ni dans quel sombre puits, ce pharaon sévère
Flotte plongé dans l'huile, en son cercueil de verre.
Les rois triomphent, beaux, fiers, joyeux, courroucés,
170 Puissants, victorieux; alors Dieu dit : Assez !

Le temps, spectre debout sur tout ce qui s'écroule
Tient et par moments tourne un sablier, où coule
Une poudre qu'il a prise dans les tombeaux
Et ramassée aux plis des linceuls en lambeaux,
175 Et la cendre des morts mesure aux vivants l'heure.

Rois, le sablier tremble et la clepsydre pleure;
Pourquoi ? le savez-vous, rois ? C'est que chacun d'eux
Voit, au-delà de vous, ô princes hasardeux,
Le dedans du sépulcre et de la catacombe,
180 Et la forme que prend le trône dans la tombe.

LE CINQUIÈME SPHINX

Les quatre conquérants de l'Asie étaient grands;
Leurs colères roulaient ainsi que des torrents;
Quand ils marchaient, la terre oscillait sur son axe;
Thuras tenait le Phase, Ochus avait l'Araxe,
185 Gour la Perse, et le roi fatal, Phul-Bélézys,
Sur l'Inde monstrueuse et triste était assis;
Quand Cyrus les lia tous quatre à son quadrige,
L'Euphrate eut peur; Ninive, en voyant ce prodige,
Disait : « Quel est ce char étrange et radieux
190 Que traîne un formidable attelage de dieux ? »
Ainsi parlait le peuple, ainsi parlait l'armée;
Tout s'est évanoui, puisque tout est fumée.

LE SIXIÈME SPHINX

Cambyse ne fait plus un mouvement; il dort;
Il dort sans même voir qu'il pourrit; il est mort.
195 Tant que vivent les rois la foule est à plat ventre;
On les contemple, on trouve admirable leur antre;
Mais sitôt qu'ils sont morts, ils deviennent hideux,
Et n'ont plus que les vers pour ramper autour d'eux.
Oh ! de Troie à Memphis, et d'Ecbatane à Tarse,
200 La grande catastrophe éternelle est éparse
Avec Pyrrhus le grand, avec Psamméticus !
Les rois vainqueurs sont morts plus que les rois vaincus,
Car la mort rit, et fait, quand sur l'homme elle monte,
Plus de nuit sur la gloire, hélas ! que sur la honte.

LE SEPTIÈME SPHINX

205 La tombe où l'on a mis Bélus croule au désert;
Ruine, elle a perdu son mur de granit vert
Et sa coupole, sœur du ciel, splendide et ronde;
Le pâtre y vient choisir des pierres pour sa fronde;

Celui qui, le soir, passe en ce lugubre champ
210 Entend le bruit que fait le chacal en mâchant ;
L'ombre en ce lieu s'amasse et la nuit est là toute ;
Le voyageur, tâtant de son bâton la voûte,
Crie en vain : — Est-ce ici qu'était le dieu Bélus ?
Le sépulcre est si vieux qu'il ne s'en souvient plus.

LE HUITIÈME SPHINX

215 Aménophis, Ephrée et Cherbron sont funèbres ;
Rhamsès est devenu tout noir dans les ténèbres ;
Les satrapes s'en vont dans l'ombre, ils s'en vont tous.
L'ombre n'a pas besoin de clefs ni de verrous,
L'ombre est forte. La mort est la grande geôlière ;
220 Elle manie un dieu d'une main familière,
Et l'enferme ; les rois sont ses noirs prisonniers ;
Elle tient les premiers, elle tient les derniers ;
Dans une gaine étroite elle a roidi leurs membres ;
Elle les a couchés dans de lugubres chambres
225 Entre des murs bâtis de cailloux et de chaux ;
Et, pour qu'ils restent seuls dans ces blêmes cachots,
Méditant sur leur sceptre et sur leur aventure,
Elle a pris de la terre et bouché l'ouverture.

LE NEUVIÈME SPHINX

Passants, quelqu'un veut-il voir Cléopâtre au lit ?
230 Venez ; l'alcôve est morne, une brume l'emplit ;
Cléopâtre est couchée à jamais. Cette femme
Fut l'éblouissement de l'Asie et la flamme
Que tout le genre humain avait dans le regard ;
Quand elle disparut, le monde fut hagard ;
235 Ses dents étaient de perle et sa bouche était d'ambre ;
Les rois mouraient d'amour en entrant dans sa chambre ;
Pour elle Ephractæus soumit l'Atlas, Sapor
Vint d'Osymandias saisir le cercle d'or,
Mamylos conquit Suze et Tentyris détruite
240 Et Palmyre, et pour elle Antoine prit la fuite ;
Entre elle et l'univers qui s'offraient à la fois
Il hésita, lâchant le monde dans son choix ;
Cléopâtre égalait les Junons éternelles ;
Une chaîne sortait de ses vagues prunelles.
245 O tremblant cœur humain, si jamais tu vibras,
C'est dans l'étreinte altière et douce de ses bras ;
Son nom seul enivrait, Strophus n'osait l'écrire ;
La terre s'éclairait de son divin sourire,
A force de lumière et d'amour, effrayant :
250 Son corps semblait mêlé d'azur ; en la voyant,
Vénus, le soir, rentrait jalouse sous la nue ;
Cléopâtre embaumait l'Egypte ; toute nue,
Elle brûlait les yeux ainsi que le soleil ;
Les roses enviaient l'ongle de son orteil ;
255 O vivants, allez voir sa tombe souveraine ;

Fière, elle était déesse et daignait être reine;
L'amour prenait pour arc sa lèvre aux coins moqueurs;
Sa beauté rendait fous les fronts, les sens, les cœurs,
Et plus que les lions rugissants était forte;
260   Mais bouchez-vous le nez si vous passez la porte.

LE DIXIÈME SPHINX

Que fait Sennachérib, roi plus grand que le sort ?
Le roi Sennachérib fait ceci qu'il est mort.
Que fait Gad ? Il est mort. Que fait Sardanapale ?
Il est mort.

*

Le sultan écoutait, morne et pâle.

265   — Voilà de sombres voix, dit-il, et je ferai
Dès demain jeter bas ce palais effaré
Où le démon répond quand on s'adresse aux anges.

Il menaça du poing les sphinx aux yeux étranges.

*

Et son regard tomba sur sa coupe où brillait
270   Le vin semé de sauge et de feuilles d'œillet.

— Ah ! toi, tu sais calmer ma tête fatiguée;
Viens, ma coupe, dit-il. Ris, parle-moi, sois gaie.
Chasse de mon esprit ces nuages hideux.
Moi, le pouvoir, et toi, le vin, causons tous deux.

275   La coupe étincelante, embaumée et fleurie,
Lui dit :

— Phur, roi soleil, avait Alexandrie;
Il levait au-dessus de la mer son cimier;
Il tirait de son peuple orageux, le premier
D'Afrique après Carthage et du monde après Rome,
280   Des soldats plus nombreux que les rêves que l'homme
Voit dans la transparence obscure du sommeil;
Mais à quoi bon avoir été l'homme soleil ?
Puisqu'on est le néant, que sert d'être le maître ?
Que sert d'être calife ou mage ? A quoi bon être
285   Un de ces pharaons, ébauches des sultans,
Qui, dans la profondeur ténébreuse des temps,
Jettent la lueur vague et sombre de leurs mitres ?
A quoi bon être Arsès, Darius, Armamithres,
Cyaxare, Séthos, Dardanus, Dercylas,
290   Xercès, Nabonassar, Asar-Addon, hélas !
On a des légions qu'à la guerre on exerce;
On est Antiochus, Chosroès, Artaxerce,

Sésostris, Annibal, Astyage, Sylla,
Achille, Omar, César, on meurt, sachez cela.
295 Ils étaient dans le bruit, ils sont dans le silence.
Vivants, quand le trépas sur un de vous s'élance,
Tout homme, quel qu'il soit, meurt tremblant ; mais le roi
Du haut de plus d'orgueil tombe dans plus d'effroi ;
Cet esprit plus noir trouve un juge plus farouche ;
300 Pendant que l'âme fuit, le cadavre se couche,
Et se sent sous la terre opprimer et chercher
Par la griffe de l'arbre et le poids du rocher ;
L'orfraie à son côté se tapit défiante.
Qu'est-ce qu'un sultan mort ? Les taupes font leur fiente
305 Dans de la cendre à qui l'empire fut donné,
Et dans des ossements qui jadis ont régné ;
Et les tombeaux des rois sont des trous à panthère.

Zim, furieux, brisa la coupe contre terre.

*

Pour éclairer la salle, on avait apporté
310 Au centre de la table un flambeau d'or sculpté
A Sumatra, pays des orfèvres célèbres ;
Cette lampe splendide étoilait les ténèbres.

Zim lui parla :

                    — Voilà de la lumière au moins !
Les sphinx sont de la nuit les funèbres témoins ;
315 La coupe, étant toujours ivre, est à peu près folle ;
Mais toi, flambeau, tu vis dans ta claire auréole,
Tu jettes aux banquets un regard souriant ;
O lampe, où tu parais tu fais un orient ;
Quand tu parles, ta voix doit être un chant d'aurore ;
320 Dis-moi quelque chanson divine que j'ignore,
Parle-moi, ravis-moi, lampe du paradis !
Que la coupe et les sphinx monstrueux soient maudits ;
Car les sphinx ont l'œil faux, la coupe a le vin traître.

Et la lampe parla sur cet ordre du maître :

325 — Après avoir eu Tyr, Babylone, Ilion,
Et pris Delphe à Thésée et l'Athos au lion,
Conquis Thèbe, et soumis le Gange tributaire,
Ninus le fratricide est perdu sous la terre ;
Il est muré, selon le rite assyrien,
330 Dans un trou formidable où l'on ne voit plus rien.
Où ? qui le sait ? les puits sont noirs, la terre est creuse.
L'homme est devenu spectre. A travers l'ombre affreuse,
Si le regard de ceux qui sont vivants pouvait
Percer jusqu'au lit triste au lugubre chevet

335 Où gît ce roi, jadis éclair dans la tempête,
    On verrait, à côté de ce qui fut sa tête,
    Un vase de grès rouge, un doigt de marbre blanc;
    Adam le trouverait à Caïn ressemblant.
    La vipère frémit quand elle s'aventure
340 Jusqu'à cette effrayante et sombre pourriture.
    Il est gisant; il dort; peut-être qu'il attend.

    Par moment, la Mort vient dans sa tombe, apportant
    Une cruche et du pain qu'elle dépose à terre;
    Elle pousse du pied le dormeur solitaire,
345 Et lui dit : — Me voici, Ninus. Réveille-toi.
    Je t'apporte à manger. Tu dois avoir faim, roi.
    Prends. — Je n'ai plus de mains, répond le roi farouche.
    — Allons, mange. Et Ninus dit : — Je n'ai plus de bouche.
    Et la Mort, lui montrant le pain, dit : — Fils des dieux,
350 Vois ce pain. Et Ninus répond : — Je n'ai plus d'yeux. —

                           *

    Zim se dressa terrible, et, sur les dalles sombres
    Que le festin couvrait de ses joyeux décombres,
    Jeta la lampe d'or sculptée à Sumatra.
    La lampe s'éteignit.

                    Alors la Nuit entra;
355 Et Zim se trouva seul avec elle; la salle,
    Comme en une fumée obscure et colossale,
    S'effaça; Zim tremblait, sans gardes, sans soutiens.
    La Nuit lui prit la main dans l'ombre, et lui dit : Viens.

1453

Les turcs, devant Constantinople,
Virent un géant chevalier,
A l'écu d'or et de sinople,
Suivi d'un lion familier.

Mahomet deux, sous les murailles,
Lui cria : Qu'es-tu ? Le géant
Dit : « — Je m'appelle Funérailles.
Et toi, tu t'appelles Néant.

« Mon nom sous le soleil est France.
Je reviendrai dans la clarté,
J'apporterai la délivrance,
J'amènerai la liberté.

« Mon armure est dorée et verte
Comme la mer sous le ciel bleu;
Derrière moi l'ombre est ouverte;
Le lion qui me suit, c'est Dieu. »

SULTAN MOURAD

I

Mourad, fils du sultan Bajazet, fut un homme
Glorieux, plus qu'aucun des Tibères de Rome;
Dans son sérail veillaient les lions accroupis,
Et Mourad en couvrit de meurtres les tapis;
5 On y voyait blanchir des os entre les dalles,
Un long fleuve de sang de dessous ses sandales
Sortait, et s'épandait sur la terre, inondant
L'orient, et fumant dans l'ombre à l'occident;
Il fit un tel carnage avec son cimeterre
10 Que son cheval semblait au monde une panthère;
Sous lui Smyrne et Tunis, qui regretta ses beys,
Furent comme des corps qui pendent aux gibets;
Il fut sublime; il prit, mêlant la force aux ruses,
Le Caucase aux kirghis et le Liban aux druses;
15 Il fit, après l'assaut, pendre les magistrats
D'Ephèse, et rouer vifs les prêtres de Patras;
Grâce à Mourad, suivi des victoires rampantes,
Le vautour essuyait son bec fauve aux charpentes
Du temple de Thésée encor pleines de clous;
20 Grâce à lui, l'on voyait dans Athènes des loups,
Et la ronce couvrait de sa verte tunique
Tous ces vieux pans de murs écroulés, Salonique,
Corinthe, Argos, Varna, Tyr, Didymothicos,
Où l'on n'entendait plus parler que les échos;
25 Mourad fut saint; il fit étrangler ses huit frères;
Comme les deux derniers, petits, cherchaient leurs mères
Et s'enfuyaient, avant de les faire mourir
Tout autour de la chambre il les laissa courir;
Mourad, parmi la foule invitée à ses fêtes,
30 Passait, le cangiar à la main, et les têtes
S'envolaient de son sabre ainsi que des oiseaux;
Mourad, qui ruina Delphe, Ancyre et Naxos,
Comme on cueille un fruit mûr tuait une province;

Il anéantissait le peuple avec le prince,
35   Les temples et les dieux, les rois et les donjons;
L'eau n'a pas plus d'essaims d'insectes dans ses joncs
Qu'il n'avait de rois morts et de spectres épiques
Volant autour de lui dans les forêts de piques;
Mourad, fils étoilé de sultans triomphants,
40   Ouvrit, l'un après l'autre et vivants, douze enfants
Pour trouver dans leur ventre une pomme volée;
Mourad fut magnanime; il détruisit Elée,
Mégare et Famagouste avec l'aide d'Allah;
Il effaça de terre Agrigente; il brûla
45   Fiume et Rhode, voulant avoir des femmes blanches;
Il fit scier son oncle Achmet entre deux planches
De cèdre, afin de faire honneur à ce vieillard;
Mourad fut sage et fort; son père mourut tard,
Mourad l'aida; ce père avait laissé vingt femmes,
50   Filles d'Europe ayant dans leurs regards des âmes,
Ou filles de Tiflis au sein blanc, au teint clair;
Sultan Mourad jeta ces femmes à la mer
Dans des sacs convulsifs que la houle profonde
Emporta, se tordant confusément dans l'onde;
55   Mourad les fit noyer toutes; ce fut sa loi;
Et quand quelque santon lui demandait pourquoi,
Il donnait pour raison : « C'est qu'elles étaient grosses. »
D'Aden et d'Erzeroum il fit de larges fosses,
Un charnier de Modon vaincue, et trois amas
60   De cadavres d'Alep, de Brousse et de Damas;
Un jour, tirant de l'arc, il prit son fils pour cible,
Et le tua; Mourad sultan fut invincible;
Vlad, boyard de Tarvis, appelé Belzébuth,
Refuse de payer au sultan son tribut,
65   Prend l'ambassade turque et la fait périr toute
Sur trente pals, plantés aux deux bords d'une route;
Mourad accourt, brûlant moissons, granges, greniers,
Bat le boyard, lui fait vingt mille prisonniers,
Puis, autour de l'immense et noir champ de bataille,
70   Bâtit un large mur tout en pierre de taille,
Et fait dans les créneaux, pleins d'affreux cris plaintifs,
Maçonner et murer les vingt mille captifs,
Laissant des trous par où l'on voit leurs yeux dans l'ombre,
Et part, après avoir écrit sur leur mur sombre :
75   « Mourad, tailleur de pierre, à Vlad, planteur de pieux. »
Mourad était croyant, Mourad était pieux;
Il brûla cent couvents de chrétiens en Eubée,
Où par hasard sa foudre était un jour tombée;
Mourad fut quarante ans l'éclatant meurtrier
80   Sabrant le monde, ayant Dieu sous son étrier;
Il eut le Rhamséion et le Généralife;
Il fut le padischah, l'empereur, le calife,
Et les prêtres disaient : Allah ! Mourad est grand. »

II

Législateur horrible et pire conquérant,
85 N'ayant autour de lui que des troupeaux infâmes,
De la foule, de l'homme en poussière, des âmes
D'où des langues sortaient pour lui lécher les pieds,
Loué pour ses forfaits toujours inexpiés,
Flatté par ses vaincus et baisé par ses proies,
90 Il vivait dans l'encens, dans l'orgueil, dans les joies,
Avec l'immense ennui du méchant adoré.

Il était le faucheur, la terre était le pré.

III

Un jour, comme il passait à pied dans une rue
A Bagdad, tête auguste au vil peuple apparue,
95 A l'heure où les maisons, les arbres et les blés
Jettent sur les chemins de soleil accablés
Leur frange d'ombre au bord d'un tapis de lumière,
Il vit, à quelques pas du seuil d'une chaumière,
Gisant à terre, un porc fétide qu'un boucher
100 Venait de saigner vif avant de l'écorcher;
Cette bête râlait devant cette masure;
Son cou s'ouvrait, béant d'une affreuse blessure;
Le soleil de midi brûlait l'agonisant;
Dans la plaie implacable et sombre, dont le sang
105 Faisait un lac fumant à la porte du bouge,
Chacun de ses rayons entrait comme un fer rouge;
Comme s'ils accouraient à l'appel du soleil,
Cent moustiques suçaient la plaie au bord vermeil;
Comme autour de leur lit voltigent les colombes,
110 Ils allaient et venaient, parasites des tombes,
Les pattes dans le sang, l'aile dans le rayon;
Car la mort, l'agonie et la corruption
Sont ici-bas le seul mystérieux désastre
Où la mouche travaille en même temps que l'astre;
115 Le porc ne pouvait faire un mouvement, livré
Au féroce soleil, des mouches dévoré;
On voyait tressaillir l'effroyable coupure;
Tous les passants fuyaient loin de la bête impure;
Qui donc eût eu pitié de ce malheur hideux?
120 Le porc et le sultan étaient seuls tous les deux;
L'un torturé, mourant, maudit, infect, immonde;

L'autre, empereur, puissant, vainqueur, maître du monde,
Triomphant aussi haut que l'homme peut monter,
Comme si le destin eût voulu confronter
125   Les deux extrémités sinistres des ténèbres.
Le porc, dont un frisson agitait les vertèbres,
Râlait, triste, épuisé, morne; et le padischah
De cet être difforme et sanglant s'approcha,
Comme on s'arrête au bord d'un gouffre qui se creuse;
130   Mourad pencha son front sur la bête lépreuse,
Puis la poussa du pied dans l'ombre du chemin,
Et, de ce même geste énorme et surhumain
Dont il chassait les rois, Mourad chassa les mouches.
Le porc mourant rouvrit ses paupières farouches,
135   Regarda d'un regard ineffable, un moment,
L'homme qui l'assistait dans son accablement;
Puis son œil se perdit dans l'immense mystère;
Il expira.

                              IV

                  Le jour où ceci sur la terre
S'accomplissait, voici ce que voyait le ciel :

140   C'était dans l'endroit calme, apaisé, solennel,
Où luit l'astre idéal sous l'idéal nuage,
Au-delà de la vie, et de l'heure, et de l'âge,
Hors de ce qu'on appelle espace, et des contours
Des songes qu'ici-bas nous nommons nuits et jours;
145   Lieu d'évidence où l'âme enfin peut voir les causes,
Où, voyant le revers inattendu des choses,
On comprend, et l'on dit : C'est bien ! — l'autre côté
De la chimère sombre étant la vérité;
Lieu blanc, chaste, où le mal s'évanouit et sombre.
150   L'étoile en cet azur semble une goutte d'ombre.

Ce qui rayonne là, ce n'est pas un vain jour
Qui naît et meurt, riant et pleurant tour à tour,
Jaillissant, puis rentrant dans la noirceur première,
Et, comme notre aurore, un sanglot de lumière;
155   C'est un grand jour divin, regardé dans les cieux
Par les soleils, comme est le nôtre par les yeux;
Jour pur, expliquant tout, quoiqu'il soit le problème;
Jour qui terrifierait s'il n'était l'espoir même;
De toute l'étendue éclairant l'épaisseur,
160   Foudre par l'épouvante, aube par la douceur.
Là, toutes les beautés tonnent épanouies;
Là, frissonnent en paix les lueurs inouïes;
Là, les ressuscités ouvrent leur œil béni

Au resplendissement de l'éclair infini;
165 Là, les vastes rayons passent comme des ondes.

C'était sur le sommet du Sinaï des mondes;
C'était là.

              Le nuage auguste, par moments,
Se fendait, et jetait des éblouissements.
Toute la profondeur entourait cette cime.

170 On distinguait, avec un tremblement sublime,
Quelqu'un d'inexprimable au fond de la clarté.

Et tout frémissait, tout, l'aube et l'obscurité,
Les anges, les soleils, et les êtres suprêmes,
Devant un vague front couvert de diadèmes.
Dieu méditait.

175   Celui qui crée et qui sourit,
Celui qu'en bégayant nous appelons Esprit,
Bonté, Force, Équité, Perfection, Sagesse,
Regarde devant lui, toujours, sans fin, sans cesse,
Fuir les siècles ainsi que des mouches d'été.
180 Car il est éternel avec tranquillité.

Et dans l'ombre hurlait tout un gouffre, la terre.

En bas, sous une brume épaisse, cette sphère
Rampait, monde lugubre où les pâles humains
Passaient et s'écroulaient et se tordaient les mains.
185 On apercevait l'Inde et le Nil, des mêlées
D'exterminations et de villes brûlées,
Et des champs ravagés et des clairons soufflant,
Et l'Europe livide ayant un glaive au flanc;
Des vapeurs de tombeau, des lueurs de repaire;
190 Cinq frères tout sanglants; l'oncle, le fils, le père;
Des hommes dans des murs, vivants, quoique pourris;
Des têtes voletant, mornes chauves-souris,
Autour d'un sabre nu, fécond en funérailles;
Des enfants éventrés soutenant leurs entrailles;
195 Et de larges bûchers fumaient, et des tronçons
D'êtres sciés en deux rampaient dans les tisons;
Et le vaste étouffeur des plaintes et des râles,
L'Océan, échouait dans les nuages pâles
D'affreux sacs noirs faisant des gestes effrayants;
200 Et ce chaos de fronts hagards, de pas fuyants,
D'yeux en pleurs, d'ossements, de larves, de décombres,
Ce brumeux tourbillon de spectres, et ces ombres
Secouant des linceuls, et tous ces morts, saignant
Au loin, d'un continent à l'autre continent,
205 Pendant aux pals, cloués aux croix, nus sur les claies,

Criaient, montrant leurs fers, leur sang, leurs maux, leurs
                                                    [plaies :
— C'est Mourad ! c'est Mourad ! justice, ô Dieu vivant !

A ce cri, qu'apportait de toutes parts le vent,
Les tonnerres jetaient des grondements étranges,
210   Des flamboiements passaient sur les faces des anges,
Les grilles de l'enfer s'empourpraient, le courroux
En faisait remuer d'eux-mêmes les verrous,
Et l'on voyait sortir de l'abîme insondable
Une sinistre main qui s'ouvrait formidable ;
215   « Justice ! » répétait l'ombre, et le châtiment
Au fond de l'infini se dressait lentement.

Soudain du plus profond des nuits, sur la nuée,
Une bête difforme, affreuse, exténuée,
Un être abject et sombre, un pourceau, s'éleva,
220   Ouvrant un œil sanglant qui cherchait Jéhovah ;
La nuée apporta le porc dans la lumière,
A l'endroit même où luit l'unique sanctuaire,
Le saint des saints, jamais décru, jamais accru ;
Et le porc murmura : — Grâce ! il m'a secouru.
225   Le pourceau misérable et Dieu se regardèrent.

Alors, selon des lois que hâtent ou modèrent
Les volontés de l'Etre effrayant qui construit
Dans les ténèbres l'aube et dans le jour la nuit,
On vit, dans le brouillard où rien n'a plus de forme,
230   Vaguement apparaître une balance énorme ;
Cette balance vint d'elle-même, à travers
Tous les enfers béants, tous les cieux entr'ouverts,
Se placer sous la foule immense des victimes ;
Au-dessus du silence horrible des abîmes,
235   Sous l'œil du seul vivant, du seul vrai, du seul grand,
Terrible, elle oscillait, et portait, s'éclairant
D'un jour mystérieux plus profond que le nôtre,
Dans un plateau le monde et le pourceau dans l'autre.

Du côté du pourceau la balance pencha.

                                    V

240   Mourad, le haut calife et l'altier padischah,
En sortant de la rue où les gens de la ville
L'avaient pu voir toucher à cette bête vile,
Fut le soir même pris d'une fièvre, et mourut.

Le tombeau des soudans, bâti de jaspe brut,
245   Couvert d'orfèvrerie, auguste, et dont l'entrée

Semble l'intérieur d'une bête éventrée
Qui serait tout en or et tout en diamants,
Ce monument, superbe entre les monuments,
Qui hérisse, au-dessus d'un mur de briques sèches,
250 Son faîte plein de tours comme un carquois de flèches,
Ce turbé que Bagdad montre encore aujourd'hui,
Reçut le sultan mort et se ferma sur lui.

Quand il fut là, gisant et couché sous la pierre,
Mourad ouvrit les yeux et vit une lumière;
255 Sans qu'on pût distinguer l'astre ni le flambeau,
Un éblouissement remplissait son tombeau;
Une aube s'y levait, prodigieuse et douce;
Et sa prunelle éteinte eut l'étrange secousse
D'une porte de jour qui s'ouvre dans la nuit.
260 Il aperçut l'échelle immense qui conduit
Les actions de l'homme à l'œil qui voit les âmes;
Et les clartés étaient des roses et des flammes;
Et Mourad entendit une voix qui disait :

— Mourad, neveu d'Achmet et fils de Bajazet,
265 Tu semblais à jamais perdu; ton âme infime
N'était plus qu'un ulcère et ton destin un crime;
Tu sombrais parmi ceux que le mal submergea;
Déjà Satan était visible en toi; déjà
Sans t'en douter, promis aux tourbillons funèbres
270 Des spectres sous la voûte infâme des ténèbres,
Tu portais sur ton dos les ailes de la nuit;
De ton pas sépulcral l'enfer guettait le bruit;
Autour de toi montait, par ton crime attirée,
L'obscurité du gouffre ainsi qu'une marée;
275 Tu penchais sur l'abîme où l'homme est châtié;
Mais tu viens d'avoir, monstre, un éclair de pitié;
Une lueur suprême et désintéressée
A, comme à ton insu, traversé ta pensée,
Et je t'ai fait mourir dans ton bon mouvement;
280 Il suffit, pour sauver même l'homme inclément,
Même le plus sanglant des bourreaux et des maîtres,
Du moindre des bienfaits sur le dernier des êtres;
Un seul instant d'amour rouvre l'éden fermé;
Un pourceau secouru pèse un monde opprimé;
285 Viens ! le ciel s'offre, avec ses étoiles sans nombre,
En frémissant de joie, à l'évadé de l'ombre !
Viens ! tu fus bon un jour, sois à jamais heureux.
Entre, transfiguré; tes crimes ténébreux,
O roi, derrière toi s'effacent dans les gloires;
290 Tourne la tête, et vois blanchir tes ailes noires.

LE BEY OUTRAGÉ

Le vieux bey de la régence
Murmure en baissant le front :
Demain s'appelle vengeance
Quand hier s'appelle affront.

Lui qui creusa tant de fosses
Que, lorsqu'il passe, inclément,
Le ventre des femmes grosses
Tressaille lugubrement,

Il tient nu son cimeterre ;
Pâle, il bâille par instants ;
Puis il regarde la terre
Comme s'il disait : Attends.

Il rêve. On sent qu'il résiste
Comme le pin des forêts,
Et qu'il sera d'abord triste
Pour être terrible après.

Ses regards sont insondables ;
Son glaive dans ses yeux luit ;
Ses paupières formidables,
Où passe un éclair de nuit,

Laissent, sans qu'il les essuie,
Tomber sur son yatagan
Ces larges gouttes de pluie
Qui précèdent l'ouragan.

LA CHANSON

DES DOREURS DE PROUES

Nous sommes les doreurs de proues.
Les vents, tournant comme des roues,
Sur la verte rondeur des eaux
Mêlent les lueurs et les ombres,
5   Et dans les plis des vagues sombres
Traînent les obliques vaisseaux.

La bourrasque décrit des courbes,
Les vents sont tortueux et fourbes,
L'archer noir souffle dans son cor,
10   Ces bruits s'ajoutent aux vertiges,
Et c'est nous qui dans ces prodiges
Faisons rôder des spectres d'or,

Car c'est un spectre que la proue.
Le flot l'étreint, l'air la secoue ;
15   Fière, elle sort de nos bazars
Pour servir aux éclairs de cible,
Et pour être un regard terrible
Parmi les sinistres hasards.

Roi, prends le frais sous les platanes ;
20   Sultan, sois jaloux des sultanes,
Et tiens sous des voiles caché
L'essaim des femmes inconnues
Qu'hier on vendait toutes nues
A la criée en plein marché ;

25   Qu'importe au vent ! qu'importe à l'onde !
Une femme est noire, une est blonde,
L'autre est d'Alep ou d'Ispahan ;
Toutes tremblent devant ta face ;
Et que veut-on que cela fasse
30   Au mystérieux océan ?

Vous avez chacun votre fête ;
Sois le prince, il est la tempête ;
Lui l'éclair, toi l'yatagan,
Vous avez chacun votre glaive ;
35   Sous le sultan le peuple rêve,
Le flot songe sous l'ouragan.

Nous travaillons pour l'un et l'autre.
Cette double tâche est la nôtre,
Et nous chantons ! O sombre émir,
40   Tes yeux d'acier, ton cœur de marbre,
N'empêchent pas le soir dans l'arbre
Les petits oiseaux de dormir ;

Car la nature est éternelle
Et tranquille, et Dieu sous son aile
45   Abrite les vivants pensifs.
Nous chantons dans l'ombre sereine
Des chansons où se mêle à peine
La vision des noirs récifs.

Nous laissons aux maîtres les palmes
50   Et les lauriers ; nous sommes calmes
Tant qu'ils n'ont pas pris dans leur main
Les étoiles diminuées,
Tant que la fuite des nuées
Ne dépend pas d'un souffle humain.

55   L'été luit, les fleurs sont écloses,
Les seins blancs ont des pointes roses,
On chasse, on rit, les ouvriers
Chantent, et les moines s'ennuient ;
Les vagues biches qui s'enfuient
60   Font tressaillir les lévriers.

Oh ! s'il fallait que tu t'emplisses,
Sultan, de toutes les délices
Qui t'environnent, tu mourrais.
Vis et règne, — la vie est douce.
65   Le chevreuil couché sur la mousse
Fait des songes dans les forêts ;

Monter ne sert qu'à redescendre ;
Tout est flamme, puis tout est cendre ;
La tombe dit à l'homme : vois !
70   Le temps change, les oiseaux muent.
Et les vastes eaux se remuent,
Et l'on entend passer des voix ;

L'air est chaud, les femmes se baignent ;
Les fleurs entre elles se dédaignent ;

75   Tout est joyeux, tout est charmant;
    Des blancheurs dans l'eau se reflètent;
    Les roses des bois se complètent
    Par les astres du firmament.

    Ta galère que nous dorâmes
80   A soixante paire de rames
    Qui de Lépante à Moganez
    Domptent le vent et la marée,
    Et dont chacune est manœuvrée
    Par quatre forçats enchaînés.

XVII

AVERTISSEMENTS
ET CHATIMENTS

LE TRAVAIL DES CAPTIFS

Dieu dit au roi : Je suis ton Dieu. Je veux un temple.
C'est ainsi, dans l'azur où l'astre le contemple,
Que Dieu parla; du moins le prêtre l'entendit.
Et le roi vint trouver les captifs, et leur dit :
5 — En est-il un de vous qui sache faire un temple ?
— Non, dirent-ils. — J'en vais tuer cent pour l'exemple,
Dit le roi. Dieu demande un temple en son courroux.

Ce que Dieu veut du roi, le roi le veut de vous.
C'est juste. —

                C'est pourquoi l'on fit mourir cent hommes.

10 Alors un des captifs cria : — Sire, nous sommes
Convaincus. Faites-nous, roi, dans les environs,
Donner une montagne, et nous la creuserons.
— Une caverne ? dit le roi. — Roi qui gouvernes,
Dieu ne refuse point d'entrer dans les cavernes,
15 Dit l'homme, et ce n'est pas une rébellion
Que faire un temple à Dieu de l'antre du lion.
— Faites, dit le roi.

                L'homme eut donc une montagne,
Et les captifs, traînant les chaînes de leur bagne,
Se mirent à creuser ce mont, nommé Galgal;
20 Et l'homme était leur chef, bien qu'il fût leur égal;
Mais dans la servitude, ombre où rien ne pénètre,
On a pour chef l'esclave à qui parle le maître.

Ils creusèrent le mont Galgal profondément.
Quand ils eurent fini, l'homme dit : — Roi clément,
25 Vos prisonniers ont fait ce que le ciel désire;
Mais ce temple est à vous avant d'être à Dieu, sire;
Que votre Eternité daigne venir le voir.
— J'y consens, répondit le roi. — Notre devoir,
Reprit l'humble captif prosterné sur les dalles,

30 Est d'adorer la cendre où marchent vos sandales ;
    Quand vous plaît-il de voir notre œuvre ? — Sur-le-champ.
    Alors le maître et l'homme, à ses pieds se couchant,
    Furent mis sous un dais sur une plate-forme ;
    Un puits était bouché par une pierre énorme,
35 La pierre fut levée, un câble hasardeux
    Soutint les quatre coins du trône, et tous les deux
    Descendirent au fond du puits, unique entrée
    De la montagne à coups de pioches éventrée.
    Quand ils furent en bas, le prince s'étonna.
40 — C'est de cette façon qu'on entre dans l'Etna,
    C'est ainsi qu'on pénètre au trou de la Sibylle,
    C'est ainsi qu'on aborde à l'Hadès immobile,
    Mais ce n'est pas ainsi qu'on arrive au saint lieu.
    — Qu'on monte ou qu'on descende, on va toujours à Dieu,
45 Dit l'architecte ayant comme un forçat la marque ;
    O roi, soyez ici le bienvenu, monarque
    Qui, parmi les plus grands et parmi les premiers,
    Rayonnez, comme un cèdre au milieu des palmiers
    Règne, et comme Pathmos brille entre les Sporades.
50 — Qu'est ce bruit ? dit le roi. — Ce sont mes camarades
    Qui laissent retomber le couvercle du puits.
    — Mais nous ne pourrons plus sortir. — Rois, vos appuis
    Sont les astres, ô prince, et votre cimeterre
    Fait reculei la foudre, et vous êtes sur terre
55 Le soleil, comme au ciel le soleil est le roi.
    Que peut craindre ici-bas votre hautesse ? — Quoi !
    Plus d'issue ! — O grand roi, roi sublime, qu'importe ?
    Vous êtes l'homme à qui Dieu même ouvre la porte.
    Alors le roi cria : — Plus de jour, plus de bruit,
60 Tout est noir, je ne vois plus rien. Pourquoi la nuit
    Est-elle dans ce temple ainsi qu'en une cave ?
    Pourquoi ? — Parce que c'est ta tombe, dit l'esclave.

HOMO DUPLEX

Un jour, le duc Berthold, neveu du comte Hugo,
Marquis du Rhin, seigneur de Fribourg en Brisgau,
Traversait en chassant la forêt de Thuringe.
Il vit, sous un grand arbre, un ange auprès d'un singe.
5 Ces deux êtres, pareils à deux lutteurs grondants,
Se regardaient l'un l'autre avec des yeux ardents ;
Le singe ouvrait sa griffe et l'ange ouvrait son aile.
Et l'ange dit : — Berthold de Zœhringen, qu'appelle
Dans la verte forêt le bruit joyeux des cors,
10 Tu vois ici ton âme à côté de ton corps.
Ecoute ; moi je suis ton esprit, lui ta bête.
Chacun de tes péchés lui fait lever la tête ;
Chaque bonne action que tu fais me grandit.
Tant que tu vis, je lutte et j'étreins ce bandit ;
15 A ta mort tout finit dans l'ombre ou dans l'aurore.
Car c'est moi qui t'enlève ou lui qui te dévore.

VERSET DU KORAN

La terre tremblera d'un profond tremblement,
Et les hommes diront : — Qu'a-t-elle ? En ce moment,
Sortant de l'ombre en foule ainsi que des couleuvres,
Pâles, les morts viendront pour regarder leurs œuvres.
5   Ceux qui firent le mal le poids d'une fourmi
Le verront, et pour eux Dieu sera moins ami;
Ceux qui firent le bien ce que pèse une mouche
Le verront, et Satan leur sera moins farouche.

L'AIGLE DU CASQUE

O sinistres forêts, vous avez vu ces ombres
Passer, l'une après l'autre, et, parmi vos décombres,
Vos ruines, vos lacs, vos ravins, vos halliers,
Vous avez vu courir ces deux noirs chevaliers;
5 Vous avez vu l'immense et farouche aventure;
Les nuages, qui sont errants dans la nature,
Ont eu cette épouvante énorme au-dessous d'eux;
La victoire fut sourde et l'exploit fut hideux;
Et l'herbe et la broussaille et les fleurs et les plantes
10 Et les branches en sont encor toutes tremblantes;
L'arbre en parle au rocher, l'antre en parle au menhir;
Le vieux mont Lothian semble se souvenir;
Et la fauvette en cause avec la tourterelle.
Et maintenant, disons ce que fut la querelle
15 Entre cet homme fauve et ce tragique enfant.

★

Le fond, nul ne le sait. L'obscur passé défend
Contre le souvenir des hommes l'origine
Des rixes de Ninive et des guerres d'Egine,
Et montre seulement la mort des combattants
20 Après l'échange amer des rires insultants;
Ainsi les anciens chefs d'Ecosse et de Northumbre
Ne sont guère pour nous que du vent et de l'ombre;
Ils furent orageux, ils furent ténébreux,
C'est tout; ces sombres lords se dévoraient entre eux;
25 L'homme vient volontiers vers l'homme à coups d'épée,
Bruce hait Baliol comme César Pompée;
Pourquoi ? Nous l'ignorons. Passez, souffles du ciel.
Dieu seul connaît la nuit.

                Le comte Strathaël,
Roi d'Angus, pair d'Ecosse, est presque centenaire;
30 Le gypaète cache un petit dans son aire,
Et ce lord a le fils de son fils près de lui;

Toute sa race ainsi qu'un blême éclair a lui
Et s'est éteinte; il est ce qui reste d'un monde;
Mais Dieu près du front chauve a mis la tête blonde,
35 L'aïeul a l'orphelin. Jacque a six ans. Le lord
Un soir l'appelle, et dit : — Je sens venir la mort,
Dans dix ans tu seras chevalier. Fils, écoute. —
Et, le prenant à part sous une sombre voûte,
Il parla bas longtemps à l'enfant adoré,
40 Et quand il eut fini l'enfant lui dit : — J'irai.
Et l'aïeul s'écria : — Pourtant il est sévère
En sortant du berceau de monter au calvaire,
Et seize ans est un âge où, certe, on aurait droit
De repousser du pied le seuil du tombeau froid,
45 D'ignorer la rancune obscure des familles,
Et de s'en aller rire avec les belles filles ! —
L'aïeul mourut.

*

Le temps fuit. Dix ans ont passé.

*

Tiphaine est dans sa tour que protège un fossé,
Debout, les bras croisés, sur la haute muraille.
50 Voilà longtemps qu'il n'a tué quelqu'un, il bâille.

Dix ans, cela suffit pour que les chênes verts
Soient d'une obscurité plus épaisse couverts;
Dix ans, cela suffit pour qu'un enfant grandisse.
En dix ans, certe, Orphée oublierait Eurydice,
55 Admète son épouse et Thisbé son amant,
Mais pas un chevalier n'oublierait un serment.

C'est le soir; et Tiphaine est oisif. Les mélèzes
Font au loin un bruit vague au penchant des falaises.

Ce Tiphaine est le lord sauvage des forêts;
60 Pas un loup n'oserait l'approcher de trop près;
Il s'est fait un royaume avec une montagne;
On le craint en Écosse, en Northumbre, en Bretagne;
On ne l'attaque pas, tant il est toujours seul;
Être dans le désert, c'est vivre en un linceul.
65 Il fait peur. Est-il prince ? est-il né sous le chaume ?
On ne sait; un bandit qui serait un fantôme,
C'est Tiphaine; et les vents et les lacs et les bois
Semblent ne prononcer son nom qu'à demi-voix;
Pourtant ce n'est qu'un homme; il bâille.

                                    Lord Tiphaine
70 A mis autour de lui l'effroi comme une chaîne;

Mais il en sent le poids ; tout s'enfuit devant lui ;
Mais l'orgueil est la forme altière de l'ennui.
N'ayant personne à vaincre, il ne sait plus que faire.
Soudain il voit venir l'écuyer qu'il préfère,
75 Bernard, un bon archer qui sait lire, et Bernard
Dit : — Milord, préparez la hache et le poignard.
Un seigneur vous écrit. — Quel est ce seigneur ? — Sire,
C'est Jacques, lord d'Angus. — Soit. Qu'est-ce qu'il désire ?
— Vous tuer. — Réponds-lui que c'est bien.

                                              Peu de temps
80 Suffit pour rapprocher deux hautains combattants
Et pour dire à la mort qu'elle se tienne prête,
L'éclair n'entendrait pas Dieu lui criant : Arrête !
Arriver, c'est la loi du sort.

                                              Il s'écoula
Une semaine. Puis de Lorne à Knapdala,
85 Douze sonneurs de cor en dalmatiques rouges
Firent savoir à tous, aux manants dans leurs bouges,
Au prêtre en son église, au baron dans sa tour,
Que deux lords entendaient se rencontrer tel jour,
Que saint Gildas serait patron de la rencontre,
90 Et qu'Angus étant pour, Tiphaine serait contre ;
Car l'usage est d'avoir un saint pour les soldats,
En Irlande Patrick, en Ecosse Gildas ;
C'est pour ou contre un saint que tout combat se livre ;
Avec la liberté de fuir et de poursuivre,
95 D'être ferme ou tremblant, magnanime ou couard,
Cruel comme Beauclerc, ou bon comme Edouard.

                                              *

L'endroit pour le champ clos fut choisi très farouche.
Le dur hiver, qui change en pierre l'eau qu'il touche,
Ne laissait pousser là sous la pluie et le vent
100 Que des sapins, cassés l'un par l'autre souvent,
Les arbres n'étant pas plus calmes que les hommes ;
Tout sur terre est en proie, ainsi que nous le sommes,
Au souffle, à la tempête, au funeste aquilon.
Une corde est nouée aux sapins d'un vallon ;
105 Elle marque une enceinte, une clairière ouverte
Sur des champs où la Tweed coule dans l'herbe verte,
Lente et molle rivière aux roseaux murmurants.
Un pêle-mêle obscur d'arbres et de torrents,
D'ombre et d'écroulement, de vie et de ravage,
110 Entoure affreusement la clairière sauvage.
On en sort du côté de la plaine. Et de là
Viennent les paysans que le cor appela.
La lice est pavoisée, et sur les banderoles
On lit de fiers conseils et de graves paroles :

115 « — Brave qui n'est pas bon n'est brave qu'à demi. »
     « — Soyez hospitalier, même à votre ennemi;
     « Le chêne au bucheron ne refuse pas l'ombre. »

     Les pauvres gens des bois accourent en grand nombre,
     Plusieurs sont encor peints comme étaient leurs aïeux,
120 Des cercles d'un bleu sombre agrandissant leurs yeux;
     Sur leur tête attentive, étonnée et muette,
     Les uns ont le héron, les autres la chouette,
     Et l'on peut distinguer aux plumes du bonnet
     Les scots d'Abernethy des pictes de Menheit;
125 Ils ont l'habit de cuir des antiques provinces;
     Ils viennent contempler le combat de deux princes,
     Mais restent à distance et contemplent de loin,
     Car ils ont peur; le peuple est un pâle témoin.

     Si l'on ne voyait pas au ciel le tatouage
130 De l'azur, du rayon, de l'ombre et du nuage,
     On n'apercevrait rien qu'un paysage noir;
     L'œil dans un clair-obscur inquiétant à voir
     S'enfonce, et la bruyère est morne, et dans la brume
     On devine, au-delà des mers, l'Hékla qui fume
135 Ainsi qu'un soupirail d'enfer à l'horizon.
     Le juge du camp, fils d'une altière maison,
     Lord Kaine, est assisté de deux crieurs d'épée;
     L'estrade est de peaux d'ours et de renne drapée;
     Et quatre exorciseurs redoutés du sabbat
140 Font la police, ainsi qu'il sied dans un combat.
     Un prêtre dit la messe, et l'on chante une prose.

                              ★

     Fanfares. C'est Angus.

                              Un cheval d'un blanc rose
     Porte un garçon doré, vermeil, sonnant du cor,
     Qui semble presque femme et qu'on sent vierge encor;
145 Doux être confiant comme une fleur précoce.
     Il a la jambe nue à la mode d'Ecosse;
     Plus habillé de soie et de lin que d'acier,
     Il vient gaîment, suivi d'un bouffon grimacier;
     Il regarde, il écoute, il rayonne, il ignore;
150 Et l'on croit voir l'entrée aimable de l'aurore.
     On sent que, dans le monde étrange où nous passons,
     Ce nouveau venu plein de joie et de chansons,
     Tel que l'oiseau qui sort de l'œuf et se délivre,
     A le mystérieux contentement de vivre;
155 Pas d'être éblouissant qui ne soit ébloui,
     Il rit. Ses témoins sont du même âge que lui;
     Tous chantent, légers, fiers, laissant flotter les brides,
     C'est Mar, Argyle, Athol, Rothsay, roi des Hébrides,

David, roi de Stirling, Jean, comte de Glascow;
160 Ils ont des colliers d'or ou de roses au cou;
Ainsi se presse, au fond des halliers, sous les aulnes,
Derrière un petit dieu l'essaim des jeunes faunes.
Hurrah! Cueillir des fleurs ou bien donner leur sang.
Que leur importe? Autour du comte adolescent,
165 Page et roi, dont Hébé serait la sœur jumelle,
Un vacarme charmant de panaches se mêle.
O jeunes gens, déjà risqués à peine éclos!
Son cortège le suit jusqu'au seuil du champ clos.
Puis on le quitte. Il faut qu'il soit seul; et personne
170 Ne peut plus l'assister dès que le clairon sonne;
Quoi qu'il advienne, il est en proie au dur destin.
On lit sur son écu, pur comme le matin,
La devise des rois d'Angus: *Christ et lumière*.
La jeunesse toujours arrive la première;
175 Il approche joyeux, fragile, triomphant,
Plume au front; et le peuple applaudit cet enfant.
Et le vent profond souffle à travers les campagnes.

Tout à coup on entend la trompe des montagnes,
Chant des bois plus obscur que le glas du beffroi;
180 Et brusquement on sent de l'ombre autour de soi;
Bien qu'on soit sous le ciel, on se croit dans un antre.
Un homme vient du fond de la forêt. Il entre.
C'est Tiphaine.

        C'est lui.

               Hautain, dans le champ clos,
Refoulant les témoins comme une hydre les flots,
185 Il pénètre. Il est droit sous l'armure saxonne.
Son cheval, qui connaît ce cavalier, frissonne.
Ce cheval noir et blanc marche sans se courber;
Il semble que le ciel sombre ait laissé tomber
Des nuages mêlés de lueurs sur sa croupe.
190 Tiphaine est seul; aucune escorte, aucune troupe;
Il tient sa lance; il a la chemise de fer,
La hache comme Oreste, et, comme Gaïffer,
Le poignard; sa visière est basse; elle le masque;
Grave, il avance, avec un aigle sur son casque.
195 Un mot sur sa rondache est écrit: *Bellua*.

Quand il vint, tout trembla; mais nul ne salua.

               ★

Les motifs du combat étaient sérieux, certes;
Mais ni le pâtre errant dans les landes désertes,
Ni l'ermite adorant dans sa grotte Jésus,

200 Personne sous le ciel ne les a jamais sus ;
Et le juge du camp les ignorait lui-même.

Les deux lords, comme il sied à ce moment suprême,
Se parlèrent de loin.

                              — Bonjour, roi. — Bonjour, roi.
— Je viens te demander raison. Tu sais pourquoi ?
— Que t'importe ?

205   Et tous deux mirent la lance haute.
Le juge du camp dit : — Chacun de vous est l'hôte
Du sépulcre, et ne peut en sortir maintenant
Que si Dieu le permet au fond du ciel tonnant.
Puis il reprit, selon la coutume écossaise :
210 — Milord, quel âge as-tu ? — Quarante ans. — Et toi ?
                                            [— Seize.
— C'est trop jeune, cria la foule. — Combattez,
Dit le juge. Et l'on fit le champ des deux côtés.
Etre de même taille et de même équipage,
Combattre homme contre homme ou page contre page,
215 S'adosser à la tombe en face d'un égal,
Etre Ajax contre Mars, Fergus contre Fingal,
C'est bien, et cela plaît à la romance épique ;
Mais là le brin de paille, et là la lourde pique,
Ici le vaste Hercule, ici le doux Hylas !
220 Polyphème devant Acis, c'est triste, hélas !
Le péril de l'enfant fait songer à la mère ;
Tous les Astyanax attendrissent Homère,
Et la lyre héroïque hésite à publier
Le combat du chevreuil contre le sanglier.

L'huissier fit le signal. Allez !

                              *

225   Tous deux partirent.
Ainsi deux éclairs vont l'un vers l'autre et s'attirent.
L'enfant aborda l'homme et fit bien son devoir ;
Mais l'homme n'eut pas l'air de s'en apercevoir.
Tiphaine s'arrêta, muet, le laissant faire :
230 Ainsi, prête à crouler, l'avalanche diffère,
Ainsi l'enclume semble insensible au marteau ;
Il était là, le poing fermé comme un étau,
Démon par le regard et sphinx par le silence ;
Et l'enfant en était à sa troisième lance
235 Que Tiphaine n'avait pas encor riposté ;
Sur cet homme de fer et de fatalité
Qui paraissait rêver au centre d'une toile,
Pas plus ému d'un choc que d'un souffle une étoile,
L'enfant frappait, piquait, taillait, recommençait,
240 Tantôt sur le cimier, tantôt sur le corset ;

Et l'on eût dit la mouche attaquant l'araignée.
Sa face de sueur était toute baignée.
Tiphaine, tel qu'un roc, immobile et debout,
Méditait, et l'enfant s'essoufflait. Tout à coup
245 Tiphaine dit : Allons ! Il leva sa visière,
Fit un rugissement de bête carnassière,
Et sur le jeune comte Angus il s'abattit
D'un tel air infernal, que le pauvre petit
Tourna bride, jeta sa lance et prit la fuite.

250 Alors commença l'âpre et sauvage poursuite,
Et vous ne lirez plus ceci qu'en frémissant.

                         *

Tremblant, piquant des deux, du côté qui descend,
Devant lui, n'importe où, dans la profondeur fauve,
Les bras au ciel, l'enfant épouvanté se sauve.
255 Son cheval l'aime et fait de son mieux. La forêt
L'accepte et l'enveloppe, et l'enfant disparaît.
Tous se sont écartés pour lui livrer passage.
En le risquant ainsi son aïeul fut-il sage ?
Nul ne le sait ; le sort est de mystères plein ;
260 Mais la panique existe, et le triste orphelin
Ne peut plus que s'enfuir devant la destinée.
Ah ! pauvre douce tête au gouffre abandonnée !
Il s'échappe, il s'esquive, il s'enfonce à travers
Les hasards de la fuite obscurément ouverts,
265 Hagard, à perdre haleine, et sans choisir sa route ;
Une clairière s'offre, il s'arrête, il écoute,
Le voilà seul ; peut-être un dieu l'a-t-il conduit ?
Tout à coup il entend dans les branches du bruit... —

Ainsi dans le sommeil notre âme d'effroi pleine
270 Parfois s'évade et sent derrière elle l'haleine
De quelque noir cheval de l'ombre et de la nuit ;
On s'aperçoit qu'au fond du rêve on vous poursuit.
Angus tourne la tête, il regarde en arrière ;
Tiphaine monstrueux bondit dans la clairière ;
275 O terreur ! et l'enfant, blême, égaré, sans voix,
Court et voudrait se fondre avec l'ombre des bois.
L'un fuit, l'autre poursuit. Acharnement lugubre !
Rien, ni le roc debout, ni l'étang insalubre,
Ni le houx épineux, ni le torrent profond.
280 Rien n'arrête leur course ; ils vont, ils vont, ils vont !
Ainsi le tourbillon suit la feuille arrachée.
D'abord dans un ravin, tortueuse tranchée,
Ils serpentent, parfois se touchant presque ; puis
N'ayant plus que la fuite et l'effroi pour appuis,
285 Rapide, agile, et fils d'une race écuyère,
L'enfant glisse et, sautant par-dessus la bruyère,

Se perd dans le hallier comme dans une mer.
Ainsi courrait avril poursuivi par l'hiver.
Comme deux ouragans l'un après l'autre ils passent.
290 Les pierres sous leurs pas roulent, les branches cassent.
L'écureuil effrayé sort des buissons tordus.
Oh ! comment mettre ici dans des vers éperdus
Les bonds prodigieux de cette chasse affreuse,
Le coteau qui surgit, le vallon qui se creuse,
295 Les précipices, l'antre obscur, l'escarpement,
Les deux sombres chevaux, le vainqueur écumant,
L'enfant pâle, et l'horreur des forêts formidables ?
Il n'est pas pour l'effroi de lieux inabordables,
Et rien n'a jamais fait reculer la fureur ;
300 Comme le cerf, le tigre est un ardent coureur ;
Ils vont !

          On n'entend plus, même au loin, les haleines
Du peuple bourdonnant qui s'en retourne aux plaines.
Le vaincu, le vainqueur, courent tragiquement.

                          ★

Le bois, calme et désert sous le bleu firmament,
305 Remuait mollement ses branchages superbes ;
Les nids chantaient, les eaux murmuraient dans les herbes ;
On voyait tout briller, tout aimer, tout fleurir.
Grâce ! criait l'enfant, je ne veux pas mourir !

Mais son cheval se lasse et Tiphaine s'approche.

310 Tout à coup, d'un réduit creusé dans une roche,
Un vieillard au front blanc sort, et, levant les bras,
Dit : — De tes actions un jour tu répondras ;
Qui que tu sois, prends garde à la haine ; elle enivre ;
Celui qui va mourir pour celui qui doit vivre
315 T'implore. O chevalier, épargne cet enfant !

Tiphaine furieux d'un coup de hache fend
L'âpre rocher qui sert à ce vieillard d'asile,
Et dit : — Tu vas le faire échapper, imbécile !
Et, sinistre, il remet son cheval au galop.

320 Quelle que soit la course et la hâte du flot,
Le vent lointain finit toujours par le rejoindre ;
Angus entend venir Tiphaine, et le voit poindre
Parmi des profondeurs d'arbres, à l'horizon.

Un couvent d'où s'élève une vague oraison
325 Apparaît ; on entend une cloche qui tinte ;
Et des rayons du soir la haute église atteinte
S'ouvre, et l'on voit sortir du portail à pas lents

Une procession d'ombres en voiles blancs;
Ce sont des sœurs ayant à leur tête l'abbesse,
330 Et leur chant grave monte au ciel où le jour baisse;
Elles ont vu s'enfuir l'enfant désespéré;
Alors leur voix profonde a dit miserere;
L'abbesse les amène; elle dresse sa crosse
Entre l'adolescent frêle et l'homme féroce;
335 On porte devant elle un grand crucifix noir;
Toutes ces vierges, sœurs qu'enchaîne un saint devoir,
Pleurent sur le vainqueur comme sur la victime,
Et viennent opposer au passage d'un crime
Le Christ immense ouvrant ses bras au genre humain.
340 Tiphaine arrive sombre et la hache à la main,
Et crie à ce troupeau murmurant grâce! grâce!
— Colombes, ôtez-vous de là; le vautour passe!

La nuit vient, et toujours, tremblant, pleurant, fuyant,
L'enfant effaré court devant l'homme effrayant.
345 C'est l'heure où l'horizon semble un rêve, et recule.
Clair de lune, halliers, bruyère, crépuscule.
La poursuite s'acharne, et, plus qu'auparavant
Forcenée, à travers les arbres et le vent,
Fait peur à l'ombre même, et donne le vertige
350 Aux sapins sur les monts, aux roses sur leur tige.
L'enfant sans armes, l'homme avec son couperet,
Courent dans la noirceur des bois, et l'on dirait
Que dans la forêt-spectre ils deviennent fantômes.

Une femme, d'un groupe obscur de toits de chaumes,
355 Sort, et ne peut parler, les larmes l'étouffant;
C'est une mère, elle a dans les bras son enfant,
Et c'est une nourrice, elle a le sein nu. — Grâce!
Dit-elle, en bégayant; et dans le vaste espace
Angus s'enfuit. — Jamais! dit Tiphaine inhumain.
360 Mais la femme à genoux lui barre le chemin.
— Arrête! sois clément, afin que Dieu t'exauce!
Grâce! Au nom du berceau n'ouvre pas une fosse!
Sois vainqueur, c'est assez; ne sois pas assassin.
Fais grâce. Cet enfant que j'ai là sur mon sein
365 T'implore pour l'enfant que cherche ton épée.
Entends-moi; laisse fuir cette proie échappée.
Ah! tu ne tueras point, et tu m'écouteras,
Chevalier, puisque j'ai l'aurore dans mes bras.
Songe à ta mère. Eh bien, je suis mère comme elle.
370 Homme, respecte en moi la femme. — A bas, femelle!
Dit Tiphaine, et du pied il frappe ce sein nu.

Ce fut dans on ne sait quel ravin inconnu
Que Tiphaine atteignit le pauvre enfant farouche;
L'enfant pris n'eut pas même un râle dans la bouche;
375 Il tomba de cheval, et, morne, épuisé, las,

Il dressa ses deux mains suppliantes; hélas !
Sa mère morte était dans le fond de la tombe,
Et regardait.

    Tiphaine accourt, s'élance, tombe
Sur l'enfant, comme un loup dans les cirques romains,
380 Et d'un revers de hache il abat ces deux mains
Qui dans l'ombre élevaient vers les cieux la prière;
Puis, par ses blonds cheveux dans une fondrière
Il le traîne.

    Et riant de fureur, haletant,
Il tua l'orphelin, et dit : Je suis content !
385 Ainsi rit dans son antre infâme la tarasque.

        *

Alors l'aigle d'airain qu'il avait sur son casque,
Et qui, calme, immobile et sombre, l'observait,
Cria : Cieux étoilés, montagnes que revêt
L'innocente blancheur des neiges vénérables,
390 O fleuves, ô forêts, cèdres, sapins, érables,
Je vous prends à témoin que cet homme est méchant ! —
Et, cela dit, ainsi qu'un piocheur fouille un champ,
Comme avec sa cognée un pâtre brise un chêne,
Il se mit à frapper à coups de bec Tiphaine;
395 Il lui creva les yeux; il lui broya les dents;
Il lui pétrit le crâne en ses ongles ardents
Sous l'armet d'où le sang sortait comme d'un crible,
Le jeta mort à terre, et s'envola terrible.

XVIII

L'ITALIE — RATBERT

.

LES CONSEILLERS PROBES ET LIBRES

Ratbert, fils de Rodolphe et petit-fils de Charles,
Qui se dit empereur et qui n'est que roi d'Arles,
Vêtu de son habit de patrice romain,
Et la lance du grand saint Maurice à la main,
5   Est assis au milieu de la place d'Ancône.
Sa couronne est l'armet de Didier, et son trône
Est le fauteuil de fer de Henri l'Oiseleur.
Sont présents cent barons et chevaliers; la fleur
Du grand arbre héraldique et généalogique
10 Que ce sol noir nourrit de sa sève tragique.
Spinola, qui prit Suze et qui la ruina,
Jean de Carrara, Pons, Sixte Malaspina
Au lieu de pique ayant la longue épine noire,
Ugo, qui fit noyer ses sœurs dans leur baignoire,
15 Regardent dans leurs rangs entrer avec dédain
Guy, sieur de Pardiac et de l'Ile-en-Jourdain;
Guy, parmi tous ces gens de lustre et de naissance,
N'ayant encor pour lui que le sac de Vicence,
Et du reste n'étant qu'un batteur de pavé
20 D'origine quelconque et de sang peu prouvé.
L'exarque Sapaudus que le saint-siège envoie,
Sénèque, marquis d'Ast, Bos, comte de Savoie,
Le tyran de Massa, le sombre Albert Cibo
Que le marbre aujourd'hui fait blanc sur son tombeau,
25 Ranuce, caporal de la ville d'Anduze,
Foulque, ayant pour cimier la tête de Méduse,
Marc, ayant pour devise : IMPERIUM FIT JUS,
Entourent Afranus, évêque de Fréjus.
Là sont Farnèse, Ursin, Cosme à l'âme avilie;
30 Puis les quatre marquis souverains d'Italie;
L'archevêque d'Urbin, Jean, bâtard de Rodez,
Alonze de Silva, ce duc dont les cadets
Sont rois, ayant conquis l'Algarve portugaise,
Et Visconti, seigneur de Milan, et Borghèse,
35 Et l'homme, entre tous faux, glissant, habile, ingrat,
Avellan, duc de Tyr et sieur de Montferrat;

Près d'eux Prendiparte, capitaine de Sienne,
Pic, fils d'un astrologue et d'une égyptienne,
Alde Aldobrandini, Guiscard, sieur de Beaujeu,
40 Et le gonfalonier du saint-siège et de Dieu,
Gandolfe, à qui, plus tard, le pape Urbain fit faire
Une statue équestre en l'église Saint-Pierre,
Complimentent Martin de la Scala, le roi
De Vérone, et le roi de Tarente, Geoffroy;
45 A quelques pas se tient Galco, comte d'Athène,
Fils du vieux Muzzufer, le rude capitaine
Dont les clairons semblaient des bouches d'aquilon;
De plus, deux petits rois, Agrippin et Gilon.

Tous jeunes, beaux, heureux, pleins de joie, et farouches.

50 Les seigneurs vont aux rois ainsi qu'au miel les mouches.
Tous sont venus, des burgs, des châteaux, des manoirs;
Et la place autour d'eux est déserte; et cent noirs,
Tout nus, et cent piquiers aux armures persanes
En barrent chaque rue avec leurs pertuisanes.
55 Geoffroy, Martin, Gilon, l'enfant Agrippin trois,
Sont assis sous le dais près du maître, étant rois.

Dans ce réseau de chefs qui couvrait l'Italie,
Je passe Théodat, prince de Trente, Elie,
Despote d'Avenzo, qu'a réclamé l'oubli,
60 Ce borgne Ordelafo, le bourreau de Forli,
Lascaris, que sa tante Alberte fit eunuque,
Othobon, sieur d'Assise, et Tibalt, sieur de Lucque;
C'est que, bien que mêlant aux autres leurs drapeaux,
Ceux-là ne comptaient point parmi les principaux;
65 Dans un filet on voit les fils moins que les câbles;
Je nomme seulement les monstres remarquables.

Derrière eux, sur la pierre auguste d'un portail,
Est sculpté Satan, roi, forçat, épouvantail,
L'effrayant ramasseur de haillons de l'abîme,
70 Ayant sa hotte au dos, pleine d'âmes, son crime
Sur son aile qui ploie, et son croc noir qui luit
Dans son poing formidable, et, dans ses yeux, la nuit.

Pour qui voudrait peser les droits que donne au maître
La pureté du sang dont le ciel l'a fait naître,
75 Ratbert est fils d'Agnès, comtesse d'Elseneur;
Or, c'est la même gloire et c'est le même honneur
D'être enfanté d'Agnès que né de Messaline.

Malaspina, portant l'épine javeline,
Redoutable marquis, à l'œil fauve et dévot,
80 Est à droite du roi comme comte et prévôt.

C'est un de ces grands jours où les bannières sortent.
Dix chevaliers de l'ordre Au Droit Désir apportent
Le Nœud d'Or, précédés d'Enéas, leur massier,
Et d'un héraut de guerre en soutane d'acier.

85   Le roi brille, entouré d'une splendeur d'épées.
Plusieurs femmes sont là, près du trône groupées ;
Elise d'Antioche, Ana, Cubitosa,
Fille d'Azon, qu'Albert de Mantoue épousa ;
La plus belle, Matha, sœur du prince de Cumes,
90   Est blonde ; et, l'éventant d'un éventail de plumes,
Sa naine, par moments, lui découvre les seins ;
Couchée et comme lasse au milieu des coussins,
Elle enivre le roi d'attitudes lascives ;
Son rire jeune et fou laisse voir ses gencives ;
95   Elle a ce vêtement ouvert sur le côté,
Qui, plus tard, fut au Louvre effrontément porté
Par Bonne de Berry, fille de Jean de France.

Dans Ancône, est-ce deuil, terreur, indifférence ?
Tout se tait ; les maisons, les bouges, les palais,
100 Ont bouché leur lucarne ou fermé leurs volets ;
Le cadran qui dit l'heure a l'air triste et funeste.

Le soleil luit aux cieux comme dans une peste ;
Que l'homme soit foulé par les rois ou saisi
Par les fléaux, l'azur n'en a point de souci ;
105 Le soleil, qui n'a pas d'ombre et de lueurs fausses,
Rit devant les tyrans comme il rit sur les fosses.

Ratbert vient d'inventer, en se frappant le front,
Un piège où ceux qu'il veut détruire tomberont ;
Il en parle tout bas aux princes qui sourient.
110 La prière — le peuple aime que les rois prient —
Est faite par Tibère, évêque de Verceil.

Tous étant réunis, on va tenir conseil.

Les deux huissiers de l'Ordre, Anchise avec Trophime,
Invitent le plus grand comme le plus infime
115 A parler, l'empereur voulant que les avis,
Mauvais, soient entendus, et, justes, soient suivis.
Puis il est répété par les huissiers, Anchise
Et Trophime, qu'il faut avec pleine franchise
Sur la guerre entreprise offrir son sentiment ;
120 Que c'est jour de chapitre et jour de conscience ;
Que chacun doit parler à son tour librement ;
Et que, dans ces jours-là, les rois ont patience,
Vu que, devant le Christ, Thomas Didyme a pu
Parler insolemment sans être interrompu.
125 Et puisse l'empereur vivre longues années !

On voit devant Ratbert trois haches destinées,
La première, au quartier de bœuf rouge et fumant
Qu'un grand brasier joyeux cuit à son flamboiement;
La deuxième, au tonneau de vin que sur la table
130 A placé l'échanson aidé du connétable;
La troisième à celui dont l'avis déplaira.

Un se lève. On se tait. C'est Jean de Carrara.

— Ta politique est sage et ta guerre est adroite,
Noble empereur, et Dieu te tient dans sa main droite.
135 Qui te conteste est traître et qui te brave est fou.
Je suis ton homme lige, et, toujours, n'importe où,
Je te suivrai, mon maître, et j'aimerai ta chaîne,
Et je la porterai.

                    — Celle-ci, capitaine,
Dit Ratbert, lui jetant au cou son collier d'or.
140 De plus, j'ai Perpignan, je t'en fais régidor. —

L'archevêque d'Urbin salue, il examine
Le plan de guerre, sac des communes, famine,
Les moyens souterrains, les rapports d'espions.
— Sire, vous êtes grand comme les Scipions;
145 En vous voyant, le flanc de l'église tressaille.

— Archevêque, pardieu ! dit Ratbert, je te baille
Un sou par muid de vin qu'on boit à Besançon.

Cibo, qui parle avec un accent brabançon,
S'en excuse, ayant fait à Louvain ses études,
Et dit :

150   — Sire, les gens à fières attitudes
Sont des félons; pieds nus et la chaîne aux poignets.
Qu'on les fouette. O mon roi ! par votre mère Agnès,
Vous êtes empereur, vous avez les trois villes,
Arles, Rome de Gaule et la mère des Milles,
155 Bordeaux en Aquitaine et les îles de Ré,
Naple, où le mont Vésuve est fort considéré.
Qui vous résiste essaie une lutte inutile;
Noble, qu'on le dégrade, et serf, qu'on le mutile :
Vous affronter est crime, orgueil, lâche fureur;
160 Quiconque ne dit pas : « Ratbert est l'empereur »,
Doit mourir; nous avons des potences, j'espère.
Quant à moi, je voudrais, fût-ce mon propre père,
S'il osait blasphémer César que Dieu conduit,
Voir les corbeaux percher sur ses côtes la nuit,
165 Et la lune passer à travers son squelette. —

Ratbert dit : — Bon marquis, je te donne Spolète.

C'est à Malaspina de parler. Un vieillard
Se troublerait devant ce jeune homme ; il sait l'art
D'évoquer le démon, la stryge, l'égrégore ;
170 Il teint sa dague avec du suc de mandragore ;
Il sait des palefrois empoisonner le mors ;
Dans une guerre il a rempli de serpents morts
Les citernes de l'eau qu'on boit dans les Abruzzes ;
Il dit : La guerre est sainte ! Il rend compte des ruses,
175 A voix basse, et finit à voix haute en priant :
— Fais régner l'empereur du nord à l'orient,
Mon Dieu ! c'est par sa bouche auguste que tu parles.

— Je te fais capischol de mon chapitre d'Arles,
Dit Ratbert.

            Afranus se lève le dernier.
180 Cet évêque est pieux, charitable, aumônier ;
Quoique jeune, il voulut se faire anachorète ;
Il est grand casuiste et très savant ; il traite
Les biens du monde en homme austère et détaché ;
Jadis, il a traduit en vers latins Psyché ;
185 Comme il est humble, il a les reins ceints d'une corde.
Il invoque l'esprit divin, puis il aborde
Les questions : — Ratbert, par stratagème, a mis
Son drapeau sur les murs d'Ancône ; c'est permis,
Ancône étant peu sage ; et la ruse est licite
190 Lorsqu'elle a glorieuse et pleine réussite,
Et qu'au bonheur public on la voit aboutir ;
Et ce n'est pas tromper, et ce n'est pas mentir
Que mettre à la raison les discordes civiles ;
Les prétextes sont bons pour entrer dans les villes. —
195 Il ajoute : — La ruse, ou ce qu'on nomme ainsi,
Fait de la guerre, en somme, un art plus adouci ;
Moins de coups, moins de bruit ; la victoire plus sûre.
J'admire notre prince, et, quand je le mesure
Aux anciens Alarics, aux antiques Cyrus
200 Passant leur vie en chocs violents et bourrus,
Je l'estime plus grand, faisant la différence
D'Ennius à Virgile et de Plaute à Térence.
Je donne mon avis, sire, timidement ;
Je suis d'église et n'ai que l'humble entendement
205 D'un pauvre clerc, mieux fait pour chanter des cantiques
Que pour parler devant de si grands politiques ;
Mais, beau sire, on ne peut voir que son horizon,
Et raisonner qu'avec ce qu'on a de raison ;
Je suis prêtre, et la messe est ma seule lecture ;
210 Je suis très ignorant ; chacun a sa monture.
Qu'il monte avec audace ou bien avec effroi ;
Il faut pour l'empereur le puissant palefroi
Bardé de fer, nourri d'orge blanche et d'épeautre,
Le dragon pour l'archange, et l'âne pour l'apôtre.

215 Je poursuis, et je dis qu'il est bon que le droit
    Soit, pour le roi, très large, et, pour le peuple, étroit ;
    Le peuple étant bétail, et le roi berger. Sire,
    L'empereur ne veut rien sans que Dieu le désire.
    Donc, faites ! Vous pouvez, sans avertissements,
220 Guerroyer les chrétiens comme les ottomans ;
    Les ottomans étant hors de la loi vulgaire,
    On peut les attaquer sans déclarer la guerre ;
    C'est si juste et si vrai, que, pour premiers effets,
    Vos flottes, sire, ont pris dix galères de Fez ;
225 Quant aux chrétiens, du jour qu'ils sont vos adversaires.
    Ils sont de fait payens, sire, et de droit corsaires.
    Il serait malheureux qu'un scrupule arrêtât
    Sa majesté, quand c'est pour le bien de l'état.
    Chaque affaire a sa loi ; chaque chose a son heure.
230 La fille du marquis de Final est mineure ;
    Peut-on la détrôner ? En même temps, peut-on
    Conserver à la sœur de l'empereur Menton ?
    Sans doute. Les pays ont des mœurs différentes.
    Pourvu que de l'église on maintienne les rentes,
235 On le peut. Les vieux temps, qui n'ont plus d'avocats,
    Agissaient autrement ; mais je fais peu de cas
    De ces temps-là ; c'étaient des temps de république.
    L'empereur, c'est la règle ; et, bref, la loi salique,
    Très mauvaise à Menton, est très bonne à Final.

240 — Evêque, dit le roi, tu seras cardinal.

    Pendant que le conseil se tenait de la sorte,
    Et qu'ils parlaient ainsi dans cette ville morte,
    Et que le maître avait sous ses pieds ces prélats,
    Ces femmes, ces barons en habits de galas,
245 Et l'Italie au loin comme une solitude,
    Quelques seigneurs, ainsi qu'ils en ont l'habitude
    Regardant derrière eux d'un regard inquiet,
    Virent que le Satan de pierre souriait.

LA DÉFIANCE D'ONFROY

Parmi les noirs déserts et les mornes silences,
Ratbert, pour l'escorter, n'ayant que quelques lances,
Et le marquis de Sénèque et l'évêque Afranus,
Traverse, presque seul, des pays inconnus ;
5 Mais il sait qu'il est fort de l'effroi qu'il inspire,
Et que l'empereur porte avec lui tout l'empire.
Un soir Ratbert s'arrête aux portes de Carpi ;
Sur ce seuil formidable un dogue est accroupi ;
Ce dogue, c'est Onfroy, le baron de la ville ;
10 Calme et fier, sous la dent d'une herse incivile,
Onfroy s'adosse aux murs qui bravaient Attila ;
Les femmes, les enfants et les soldats sont là ;
Et voici ce que dit le vieux podestat sombre
Qui parle haut, ayant son peuple dans son ombre :

15 « — Roi, nous te saluons, sans plier les genoux.
Nous avons une chose à te dire. Quand nous,
Gens de guerre et barons qui tenions la province,
Nous avons bien voulu de toi pour notre prince,
Quand nous t'avons donné ce peuple et cet état,
20 Sire, ce n'était point pour qu'on les maltraitât.
Jadis nous étions forts. Quand tu nous fis des offres,
Nous étions très puissants ; de l'argent plein nos coffres ;
Et nous avions battu tes plus braves soldats ;
Nous étions tes vainqueurs. Roi, tu ne marchandas
25 Aucun engagement, sire, aucune promesse ;
On traita ; tu juras par ta mère et la messe ;
Nous alors, las d'avoir de l'acier sur la peau,
Comptant que tu serais bon berger du troupeau,
Et qu'on abolirait les taxes et les dîmes,
30 Nous vînmes te prêter hommage, et nous pendîmes
Nos casques, nos hauberts et nos piques aux clous.
Roi, nous voulons des chiens qui ne soient pas des loups.
Tes gens se sont conduits d'une telle manière
Qu'aujourd'hui toute ville, altesse, est prisonnière
35 De la peur que ta suite et tes soldats lui font,

Et que pas un fossé ne semble assez profond.
Vois, on se garde. Ici, dans les villes voisines,
On ne lève jamais qu'un pieu des sarrasines
Pour ne laisser passer qu'un seul homme à la fois,
40 A cause des brigands et de vous autres rois.
Roi, nous te remontrons que ta bande à toute heure
Dévalise ce peuple, entre dans sa demeure,
Y met tout en tumulte et sens dessus dessous,
Puis s'en va, lui volant ses misérables sous;
45 Cette horde en ton nom incessamment réclame
Le bien des pauvres gens qui nous fait saigner l'âme,
Et puisque, nous présents avec nos compagnons,
On le prend sous nos yeux, c'est nous qui le donnons;
Oui, c'est nous qui, trouvant qu'il vous manque des filles,
50 Des meutes, des chevaux, des reîtres, des bastilles,
Lorsque vous guerroyez et lorsque vous chassez,
Et qu'ayant trop de tout, vous n'avez point assez,
Avons la bonté rare et touchante de faire
Des charités, à vous, les heureux de la terre
55 Qui dormez dans la plume et buvez dans l'or fin,
Avec tous les liards de tous les meurt-de-faim !
Or, il nous reste encore, il faut que tu le saches,
Assez de vieux pierriers, assez de vieilles haches,
Assez de vieux engins au fond de nos greniers,
60 Sire, pour ne pas être à ce point aumôniers,
Et pour ne faire point, comme dans ton Autriche,
Avec l'argent du pauvre une largesse au riche.
Nous pouvons, en creusant, retrouver aujourd'hui
Nos estocs sous la rouille et nos cœurs sous l'ennui.
65 Nous pouvons décrocher, de nos mains indignées,
Nos bannières parmi les toiles d'araignées,
Et les faire flotter au vent, si nous voulons.

« Sire, en outre, tu mets l'opprobre à nos talons.
Nous savons bien pourquoi tu combles de richesses
70 Nos filles et nos sœurs dont tu fais des duchesses,
Etoiles d'infamie au front de nos maisons.
Roi, nous n'acceptons pas sur nos durs écussons
Des constellations faites avec des taches;
La honte est mal mêlée à l'ombre des panaches;
75 Le soldat a le pied si maladroit, seigneur,
Qu'il ne peut sans boiter traîner le déshonneur.
Nos filles sont nous-même; au fond de nos tours noires,
Leur beauté chaste est sœur de nos anciennes gloires;
C'est pourquoi nous trouvons qu'on fait mal à propos
80 Les rideaux de ton lit avec nos vieux drapeaux.

« Tes juges sont des gueux; bailliage ou cour plénière.
On trouve, et ce sera ma parole dernière,
Dans nos champs, où l'honneur antique est au rabais,
Pas assez de chemins, sire, et trop de gibets.

85 Ce luxe n'est pas bon. Nos pins et nos érables
    Voyaient jadis, parmi leurs ombres vénérables,
    Les bûcherons et non les bourreaux pénétrer ;
    Nos grands chênes n'ont point l'habitude d'entrer
    Dans l'exécution des lois et des sentences,
90 Et n'aiment pas donner tant de bois aux potences.

    « Nous avons le cœur gros, et nous sommes, ô roi,
    Tout près de secouer la corde du beffroi ;
    Ton altesse nous gêne et nous n'y tenons guère.
    Roi, ce n'est pas pour voir nos compagnons de guerre
95 Accrochés à la fourche et devenus hideux,
    Qui, morts échevelés, quand nous passons près d'eux,
    Semblent nous regarder et nous faire reproche ;
    Ce n'est pas pour subir ton bourg sur notre roche,
    Plein de danses, de chants et de festins joyeux ;
100 Ce n'est pas pour avoir ces pitiés sous les yeux
    Que nous venons ici, courbant nos vieilles âmes,
    Te saluer, menant à nos côtés nos femmes ;
    Ce n'est pas pour cela que nous humilions
    Dans elles les agneaux et dans nous les lions.

105 « Et, pour rachat du mal que tu fais, quand tu donnes
    Des rentes aux moûtiers, des terres aux madones,
    Quand, plus chamarré d'or que le soleil le soir,
    Tu vas baiser l'autel, adorer l'ostensoir,
    Prier, ou quand tu fais quelque autre simagrée,
110 Ne te figure pas que ceci nous agrée.
    Engraisser des abbés ou doter des couvents,
    Cela fait-il que ceux qui sont morts soient vivants ?
    Roi, nous ne le pensons en aucune manière.
    Roi, le chariot verse à trop creuser l'ornière ;
115 L'appétit des rois donne aux peuples appétit ;
    Si tu ne changes pas d'allure, on t'avertit,
    Prends garde. Et c'est cela que je voulais te dire. — »

    — Bien parlé ! dit Ratbert avec un doux sourire.
    Et, penché vers l'oreille obscure d'Afranus :
120 — Nous sommes peu nombreux et follement venus ;
    Cet homme est fort.

                    — Très fort, dit le marquis Sénèque.
    — Laissez-moi l'inviter à souper, dit l'évêque.

    Et c'est pourquoi l'on voit maintenant à Carpi
    Un grand baron de marbre en l'église assoupi ;
125 C'est le tombeau d'Onfroy, ce héros d'un autre âge,
    Avec son épitaphe exaltant son courage,
    Sa vertu, son fier cœur plus haut que les destins,
    Faite par Afranus, évêque, en vers latins.

LA CONFIANCE DU MARQUIS FABRICE

I

ISORA DE FINAL — FABRICE D'ALBENGA

Tout au bord de la mer de Gênes, sur un mont
Qui jadis vit passer les francs de Pharamond,
Un enfant, un aïeul, seuls dans la citadelle
De Final sur qui veille une garde fidèle,
5 Vivent bien entourés de murs et de ravins;
Et l'enfant a cinq ans et l'aïeul quatre-vingts.

L'enfant est Isora de Final, héritière
Du fief dont Witikind a tracé la frontière;
L'orpheline n'a plus près d'elle que l'aïeul.
10 L'abandon sur Final a jeté son linceul;
L'herbe, dont par endroits les dalles sont couvertes,
Aux fentes des pavés fait des fenêtres vertes;
Sur la route oubliée on n'entend plus un pas;
Car le père et la mère, hélas! ne s'en vont pas
15 Sans que la vie autour des enfants s'assombrisse.

L'aïeul est le marquis d'Albenga, ce Fabrice
Qui fut bon; cher au pâtre, aimé du laboureur;
Il fut, pour guerroyer le pape ou l'empereur,
Commandeur de la mer et général des villes;
20 Gênes le fit abbé du peuple, et, des mains viles
Ayant livré l'état aux rois, il combattit.
Tout homme auprès de lui jadis semblait petit;
L'antique Sparte était sur son visage empreinte;
La loyauté mettait sa cordiale étreinte
25 Dans la main de cet homme à bien faire obstiné.
Comme il était bâtard d'Othon, dit le Non-Né
Parce qu'on le tira, vers l'an douze cent trente,
Du ventre de sa mère Honorate expirante,
Les rois faisaient dédain de ce fils belliqueux;

30 Fabrice s'en vengeait en étant plus grand qu'eux.
    A vingt ans, il était blond et beau ; ce jeune homme
    Avait l'air d'un tribun militaire de Rome ;
    Comme pour exprimer les détours du destin
    Dont le héros triomphe, un graveur florentin
35 Avait sur son écu sculpté le labyrinthe ;
    Les femmes l'admiraient, se montrant avec crainte
    La tête de lion qu'il avait dans le dos.
    Il a vu les plus fiers, Requesens et Chandos,
    Et Robert, avoué d'Arras, sieur de Béthune,
40 Fuir devant son épée et devant sa fortune ;
    Les princes pâlissaient de l'entendre gronder ;
    Un jour, il a forcé le pape à demander
    Une fuite rapide aux galères de Gênes ;
    C'était un grand briseur de lances et de chaînes,
45 Guerroyant volontiers, mais surtout délivrant ;
    Il a par tous été proclamé le plus grand
    D'un siècle fort auquel succède un siècle traître ;
    Il a toujours frémi quand des bouches de prêtre
    Dans les sombres clairons de la guerre ont soufflé ;
50 Et souvent de saint Pierre il a tordu la clé
    Dans la vieille serrure horrible de l'église.
    Sa bannière cherchait la bourrasque et la bise ;
    Plus d'un monstre a grincé des dents sous son talon,
    Son bras se roidissait chaque fois qu'un félon
55 Déformait quelque état populaire en royaume.
    Allant, venant dans l'ombre ainsi qu'un grand fantôme,
    Fier, levant dans la nuit son cimier flamboyant,
    Homme auguste au dedans, ferme au dehors, ayant
    En lui toute la gloire et toute la patrie,
60 Belle âme invulnérable et cependant meurtrie,
    Sauvant les lois, gardant les murs, vengeant les droits,
    Et sonnant dans la nuit sous tous les coups des rois,
    Cinquante ans, ce soldat, dont la tête enfin plie,
    Fut l'armure de fer de la vieille Italie,
65 Et ce noir siècle, à qui tout rayon semble ôté,
    Garde quelque lueur encor de son côté.

                                II

                  LE DÉFAUT DE LA CUIRASSE

    Maintenant il est vieux ; son donjon, c'est son cloître ;
    Il tombe, et, déclinant, sent dans son âme croître
    La confiance honnête et calme des grands cœurs ;
70 Le brave ne croit pas au lâche, les vainqueurs
    Sont forts, et le héros est ignorant du fourbe.
    Ce qu'osent les tyrans, ce qu'accepte la tourbe,

Il ne le sait; il est hors de ce siècle vil;
N'en étant vu qu'à peine, à peine le voit-il;
75 N'ayant jamais de ruse, il n'eut jamais de crainte;
Son défaut fut toujours la crédulité sainte,
Et, quand il fut vaincu, ce fut par loyauté;
Plus de péril lui fait plus de sécurité.
Comme dans un exil il vit seul dans sa gloire,
80 Oublié; l'ancien peuple a gardé sa mémoire,
Mais le nouveau le perd dans l'ombre, et ce vieillard,
Qui fut astre, s'éteint dans un morne brouillard.

Dans sa brume, où les feux du couchant se dispersent,
Il a cette mer vaste et ce grand ciel qui versent
85 Sur le bonheur la joie et sur le deuil l'ennui.

Tout est derrière lui maintenant; tout a fui;
L'ombre d'un siècle entier devant ses pas s'allonge;
Il semble des yeux suivre on ne sait quel grand songe;
Parfois, il marche et va sans entendre et sans voir.
90 Vieillir, sombre déclin! l'homme est triste le soir;
Il sent l'accablement de l'œuvre finissante.
On dirait par instants que son âme s'absente,
Et va savoir là-haut s'il est temps de partir.

Il n'a pas un remords et pas un repentir;
95 Après quatre-vingts ans son âme est toute blanche;
Parfois, à ce soldat qui s'accoude et se penche,
Quelque vieux mur, croulant lui-même, offre un appui;
Grave, il pense, et tous ceux qui sont auprès de lui
L'aiment; il faut aimer pour jeter sa racine
100 Dans un isolement et dans une ruine;
Et la feuille de lierre a la forme d'un cœur.

III

AIEUL MATERNEL

Ce vieillard, c'est un chêne adorant une fleur;
A présent un enfant est toute sa famille.
Il la regarde, il rêve; il dit : « C'est une fille,
105 Tant mieux! » étant aïeul du côté maternel.

La vie en ce donjon a le pas solennel;
L'heure passe et revient ramenant l'habitude.

Ignorant le soupçon, la peur, l'inquiétude,
Tous les matins, il boucle à ses flancs refroidis
110 Son épée, aujourd'hui rouillée, et qui jadis

Avait la pesanteur de la chose publique;
Quand parfois du fourreau, vénérable relique,
Il arrache la lame illustre avec effort,
Calme, il y croit toujours sentir peser le sort.
115 Tout homme ici-bas porte en sa main une chose,
Où, du bien et du mal, de l'effet, de la cause,
Du genre humain, de Dieu, du gouffre, il sent le poids;
Le juge au front morose a son livre des lois,
Le roi son sceptre d'or, le fossoyeur sa pelle.

120 Tous les soirs il conduit l'enfant à la chapelle;
L'enfant prie, et regarde avec ses yeux si beaux,
Gaie, et questionnant l'aïeul sur les tombeaux;
Et Fabrice a dans l'œil une humide étincelle.
La main qui tremble aidant la marche qui chancelle,
125 Ils vont sous les portails et le long des piliers
Peuplés de séraphins mêlés aux chevaliers;
Chaque statue, émue à leur pas doux et sombre,
Vibre, et toutes ont l'air de saluer dans l'ombre,
Les héros le vieillard, et les anges l'enfant.

130 Parfois Isoretta, que sa grâce défend,
S'échappe dès l'aurore et s'en va jouer seule
Dans quelque grande tour qui lui semble une aïeule
Et qui mêle, croulante au milieu des buissons,
La légende romane aux souvenirs saxons.
135 Pauvre être qui contient toute une fière race,
Elle trouble, en passant, le bouc, vieillard vorace,
Dans les fentes des murs broutant le câprier;
Pendant que derrière elle on voit l'aïeul prier,
— Car il ne tarde pas à venir la rejoindre,
140 Et cherche son enfant dès qu'il voit l'aube poindre, —
Elle court, va, revient, met sa robe en haillons,
Erre de tombe en tombe et suit des papillons,
Ou s'assied, l'air pensif, sur quelque âpre architrave;
Et la tour semble heureuse et l'enfant paraît grave;
145 La ruine et l'enfance ont de secrets accords,
Car le temps sombre y met ce qui reste des morts.

IV

UN SEUL HOMME SAIT OÙ EST CACHÉ LE TRÉSOR

Dans ce siècle où tout peuple a son chef qui le broie,
Parmi les rois vautours et les princes de proie,
Certe, on n'en trouverait pas un qui méprisât
150 Final, donjon splendide et riche marquisat;
Tous les ans, les alleux, les rentes, les censives,

Surchargent vingt mulets de sacoches massives ;
La grande tour surveille, au milieu du ciel bleu,
Le sud, le nord, l'ouest et l'est, et saint Mathieu,
155 Saint Marc, saint Luc, saint Jean, les quatre évangélistes,
Sont sculptés et dorés sur les quatre balistes ;
La montagne a pour garde, en outre, deux châteaux,
Soldats de pierre ayant du fer sous leurs manteaux.
Le trésor, quand du coffre on détache les boucles,
160 Semble à qui l'entrevoit un rêve d'escarboucles ;
Ce trésor est muré dans un caveau discret
Dont le marquis régnant garde seul le secret,
Et qui fut autrefois le puits d'une sachette ;
Fabrice maintenant connaît seul la cachette ;
165 Le fils de Witikind vieilli dans les combats,
Othon, scella jadis dans les chambres d'en bas
Vingt caissons dont le fer verrouille les façades,
Et qu'Anselme plus tard fit remplir de cruzades,
Pour que dans l'avenir jamais on n'en manquât ;
170 Le casque du marquis est en or de ducat ;
On a sculpté deux rois persans, Narse et Tigrane,
Dans la visière aux trous grillés de filigrane,
Et sur le haut cimier, taillé d'un seul onyx,
Un brasier de rubis brûle l'oiseau Phénix ;
175 Et le seul diamant du sceptre pèse une once.

V

LE CORBEAU

Un matin, les portiers sonnent du cor. Un nonce
Se présente ; il apporte, assisté d'un coureur,
Une lettre du roi qu'on nomme l'empereur ;
Ratbert écrit qu'avant de partir pour Tarente
180 Il viendra visiter Isora, sa parente,
Pour lui baiser le front et pour lui faire honneur.

Le nonce, s'inclinant, dit au marquis : — Seigneur,
Sa majesté ne fait de visites qu'aux reines.

Au message émané de ses mains très sereines
185 L'empereur joint un don splendide et triomphant ;
C'est un grand chariot plein de jouets d'enfant ;
Isora bat des mains avec des cris de joie.

Le nonce, retournant vers celui qui l'envoie,
Prend congé de l'enfant, et, comme procureur
190 Du très victorieux et très noble empereur,
Fait le salut qu'on fait aux têtes souveraines.

— Qu'il soit le bienvenu ! Bas le pont ! bas les chaînes !
Dit le marquis ; sonnez la trompe et l'olifant ! —
Et, fier de voir qu'on traite en reine son enfant,
195   La joie a rayonné sur sa face loyale.

Or, comme il relisait la lettre impériale,
Un corbeau qui passait fit de l'ombre dessus.
— Les oiseaux noirs guidaient Judas cherchant Jésus ;
Sire, vois ce corbeau, dit une sentinelle.
200   Et, regardant l'oiseau planer sur la tournelle :
— Bah ! dit l'aïeul, j'étais pas plus haut que cela,
Compagnon, que déjà ce corbeau que voilà,
Dans la plus fière tour de toute la contrée
Avait bâti son nid, dont on voyait l'entrée ;
205   Je le connais ; le soir, volant dans la vapeur,
Il criait ; tous tremblaient ; mais, loin d'en avoir peur,
Moi petit, je l'aimais ; ce corbeau centenaire
Etant un vieux voisin de l'astre et du tonnerre.

VI

LE PÈRE ET LA MÈRE

Les marquis de Final ont leur royal tombeau
210   Dans une cave où luit, jour et nuit, un flambeau ;
Le soir, l'homme qui met de l'huile dans les lampes
A son heure ordinaire en descendit les rampes ;
Là, mangé par les vers dans l'ombre de la mort,
Chaque marquis auprès de sa marquise dort,
215   Sans voir cette clarté qu'un vieil esclave apporte.
A l'endroit même où pend la lampe, sous la porte,
Etait le monument des deux derniers défunts ;
Pour raviver la flamme et brûler des parfums,
Le serf s'en approcha ; sur la funèbre table,
220   Sculpté très ressemblant, le couple lamentable
Dont Isora, sa dame, était l'unique enfant,
Apparaissait ; tous deux, dans cet air étouffant,
Silencieux, couchés côte à côte, statues
Aux mains jointes, d'habits seigneuriaux vêtues,
225   L'homme avec son lion, la femme avec son chien.
Il vit que le flambeau nocturne brûlait bien ;
Puis, courbé, regarda, des pleurs dans la paupière,
Ce père de granit, cette mère de pierre ;
Alors il recula, pâle ; car il crut voir
230   Que ces deux fronts, tournés vers la voûte au fond noir,
S'étaient subitement assombris sur leur couche,
Elle ayant l'air plus triste et lui l'air plus farouche.

VII

JOIE AU CHATEAU

Une file de longs et pesants chariots
Qui précède ou qui suit les camps impériaux,
235 Marche là-bas avec des éclats de trompette
Et des cris que l'écho des montagnes répète ;
Un gros de lances brille à l'horizon lointain.

La cloche de Final tinte, et c'est ce matin
Que du noble empereur on attend la visite.

240 On arrache des tours la ronce parasite ;
On blanchit à la chaux en hâte les grands murs ;
On range dans la cour des plateaux de fruits mûrs ;
Des grenades venant des vieux monts Alpujarres,
Le vin dans les barils et l'huile dans les jarres ;
245 L'herbe et la sauge en fleur jonchent tout l'escalier ;
Dans la cuisine un feu rôtit un sanglier ;
On voit fumer les peaux des bêtes qu'on écorche ;
Et tout rit ; et l'on a tendu sous le grand porche
Une tapisserie où Blanche d'Est jadis
250 A brodé trois héros, Macchabée, Amadis,
Achille, et le fanal de Rhode, et le quadrige
D'Aétius, vainqueur du peuple latobrige,
Et, dans trois médaillons marqués d'un chiffre en or,
Trois poètes, Platon, Plaute et Scæva Memor.
255 Ce tapis autrefois ornait la grande chambre ;
Au dire des vieillards, l'effrayant roi sicambre,
Witikind, l'avait fait clouer en cet endroit,
De peur que dans leur lit ses enfants n'eussent froid.

VIII

LA TOILETTE D'ISORA

Cris, chansons ; et voilà ces vieilles tours vivantes.
260 La chambre d'Isora se remplit de servantes ;
Pour faire un digne accueil au roi d'Arle, on revêt
L'enfant de ses habits de fête ; à son chevet,
L'aïeul, dans un fauteuil d'orme incrusté d'érable,
S'assied, songeant aux jours passés, et, vénérable,
265 Il contemple Isora, front joyeux, cheveux d'or,

Comme les chérubins peints dans le corridor,
Regard d'enfant Jésus que porte la madone,
Joue ignorante où dort le seul baiser qui donne
Aux lèvres la fraîcheur, tous les autres étant
270 Des flammes, même, hélas ! quand le cœur est content.
Isore est sur le lit assise, jambes nues ;
Son œil bleu rêve avec des lueurs ingénues ;
L'aïeul rit, doux reflet de l'aube sur le soir !
Et le sein de l'enfant, demi-nu, laisse voir
275 Ce bouton rose, germe auguste des mamelles ;
Et ses beaux petits bras ont des mouvements d'ailes.
Le vétéran lui prend les mains, les réchauffant ;
Et, dans tout ce qu'il dit aux femmes, à l'enfant,
Sans ordre, en en laissant deviner davantage,
280 Espèce de murmure enfantin du grand âge,
Il semble qu'on entend parler toutes les voix
De la vie, heur, malheur, à présent, autrefois,
Deuil, espoir, souvenir, rire et pleurs, joie et peine ;
Ainsi tous les oiseaux chantent dans le grand chêne.

285   — Fais-toi belle ; un seigneur va venir ; il est bon ;
C'est l'empereur ; un roi, ce n'est pas un barbon
Comme nous ; il est jeune ; il est roi d'Arle, en France ;
Vois-tu, tu lui feras ta belle révérence,
Et tu n'oublieras pas de dire : monseigneur.
290 Vois tous les beaux cadeaux qu'il nous fait ! Quel bonheur !
Tous nos bons paysans viendront, parce qu'on t'aime ;
Et tu leur jetteras des sequins d'or, toi-même,
De façon que cela tombe dans leur bonnet.

Et le marquis, parlant aux femmes, leur prenait
Les vêtements des mains.

295   — Laissez, que je l'habille !
Oh ! quand sa mère était toute petite fille,
Et que j'étais déjà barbe grise, elle avait
Coutume de venir dès l'aube à mon chevet ;
Parfois, elle voulait m'attacher mon épée,
300 Et, de la dureté d'une boucle occupée,
Ou se piquant les doigts aux clous du ceinturon,
Elle riait. C'était le temps où mon clairon
Sonnait superbement à travers l'Italie.
Ma fille est maintenant sous terre, et nous oublie.
305 D'où vient qu'elle a quitté sa tâche, ô dure loi !
Et qu'elle dort déjà quand je veille encor, moi ?
La fille qui grandit sans la mère, chancelle.
Oh ! c'est triste, et je hais la mort. Pourquoi prend-elle
Cette jeune épousée et non mes pas tremblants ?
310 Pourquoi ces cheveux noirs et non mes cheveux blancs ?

Et, pleurant, il offrait à l'enfant des dragées.

— Les choses ne sont pas ainsi bien arrangées ;
Celui qui fait le choix se trompe ; il serait mieux
Que l'enfant eût la mère et la tombe le vieux.
315 Mais de la mère au moins il sied qu'on se souvienne ;
Et, puisqu'elle a ma place, hélas ! je prends la sienne.

« Vois donc le beau soleil et les fleurs dans les prés !
C'est par un jour pareil, les grecs étant rentrés
Dans Smyrne, le plus grand de leurs ports maritimes,
320 Que, le bailli de Rhode et moi, nous les battîmes.
Mais regarde-moi donc tous ces beaux jouets-là !
Vois ce reître, on dirait un archer d'Attila.
Mais c'est qu'il est vêtu de soie et non de serge !
Et le chapeau d'argent de cette sainte Vierge !
325 Et ce bonhomme en or ! Ce n'est pas très hideux.
Mais comme nous allons jouer demain tous deux !
Si ta mère était là, qu'elle serait contente !
Ah ! quand on est enfant, ce qui plaît, ce qui tente,
C'est un hochet qui sonne un moment dans la main,
330 Peu de chose le soir et rien le lendemain ;
Plus tard, on a le goût des soldats véritables,
Des palefrois battant du pied dans les étables,
Des drapeaux, des buccins jetant de longs éclats,
Des camps, et c'est toujours la même chose, hélas !
335 Sinon qu'alors on a du sang à ses chimères.
Tout est vain. C'est égal, je plains les pauvres mères
Qui laissent leurs enfants derrière elles ainsi. —

Ainsi parlait l'aïeul, l'œil de pleurs obscurci,
Souriant cependant, car telle est l'ombre humaine.
340 Tout à l'ajustement de son ange de reine,
Il habillait l'enfant, et, tandis qu'à genoux
Les servantes chaussaient ces pieds charmants et doux
Et, les parfumant d'ambre, en lavaient la poussière,
Il nouait gauchement la petite brassière,
345 Ayant plus d'habitude aux chemises d'acier.

IX

JOIE HORS DU CHATEAU

Le soir vient, le soleil descend dans son brasier ;
Et voilà qu'au penchant des mers, sur les collines,
Partout, les milans roux, les chouettes félines,
L'autour glouton, l'orfraie horrible dont l'œil luit
350 Avec du sang le jour, qui devient feu la nuit,
Tous les tristes oiseaux mangeurs de chair humaine,
Fils de ces vieux vautours nés de l'aigle romaine

Que la louve d'airain aux cirques appela,
Qui suivaient Marius et connaissaient Sylla,
355   S'assemblent; et les uns, laissant un crâne chauve,
Les autres, aux gibets essuyant leur bec fauve,
D'autres, d'un mât rompu quittant les noirs agrès,
D'autres, prenant leur vol du mur des lazarets,
Tous, joyeux et criant, en tumulte et sans nombre,
360   Ils se montrent Final, la grande cime sombre
Qu'Othon, fils d'Aleram le Saxon, crénela,
Et se disent entre eux : Un empereur est là !

X

SUITE DE LA JOIE

Cloche; acclamations; gémissements; fanfares;
Feux de joie; et les tours semblent toutes des phares,
365   Tant on a, pour fêter ce jour grand à jamais,
De brasiers frissonnants encombré leurs sommets.
La table colossale en plein air est dressée.
Ce qu'on a sous les yeux répugne à la pensée
Et fait peur; c'est la joie effrayante du mal;
370   C'est plus que le démon, c'est moins que l'animal;
C'est la cour du donjon tout entière rougie
D'une prodigieuse et ténébreuse orgie;
C'est Final, mais Final vaincu, tombé, flétri;
C'est un chant dans lequel semble se tordre un cri;
375   Un gouffre où les lueurs de l'enfer sont voisines
Du rayonnement calme et joyeux des cuisines;
Le triomphe de l'ombre, obscène, effronté, cru;
Le souper de Satan dans un rêve apparu.

A l'angle de la cour, ainsi qu'un témoin sombre,
380   Un squelette de tour, formidable décombre,
Sur son faîte vermeil d'où s'enfuit le corbeau,
Dresse et secoue aux vents, brûlant comme un flambeau,
Tout le branchage et tout le feuillage d'un orme;
Valet géant portant un chandelier énorme.

385   Le drapeau de l'empire, arboré sur ce bruit,
Gonfle son aigle immense au souffle de la nuit.

Tout un cortège étrange est là : femmes et prêtres;
Prélats parmi les ducs, moines parmi les reîtres;
Les crosses et les croix d'évêques, au milieu
390   Des piques et des dards, mêlent aux meurtres Dieu,
Les mitres figurant de plus gros fers de lance.
Un tourbillon d'horreur, de nuit, de violence,

Semble emplir tous ces cœurs; que disent-ils entre eux,
Ces hommes ? En voyant ces convives affreux,
395 On doute si l'aspect humain est véritable;
Un sein charmant se dresse au-dessus de la table,
On redoute au-dessous quelque corps tortueux;
C'est un de ces banquets du monde monstrueux
Qui règne et vit depuis les Héliogabales;
400 Le luth lascif s'accouple aux féroces cymbales;
Le cynique baiser cherche à se prodiguer;
Il semble qu'on pourrait à peine distinguer
De ces hommes les loups, les chiennes de ces femmes;
A travers l'ombre, on voit toutes les soifs infâmes,
405 Le désir, l'instinct vil, l'ivresse aux cris hagards,
Flamboyer dans l'étoile horrible des regards.

Quelque chose de rouge entre les dalles fume;
Mais, si tiède que soit cette douteuse écume,
Assez de barils sont éventrés et crevés
410 Pour que ce soit du vin qui court sur les pavés.

Est-ce une vaste noce ? est-ce un deuil morne et triste ?
On ne sait pas à quel dénoûment on assiste,
Si c'est quelque affreux monde à la terre étranger,
Si l'on voit des vivants ou des larves manger,
415 Et si ce qui dans l'ombre indistincte surnage
Est la fin d'un festin ou la fin d'un carnage.

Par moments, le tambour, le cistre, le clairon,
Font ces rages de bruit qui rendaient fou Néron.
Ce tumulte rugit, chante, boit, mange, râle,
420 Sur un trône est assis Ratbert, content et pâle.

C'est, parmi le butin, les chants, les arcs de fleurs,
Dans un antre de rois un Louvre de voleurs.

Presque nue au milieu des montagnes de roses,
Comme des déités dans les apothéoses,
425 Altière, recevant vaguement les saluts,
Marquant avec ses doigts la mesure des luths,
Ayant dans le gala les langueurs de l'alcôve,
Près du maître sourit Matha, la blonde fauve;
Et sous la table, heureux, du genou la pressant,
430 Le roi cherche son pied dans les mares de sang.

Les grands brasiers, ouvrant leur gouffre d'étincelles,
Font resplendir les ors d'un chaos de vaisselles;
On ébrèche aux moutons, aux lièvres montagnards,
Aux faisans, les couteaux tout à l'heure poignards;
435 Sixte Malaspina, derrière le roi, songe;
Toute lèvre se rue à l'ivresse et s'y plonge;
On achève un mourant en perçant un tonneau;

L'œil croit, parmi les os de chevreuil et d'agneau,
Aux tremblantes clartés que les flambeaux prolongent,
440 Voir des profils humains dans ce que les chiens rongent;
Des chanteurs grecs, portant des images d'étain
Sur leurs chapes, selon l'usage byzantin,
Chantent Ratbert, césar, roi, vainqueur, dieu, génie;
On entend sous les bancs des soupirs d'agonie;
445 Une odeur de tuerie et de cadavres frais
Se mêle au vague encens brûlant dans les coffrets
Et les boîtes d'argent sur des trépieds de nacre;
Les pages, les valets, encor chauds du massacre,
Servent dans le banquet leur empereur ravi
450 Et sombre, après l'avoir dans le meurtre servi;
Sur le bord des plats d'or on voit des mains sanglantes;
Ratbert s'accoude avec des poses indolentes;
Au-dessus du festin, dans le ciel blanc du soir,
De partout, des hanaps, du buffet, du dressoir,
455 Des plateaux où les paons ouvrent leurs larges queues,
Des écuelles où brûle un philtre aux lueurs bleues,
Des verres, d'hypocras et de vin écumants,
Des bouches des buveurs, des bouches des amants,
S'élève une vapeur gaie, ardente, enflammée,
460 Et les âmes des morts sont dans cette fumée.

XI

TOUTES LES FAIMS SATISFAITES

C'est que les noirs oiseaux de l'ombre ont eu raison,
C'est que l'orfraie a bien flairé la trahison,
C'est qu'un fourbe a surpris le vaillant sans défense,
C'est qu'on vient d'écraser la vieillesse et l'enfance.
465 En vain quelques soldats fidèles ont voulu
Résister, à l'abri d'un créneau vermoulu;
Tous sont morts; et de sang les dalles sont trempées,
Et la hache, l'estoc, les masses, les épées
N'ont fait grâce à pas un, sur l'ordre que donna
470 Le roi d'Arle au prévôt Sixte Malaspina.
Et, quant aux plus mutins, c'est ainsi que les nomme
L'aventurier royal fait empereur par Rome,
Trente sur les crochets et douze sur le pal
Expirent au-dessus du porche principal.

475 Tandis qu'en joyeux chants les vainqueurs se répandent,
Auprès de ces poteaux et de ces croix où pendent
Ceux que Malaspina vient de supplicier,
Corbeaux, hiboux, milans, tout l'essaim carnassier,
Venus des monts, des bois, des cavernes, des havres,

480   S'abattent par volée, et font sur les cadavres
      Un banquet, moins hideux que celui d'à côté.

      Ah ! le vautour est triste à voir, en vérité,
      Déchiquetant sa proie et planant ; on s'effraie
      Du cri de la fauvette aux griffes de l'orfraie ;
485   L'épervier est affreux rongeant des os brisés ;
      Pourtant, par l'ombre immense on les sent excusés,
      L'impénétrable faim est la loi de la terre,
      Et le ciel, qui connaît la grande énigme austère,
      La nuit, qui sert de fond au guet mystérieux
490   Du hibou promenant la rondeur de ses yeux
      Ainsi qu'à l'araignée ouvrant ses pâles toiles,
      Met à ce festin sombre une nappe d'étoiles ;
      Mais l'être intelligent, le fils d'Adam, l'élu
      Qui doit trouver le bien après l'avoir voulu,
495   L'homme exterminant l'homme et riant, épouvante,
      Même au fond de la nuit, l'immensité vivante,
      Et, que le ciel soit noir ou que le ciel soit bleu,
      Caïn tuant Abel est la stupeur de Dieu.

                                    XII

                   QUE C'EST FABRICE QUI EST UN TRAÎTRE

      Un homme qu'un piquet de lansquenets escorte,
500   Qui tient une bannière inclinée, et qui porte
      Une jacque de vair taillée en éventail,
      Un héraut, fait ce cri devant le grand portail :

      « Au nom de l'empereur clément et plein de gloire,
      — Dieu le protège ! — peuple ! il est pour tous notoire
505   Que le traître marquis Fabrice d'Albenga
      Jadis avec les gens des villes se ligua,
      Et qu'il a maintes fois guerroyé le saint-siège ;
      C'est pourquoi l'empereur très clément, — Dieu protège
      L'empereur ! — le citant à son haut tribunal,
510   A pris possession de l'état de Final. »

      L'homme ajoute, dressant sa bannière penchée :
      — Qui me contredira, soit sa tête tranchée,
      Et ses biens confisqués à l'empereur. J'ai dit.

XIII

SILENCE

Tout à coup on se tait; ce silence grandit,
515 Et l'on dirait qu'au choc brusque d'un vent qui tombe
Cet enfer a repris sa figure de tombe;
Ce pandémonium, ivre d'ombre et d'orgueil,
S'éteint; c'est qu'un vieillard a paru sur le seuil;
Un prisonnier, un juge, un fantôme; l'ancêtre !

C'est Fabrice.

520   On l'amène à la merci du maître.
Ses blêmes cheveux blancs couronnent sa pâleur;
Il a les bras liés au dos comme un voleur;
Et, pareil au milan qui suit des yeux sa proie,
Derrière le captif marche, sans qu'il le voie,
525 Un homme qui tient haute une épée à deux mains.

Matha, fixant sur lui ses beaux yeux inhumains,
Rit sans savoir pourquoi, rire étant son caprice.
Dix valets de la lance environnent Fabrice.
Le roi dit : — Le trésor est caché dans un lieu
530 Qu'ici tu connais seul, et je jure par Dieu
Que, si tu dis l'endroit, marquis, ta vie est sauve.

Fabrice lentement lève sa tête chauve
Et se tait.

              Le roi dit : — Es-tu sourd, compagnon ?

Un reître avec le doigt fait signe au roi que non.
535 — Marquis, parle ! ou sinon, vrai comme je me nomme
Empereur des Romains, roi d'Arle et gentilhomme,
Lion, tu vas japper ainsi qu'un épagneul.
Ici, bourreaux ! — Réponds, le trésor ?

                                      Et l'aïeul
Semble, droit et glacé parmi les fers de lance,
540 Avoir déjà pris place en l'éternel silence.

Le roi dit : — Préparez les coins et les crampons.
Pour la troisième fois parleras-tu ? Réponds.

Fabrice, sans qu'un mot d'entre ses lèvres sorte,
Regarde le roi d'Arle et d'une telle sorte,

545 Avec un si superbe éclair, qu'il l'interdit ;
     Et Ratbert, furieux sous ce regard, bondit
     Et crie, en s'arrachant le poil de la moustache :
     — Je te trouve idiot et mal en point, et sache
     Que les jouets d'enfant étaient pour toi, vieillard !
550 Çà, rends-moi ce trésor, fruit de tes vols, pillard !
     Et ne m'irrite pas, ou ce sera ta faute,
     Et je vais envoyer sur ta tour la plus haute
     Ta tête au bout d'un pieu se taire dans la nuit.

     Mais l'aïeul semble d'ombre et de pierre construit ;
555 On dirait qu'il ne sait pas même qu'on lui parle.

     — Le brodequin ! A toi, bourreau ! dit le roi d'Arle,

     Le bourreau vient, la foule effarée écoutait.

     On entend l'os crier, mais la bouche se tait.

     Toujours prêt à frapper le prisonnier en traître,
560 Le coupe-tête jette un coup d'œil à son maître.

     — Attends que je te fasse un signe, dit Ratbert.
     Et, reprenant :

                          — Voyons, toi chevalier haubert,
     Mais cadet, toi marquis, mais bâtard, si tu donnes
     Ces quelques diamants de plus à mes couronnes,
565 Si tu veux me livrer ce trésor, je te fais
     Prince, et j'ai dans mes ports dix galères de Fez
     Dont je te fais présent avec cinq cents esclaves.

     Le vieillard semble sourd et muet.

                                        — Tu me braves !
     Eh bien ! tu vas pleurer, dit le fauve empereur.

                                   XIV

                   RATBERT REND L'ENFANT A L'AIEUL

570 Et voici qu'on entend comme un souffle d'horreur
     Frémir, même en cette ombre et même en cette horde.
     Une civière passe, il y pend une corde ;
     Un linceul la recouvre ; on la pose à l'écart ;
     On voit deux pieds d'enfants qui sortent du brancard.
575 Fabrice, comme au vent se renverse un grand arbre,

Tremble, et l'homme de chair sous cet homme de marbre
Reparaît; et Ratbert fait lever le drap noir.

C'est elle ! Isora ! pâle, inexprimable à voir,
Etranglée; et sa main crispée, et cela navre,
580 Tient encore un hochet; pauvre petit cadavre !

L'aïeul tressaille avec la force d'un géant;
Formidable, il arrache au brodequin béant
Son pied dont le bourreau vient de briser le pouce;
Les bras toujours liés, de l'épaule il repousse
585 Tout ce tas de démons, et va jusqu'à l'enfant,
Et sur ses deux genoux tombe, et son cœur se fend.
Il crie en se roulant sur la petite morte :

— Tuée ! ils l'ont tuée ! et la place était forte,
Le pont avait sa chaîne et la herse ses poids,
590 On avait des fourneaux pour le soufre et la poix,
On pouvait mordre avec ses dents le roc farouche,
Se défendre, hurler, lutter, s'emplir la bouche
De feu, de plomb fondu, d'huile, et les leur cracher
A la figure avec les éclats du rocher !
595 Non ! on a dit : Entrez, et, par la porte ouverte,
Ils sont entrés ! la vie à la mort s'est offerte !
On a livré la place, on n'a point combattu !
Voilà la chose; elle est toute simple; ils n'ont eu
Affaire qu'à ce vieux misérable imbécile !
600 Egorger un enfant, ce n'est pas difficile.
Tout à l'heure, j'étais tranquille, ayant peu vu
Qu'on tuât des enfants, et je disais : Pourvu
Qu'Isora vive, eh bien ! après cela, qu'importe ? —
Mais l'enfant ! O mon Dieu ! c'est donc vrai qu'elle est
605 Penser que nous étions là tous deux hier encor !   [morte !
Elle allait et venait dans un gai rayon d'or;
Cela jouait toujours, pauvre mouche éphémère !
C'était la petite âme errante de sa mère !
Le soir, elle posait son doux front sur mon sein,
610 Et dormait... — Ah ! brigand ! assassin ! assassin !

Il se dressait, et tout tremblait dans le repaire,
Tant c'était la douleur d'un lion et d'un père,
Le deuil, l'horreur, et tant ce sanglot rugissait !

— Et moi qui, ce matin, lui nouais son corset !
615 Je disais : Fais-toi belle, enfant ! Je parais l'ange
Pour le spectre. — Oh ! ris donc là-bas, femme de fange !
Riez tous ! Idiot, en effet, moi qui crois
Qu'on peut se confier aux paroles des rois
Et qu'un hôte n'est pas une bête féroce !
620 Le roi, les chevaliers, l'évêque avec sa crosse,

Ils sont venus, j'ai dit : Entrez; c'étaient des loups !
Est-ce qu'ils ont marché sur elle avec des clous
Qu'elle est toute meurtrie ? Est-ce qu'ils l'ont battue ?
Et voilà maintenant nos filles qu'on nous tue
625 Pour voler un vieux casque en vieil or de ducat !
Je voudrais que quelqu'un d'honnête m'expliquât
Cet événement-ci, voilà ma fille morte !
Dire qu'un empereur vient avec une escorte,
Et que des gens nommés Farnèse, Spinola,
630 Malaspina, Cibo, font de ces choses-là,
Et qu'on se met à cent, à mille, avec ce prêtre,
Ces femmes, pour venir prendre un enfant en traître,
Et que l'enfant est là, mort, et que c'est un jeu;
C'est à se demander s'il est encore un Dieu,
635 Et si, demain, après de si lâches désastres,
Quelqu'un osera faire encor lever les astres !
M'avoir assassiné ce petit être-là !
Mais c'est affreux d'avoir à se mettre cela
Dans la tête, que c'est fini, qu'ils l'ont tuée,
640 Qu'elle est morte ! — Oh ! ce fils de la prostituée,
Ce Ratbert, comme il m'a hideusement trompé !
O Dieu ! de quel démon est cet homme échappé ?
Vraiment ! est-ce donc trop espérer que de croire
Qu'on ne va point, par ruse et par trahison noire,
645 Massacrer des enfants, broyer des orphelins,
Des anges, de clarté céleste encor tout pleins ?
Mais c'est qu'elle est là, morte, immobile, insensible !
Je n'aurais jamais cru que cela fût possible.
Il faut être le fils de cette infâme Agnès !
650 Rois ! j'avais tort jadis quand je vous épargnais;
Quand, pouvant vous briser au front le diadème,
Je vous lâchais, j'étais un scélérat moi-même,
J'étais un meurtrier d'avoir pitié de vous !
Oui, j'aurais dû vous tordre entre mes serres, tous !
655 Est-ce qu'il est permis d'aller dans les abîmes
Reculer la limite effroyable des crimes,
De voler, oui, ce sont des vols, de faire un tas
D'abominations, de maux et d'attentats,
De tuer des enfants et de tuer des femmes,
660 Sous prétexte qu'on fut, parmi les oriflammes
Et les clairons, sacré devant le monde entier
Par Urbain quatre, pape, et fils d'un savetier ?
Que voulez-vous qu'on fasse à de tels misérables ?
Avoir mis son doigt noir sur ces yeux adorables !
665 Ce chef-d'œuvre du Dieu vivant, l'avoir détruit !
Quelle mamelle d'ombre et d'horreur et de nuit,
Dieu juste, a donc été de ce monstre nourrice ?
Un tel homme suffit pour qu'un siècle pourrisse.
Plus de bien ni de mal, plus de droit, plus de lois.
670 Est-ce que le tonnerre est absent quelquefois ?
Est-ce qu'il n'est pas temps que la foudre se prouve,

Cieux profonds, en broyant ce chien, fils de la louve ?
Oh ! sois maudit, maudit, maudit, et sois maudit,
Ratbert, empereur, roi, césar, escroc, bandit !
675 O grand vainqueur d'enfants de cinq ans ! maudits soient
Les pas que font tes pieds, les jours que tes yeux voient,
Et la gueuse qui t'offre en riant son sein nu,
Et ta mère publique, et ton père inconnu !
Terre et cieux ! c'est pourtant bien le moins qu'un doux être
680 Qui joue à notre porte et sous notre fenêtre,
Qui ne fait rien que rire et courir dans les fleurs,
Et qu'emplir de soleil nos pauvres yeux en pleurs,
Ait le droit de jouir de l'aube qui l'enivre,
Puisque les empereurs laissent les forçats vivre,
685 Et puisque Dieu, témoin des deuils et des horreurs,
Laisse sous le ciel noir vivre les empereurs !

XV

LES DEUX TÊTES

Ratbert en ce moment, distrait jusqu'à sourire,
Ecoutait Afranus à voix basse lui dire :
— Majesté, le caveau du trésor est trouvé.

L'aïeul pleurait.

690   — Un chien, au coin des murs crevé,
Est un être enviable auprès de moi. Va, pille,
Vole, égorge, empereur ! O ma petite fille,
Parle-moi ! Rendez-moi mon doux ange, ô mon Dieu !
Elle ne va donc pas me regarder un peu ?
695 Mon enfant ! Tous les jours nous allions dans les lierres.
Tu disais : Vois les fleurs, et moi : Prends garde aux pierres !
Et je la regardais, et je crois qu'un rocher
Se fût attendri rien qu'en la voyant marcher.
Hélas ! avoir eu foi dans ce monstrueux drôle !
700 Mets ta tête adorée auprès de mon épaule.
Est-ce que tu m'en veux ? C'est moi qui suis là ! Dis,
Tu n'ouvriras donc plus tes yeux du paradis !
Je n'entendrai donc plus ta voix, pauvre petite !
Tout ce qui me tenait aux entrailles me quitte ;
705 Et ce sera mon sort, à moi, le vieux vainqueur,
Qu'à deux reprises Dieu m'ait arraché le cœur,
Et qu'il ait retiré de ma poitrine amère
L'enfant, après m'avoir ôté du flanc la mère !
Mon Dieu, pourquoi m'avoir pris cet être si doux ?
710 Je n'étais pourtant pas révolté contre vous,
Et je consentais presque à ne plus avoir qu'elle.

Morte ! et moi, je suis là, stupide, qui l'appelle !
Oh ! si je n'avais pas les bras liés, je crois
Que je réchaufferais ses pauvres membres froids.
715 Comme ils l'ont fait souffrir ! La corde l'a coupée.
Elle saigne.

                    Ratbert, blême et la main crispée,
Le voyant à genoux sur son ange dormant,
Dit : — Porte-glaive, il est ainsi commodément.

Le porte-glaive fit, n'étant qu'un misérable,
720 Tomber sur l'enfant mort la tête vénérable.

Et voici ce qu'on vit dans ce même instant-là :
La tête de Ratbert sur le pavé roula,
Hideuse, comme si le même coup d'épée,
Frappant deux fois, l'avait avec l'autre coupée.

725 L'horreur fut inouïe ; et tous, se retournant,
Sur le grand fauteuil d'or du trône rayonnant
Aperçurent le corps de l'empereur sans tête,
Et son cou d'où sortait, dans un bruit de tempête,
Un flot rouge, un sanglot de pourpre, éclaboussant
730 Les convives, le trône et la table, de sang.
Alors dans la clarté d'abîme et de vertige
Qui marque le passage énorme d'un prodige,
Des deux têtes on vit l'une, celle du roi,
Entrer sous terre et fuir dans le gouffre d'effroi
735 Dont l'expiation formidable est la règle,
Et l'autre s'envoler avec des ailes d'aigle.

XVI

APRÈS JUSTICE FAITE

L'ombre couvre à présent Ratbert, l'homme de nuit.
Nos pères — c'est ainsi qu'un nom s'évanouit —
Défendaient d'en parler, et du mur de l'histoire
740 Les ans ont effacé cette vision noire.

Le glaive qui frappa ne fut point aperçu ;
D'où vint ce sombre coup, personne ne l'a su ;
Seulement, ce soir-là, bêchant pour se distraire,
Héraclius le Chauve, abbé de Joug-Dieu, frère
745 D'Acceptus, archevêque et primat de Lyon,
Etant aux champs avec le diacre Pollion,
Vit, dans les profondeurs par les vents remuées,
Un archange essuyer son épée aux nuées.

XIX

WELF
CASTELLAN D'OSBOR

WELF.

CYADMIS.

HUG.

OTHON.

SYLVESTRE.

UNE PETITE FILLE, mendiante.

L'HUISSIER DE L'EMPIRE.

PAYSANS, BOURGEOIS, ÉTUDIANTS
DE L'UNIVERSITÉ CARLOVINGIENNE,
SOLDATS.

Devant le précipice d'Osbor.

WELF

CASTELLAN D'OSBOR

Le rebord d'un précipice. Au-delà du précipice, qui est très étroit, se profile une haute tour crénelée sans fenêtres. Des meurtrières çà et là. Le pont-levis dressé cache la porte. Le précipice sert de fossé à cette tour. Derrière la tour, monte, à perte de vue, la montagne couverte de sapins. On ne voit pas le ciel.

SCÈNE PREMIÈRE

L'HUISSIER DE L'EMPIRE, un groupe de GENS DU PEUPLE

> *L'huissier de l'empire, en dalmatique d'argent semée d'aigles noires, entre, précédé des quatre massiers de la diète. Il est suivi d'un groupe de paysans et de bourgeois. Il se tourne vers la tour, où l'on ne voit personne.*

L'HUISSIER

Je fais sommation, moi l'huissier de l'empire,
A toi, baron, rebelle à la diète de Spire.
Rends-toi, sors. Comparais.

> *Silence profond dans la tour. On n'y distingue ni un bruit, ni une lumière. Elle semble inhabitée.*

UN BOURGEOIS, *survenant, aux autres.*

A-t-il répondu ?

UN PAYSAN

Non.

L'HUISSIER

J'ai dit.

> *Il passe, et disparaît avec les quatre massiers.*

LE BOURGEOIS, *montrant la tour.*

Quel fier dédain ! Quel rude compagnon !

UN ÉTUDIANT *de l'université carlovingienne.*

Compagnon de personne.

LE PAYSAN

5   Oui, pas un ne l'égale.

L'ÉTUDIANT

Parfois aux champs fauchés il reste une cigale ;
Ainsi cet homme libre est demeuré debout.

LE BOURGEOIS

Oui, ce mont excepté, l'esclavage est partout.

L'ÉTUDIANT

Welf, à lui seul, tient tête aux princes d'Allemagne.

UN VIEILLARD

10   Il ne veut pas qu'on passe à travers sa montagne,
     Il est le protecteur d'un pays inconnu.
     Qui troublerait ces monts serait le mal venu.
     Il est père des bois. Sa tour fait sentinelle.
     Il défend le sapin, l'if, la neige éternelle,
15   La route avec ses fleurs, la biche avec ses faons,
     Et les petits oiseaux sont ses petits enfants.
     Il guette. Son regard a des éclairs funèbres
     Pour quiconque oserait attaquer ces ténèbres.
     On voit la silhouette âpre du chevalier
20   Dans l'entre-croisement des branches du hallier.
     Une sérénité nocturne l'environne.
     Son casque n'a jamais salué de couronne.
     Il se tient là, barrant le chemin, rassurant
     La forêt, le ravin, le rocher, le torrent,
25   Et garde vierge, aux yeux de toute la contrée,
     L'ombre où cette montagne auguste donne entrée.

LE BOURGEOIS

Il est seul dans sa tour ?

LE VIEILLARD

                     Il n'a pas un archer.

LE PAYSAN, *à un autre paysan, montrant la tour.*

Tiens ! entre les créneaux on peut le voir marcher.

L'ÉTUDIANT

Tant qu'il vit, la patrie aux fers n'est pas éteinte.

LE VIEILLARD

30   Il n'a jamais voulu se marier, de crainte
     D'introduire en son antre une timidité.

L'ÉTUDIANT

Ici l'on rampe.

LE VIEILLARD

Il est seul de l'autre côté.

LE BOURGEOIS

On dit qu'il vit là, fauve et noir, sans chefs, sans règle.
Qu'il se fait apporter à manger par les aigles,
Et qu'il n'a jamais ri.

LE VIEILLARD

35   Deuil fièrement porté !
Il est veuf.

LE BOURGEOIS

     Veuf de qui ?

LE VIEILLARD

Veuf de la liberté.

L'ÉTUDIANT

Puissant vieillard !

LE VIEILLARD

              Il est inaccessible ; il garde
Son fossé, tient dressé son pont-levis, regarde
Par les trous de sa herse, et n'a jamais d'ennui,
40 Sentant le mont immense en paix derrière lui.

LE BOURGEOIS, regardant à ses pieds.

Le précipice est sombre.

L'ÉTUDIANT, regardant au-dessus de sa tête.

Et la muraille est haute.

LE BOURGEOIS

Mais s'il repousse un maître, admettrait-il un hôte ?

LE VIEILLARD

Un pauvre, oui.

L'ÉTUDIANT

Jamais roi dans sa coupe ne but.

LE VIEILLARD

Il vit sans rendre hommage et sans payer tribut.

LE BOURGEOIS

45 Qu'il est heureux ! Hélas, les impôts nous obèrent.

LE VIEILLARD

Mais cela va finir, les princes délibèrent.

Montrant le revers de la montagne opposée au
précipice.

Ils sont là.

LE BOURGEOIS

Qui donc ?

LE VIEILLARD

Qui ? Notre duc Cyadmis,
Le roi d'Arle, et les deux formidables amis
Qui ne se quittent pas, — l'un maudit, l'autre frappe, —
50 Othon trois, empereur, et Sylvestre deux, pape.

L'ÉTUDIANT

Qu'importe ? le rocher est fort, Welf est viril.
Welf ignore la peur, mais connaît le péril.

LE BOURGEOIS

Aussi marche-t-il droit sur lui.

L'ÉTUDIANT

Pas plus qu'Hercule
Il ne tremble, et pas plus qu'Achille il ne recule.

LE BOURGEOIS

55 Robuste, il songe, au bord de l'abîme béant.

L'ÉTUDIANT

Une douceur d'étoile, et le bras d'un géant !

LE VIEILLARD

Oui. Mais les rois sont las de voir debout dans l'ombre
Le grand ermite armé de la montagne sombre.

*Il se penche et leur désigne du doigt un point
qu'on ne voit pas.*

Vous voyez bien d'ici cette cabane, au flanc
60 Du ravin, à l'abri de l'aquilon sifflant ?
C'est là que les rois sont assemblés.

LE BOURGEOIS

Combien ?

LE PAYSAN

Quatre.

LE VIEILLARD

Ce burg les gêne. Ils ont résolu de l'abattre.
C'est dit. Pour vaincre ils ont leurs troupes et leurs gens,
Et le dépit amer, force des assiégeants.

LE PAYSAN

65 Le castellan va-t-il enfin livrer passage,
Baisser le pont, céder aux rois ?

LE BOURGEOIS

Oui, s'il est sage.

L'ÉTUDIANT

Non, s'il est grand.

LE VIEILLARD

Il est sage et grand.

L'ÉTUDIANT, *montrant la tour.*

La maison

Tiendra ferme, ayant Welf tout seul pour garnison;
Le vieux songeur n'est pas d'humeur accommodante.
70 Il mettra des chaudrons sur de la braise ardente,
Et saura leur payer, va, ce qui leur est dû
De poix bouillante, d'huile en feu, de plomb fondu !

LE PAYSAN

Certes !

L'ÉTUDIANT

Et l'on verra si leur peau s'accoutume
Au ruissellement large et fumant du bitume.

On voit une fumée sortir du haut de la tour.

LE VIEILLARD

75 Tenez, précisément ! Il allume son feu.
Voyez-vous la fumée !

L'ÉTUDIANT

Il va jouer son jeu,

Faire sa fête, offrir la bataille.

LE BOURGEOIS

Posture

D'un héros !

LE PAYSAN

Je veux voir la fin de l'aventure.

LE BOURGEOIS

Nous, en voyant venir des princes, nous fuyons
80 Devant ce flamboiement de sinistres rayons;
Welf les brave.

Montrant le burg.

C'est beau, cette porte fermée.

L'ÉTUDIANT

D'un côté ce bonhomme, et de l'autre une armée !

LE VIEILLARD

A lui seul il est grand comme une nation.
D'ordinaire, tout est dans la proportion,
85 Et le petit est grand près du moindre, et l'arbuste,
Si vous le comparez au brin d'herbe, est robuste.
Mais Welf dépasse tout. C'est un dieu.

On entend une fanfare de trompettes.

LE BOURGEOIS

Les clairons !

Silence ! Où sont nos trous dans les rochers ? Rentrons.

Tous se dispersent de divers côtés. Entre une troupe de valets de la lance avec de longues piques. En tête les clairons. Puis un gendarme portant un pennon de guerre. Derrière le pennon, paraît un homme à cheval entièrement couvert d'une chemise de fer à capuchon, et ayant sur le capuchon une couronne ducale. Les soldats s'arrêtent, le pennon s'arrête, l'homme à cheval s'arrête, et se tourne vers la tour. Les clairons se taisent. L'homme à cheval tire son épée. La tour continue de fumer.

SCÈNE II

CYADMIS, LA TOUR, puis HUG, puis OTHON,
puis SYLVESTRE

CYADMIS, *parlant à la tour.*

Personne n'a le droit de prendre un coin de terre
90 Au prince armé par Dieu d'un titre héréditaire.
S'isoler, c'est trahir. Welf, castellan d'Osbor,
Toi qu'on doit comme un ours traquer au bruit du cor,
Je te provoque au bruit du clairon, comme un homme :
Mais d'abord je te parle en ami. Je te somme
95 D'être un garçon prudent, docile aux bons avis.
Chevalier, haut la herse et bas le pont-levis !
Je veux entrer. Je veux passer. Cette montagne
N'est pas, comme la Crète et comme la Bretagne,
Une île, et ce fossé n'est pas la mer. Baron,
100 Viens, je te chausserai moi-même l'éperon ;
Je t'admets dans ma troupe, à vaincre habituée ;
Tu seras capitaine, avec une nuée
De trompettes courant et sonnant devant toi.
Descends, ouvre ta porte, et causons. Par ma foi,
105 Tu n'es pas fait pour vivre entre quatre murailles.
Ami, nous gagnerons ensemble des batailles.
C'est beau d'avoir l'épée au poing, d'être le bras
De la victoire, et d'être un soldat ! Tu verras
Comme c'est un bonheur de partir pour la guerre,
110 Et comme avec orgueil, quittant tout soin vulgaire,
Rois et vassaux, soldats et chefs, nous nous offrons
Un vaste gonflement des drapeaux sur nos fronts !
Quelle joie et quels cris lorsqu'on force une ville !
On se vautre à travers la populace vile !
115 La femme qu'on fait veuve, on lui prend un baiser.
Tu n'es pas encor d'âge à ne point t'amuser.
En échange d'un burg sur un rocher, je t'offre
Une tente de soie et de l'or à plein coffre,

Et l'altière rumeur des camps et des clairons.
120 Nous irons conquérir le monde, et nous aurons
Des filles et du vin, et tu feras ripaille,
Au lieu de coucher seul dans ton trou sur la paille.
Lève ta herse, accepte, et soyons bons amis.
Ouvre-moi, je tiendrai tout ce que j'ai promis.
125 Sinon, prends garde à toi. J'ai l'habitude d'être
Patient à l'affront comme au feu le salpêtre.
J'aurai bien vite fait d'écraser ton donjon.
Cueillir un burg ainsi qu'on sarcle un sauvageon,
Et coucher une tour tout de son long dans l'herbe,
130 Ce sont mes jeux. Sais-tu, de ton château superbe
Ce qui restera, dis, lorsque j'aurai passé ?
Une baraque informe au fond d'un noir fossé.
Et de ta haute tour de guerre ? Une masure
Bonne aux moineaux cachant leurs nids dans l'embrasure.
135 Et du sauvage aspect de tes créneaux altiers ?
Un tas de pierres, plein de houx et d'églantiers,
Où les femmes viendront faire sécher leur linge.
Je suis Cyadmis, duc et marquis de Thuringe.
Ouvre-moi.

> *Silence dans la tour. Paraît un étendard portant à la hampe une couronne de roi. Entre, derrière un groupe de trompettes, un homme à cheval, vêtu de drap d'or, ayant une couronne royale sur la tête. Il a un sceptre à la main. A sa suite marche une compagnie d'arbalétriers bourguignons couronnés de fleurs; ils ont de grandes arbalètes, des boucliers faits d'une peau de bœuf et hauts comme un homme, et les pieds nus dans des chaussures de cordes. Tous s'arrêtent. Le duc et la troupe se rangent. L'homme à couronne royale fait face à la tour. La fanfare cesse.*

HUG, *parlant à la tour.*

Je suis roi d'Arle aux verts coteaux,
140 Et j'ai pour fiefs Orange et Saint-Paul-Trois-Châteaux;
A quiconque me brave on sait ce qu'il en coûte,
Et je m'appelle Hug, fils de Boron. Ecoute,
Homme de ces monts, toi qui fais de l'ombre ici.
Je ne te vois pas, maître obscur du burg noirci;
145 Mais, derrière ton mur, tu songes; je te parle.
Tu n'es pas sans avoir entendu parler d'Arle,
Dont l'aïeul est Priam, car nos monts chenus
Avant les phocéens les troyens sont venus;
Arle est fille de Troie et mère de Grenoble;
150 Isidore la nomme une ville très noble,
Et Théodoric, comte et roi des goths, l'aima.
Les français ne l'auront jamais. Gênes, Palma,
Mayorque, Rhode et Tyr sont mes ports tributaires;
J'ai le Rhône, et l'Autriche est une de mes terres.
155 Arle est riche; à la diète elle achète des voix;

Les califes lui font de précieux envois;
Elle reçoit par mer les dons de ces hautesses,
Les odeurs d'Arabie et les délicatesses
De l'Asie, et telle est la beauté de ses tours
160 Qu'elles attirent l'aigle et chassent les vautours.
Mon sceptre est salué par cent vassaux, tous princes.
J'ai le Rhin aux sept monts, la Gaule aux sept provinces.
T'attaquer, toi vieillard, j'en serais bien fâché.
Donne-nous ta montagne et je t'offre un duché.
165 Je t'offre en ma Bourgogne autant de bonne terre
Qu'on en voit de mauvaise en ce mont solitaire.
Accepte, car nos champs donnent beaucoup de blé.
Le trouvère Ericus d'Auxerre en a parlé.
Arles t'attend. Je t'offre en ma ville latine
170 Un palais où, vieillards à la voix enfantine,
Les poètes viendront, hôtes mélodieux,
Te chanter, comme au temps qu'on croyait aux faux dieux.
Tu seras un seigneur dans mon pompeux cortège,
Et tu présideras des cours d'amour. La neige,
175 La bise, le brouillard, les ouragans hurlants,
Font une sombre fête à tes fiers cheveux blancs;
Car cet âpre sommet a, sous le vent sonore,
Plus d'hiver que d'été, plus de nuit que d'aurore.
Viens te chauffer, vieillard. Je t'offre le midi.
180 Tu cueilleras la rose et le lys d'Engaddi.
Accepte. On trouve ainsi moyen de plaire aux femmes;
Car il est gracieux de s'approcher des dames
En souriant, avec des bouquets dans les mains.
L'aloès, le palmier, les œillets, les jasmins
185 Emplissent nos jardins d'encens et d'allégresse,
Et l'ancien dieu Printemps, qu'on adorait en Grèce,
N'avait pas plus de fleurs quand il les rassembla
Toutes, pour les offrir aux abeilles d'Hybla.
Lève la herse, abats le pont, ouvre la porte,
190 Accepte ce que moi, roi d'Arles, je t'apporte.

> *Silence dans la tour. La fumée s'épaissit et*
> *devient rougeâtre. Le roi se range près du duc.*
> *Fanfare. Paraît une bannière de drap d'or, por-*
> *tant un grand aigle de sable, éployé. Des son-*
> *neurs de trompes et des batteurs de cymbales*
> *la précèdent. Derrière la bannière entre un*
> *homme à cheval, vêtu de pourpre, ayant dans*
> *la main un globe, et sur la tête la couronne*
> *impériale. Il est suivi d'une poutre à tête de*
> *bélier de bronze, portée par des croates nus,*
> *hauts de six pieds. Le bélier est flanqué de mon-*
> *tagnards tyroliens en jaquettes bariolées, armés*
> *de frondes. Tout ce cortège s'arrête et fait face*
> *à la tour. Les trompes et les cymbales se taisent.*

OTHON, *tourné vers la tour.*

Othon, empereur, parle à Welf, baron bandit,
Et le bandit se cache, et l'empereur lui dit :

Vassal, ouvre ton burg. Je viens te faire grâce.
Welf, quand c'est l'empereur d'Allemagne qui passe,
195 La clémence au doux front marche à côté de lui.
Mais l'homme absous, c'est peu ; je veux l'homme ébloui.
Quand l'empereur pardonne, il donne une province.
Le duc te fait soldat, le roi duc, et moi prince.
Chacun de nous, suivant sa taille, te grandit.
200 Je puis, si je le veux, te mettre en interdit ;
J'aime mieux t'attirer, moi centre, dans ma sphère,
Te couvrir de splendeur et d'aurore, et te faire
Roi près de l'empereur, astre près du soleil.
Ton pennon couronné sera presque pareil
205 A ma bannière, alors qu'on tremble, et que la terre
Se courbe et cherche à fuir sous mon cri militaire,
Et qu'on voit s'envoler dans l'orage en avant
L'hydre noire au bec d'aigle ouvrant son aile au vent !
Welf, obéis. Je suis celui qui tient le globe.
210 J'ai la guerre et la paix dans les plis de ma robe.
Je t'offre la Hongrie, un royaume, Veux-tu ?

> *Silence dans la tour. Fanfare. L'empereur se*
> *range près du roi et du duc. Paraît une grande*
> *croix d'or à trois branches. Derrière le porte-*
> *croix, qui est habillé de violet, vient, sur une*
> *mule blanche, un vieillard vêtu de blanc, qui*
> *a la tiare en tête. Il est seul, sans gardes. Le*
> *porte-croix s'arrête. La fanfare se tait. Le vieil-*
> *lard parle à la tour.*

SYLVESTRE

Moi, j'ai les clefs. La force est moins que la vertu.
Deux mains jointes font plus d'ouvrage sur la terre
Que tout le roulement des machines de guerre.
215 César est grand ; mais Christ, à la douceur enclin,
Près de l'homme de pourpre a mis l'homme de lin.
Je suis le père. En moi la lumière se lève,
Et ce que l'empereur commence, je l'achève ;
Il absout pour la terre et j'absous pour le ciel.
220 Le grand césar ne peut rien donner d'éternel,
Il t'offre une couronne, et moi je t'offre une âme ;
La tienne. En t'isolant, comme en un schisme infâme,
Triste excommunié, tu l'as perdue, hélas !
Je te la rends. Frémis, vieillard, tu reculas
225 Vers Satan, et tu fis outrage au ciel propice
Quand tu mis entre nous et toi ce précipice.
Fils, veux-tu regagner ta part du paradis,
Rentrer chez les élus, fuir de chez les maudits ;
Cède à moi qui suis pape, héritier des apôtres.

> *Un homme paraît entre deux créneaux au*
> *haut de la tour. Il est tout habillé de fer. Sa*
> *barbe blanche passe sous sa visière baissée. Il se*
> *découpe en noir sur le fond de neige de la mon-*
> *tagne. La nuit commence à tomber.*

SCÈNE III

LES MÊMES, WELF

WELF, *du haut de la tour.*

230 Que me veut-on ? Passez votre chemin, vous autres.
Je hais ton glaive, ô duc. Je hais ton sceptre, ô roi.
César, je hais ton globe impérial. Et toi,
Pape, je ne crois pas à tes clefs. Qu'ouvrent-elles ?
Des enfers. Tu mens, pape, et tes fureurs sont telles
235 Que Rome est le cachot du Christ, je te le dis.
Et pour voir en toi l'homme ouvrant le paradis,
Le père, j'attendrai, pape, que tu dételles
Tous ces hideux chevaux, Guerre aux rages mortelles,
Haine, Anathème, Orgueil, Vengeance à l'œil de feu,
240 Monstres par qui tu fais traîner le char de Dieu !
Les chevriers, qu'on voit rôdant de cime en cime,
Sont de meilleurs pasteurs que vous, prêtres ; j'estime
Plus que vos crosses d'or d'archevêque ou d'abbé
Leur bâton d'olivier sauvage, au bout courbé.
245 Bénis soient leurs troupeaux paissant dans les cytises !
Oui, les femmes font faire aux hommes des sottises,
Roi d'Arles ; mais j'ai, moi, c'est pourquoi je suis fort,
Pour épouse ma tour, pour amante la mort.
En guise de clairon l'ouragan m'accompagne.
250 Que peux-tu donc m'offrir qui vaille ma montagne,
César, roi des romains et des bohémiens ?
Quand tu me donnerais ton aigle ! J'ai les miens.
Que venez-vous chercher ? Qu'est-ce qui vous amène,
Rois ? je suis dans ces bois la seule face humaine ;
255 La terre sait vos noms et les mêle à ses pleurs.
Vous êtes des preneurs de villes, des voleurs
De nations, les chefs de l'éternel pillage.
Que voulez-vous de moi ? Je n'ai pas un village.
Vous êtes ici-bas les semeurs de l'effroi.
260 Le genre humain subit le duc, souffre le roi ;
Tu l'opprimes, césar ; saint-père, tu le pilles.
Vos lansquenets font rage, et violent les filles
Qui plongent leurs bras blancs dans le van plein de blé ;
Il semble, tant par vous l'univers est troublé,
265 Que l'air manque aux humains et la rosée aux plantes ;
Sur la sainte charrue on voit vos mains sanglantes.
Rien n'ose croître, et rien n'ose aimer. Moi, je suis
Un spectre en liberté songeant au fond des nuits.
Vous êtes des héros faisant des faits célèbres.
270 Est-ce que j'ai besoin de vous dans mes ténèbres ?
Je n'ai rien. Pas un homme auprès de moi ne vit.
On trouve dans ces monts l'air que rien n'asservit,
Le ravin, le rocher, des ronces, des cavernes,
Des lacs tristes, pareils aux antiques avernes,

275 Le bois noir, le vieux mur par les hiboux choisi,
    Le nuage, et c'est tout. Qui vous attire ici ?
    Pourquoi venir ? C'est donc pour me prendre de l'ombre ?
    Moi, baron dans ma tour, larve dans un décombre,
    Je garde ce désert terrible, et j'en ai soin.
280 L'immense liberté du tonnerre a besoin
    De gouffres, de sommets, d'espace, de nuées
    Sans cesse par le vent de l'ombre remuées,
    D'azur sombre, et de rien qui ressemble à des rois,
    Si ce n'est pour tomber sur leur tête. Je crois
285 En Dieu. Prêtre, entends-tu ? Quoi ! ce bois où nous sommes
    Tente les rois ! Les rois n'ont pas assez des hommes !
    Mais contentez-vous donc, compagnons couronnés,
    De ce tas de vivants que vous exterminez !
    Je possède ce mont, et ce mont me possède ;
290 Il m'abrite, et sur lui je veille. Ainsi l'on s'aide.
    Moi, je suis l'âme, et vous, vous êtes les démons.
    Je descends des géants qui, marchant sur les monts,
    Et les pressant du pied, faisaient jaillir des marbres
    Les sources au-dessus desquelles sont les arbres.
295 Puisqu'autour du sommet superbe tout s'éteint,
    Puisque la bête brute, en son auguste instinct,
    Proteste, alors que l'homme à plat ventre se couche,
    Ah ! puisque rien n'est libre à moins d'être farouche,
    De mes noirs sangliers, de mes ours, de mes loups,
300 Vous n'approcherez pas, princes ; j'en suis jaloux.
    Messeigneurs, savez-vous pourquoi ? C'est que ces bêtes,
    Ces êtres lourds et durs, ces monstres, sont honnêtes,
    Ils n'ont pas de Séjan, ils n'ont pas de Rufin ;
    Leur cruauté n'est pas le crime, c'est la faim.
305 Vous, rois, dans vos festins, au bruit sacré des lyres,
    Gais, couronnés de fleurs, échangeant des sourires,
    Pour usurper un trône, ou même sans raison,
    Vous vous versez les uns aux autres du poison ;
    Vos poignards emmanchés de perles font des choses
310 Horribles, et, parmi les lauriers et les roses,
    Teints de sang, vous restez éblouissants toujours ;
    Moi, je choisis les loups, et j'aime mieux les ours,
    Et je préfère, rois qu'un vil cortège encense,
    A vos crimes riants leur féroce innocence.
315 Allez-vous-en. — Fuyez. Quoi ! ne sentez-vous pas
    Tout un hérissement fauve autour de vos pas ?
    Vous bravez donc, puissants aveugles, le murmure
    Qui répond dans l'abîme au bruit de mon armure,
    L'amour qu'a pour moi l'ombre, et l'appui que j'aurais
320 Dans la virginité des profondes forêts !
    J'ai sous ma garde un coin de paradis sauvage,
    Un mont farouche et doux. Ici point de ravage
    Montrant que l'homme fut heureux dans ces beaux lieux ;
    Point de honte montrant qu'il y fut orgueilleux.
325 L'onde est libre, le vent est pur, la foudre est juste.

Rois, que venez-vous faire en ce désert auguste ?
Le gouffre est noir sans vous, sans vous le ciel est bleu,
N'usurpez pas ce mont; je le conserve à Dieu.
Rois, l'honneur exista jadis. J'en suis le reste.
330   C'est bien. Partez. S'il est un bruit que je déteste,
C'est le bourdonnement inutile des voix.

                                        Il disparait.

                    CYADMIS

Il nous brave !

                    HUG

                Couvrons nos soldats de pavois.
Traînons une baliste. Apportons les échelles,
A l'assaut !

                    OTHON

            A l'assaut !

          SYLVESTRE, *montrant le précipice.*

                        Si vous n'avez pas d'ailes,
335   Vous ne franchirez pas cet abîme. Vos ponts
Ne pourront au roc vif enfoncer leurs crampons,
Les torrents dans ce trou tombent. Et votre armée,
Comme eux, en y croulant, y deviendra fumée.

                CYADMIS, *regardant.*

C'est vrai, le précipice est sans fond

                    HUG, *se penchant.*

                                Quel fossé !

          OTHON, *regardant et reculant.*

340   On ne peut passer là que par le pont baissé.

          CYADMIS, *touchant le rocher.*

Auprès de ce granit le marbre serait tendre.

                OTHON, *à Sylvestre.*

Que nous conseille donc ta sainteté ?

                    SYLVESTRE

                                D'attendre.
La nuit vient. Et le temps qui s'écoule est pour nous.
Cachez dans le ravin des gardes à genoux.
Faites le guet.

> *Tous s'en vont. Il ne reste que des pointes de
> piques presque indistinctes dans un pli du ravin.
> Il commence à neiger. Crépuscule. Noirceur
> croissante de la tour et de la montagne. Un
> enfant parait dans un coude du rocher. C'est
> une petite fille, pieds nus, en haillons; une men-
> diante. Elle vient du côté opposé à celui par
> où les rois sont sortis. Elle se traîne dans la
> neige, qui s'épaissit. Elle regarde autour d'elle
> avec inquiétude, et monte péniblement la pente
> qui mène au bord du précipice. Profond silence.
> Les pointes des piques restent immobiles.*

SCÈNE IV

UNE MENDIANTE, ENFANT

LA MENDIANTE

345   J'ai froid. Comme il fait noir ! Personne.
Du bruit ? Je crois que c'est une cloche qui sonne.
Non, c'est le vent.

Apercevant la tour.

      Un mur ! On dirait un beffroi.

Frissonnant.

Il me semble que j'ai des bêtes près de moi.
Jésus !

Avançant.

    Ah ! le chemin finit ici. Pourrai-je
Aller plus loin ?

Regardant dans le précipice.

    Ceci, c'est un trou.

Grelottant.

350   Comme il neige !
Pourtant je crois bien voir en face une maison.
Non, c'est noir.

Songeant.

      Est-ce vrai qu'on vous met en prison
Parce que vous allez dans les champs toute seule ?
Mon Dieu, j'ai peur ! Et puis les loups ouvrent la gueule
355 Et marchent dans les bois avec les revenants.
Où suis-je ? Cette route est pleine de tournants.
J'ai perdu mon chemin. Ce n'est plus que des pierres.
Si j'essayais un peu de dire mes prières ?

Regardant le burg.

Est-ce une maison ? Non. C'est du rocher que j'ai
360 Pris pour un mur. Je meurs ! Ah ! je n'ai pas mangé.
J'ai les pieds écorchés par les cailloux. Ma mère !

WELF, *paraissant entre les créneaux.*

Qui m'appelle ?

SCÈNE V

LA MENDIANTE, WELF

WELF, *tournant une lanterne sourde vers le précipice.*

    Quelqu'un est là ?

LA MENDIANTE

> De la lumière !

WELF, *regardant.*

On dirait un enfant. Qu'es-tu ? fille, ou garçon ?

LA MENDIANTE

Monseigneur, je voudrais entrer dans la maison.

WELF

D'où viens-tu ?

LA MENDIANTE

365 > Je n'ai pas de pays sur la terre.

WELF

Où vas-tu ?

LA MENDIANTE

> Je ne sais.

WELF

> Où sont tes père et mère ?

LA MENDIANTE

Je n'en ai pas. Je sais que les autres en ont.
Voilà tout.

WELF

> En venant du côté de ce mont,
N'as-tu pas rencontré des gens armés ?

LA MENDIANTE

> Personne.

WELF

370 Comme ils ont pris la fuite ! Ainsi le daim frissonne
Devant l'ours.

LA MENDIANTE

> Je suis fille, et j'ai dix ans ; je vais
Devant moi, je mendie, et le temps est mauvais,
Je voudrais me chauffer devant la cheminée,
Et je n'ai pas mangé de toute la journée.

WELF

375 Entre, enfant. Viens souper, et viens, sous l'œil de Dieu,
Dormir sur un bon lit à côté d'un bon feu.
La montagne est l'aïeule et je suis le grand-père.
Le burg sera ton nid comme il est mon repaire.
Le brasier, qui devait chasser les bataillons,
380 Va faire mieux encore et sécher tes haillons ;
Au lieu de voir, devant sa flamme, tout l'empire
Reculer effrayé, je te verrai sourire.
Dieu soit béni ! je n'ai pas fait mon feu pour rien.

Cela commençait mal et cela finit bien.
385 Ah ! tu t'en allais donc sans savoir où, perdue,
Ne voyant que du noir dans toute l'étendue !
Il ne sera pas dit, ma fille, qu'à ton cri
Le vieux roc foudroyé ne s'est pas attendri.
Dans la grande montagne entre, pauvre petite ;
Et sois chez toi. Je vais baisser le pont.

> *Il disparaît. La lumière descend de meurtrière
> en meurtrière. Le pont commence à s'abaisser.
> On voit la lumière entre les barreaux de la herse.
> La herse se lève, le pont se baisse et rejoint le
> bord du précipice. Welf, la lanterne à la main,
> traverse le pont et vient à l'enfant.*

            Viens.

> *L'enfant prend la main de Welf. Mouvement
> dans les piques. Clameurs dans le ravin. Des
> soldats sortent d'une embuscade et se préci-
> pitent sur Welf. Cyadmis est à leur tête.*

SCÈNE VI

LES MÊMES, CYADMIS, SOLDATS,
puis les GENS DU PEUPLE

           CYADMIS, *l'épée nue.*
390   Vite !
Tous sur lui !

> *Welf est saisi. Il se débat. On le garrotte.
> Le pont est occupé. Le burg est envahi. La for-
> teresse s'emplit de soldats portant des torches.
> Cyadmis regarde avec triomphe Welf enchaîné
> et silencieux.*

Welf est pris !

LA MENDIANTE, *joignant les mains devant Welf.*

              Monseigneur !...

        LES SOLDATS
                       Nous l'avons !
        CYADMIS
Le sauvage est pris ! Gloire aux drapeaux esclavons !

> *Accourent les bourgeois et les paysans du
> commencement. Ils se groupent autour de Welf
> prisonnier.*

        LE BOURGEOIS

Tiens, il s'est laissé prendre. Imbécile.

        LE PAYSAN
                       Une grive
Prise au miroir.

LE BOURGEOIS

Tant mieux.

LE VIEILLARD

Oui. Vive le duc !

L'ÉTUDIANT

Vive
Le roi !

LE BOURGEOIS

Vive le pape !

LE PAYSAN

395   Et vive l'empereur !

LE VIEILLARD, *regardant Welf garrotté.*

Je le croyais plus grand qu'un autre.

LE BOURGEOIS

Quelle erreur !
Il est petit.

LE PAYSAN, *au bourgeois.*

Il n'est pas plus grand que vous n'êtes.

LE BOURGEOIS

Quelle idée avait-il de défendre les bêtes ?
Les hommes, passe encor.

LE VIEILLARD

Tout au plus.

L'ÉTUDIANT

C'est un fou.

LE VIEILLARD

400 S'amuser à monter la garde au bord d'un trou !
C'est ridicule.

LE BOURGEOIS

Il est même laid. A tout prendre,
Je le vaux. A bas Welf !

LE PAYSAN

Moi, j'irai le voir pendre.

LE BOURGEOIS

Je ne donnerais pas de sa peau deux écus.

Huées et ricanements autour de Welf.

WELF

Tant le rire est aisé derrière les vaincus !

LE POÈTE, A WELF

405 Tu fus grand, c'est pourquoi l'on t'outrage. Sois triste,
Et pardonne. La foule ingrate et vaine existe,
Elle livre quiconque est par le sort livré,
Et raille d'autant plus qu'elle a plus admiré.
Que ton souvenir reste à la sombre vallée,
410 Qu'on entende pleurer la source inconsolée,
Que l'humble oiseau t'appelle et te mêle à son chant,
Et que le grand œil bleu des biches te cherchant
Se mouille et soit rempli de lueurs effarées.
Si la mer prononçait des noms dans ses marées,
415 O vieillard, ce serait des noms comme le tien.
Tu fus l'ami, l'appui, le tuteur, le soutien,
En haut, de l'arbre immense, en bas, du frêle arbuste.
Un jour les voyageurs sur ton rocher robuste
Monteront, et, penchés, tâcheront de te voir,
420 Vaincu superbe, au fond du précipice noir,
Et leurs yeux chercheront ton fantôme sublime
Sous l'entre-croisement des branches dans l'abîme.

XX

LES QUATRE JOURS D'ELCIIS

LES QUATRE JOURS D'ELCIIS

Vérone se souvient d'un vieillard qui parla
Pendant quatre jours, grave et seul, dans la Scala,
A l'empereur Othon qui fut un prince oblique;
Othon tenait sa cour dans la place publique,
5   Ayant sur les degrés du trône douze rois.
Empereur d'Allemagne et roi d'Arle, Othon trois
Etant malade avait fait allumer un cierge
Et fait vœu, s'il était guéri, grâce à la Vierge,
D'entendre, d'écouter, lui césar tout-puissant,
10   Tout ce que lui dirait n'importe quel passant,
Devant les douze rois et la garde romaine,
Cet homme parlât-il pendant une semaine.

Donc un passant fut pris rentrant dans sa maison.
On était aux beaux jours de la tiède saison;
15   Le passant fut conduit devant le trône; un prêtre
Lui fit savoir le vœu du roi d'Arle, et le maître
Lui dit : Aboie aussi longtemps que tu voudras.

Alors, comme autrefois devant Saül Esdras,
Pierre devant Néron et Job devant l'Abîme,
L'homme parla.

20   Le trône était sombre et sublime;
Cent archers l'entouraient, pas un ne remuait;
Et les rois semblaient sourds et l'empereur muet.
On voyait devant eux une table servie
Avec tout ce qui peut satisfaire l'envie
25   Des heureux, des puissants, de ceux qui sont en haut,
Viandes et vins, fruits, fleurs, et dans l'ombre un billot.

L'homme était un vieillard très grand, à tête nue,
Tranquille; on l'emmenait chez lui, la nuit venue,
Puis on le ramenait le matin; il était
30   Comme celui qui parle au tigre qui se tait;
Il fit boire à César son vœu jusqu'à la lie;
Et sa sagesse fut semblable à la folie.

Il parla quatre jours, toute la cour songea,
Et, quand il eut fini, l'empereur dit : Déjà !

LE PREMIER JOUR

GENS DE GUERRE ET GENS D'ÉGLISE

35 Je suis triste. Pourquoi ? Princes, que vous importe,
Vous êtes joyeux, vous. Je refermais ma porte,
J'allais mettre la barre et tirer les verrous,
Pourquoi m'appelez-vous et que me voulez-vous ?
Pourquoi me pousser hors de l'ombre volontaire ?
40 Pourquoi faire parler celui qui veut se taire ?
Roi d'Arles, tant qu'il reste au vieillard une dent,
Lui faire ouvrir la bouche est toujours imprudent.
On n'est pas sûr qu'il soit de l'avis qu'on désire.
Vous avez un conseil de jeunes hommes, sire,
45 Fort galants, fort jolis, fort blonds, convenez-en ;
Pourquoi m'y faire entrer, moi le vieux paysan
Que la rude fierté des vieilles mœurs pénètre ?
Et depuis quand a-t-on l'habitude de mettre
Une pièce de cuir au pourpoint de velours ?
50 Pour marcher devant vous, rois, mes pas sont bien lourds.

Si vous ne savez pas de quel nom je me nomme,
Je m'appelle Elciis, et je suis gentilhomme
De la ville de Pise, âpre et sévère endroit.
Je n'ai point à Pavie étudié le droit,
55 Et je n'ai pas l'esprit d'un docteur de Sorbonne.

Donc, Sire, si la guerre est en soi chose bonne,
Je n'en sais rien ; mais, bonne ou mauvaise, je dis
Qu'il faut la faire en gens sincères et hardis,
Et que l'honnêteté publique est en détresse,
60 Princes, de voir qu'on fait une guerre traîtresse,
Une guerre humble, habile aux besognes de nuit,
Achetant des félons et des lâches sans bruit,
Faisant moins résonner l'estoc que la cymbale,
Ayant des espions, des colporteurs de balle,

65 Des moines mendiants et des juifs pour appuis,
Et l'empoisonnement des sources et des puits.

Les hommes de mon temps faisaient la guerre franche.
Tout l'arbre tressaillait quand ils cassaient la branche,
Et, quand ils coupaient l'arbre avec leur couperet,
70 C'était au tremblement de toute la forêt ;
Car ces hommes étaient des bûcherons sublimes.
Les survivants, et ceux que nous ensevelîmes,
Sont dans le souvenir des peuples à jamais.
Les hommes de mon temps hantaient les hauts sommets ;
75 Ils allaient droit au mur et donnaient l'escalade ;
Ils méprisaient la nuit, le piège, l'embuscade ;
Quand on leur demandait : Quel compagnon hardi
Emmenez-vous en guerre ? Ils disaient : Plein midi.
C'étaient, sous l'humble serge ou l'hermine royale,
80 Les bons et grands enfants de la guerre loyale.
Ils n'étaient pas de ceux qui s'endorment longtemps ;
Hors du danger auguste ils étaient mécontents ;
Ils ne quittaient l'épieu que pour prendre la hache ;
Car l'immobilité ne sied point au panache,
85 Ni la rouille à l'éclair du glaive, et le repos
N'est pas fait pour les plis orageux des drapeaux.
Quand ils s'en revenaient des combats, leurs armures
Étaient rouges ainsi que les grenades mûres,
Et leurs femmes trouvaient le soir sous leur pourpoint
90 De larges trous saignants dont ils ne parlaient point.
De tout bien mal acquis ils disaient : qu'on le rende !
Ils ne trouvaient jamais de distance assez grande
Entre eux et le mensonge abject, ni de cloison
Assez épaisse entre eux, sire, et la trahison.
95 Ils parlaient haut, étant des fils des grandes races ;
Leurs poitrines avaient le dédain des cuirasses ;
Leur galop rendait fous les libres étriers.
Il n'était pas besoin d'envoyer des fourriers
Pour leur dire : Il convient de se mettre en campagne.
100 Un noir se tord moins vite autour des reins son pagne
Qu'ils ne bouclaient l'estoc à leur robuste dos.
Ils donnaient peu de temps aux paters, aux credos,
Priant Dieu bonnement, comme fait le vulgaire ;
Droits, hommes de parole, ils ne s'embrouillaient guère
105 Aux finesses du clerc qui ment au nom des cieux,
Et dédaignaient l'argot du moine chassieux
Qui crache du latin et fait des hexamètres,
Étant des gens de guerre et non des gens de lettres.
C'est avec la gaîté du rire puéril
110 Qu'ils se précipitaient au plus noir du péril ;
Il sortait de leur casque un souffle d'épopée ;
Quand on disait : — L'épée est d'acier, — leur épée,
Fière et toujours au vent, répondait : — L'homme aussi.
Au chaume misérable ils accordaient merci.

115 Ces vaillants devenaient doucement barbes grises,
Ayant pour toute joie, après les villes prises
Et les rois rétablis et tous leurs fiers travaux,
De regarder manger l'avoine à leurs chevaux.
Oh ! je les ai connus ! dès que les couleuvrines,
120 Dogues des tours, fronçaient leurs sinistres narines,
Dès que l'altier clairon sonnait, ils étaient prêts ;
Ils étaient curieux d'aller tout voir de près ;
Jusque dans le sépulcre ils avançaient la tête ;
Et ces hommes, joyeux surtout dans la tempête,
125 Sans trop d'étonnement et sans trop de souci
Auraient suivi la mort leur criant : par ici !

Qu'est-ce que vous voulez maintenant qu'on vous dise ?
Ce temps-ci me répugne et sent la bâtardise.
Quand venaient les hiboux, jadis l'aigle émigrait ;
130 Je m'en vais comme lui. Barons, c'est à regret
Qu'on voit se refléter jusque dans vos repaires
Ce grand rayonnement des anciens et des pères
Au-dessus de votre ombre au fond des cieux épars.
Vous vous croyez lions, tigres et léopards ;
135 Les lions tels que vous sont pris aux souricières.
Les marmots nus qu'on porte ou qu'on mène aux lisières
Seraient dans le danger moins bégayants que vous.
Vous avez dans vos cœurs implacables et mous
Le dédain des vieux temps que vous osez proscrire ;
140 Vous nous faites frémir et nous vous faisons rire.
Vous avez l'œil obscur, l'âme plus louche encor,
Vous faites chevaliers avec des chaînes d'or
Des trahisseurs ou bien des pages de Sodomes,
Des gueux, des affranchis, de ces espèces d'hommes
145 Qu'on vend publiquement dans la rue à l'encan.
Où je vois le collier, je cherche le carcan.
Princes, mon cœur se serre en vous voyant, car j'aime
Le soleil sans brouillard, l'homme sans stratagème.
Vous avez l'appétit large, le front étroit,
150 Le mépris de tout frein, la haine de tout droit,
Et pour sceptre un couteau de boucher. Quelle histoire !
Quels jours ! Les gros butins se citent comme gloire.
Vous régnez en tuant sans jamais dire : assez !
O pillards, si souvent de meurtre éclaboussés
155 Que la rouille vous vient plus haut que la jambière !
Toujours ivres ; buveurs de vin, buveurs de bière,
Buveurs de sang ; couards en même temps ; vivant
Dans on ne sait quel luxe abject, lâche, énervant ;
Car la férocité, que la volupté mine,
160 Devient facilement chair molle et s'effémine ;
Aujourd'hui tout déchoit dans notre fier métier ;
Pour faire une cuirasse on prend un bijoutier,
De sorte que l'armure a peur d'être battue.
C'est ordinairement par derrière qu'on tue.

165 Vos plus fameux exploits et vos plus triomphants
Sont des dépouillements de femmes et d'enfants,
Des introductions dans les pays par fraude,
Les brusques coups de dent de la fouine qui rôde,
D'attaquer ceux qu'on a d'abord bien endormis,
170 D'arriver ennemis sous des masques d'amis;
Faits honteux pour l'épée et pour la seigneurie,
Vils, et dont je vous veux laisser la rêverie.
Quant à moi, si j'étais l'un des rois que voilà,
Je ne porterais point légèrement cela;
175 Je frémirais, à l'heure où l'ombre étend ses voiles,
D'être ainsi misérable et noir sous les étoiles.

Je ne vous cache pas que je suis attristé.
Tout pâlit, tout déchoit ! et même la beauté,
Dernier malheur ! s'en va. Toute la grâce humaine,
180 C'est la langue toscane et la bouche romaine;
Et l'on parle aujourd'hui je ne sais quel jargon.

Roi, qui cherche un lézard peut trouver un dragon;
Vous vouliez un flatteur de plus qui vous caresse
Et rie, et tout à coup la vérité se dresse.
185 Vous avez reconnu que les hommes trop prompts
Courent parfois grand risque en vengeant leurs affronts;
Aussi vous n'avez pas de colère soudaine.
Défié par Venise, on regarde Modène.
Vous pesez le péril, rois, quoique altiers et vains.
190 Vous ne guerroyez pas sans l'avis des devins;
Un astrologue baisse ou lève vos visières.
O princes, vous allez consulter des sorcières
Sur le degré d'honneur et d'amour du devoir
Et de témérité qu'il est prudent d'avoir;
195 Vous combattez de loin derrière des machines;
Et vous frottez vos bras, vos reins et vos échines,
Moins propres, sur mon âme, aux harnais qu'aux licous,
D'huile magique à rendre invulnérable aux coups.
Je voudrais bien savoir, princes, si Charlemagne
200 Qui, se dressant, donnait de l'ombre à l'Allemagne,
Et si le grand Cyrus et le grand Attila
Se sont graissé leurs peaux avec cet onguent-là.

Vous avez fait sans peine, ô clients des sibylles,
Marcheurs de nuit, tendeurs d'embûches, gens habiles,
205 Quoique chétifs de cœur et chétifs de cerveau,
Avec le vieil empire un empire nouveau.
L'empaillement d'un aigle est chose bien aisée;
Davus remplace Alcide et Thersite Thésée.

Rois, la fraude est vilaine et donne un profit nul;
210 Mentir ou se tuer c'est le même calcul;
Le fourbe est transparent, tout regard le pénètre;

La trahison devient la chair même du traître ;
Il se sent sur les os un mépris corrosif ;
Dès qu'on est malhonnête on est rongé tout vif
215 Par son mauvais renom et par sa perfidie
Visible à tous les yeux et toujours agrandie ;
On est renard, la haine et l'effroi du troupeau ;
On a l'ombre et le mal pour robe et pour drapeau ;
Et Carthage a péri dans sa sombre tunique
220 De mensonge, de dol, de nuit, de foi punique.

La ciguë en vos champs croît mieux que le laurier.
Je verrais sans colère, ô rois, un serrurier
Bâtir, sans oublier de griller les fenêtres,
Entre vos probités et mon argent, mes maîtres,
225 Une porte solide aux verrous bien fermants.
Quant à votre parole et quant à vos serments,
Plutôt que m'assoupir sur votre signature
Et sur vos jurements par la sainte écriture,
Plutôt que me fier à vous, je me fierais
230 Aux jaguars, aux lynx, aux tigres des forêts,
Et j'aimerais mieux, rois, me coucher dans leur antre
Et mettre pour dormir ma tête sur leur ventre.

Ah ! ce siècle est d'un flot d'opprobre submergé !

Autre plaie ; et fâcheuse à montrer, — le clergé.

235 Puisque j'expose ici la publique infortune,
Puisque j'étale aux yeux nos hontes, c'en est une
Que le prêtre ait grandi plus haut que notre droit,
Et que l'église ait pris l'allure qu'on lui voit.

De mon temps, grand, petit, riche ou gueux, vieux ou jeune,
240 On observait l'avent, les vigiles, le jeûne,
On priait le bon Dieu, mains jointes, fronts courbés ;
Mais on tenait la bride assez haute aux abbés.
On avait l'œil sur eux, on était économe
De baisers à leur chape, et l'on craignait peu Rome ;
245 Sire, ce que voyant, Rome se tenait coi.

Aujourd'hui Rome, à tout, dit : comment ? et pourquoi ?
On laisse les bedeaux sortir des sacristies ;
Qui touche aux clercs est plein de piqûres d'orties.
C'est fini, plus de paix. Ils sont partout. Veut-on
250 D'un évêque trop lourd raccourcir le bâton,
Querelle. Pour blâmer les luxures d'un moine,
Pour un prieur à qui l'on ôte un peu d'avoine,
Pour troubler dans son auge un capucin trop gras,
Foudre, anathème ; on a le pape sur les bras.
255 Un seul fil remué fait sortir l'araignée.

Rome a sur tous les points la bataille gagnée.
On lui cède; on la craint.

                        Combattre des soldats,
Oh! tant que vous voudrez! mais des prêtres, non pas!
La cave du lion est effrayante, et l'aire
260   De l'aigle a je ne sais quel aspect de colère;
On trouve là quelqu'un d'altier qui se défend;
Sire, attaquer cela, c'est beau, c'est triomphant;
Le bec est flamboyant, la gueule est colossale;
On sent que l'aquilon dont l'Afrique est vassale,
265   Que l'ouragan qui gronde et qui des cieux descend,
Est dans les crins de l'un encor tout frémissant,
Et qu'aux pattes de l'autre il reste de la foudre;
L'adversaire est superbe et plaît. Mais se résoudre
A mettre ses deux mains dans les fourmillements,
270   Poursuivre au plus épais des cloaques dormants
La bête de la bave et celle de la fange,
Avoir pour ennemi l'être plat qui se venge
De son écrasement par sa fétidité,
C'est hideux; et j'ai honte et peur, en vérité,
275   D'attaquer une larve au fond d'une masure,
Et de combattre un trou d'où sort une morsure!
De là l'empiétement des moûtiers, des couvents,
Des hommes tonsurés et noirs sur les vivants,
Et le frémissement du monde qui recule.

280   Rome a tendu sa toile au fond du crépuscule.
La vaste lâcheté des mœurs est son trésor;
Tout à Rome aboutit. Prostituée à l'or,
Rome cote, surfait, pare, étale, brocante
Son absolution que le vice fréquente;
285   Le saint-père est le grand mendiant indulgent;
Les choses en sont là qu'on a pour son argent
Plus ou moins de pitié, plus ou moins de prière,
Et que l'église en est la sinistre usurière.
Rome a, dessous, l'ordure, et la pourpre dessus.
290   Pour être petit, pauvre, humble comme Jésus
Le commandait à Jacque, à Simon, à Didyme,
Le pape a le décime, et l'évêque a la dîme.
Tout est occasion fiscale, jubilé,
Sabbat, la chaise offerte et le cierge brûlé,
295   Cloches, confession, amulettes, jurandes,
La desserte du pain, la desserte des viandes,
Droit de manger du bœuf, droit de manger du porc,
Exorcismes, tonlieux, mortuaire, déport,
Sermons, pâque fleurie, eau bénite, corvées,
300   Saint chrême, enfants perdus ou filles retrouvées,
Procès, citation devant l'official.
Partout du créancier le profil glacial.
Le fisc ne quitte pas des yeux la femme grosse;

L'enfant paie. Etes-vous dans une basse-fosse,
305 Le saint-père quémande à travers vos barreaux.
Vous plaît-il de fonder un hôpital : vingt gros.
Une bonne action paie un droit; rien n'échappe;
Un juste non payant ferait loucher le pape;
Dix gros pour que l'abbé dise : sois bienvenu !
310 Pour faire devant soi porter un glaive nu,
Cent gros; pour acheter le blé des Turcs, dispense;
Tant pour avoir le droit de penser ce qu'on pense;
Tant pour faire le mal, tant pour s'en repentir;
Péage pour entrer, péage pour sortir;
315 Le baptême, c'est tant; n'oubliez pas l'annate;
Tant pour l'enfant de chœur à la robe incarnate;
Tant pour vous marier; ah ! vous mourez; c'est tant.
Corruption ! Toujours une main qui se tend !
Dès que le père expire ou que la mère est morte,
320 Les enfants orphelins s'en vont de porte en porte
Mendier pour payer le prêtre, et, sans remord,
Un marchand sacré vend sa pourriture au mort.
Rome sur tout prélève une part, s'attribue
Sur deux mules la bonne et laisse la fourbue,
325 Taxe le berger, tond la brebis, prend l'agneau,
Goûte la fille au lit, le vin dans le tonneau,
Flaire la cargaison du vaisseau dans le havre,
Et mange avant les vers le meilleur du cadavre.
Jésus disait : aimer; l'église dit : payer.

330 Le ciel est à qui peut acquitter le loyer,
On y sera logé bien ou mal, mieux ou guère,
Selon qu'on sera riche ou pauvre sur la terre;
Arrière le haillon ! place au riche manteau !
Au mur du paradis Rome a mis écriteau.

335 La chaire de Saint-Pierre, autrefois si sublime,
Espèce de tribune énorme de l'abîme,
Dont le dais formidable, au mystère mêlé,
Semblait s'évanouir dans un gouffre étoilé,
Est aujourd'hui l'obscure et lugubre boutique
340 Où le bien et le mal, la messe et le cantique,
Le vrai, le faux, le jour, la nuit, l'ombre et le vent,
Les anges, l'infini, la tombe, tout se vend !
Pourvu qu'il ait son crime en ducats dans son coffre,
L'homme le plus pervers voit le prêtre qui s'offre;
345 Et le plus noir bandit qui soit sous le ciel bleu
Fouille à sa poche et dit au pape : Combien Dieu ?
Vous êtes un brigand, un gueux, un maniaque
De meurtres; bien; un tel, prêtre simoniaque,
Crible vos actions dans son hideux tamis,
350 Se signe, et dit : Allez, vos torts vous sont remis.

C'est triste d'être absous par ces viles engeances.

Rois, si j'avais sur moi de telles indulgences,
De celles qui se font marchander et payer,
Je dirais à mon chien, pour me bien nettoyer,
355   De lécher le pardon d'abord, le crime ensuite.

Mais vous ne réglez pas ainsi votre conduite,
Et vous ne tombez pas dans ces scrupules vains.
Toujours, dans vos hauts faits de nuit et de ravins,
Comme vous entendez que Dieu vous soit commode,
360   Et comme parmi vous, en outre, il est de mode
Que la vipère prête au tigre son venin,
Vous avez près de vous un curé qui, bénin,
Vous conseille et vous sert dans toutes vos escrimes,
Qui trouve des raisons en latin à vos crimes,
365   Qui vous bénit après vos guets-apens, et coud
Un tedeum infâme à chaque mauvais coup.
D'où la difformité de la raison publique.
Caïphe et Busiris se donnent la réplique.
Quel est le faux ? Quel est le vrai ? Qui donc a tort ?
370   C'est l'honnête homme. A bas le droit ! gloire au plus fort !
Le ciel a le rayon, mais le prêtre a le prisme.
La vérité bégaie et crache le sophisme ;
La probité n'est plus qu'un enrouement confus.
Veut-on protester, vivre, essayer un refus,
375   On s'arrête, empêché dans l'immense argutie
Qu'en foule autour de vous le clergé balbutie ;
On a le prêtre, là, dans le fond du gosier ;
Et quand la conscience humaine veut crier
Ou parler haut, elle a l'église pour pituite.

380   Oh ! le ciel grand ouvert, la prière gratuite,
Le prêtre pauvre au point de ne distinguer plus
Le cuivre d'un liard de l'or d'un carolus,
L'autel et l'évangile ignorant le péage
Et la monnaie, ainsi que l'astre et le nuage,
385   C'était beau, c'était grand, c'était ainsi jadis,
Dans le temps qu'on était des jeunes gens hardis,
Et que, libre, on allait chanter dans la montagne !
Est-ce que c'en est fait dans le deuil qui nous gagne ?
Est-ce que les bons cœurs et les hommes de bien
390   Ne verront plus cela sous les cieux : Dieu pour rien ?

Rome n'a qu'un regret, c'est que la bête échappe
A l'ombre monstrueuse et large de sa chape,
Que l'animal soit franc de son pouvoir jaloux,
Que l'ours rôde en dehors du fisc, et que les loups
395   Respirent l'air des cieux depuis le temps d'Evandre
Sans qu'on puisse trouver moyen de le leur vendre.
Dieu vole la nature au prêtre ; il la soustrait ;
Il lui dit : Sauve-toi dans la vaste forêt !
C'est son tort. Le soleil est de mauvais exemple ;

400 Il ne réserve pas sa dorure au seul temple;
    Il empourpre les toits laïcs, grands et petits,
    Les maisons, les palais, les cabanes, gratis.
    Quoi! le brin d'herbe est libre et donne ce scandale
    De croître effrontément aux fentes de la dalle!
405 La folle avoine, auprès du lierre son voisin,
    Pousse, sans acquitter le droit diocésain!
    Quoi! depuis que l'Etna s'assied sur sa fournaise,
    Géant sombre, il n'a pas encor payé sa chaise!
    Quoi! l'éclair passe, va, revient, sans rien donner!
410 Quoi! l'étoile ose luire, éclairer, rayonner,
    Sans qu'on lui puisse enfin présenter la quittance!
    Le pape est avec Dieu tête à tête, et le tance.
    Quoi! l'on ne peut au lys des champs, pris au collet,
    Dire : pour les besoins du culte, s'il vous plaît!
415 Quoi! la vague, lavant les gouffres insondables,
    Couvre l'énormité des plages formidables,
    Quoi! l'écume jaillit jusqu'à cette hauteur
    Sans retomber liard dans la main du quêteur!
    Oh! si le prêtre enfin pouvait jeter sa serre
420 Sur la vie, et la prendre à Dieu, son adversaire!
    Quel hosanna le jour où la fleur, le buisson,
    Le nid, devraient payer au curé leur rançon!
    Le jour où l'on pourrait mettre une bonne taxe
    Sur l'usage que fait le pôle de son axe,
425 Chicaner sa caverne au lion, et tricher
    L'eau que boit le moineau dans le creux du rocher!
    Donc, viatique, psaume et vêpres, scapulaires,
    Madones à clouer sur le bec des galères,
    La vertu du chrétien, la liberté du juif,
430 Tout est en magasin et tout a son tarif.

    Et les nécessités d'exploits hideux que crée
    Cette vente à l'encan de la chose sacrée!
    Ces pillages où Rome a plusieurs portions!
    Ces envahissements et ces extorsions
435 D'héritages qu'on vient d'un coup de hache fendre,
    Et qui n'ont plus le bras du chef pour les défendre!
    Ces fouilles de corbeaux dans le ventre des morts;
    Ces guerres où, n'osant s'en prendre aux hommes forts,
    Craignant le bras qui frappe et la lance qui blesse,
440 La couardise appelle au combat la faiblesse!

    Quand on a devant soi des barons, la plupart
    Bandits bien crénelés et droits sur leur rempart,
    Maîtres de quelque place à d'autres usurpée,
    Qu'on arrondisse un peu sa terre avec l'épée,
445 En jouant au plus brave et non pas au plus fin,
    Cela n'est pas très bien peut-être, mais enfin
    Coup pour coup, le fer bat le fer, cela se passe
    Entre ma panoplie et votre carapace,

Nous sommes gens gantés d'acier, bottés d'airain,
450 A visière féroce, à visage serein,
En guerre ! et nous pouvons nous regarder en face.
Mais qu'on prenne aux petits pour les gros; mais qu'on
Un apanage à tel ou tel prélat câlin   [fasse
Avec des biens de veuve ou des biens d'orphelin;
455 Mais, au mépris des lois divines et chrétiennes,
Pour doter des frocards et des braillards d'antiennes,
Et des clercs qui, béats, par le vin attendris,
Vous disent : faites maigre ! et mangent des perdrix,
Qu'on pille son douaire à cette pauvre vieille,
460 Qu'à cet enfant, qui fait un murmure d'abeille
Et qui rit en voyant rentrer les assassins,
On vole sa maison et son champ, par les saints !
Je dis que c'est horrible, et toute honte est bue
Autant par qui reçoit que par qui distribue !

465 Le meurtre vole afin d'acheter le pardon.

Rome est un champ ayant le moine pour chardon;
Que l'âne de Jésus vienne donc et le broute !

Ces prêtres qui pour ombre ont derrière eux le doute,
Faux, masqués, emmiellant de leur perfide esprit
470 Le bord du vase au fond duquel le démon rit,
Traîtres du ciel, à qui l'opprobre profitable
Donne bon feu, bon lit, bon gîte et bonne table,
Ah ! ces larrons sacrés, malheur sur eux, malheur !

Oh ! que j'aime bien mieux le simple et franc voleur !
475 Des fauves attentats sauvage cénobite,
Il a l'ombre pour antre et pour cloître; il habite
Les déserts, les halliers creusés en entonnoirs,
Le derrière des murs croulants, les recoins noirs
Des palais qu'on bâtit, où, la nuit, dans les pierres
480 On entend le choc brusque et fuyant des rapières;
Ce brigand a du sang au front, mais pas de fard;
Il est âpre et hideux, mais il n'est point cafard,
Mais il ne se met pas un surplis sur le râble,
Mais il risque du moins sa peau, le misérable !

485 Le seigneur est la griffe et le prêtre est la dent.

C'est grâce à tout cela que, la débauche aidant,
L'horreur est installée en nos tours féodales.

Ah ! crimes, deuils, banquets, prêtres, femmes, scandales !
Rire et foudre mêlant leurs funèbres éclats !
490 Nous frissonnons de voir tout ce qu'on voit, hélas,
Dans ces vaillants manoirs si glorieux naguères,
Quand, vieux aigles blanchis, et vieux faucons des guerres,

Par les brèches que fit le glaive, nous plongeons
Nos yeux dans la noirceur lugubre des donjons !

★

495 Le soleil déclinait ; de leurs piques bourrues
     Les soldats refoulaient le peuple au coin des rues,
     Les prêtres chuchotaient près du trône rangés.
     — J'ai faim, dit Elciis. L'empereur dit : — Mangez.

II

LE DEUXIÈME JOUR

ROIS ET PEUPLES

Vous êtes plusieurs rois ici, j'en suis bien aise.
500 Donc on peut vous parler en face. Toi, Farnèse,
Rends-nous compte de Parme; et toi, duc Avellan,
De Montferrat; et toi, Visconti, de Milan.
Vous avez ces pays; qu'est-ce que vous en faites ?
L'Italie est heureuse et voit de belles fêtes !
505 Le duc Sforce est un sbire; il faudrait qu'on plongeât,
Pour trouver son pareil, plus bas que le goujat;
Voulez-vous des bandits, Guiscard vous en procure;
Strongoni, qui mourut d'une manière obscure
L'an passé, n'avait pas vécu très clairement;
510 Craignez Foulque après boire, Alde après un serment;
Squillaci roue et pend; Malaspina s'adonne
A mêler la jusquiame avec la belladone;
Le soir voit arriver joyeux à son festin
Des gens que voit mourir l'œil pâle du matin.
515 Si Pandolfe a trouvé quelque part sa patente
De général, pardieu, ce n'est pas dans la tente.
Sixte étrangla Thomond; Urbin extermina
Montecchi; le vieux Côme égorgea Gravina;
Ezzelin est faussaire, Ottobon est bigame;
520 Litta fait poignarder dans un bal à Bergame
Bernard Tumapailler, comte de Fezensac;
Jean massacre Borso; Pons dérobe le sac
Que Boccanegre avait laissé dans sa gondole;
Bonacossi sanglant rase la Mirandole;
525 Et quant à monsieur d'Este, ah ! tous vos généraux
L'admirent; quel vainqueur ! L'an passé, ce héros,
Avec force soudards levant la pertuisane,
Partit pour conquérir la marche trévisane;
On battait du tambour, on jouait du hautbois;

530 Un gros de paysans l'attaque au coin d'un bois,
L'armée au premier choc plie, et ce guerrier rare
Prit la fuite, et revint en chemise à Ferrare
Après avoir été volé dans le chemin.
Guy tue Alphonse afin d'être comte romain;
535 Le duc Fosdinovo vend Nice au barbaresque;
Spinetta se fait peindre ayant, dans une fresque,
Un crâne entre les dents comme un singe une noix;
Fiesque empoisonne Azzo, c'est le mode génois;
De par l'assassinat Sapandus est exarque;
540 Cibo, pour traverser le lac Fucin, embarque
Trois enfants, dont il doit hériter, ses neveux,
Sur un bateau doré qu'il suit de tous ses vœux,
Et qui les noie, étant fait de planches trop minces.

Mais expliquons-nous donc, vous nommez ça des princes!
545 Un tas de scélérats et de coupe-jarrets!
La justice en leur nom prononce des arrêts;
On les appelle grands, nobles, sérénissimes;
Ils sont comme des feux allumés sur des cimes;
Augustes marauds! gueux de l'honneur trafiquant!
550 Drôles que frapperaient, à l'autel comme au camp,
Au nom du chaste glaive, au nom du temple vierge,
Ulysse de son sceptre et Jésus de sa verge!

Si vous vous êtes mis dans l'esprit qu'en ayant
Plus d'infamie, on est un roi plus flamboyant,
555 Si vous vous figurez vos races rajeunies
Par vos férocités et vos ignominies,
Rois, je vous le redis, vous vous trompez; l'erreur,
C'est de croire qu'un nom peut grandir par l'horreur,
La fraude et les forfaits accumulés sans cesse.
560 Une augmentation de honte et de bassesse,
D'ombre et de déshonneur n'accroit pas les maisons;
La fange n'a jamais redoré les blasons.
Ah! deuil sans borne après les prouesses sans nombre!
Vous faites du passé votre piédestal sombre;
565 Sur les grands siècles morts sans tache et sans défaut
Vous montez, pour porter votre honte plus haut!
Vous semblez avec eux avoir fait la gageure
D'égaler leur lumière et leur lustre en injure,
Et de ne pas laisser à leur vieille fierté
570 Une splendeur sans mettre un opprobre à côté;
Et vous avez le prix dans cette affreuse joute
Où votre abjection à leur gloire s'ajoute!

O Dieu qui m'entendez, ces hommes sont hideux,
Certe, ils sont étonnés de nous comme nous d'eux.
575 Avez-vous fait erreur? et que faut-il qu'on pense?
A qui le châtiment? à qui la récompense?
Quelle nuit! N'est-ce pas le plus dur des affronts

Que nous les preux ayons pour fils eux, les poltrons !
Et qu'abjects et rompant les anciens équilibres,
580 Eux les tyrans, soient nés de nous, les hommes libres ;
Si bien que l'honnête homme est chargé du maudit
Et que le juste doit répondre du bandit !
Qu'ont-ils fait pour porter des noms comme les nôtres,
Par quel fil pouvons-nous tenir les uns aux autres,
585 Dieu puissant ! et comment avons-nous mérité
Eux, ces pères, et nous, cette postérité ?
Ah ! le siècle difforme et funeste où nous sommes,
En étalant, auprès des tombes, de tels hommes,
Si lâches, si méchants, si noirs, que j'en frémis,
590 Offense la pudeur des aïeux endormis.

Le vent à son gré roule et tord la banderole.
Je n'avais pas dessein quand j'ai pris la parole
De dire tout cela, mais c'est dit, et c'est bon.
Rois, je sens sur ma lèvre errer l'ardent charbon ;
595 A moi simple, il me vient en parlant des idées ;
La patrie et la nuit sur moi sont accoudées
Et toute l'Italie en mon âme descend.
Je sens mon sombre esprit comme un flot grossissant.
Dieu sans doute a voulu, sire, que votre altesse
600 Vît l'indignation qui sort de la tristesse.

Je sais que par instants le public devient froid
Pour le bien et le mal, pour le crime et le droit,
Le comble de la chute étant l'indifférence ;
On vit, l'abjection n'est plus une souffrance ;
605 On regarde avancer sur le même cadran
Sa propre ignominie et l'orgueil du tyran ;
L'affront ne pèse plus ; et même on le déclare.
A ces époques-là de sa honte on se pare ;
Temps hideux où la joue est rose du soufflet.
610 La jeunesse a perdu l'élan qui la gonflait ;
Le tocsin ne fait plus dresser la sentinelle,
Ce fauve oiseau qui bat les cloches de son aile
Est cloué sur la porte obscure du beffroi ;
Oui, sire, aux mauvais jours, sous quelque méchant roi,
615 Féroce, quoique vil, et, quoique lâche, rude,
Toute une nation se change en solitude ;
L'échine et le bâton semblent être d'accord,
L'un frappe et l'autre accepte ; et le peuple a l'air mort ;
On mange, on boit ; toujours la foule, plus personne ;
620 Les âmes sont un sol aride où le pied sonne ;
Les foyers sont éteints, les cœurs sont endormis ;
Rois, voyant ce sommeil, on se croit tout permis.
Ah ! la tourbe est ignoble et l'élite est indigne.
De l'avilissement l'homme porte le signe.
625 L'air tiède et mou, le temps qui passe, la gaîté,
Les chants, l'oubli des morts, tout est complicité ;

Tous sont traîtres à tous, et la foule se rue
A traîner les vaincus par les pieds dans la rue;
Le silence est au fond de tout le bruit qu'on fait;
630   On est prêt à baiser Satan s'il triomphait;
Le mal qui réussit devient digne d'estime;
L'applaudissement suit, la chaîne au cou, le crime,
Que la libre huée a d'abord précédé;
On voit — car le malheur lui-même dégradé
635   Abdique la colère et se couche et se vautre,
Dans l'espoir d'avoir part au pillage d'un autre —
Les extorqués faisant cortège aux extorqueurs.
Pas une résistance illustre dans les cœurs !
La tyrannie altière, atroce, inexorable,
640   Est le vaste échafaud de l'homme misérable;
Le maître est le gibet, les flatteurs sont les clous.
Mangé de la vermine ou dévoré des loups,
Tel est le sort du peuple; il faut qu'il s'y résigne.
Des vautours, des corbeaux. Mais où donc est le cygne ?
645   Où donc est la colombe ? où donc est l'alcyon ?
Quand on n'est pas Tibère on est Trimalcion.
L'un rampe, lèche et rit pendant que l'autre opprime.
Sombre histoire ! le vice est le fumier du crime;
Les hommes sont bassesse ou bien férocité;
650   Meurtre dans le palais, fange dans la cité;
Le tyran est doublé du valet; et le monde
Va de l'antre du fauve à l'auge de l'immonde.

Tout ce que je dis là vous fait l'esprit content,
C'est votre joie, ô rois; mais écoutez pourtant.

655   Rois, qu'une seule voix proteste, elle réveille
Au fond de ce silence une sinistre oreille
Et fait rouvrir un œil terrible en cette nuit;
Prenez garde à celui qui fait le premier bruit;
Un seul passant sévère et ferme déconcerte
660   Dans son abjection l'immensité déserte;
Un vivant n'a qu'à dire aux cadavres un mot,
Et l'ossuaire va se lever en sursaut.
Princes, aussi longtemps qu'on croit le ciel compère,
On se tait; tant qu'on voit le tyran qui prospère
665   Et le lâche succès qui le suit comme un chien,
C'est bon; tant que le mal qu'il fait se porte bien,
Sa personne est un dogme et son règne est un culte.
Un beau jour, brusquement, catastrophe, tumulte,
Tout croule et se disperse, et dans l'ombre, les cris,
670   L'horreur, tout disparaît; et, quant à moi, je ris
De ceux qu'ébahiraient ces chutes de tonnerre.
Pisistrate, Manfred, Hippias, Foulques-Nerre,
Hatto du Rhin, Jean deux, le pire des dauphins,
Macrin, Vitellius, ont fait de sombres fins;
675   Rois, ce ne sont point là des choses que j'invente;

C'est de l'histoire. On peut régner par l'épouvante
Et la fraude, assisté de tel prêtre moqueur
Et fourbe, à qui les vers mangent déjà le cœur,
On peut courber les grands, fouler la basse classe ;
680 Mais à la fin quelqu'un dans la foule se lasse,
Et l'ombre soudain s'ouvre, et de quelque manteau
Sort un poing qui se crispe et qui tient un couteau.
Vous dites : — Devant moi tout fléchit et recule ;
Moi, je viens de Turnus ; moi je descends d'Hercule ;
685 J'ai le respect de tous, étant né radieux
Et fils de ces héros qui touchaient presque aux dieux. —
Ne vous fiez pas trop à vos grands noms, mes maîtres ;
Car vous seriez frappés, quels que soient vos ancêtres,
Eussiez-vous sur le front l'étoile Aldebaran.
690 On s'inquiète peu des aïeux d'un tyran,
Du Chéréas quelconque on applaudit l'audace.
Qu'Aurélien soit noble ou bourgeois, qu'il soit dace
Ou hongrois, ce n'est pas ce que je veux savoir,
Mais il fut dur et sombre ; et, quant au vengeur noir
695 Qui rejette au tombeau cette âme ensanglantée,
Que ce soit Mucapor ou que ce soit Mnesthée,
Qu'importe ? Un tyran tombe, un despote est détruit,
Je n'en demande pas davantage à la nuit.

Ces meurtres-là sont grands ; Brutus en est la marque ;
700 Chion, Léonidas en poignardant Cléarque,
Ont montré qu'ils étaient disciples de Platon ;
Harmodius n'avait pas de poil au menton
Quand il dit : je tuerai le tyran ; il le tue ;
Et la Grèce lui fait dresser une statue
705 Qui tenait à la main une épée et des fleurs.
On peut frapper le roi qui vit de vos malheurs,
L'usurpateur armé de forfaits et de ruses,
C'était l'opinion des grecs amants des muses,
Peuple si délicat que, sous ces nobles cieux,
710 Les orfèvres, sculpteurs des métaux précieux,
Moulaient les coupes d'or sur la gorge des femmes.

Ainsi furent punis certains hommes infâmes,
Car on n'épargne point qui n'a rien épargné ;
Et l'histoire les suit d'un regard indigné.

715 Moi, je ne juge pas ces justices sinistres ;
Je les vois, je n'ai point la garde des registres
Ni la revision des arrêts ; je n'ai pas
De signature à mettre au bas de ces trépas ;
C'est la chose de Dieu, non la mienne ; l'affaire
720 Le regarde, et non moi, vieux néant de la guerre,
Spectre, qui vais traînant mes pas estropiés
Et qui sens des douleurs sous la plante des pieds ;
Après tout, je ne suis ni mage ni prophète ;

Et que la volonté du ciel profond soit faite !
725 Rois, je n'apporte ici que l'avertissement.

O princes, vous pouvez crouler subitement.
Vous avez beau compter sur vos soldats horribles;
Les comètes aussi sont fortes et terribles,
Elles vont à l'assaut du soleil rayonnant,
730 Elles font peur au ciel; mais Dieu, rien qu'en tournant
Son doigt mystérieux vers les nuits scélérates,
Fait dans l'océan noir fuir ces astres pirates.

                              ★

Le pas des lansquenets sonnait sur les pavés.
— J'ai soif, dit Écliis. L'empereur dit : — Buvez.

LE TROISIÈME JOUR

LES CATASTROPHES

735 L'éternité n'est point dans vos apothéoses;
Et Dieu ne l'a donnée à rien, pas même aux roses.
Le temps que vous avez n'est pas illimité.
Un jour vient, tout se paie; et la calamité,
Qui sortit si souvent de vos palais, y rentre.
740 La foule alors, autour du maître dans son antre,
Bouillonne et s'enfle; on voit les pauvres demi-nus
Rugir, humbles hier, brusquement devenus
Plus hagards que les huns et que les assagètes.
Ah! les reines — je plains les femmes — sont sujettes
745 Aux cheveux blanchissant dans une seule nuit.
L'incendie au sommet des tours s'épanouit,
Seule utile lueur qui sorte du despote;
Au-dessus du palais, buisson de flamme, il flotte,
Et, croissant à travers les toits, ouvre au milieu
750 Ses pétales d'aurore et ses feuilles de feu,
Etant la rose horrible et fauve des décombres.
Vous avez dans vos cœurs ces pressentiments sombres;
C'est pourquoi, malgré vous, vous êtes pleins d'ennuis.
Qui suis-je maintenant, moi qui parle? Je suis
755 Un vieux homme qui va sur la route. On l'arrête.
Entrez; il parle, il dit son avis sur la fête;
Rien de plus. Rois, je suis cet horrible inconnu
Qu'on nomme le passant et le premier venu;
Je suis la grande voix du dehors; et les choses
760 Que je dis, et qui font blêmir vos fronts moroses,
Sont celles qu'à vos pieds tout un peuple vivant
Rêve et pense, et qu'emporte au fond des cieux le vent.

Car lorsque je disais que les âmes sont mortes,
Tout à l'heure, et que rien ne remue à vos portes,

765 Et que la lâcheté publique a fait la paix
    Avec votre infamie, ô rois, je me trompais.
    Non, Rome vit dans Rome, et l'eau bout dans le vase.
    Mais à mon âge on peut broncher dans une phrase ;
    Faire erreur sur un mot n'est rien ; l'essentiel
770 C'est d'être une âme honnête et droite sous le ciel.

    Donc, le moment approche où la grappe, étant mûre,
    Tombera. L'heure vient. — Mais j'entends qu'on murmure.
    Est-ce que par hasard ils ont imaginé,
    Ces princes, ces bandits compagnons d'un damné,
775 Ces gangrenés du mal, ces rois en qui suppure
    Toute l'abjection de notre époque impure,
    Que j'étais un soldat de l'humeur des valets ;
    Qu'en me disant : parlez, vous qui passez ! j'allais
    Avec la flatterie, immonde et vil dictame,
780 Panser complaisamment l'ulcère de leur âme ;
    Que moi, le vieux pisan, je courberais le front,
    Et qu'ils pourraient, étant des malheureux qu'ils sont,
    Ce Ranuce, ce Jean, ce Ratbert, cet Alonze,
    Faire sucer leur plaie à la bouche de bronze ?

785 Pour adorer Ratbert il faut être Ratbert ;
    Pour admirer Ranuce en perfidie expert
    Et Jean l'homme du meurtre, il faudrait que je n'eusse
    Pas plus de cœur que Jean ni d'âme que Ranuce.
    Oh ! laissez-moi cacher mon front sous mon manteau.
790 Quand me descendra-t-on dans le Campo-Santo,
    Avec les trépassés augustes qu'on oublie,
    Avec les chevaliers de la vieille Italie,
    Loin des vivants, parmi les spectres d'Orcagna ?
    Pourquoi faut-il qu'à ceux que la guerre épargna
795 La mort vienne si tard, hélas ! menant en laisse
    Ces deux chiens monstrueux, la honte et la vieillesse ?

    Ah ! jeunes gens ! les ans font plier mes genoux,
    Je suis triste jusqu'à la haine devant vous.
    Ah ! la décrépitude à l'opprobre ressemble !
800 Le dedans reste ferme ; hélas, le dehors tremble.
    Nous avons beau flétrir ces nouveaux arrivants,
    Nous ne pouvons punir ; nous ne sommes vivants
    Que juste ce qu'il faut pour endurer l'offense.
    Qu'il est dur de rentrer dans la mort par l'enfance !
805 Ah ! c'est un grand malheur et c'est un grand dépit
    D'être encore lion quand le renard glapit,
    D'entendre les chacals et les bêtes funèbres
    Faire leur fête horrible au milieu des ténèbres,
    Et de ne pouvoir pas, étant malade et vieux,
810 Secouer sa crinière énorme jusqu'aux cieux !
    Je vois ce qui s'écroule et je vois ce qui monte,
    Ruine de la gloire et croissance de honte ;

Et j'ouvre avec regret mes vieux yeux assoupis.
Et si je vais trop loin dans mes discours, tant pis !
815 Car je n'ai pas le temps de prendre des mesures
Du degré de respect qu'on doit à vos masures,
A vos tours, à vous, sire, et de la quantité
De mépris qui convient à votre majesté.

O misère ! pendant que tout entiers vous êtes
820 Aux plaisirs, aux chansons, aux bals, aux coupe-têtes,
Aux meurtres, aux festins abjects, aux jeux brutaux,
Aux pièges qu'on se tend de châteaux à châteaux,
Ceux-ci pillant ceux-là, ceux-là tondant les autres,
Les plus sanglants disant tout bas des patenôtres,
825 Sournois, ayant toujours votre ami pour danger ;
Pendant que vous passez votre temps à manger,
A vous soûler de vin et d'horreurs inconnues,
Regardant l'impudeur des femmes presque nues,
Contemplant aux miroirs vos malsaines pâleurs,
830 Vous parfumant de musc, vous couronnant de fleurs,
Et des gens que j'ai dit grossissant les prébendes,
Hélas ! les sarrasins du Fraxinet, par bandes,
Infestent la Provence et le bas Dauphiné ;
Humbert, dauphin de Vienne, est chez lui confiné ;
835 Personne ne défend la marche occidentale
Où la cavalerie espagnole s'installe,
Et je ne sache pas qu'un comte ou qu'un marquis
S'en montre curieux et qu'on se soit enquis
De quels Guadalquivirs et de quelles Navarres
840 Sortent ces catalans et ces almogavares.
Partout l'étranger vient et de Naple aux Grisons
Montre sa pique au bord de nos noirs horizons.
Chocs, alertes, assauts, invasions soudaines ;
Ils viennent de Nubie, ils viennent des Ardennes.
845 Au duc Welf qui, lassé de ne voir ni vaillant,
Ni prince devant lui, vous regarde en bâillant,
Quel bras opposez-vous, dites ? Quel capitaine
Aux usurpations des tyrans d'Aquitaine ?
Une maille de moins défait tout le tricot ;
850 Vous n'avez plus le Var, vous n'avez plus l'Escaut.
Chaque passant arrache au vieux temple une brique.
Abraham, empereur des maures en Afrique,
Laissant derrière lui les royaumes penchés
Et saignants, et les champs de cadavres jonchés,
855 Approche, et le voilà qui touche à l'Italie ;
Nos murs, dont le drapeau frissonnant se replie,
Chancellent, et déjà sur leur morne blancheur
Nous pouvons voir grandir l'ombre de ce faucheur.
Du sud accourt le nègre, et du nord vient le singe ;
860 Les huns sortent velus des forêts de Thuringe ;
Le spectre d'Alaric rôde et sonne du cor ;
Les vieilles nations vandales sont encor

A nos portes, grinçant les dents et hurlant toutes,
Dans la Souabe, pays fauve et qui n'a pour routes
865 Que des sentiers perdus dans le sombre des bois.
L'empereur grec pâlit dans Byzance aux abois;
Son armée est sans duc, sa flotte est sans drungaire;
Pas d'hommes, pas d'argent; comment faire la guerre ?
Toute la chrétienté le laisse sans appui;
870 Ce livide Andronic, entre les turcs et lui,
N'a plus qu'un bras de mer de deux milles de large;
Ce césar plie au poids du monde qui le charge;
Du toit de son palais, il voit à l'orient
Les barbares tirer leurs sabres en riant;
875 Son fils, Kyr Michaël, craint de livrer bataille.

Ici, quels chefs a-t-on ? qui ? de la valetaille.
Car vous n'obéissez qu'à plus petit que vous;
Vous avez l'orgueil bas ayant le cœur jaloux.
Princes, l'infirmité de ce croulant empire,
880 C'est que toujours le moindre est choisi par le pire;
Le cul-de-jatte est duc dans le camp des goîtreux.
Quant aux moines à casque, ils se battent entre eux,
Au lieu de s'occuper de notre délivrance.
Villiers de l'Ile-Adam, de la langue de France,
885 Guerroie Ugoccion, grand maître des portiers.
Une gorgone sort de tous ces bénitiers;
Et le pape à servir des messes utilise
Azon cinq, général des troupes de l'église.

Le peu qui nous restait des bons vieux généraux
890 Meurt de votre dédain aidé de vos bourreaux;
On oublie à Final don Fal ice, on expulse
Roger, on met au banc de l empire Trivulce;
Et l'ennemi s'avance, et vous n'avez plus là
Bélisaire pour faire échec à Totila.

895 Tout le vieux fer romain n'est plus que de la rouille.

Deux femmes autrefois qui filaient leur quenouille,
Voyant que l'étranger enjambait le fossé,
Ont crié : guerre ! et pris la pique, et l'ont chassé;
Ces deux femmes, c'étaient, autant qu'il m'en souvienne,
900 Auxilia de Nice, et Mahaud d'Albon-Vienne.
Fils de ces femmes-là qui battaient vos vainqueurs,
Vous avez hérité des fuseaux, non des cœurs.

Déserteurs du pays, oppresseurs de l'empire,
Le peuple est stupéfait et ne sait plus que dire
905 Dans le saisissement de votre lâcheté.
Que reste-t-il du ciel, rois, le soleil ôté,
Et de la terre, hélas ! l'Italie éclipsée ?

Voilà. Je vous ai dit à peu près ma pensée.

*

Elciis s'arrêtant, car le jour était chaud,
910 Dit : — Je voudrais dormir. L'empereur dit : — Bientôt.

IV

LE QUATRIÈME JOUR

DIEU

Le maître est insensé de peser ce qu'il pèse,
Et, parce qu'on se tait, de croire qu'on s'apaise.

Princes, sachez-le bien. Les hommes d'autrefois
Valaient mieux paysans que vous ne valez rois.
915 La clarté de leurs yeux gêne vos regards traîtres.
Leurs pieds font en marchant un bruit de pas d'ancêtres.
Quand, survenant du fond du vieil honneur lointain,
Un d'eux entre chez vous à l'heure du festin,
Il sent frémir autour de ses talons sévères
920 Le tremblement des cœurs, des glaives, et des verres.

Oui, vous êtes les nains d'un temps chétif et laid ;
Que le plus grand de vous mette mon gantelet,
Je gage que son poing entrera dans le pouce.

Au rebours de l'honneur le vil instinct vous pousse.

925 Nous sommes les vaillants ; vous, vos morts même ont peur ;
L'angoisse d'un cœur faux et d'un esprit trompeur
Fait grelotter vos os ; si bien que nos natures
Se distinguent encor jusqu'en nos pourritures ;
Vous êtes les petits et nous sommes les bons ;
930 Et lorsque vous tombez, et lorsque nous tombons,
La mort montre, parmi les broussailles farouches,
Nos cadavres aux loups, et les vôtres aux mouches.

Les signes de ce temps, les voici : des clairons,
Des femmes dans les camps, des plumes sur les fronts,
935 Des carnavals durant la moitié de l'année,
Une jeunesse folle au plaisir acharnée,

Joyeuse; et la rougeur sinistre des vieillards.

Quand deux pères rôdant le soir dans les brouillards
Se rencontrent non loin de vos éclats de rire,
940 Ils passent sans lever les yeux et sans rien dire.

Spectacle ténébreux qu'un peuple décroissant !
Même quand tous sont là, l'on sent quelqu'un d'absent;
C'est l'âme, c'est l'esprit sacré, c'est la patrie.
Une foule avilie, une race flétrie
945 Perd sa lumière ainsi qu'un bois mort perd sa fleur.
Que ce soit l'Italie ajoute à ma douleur.
La chose est surprenante et triste que des traîtres,
Des coquins, généraux de moines et de reîtres,
Puissent rapetisser lentement dans leur main
950 Un peuple, quand ce peuple est le peuple romain.
En lisant aux enfants l'histoire d'Agricole
Ou de Cincinnatus, les vieux maîtres d'école
S'arrêtent et n'ont pas la force d'achever.

Hélas ! on voit encor les astres se lever,
955 L'aube sur l'Apennin jeter sa clarté douce,
L'oiseau faire son nid avec les brins de mousse,
La mer battre les rocs dans ses flux et reflux,
Mais la grandeur des cœurs, c'est ce qu'on ne voit plus.

Ne croyez pas pourtant que je me décourage.
960 Je ne fais pas ici le bruit d'un vent d'orage
Pour n'aboutir qu'au doute et qu'à l'accablement.
Non, je vous le redis, sire, le grand dormant
S'éveillera; non, non, Dieu n'est pas mort, ô princes.
Le peuple, ramassant ses tronçons, ses provinces,
965 Tous ses morceaux coupés par vous, pâle, effrayant,
Se dressera, le front dans la nuée, ayant
Des jaillissements d'aube aux cils de ses paupières;
Tout luira; le tocsin sonnera dans les pierres;
Tout frémira, du cap d'Otrante au mont Ventoux;
970 L'Italie, ô tyrans, sortira de vous tous.
De votre monstrueuse et cynique mêlée
Elle s'évadera, la belle échevelée,
En poussant jusqu'au ciel ce cri : la liberté !
Le vieil honneur tient bon et n'a pas déserté.
975 Pour ouvrir dans la honte ou la roche une issue,
Il suffit d'un coup d'âme ou d'un coup de massue.

Tous les peuples sont vrais, même les plus niés.

Vous vous tromperiez fort si vous imaginiez
Que Dieu permet aux rois, conseillés par le prêtre,
980 D'éteindre la lumière auguste, et qu'il peut être
Au pouvoir de quelque homme ici-bas que ce soit

De le vaincre, et d'aller aux cieux tuer le droit.
Régnez, frappez, soyez mauvais, faites des fautes,
Faites des crimes, soit; il est des lois très hautes.
985 Les flots sont doute, erreur, trouble; le fond est sûr.

Sachez-le, rois d'en bas; pour que ce globe obscur,
Création fatale et sainte, rayonnante,
Puis lugubre, et de tant de souffles frissonnante,
Ne soit pas, dans l'horreur de l'abîme ignoré,
990 Comme un sombre navire errant désemparé,
Rois, afin que la vie, et l'être, et la nature,
Restent et n'aillent pas se perdre à l'aventure
Dans le morne océan du mystère inconnu,
Par quatre chaînes d'or le monde est retenu;
995 Ces chaînes sont : Raison, Foi, Vérité, Justice;
Et l'homme, en attendant que la mort l'engloutisse,
Pèse sur l'infini, sur Dieu, sur l'univers,
Et s'agite, et s'efforce, orageux, noir, pervers,
Avec ses passions folles ou criminelles,
1000 Sans pouvoir arracher ces ancres éternelles !

                              *

Les yeux sous les sourcils, l'empereur très clément
Et très noble écouta l'homme patiemment,
Et consulta des yeux les rois; puis il fit signe
Au bourreau, qui saisit la hache.

                              — J'en suis digne,
1005 Dit le vieillard, c'est bien, et cette fin me plaît. —
Et calme il rabattit de ses mains son collet,
Se tourna vers la hache, et dit : Je te salue.
Maîtres, je ne suis point de la taille voulue,
Et vous avez raison. Vous, princes, et vous, roi,
1010 J'ai la tête de plus que vous, ôtez-la-moi.

XXI

LE CYCLE PYRÉNÉEN

GAIFFER-JORGE DUC D'AQUITAINE

Au bas d'une muraille on ouvre une tranchée;
Les travailleurs, bras nus et la tête penchée,
Vont et viennent, fouillant dans l'obscur entonnoir;
Sous la pioche, pareille au bec d'un oiseau noir,
5   Le rocher sonne, ainsi que le fer dans la forge;
Dur labeur. Gaïffer, qu'on appelle aussi Jorge,
Fait creuser un fossé large et profond autour
De son donjon, palais de roi, nid de vautour,
Forteresse où ce duc, voisin de la tempête,
10   Habite, avec le cri des aigles sur sa tête;
On éventre le mont, on défonce le champ;
— Creusez! creusez! dit-il aux terrassiers, piochant
De l'aube jusqu'à l'heure où le soleil se couche,
Je veux faire à ma tour un fossé si farouche
15   Qu'un homme ait le vertige en regardant au fond. —
On creuse, et le travail que les ouvriers font
Trace au pied des hauts murs un tortueux cratère;
Il descend chaque jour plus avant dans la terre;
Un terrassier parfois dit : — Seigneur, est-ce assez ?
20   Et Gaïffer répond : — Creusez toujours, creusez.
Je veux savoir sur quoi ma demeure est bâtie. —

Qu'est-ce que Gaïffer ? La fauve dynastie
Qu'installa, sous un dais fait d'une peau de bœuf,
Le patrice Constance en quatre cent dix-neuf,
25   Reçut de Rome en fief la troisième Aquitaine.
Aujourd'hui Gaïffer en est le capitaine.
De Bayonne à Cahors son pouvoir est subi;
Les huit peuples qui sont à l'orient d'Alby,
Les quatorze qui sont entre Loire et Garonne,
30   Sont comme les fleurons de sa fière couronne;
Auch lui paie un tribut; du Tursan au Marsan
Il reçoit un mouton de chaque paysan;
Le Roc-Ferrat, ce mont où l'on trouve l'opale,
Saint-Sever sur l'Adour, Aire l'épiscopale,
35   Sont à lui; son état touche aux deux océans;

Le roi de France entend jusque dans Orléans
Le bruit de son épée aiguisée et fourbie
Aux montagnes d'Irun et de Fontarabie;
Gaïffer a sa cour plénière de barons;
40 La foule, autour de lui, se tait, et les clairons
Font un sinistre éclat de triomphe et de fête;
Au point du jour, sa tour, dont l'aube teint le faîte,
Noire en bas et vermeille en haut, semble un tison
Qu'un bras mystérieux lève sur l'horizon;
45 Gaïffer-Jorge est prince, archer et chasseur d'hommes;
On le trouve très grand parmi ses majordomes,
Ses baillis font sonner sa gloire, et ses prévôts
Sont plus qu'à Dieu le père à Gaïffer dévots.
Seulement, il a pris, pour élargir sa terre,
50 Aux infants d'Oloron leur ville héréditaire;
Mais ces infants étaient de mauvaise santé,
Et si jeunes que c'est à peine, en vérité,
S'ils ont su qu'on changeait leur couronne en tonsure;
De plus son amitié n'est pas toujours très sûre,
55 Il a, pour cent francs d'or, livré son maître Aymon
Au noir miramolin, Hécuba le démon;
Aymon, ce chevalier dont tout parlait naguère,
Avait instruit le duc Gaïffer dans la guerre,
Aymon était un fier et bon campéador,
60 Mais Gaïffer était sans le sou, cent francs d'or
Font cent mille tomans, et son trésor étique
Avait besoin d'un coup de grande politique;
Par la vente d'Aymon il a réalisé
De quoi pouvoir donner un tournoi, l'an passé,
65 Et bien vivre, et jeter l'argent par la fenêtre;
La grandeur veut le faste, il ne convient pas d'être
A la fois duc superbe et prince malaisé;
Enfin on dit qu'un soir il a, chasseur rusé,
Conduit, tout en riant, au fond d'une clairière;
70 Son frère Astolphe, et l'a poignardé par derrière;
Mais ils étaient jumeaux, Astolphe un jour pouvait
Prétendre au rang ducal dont Jorge se revêt,
Et pour la paix publique on peut tuer son frère.

Etançonner le sable, ôter l'argile, extraire
75 La brèche et le silex, et murer le talus,
C'est rude. Après les huit premiers jours révolus :
— Sire, ce fossé passe en profondeur moyenne
Tous ceux de Catalogne et tous ceux de Guyenne,
Dit le maître ouvrier, vieillard aux blancs cheveux.
80 — Creusez ! répond le duc. Je vous l'ai dit. Je veux
Voir ce que j'ai sous moi dans la terre profonde. —
Huit jours encore on creuse, on sape, on fouille, on sonde;
Tout à coup on déterre une pierre, et, plus bas,
Un cadavre, et le nom sur le roc : Barabbas.   [semaine
85 — Creusez, dit Jorge. — On creuse. Au bout d'une

Une autre pierre avec une autre forme humaine
Perce l'ombre, affreux spectre au fond d'un trou hideux;
Et ce cadavre était le plus sombre des deux;
Une corde à son cou rampait; une poignée
90   De drachmes d'or sortait de sa main décharnée;
Sur la pierre on lisait : Judas. — Creusez toujours !
Allez ! creusez ! cria le duc du haut des tours. —
Et le bruit du maçon que le maçon appelle
Recommença; la pioche et la hotte et la pelle
95   Plongèrent plus avant qu'aucun mineur ne va.
Après huit autres jours de travail, on trouva
Soudain, dans la nuit blême où rien n'a plus de forme,
Un squelette terrible, et sur son crâne énorme
Quatre lettres de feu traçaient ce mot : Caïn.
100   Les pâles fossoyeurs frémirent, et leur main
Laissa rouler l'outil dans l'obscurité vide;
Mais le duc apparaît, noir sur le ciel livide :
— Continuez, dit-il, penché sur le fossé,
Allez ! — On obéit; et l'un d'eux s'est baissé,
105   Morne esclave, il reprend le pic pesant et frappe,
Et la roche sonna comme une chausse-trape;
Au second coup la terre obscure retentit;
Du trou que fit la pioche une lueur sortit,
Lueur qui vint au front heurter la tour superbe,
110   Et fit sur le talus flamboyer les brins d'herbe
Comme un fourmillement de vipères de feu;
On la sentait venir de quelque horrible lieu;
Tout le donjon parut sanglant comme un mystère.
— Allez ! dit Jorge. — Alors on entendit sous terre
115   Une lugubre voix qui disait : — Gaïffer,
Ne creuse point plus bas, tu trouverais l'enfer.

MASFERRER

I

C'est un funeste siècle et c'est un dur pays.
Oh ! que d'Herculanums et que de Pompéis
Enfouis dans la cendre épaisse de l'histoire !
D'horribles rois sont là ; la montagne en est noire.

5   Assistés au besoin par ceux du mont Ventoux,
Ceux-ci basques, ceux-là catalans, méchants tous,
Ils ont de leurs donjons couvert la chaîne entière ;
Du pertuis de Biscaye au pas de l'Argentière,
La guerre gronde, ouvrant ses gueules de dragon
10   Sur toute la Navarre et sur tout l'Aragon ;
Tout tremble ; pas un coin de ravine où ne grince
La mâchoire d'un tigre ou la fureur d'un prince ;
Ils sont maîtres des cols et maîtres des sommets.
Ces pays garderont leurs traces à jamais ;
15   La tyrannie avec le fer du glaive creuse
Sur la terre sa forme et sa figure affreuse ;
Là ses dents, là son pied monstrueux, là son poing ;
Linéaments hideux qu'on n'effacera point,
Tant avec son épée impérieuse et dure
20   Chaque despote en fait profonde la gravure !
Or jamais ces vieux pics pleins de tours, exhaussés
De forts ayant le gouffre et la nuit pour fossés,
N'ont paru plus mauvais et plus haineux aux hommes
Que dans le siècle étrange et funèbre où nous sommes ;
25   Ils se dressent, chaos de blocs démesurés ;
Leur cime, par-delà les vallons et les prés,
Guette, gêne et menace, à vingt ou trente lieues,
Les villes dont au loin on voit les flèches bleues ;
De quelque chef de bande implacable et trompeur
30   Chacun d'eux est l'abri redouté ; leur vapeur

Semble empoisonner l'air d'un miasme insalubre ;
Ils sont la vision colossale et lugubre ;
La neige et l'ombre font, dans leurs creux entonnoirs,
Des pans de linceuls blancs et des plis de draps noirs ;
35 L'eau des torrents, éparse et de lueurs frappée,
Ressemble aux longs cheveux d'une tête coupée ;
Dans la brume on dirait que leurs escarpements
Sont d'une boucherie encor tiède fumants ;
Tous ces géants ont l'air de faire dans la nue
40 Quelque exécution sombre qui continue ;
L'air frémit ; le glacier peut-être en larmes fond ;
Fatals, calmes, muets, et debout dans le fond
De la place publique effrayante des plaines,
Sur leurs vagues plateaux, sur leurs croupes hautaines,
45 Ils ont tous le carré hideux des castillos,
Comme des échafauds qui portent des billots.

II

TERREUR DES PLAINES

Certes, c'est ténébreux ; et, devant deux provinces,
Devant deux gras pays, un tel réseau de princes
N'attache pas pour rien des mailles et des nœuds
50 Et des fils aux pitons des pics vertigineux ;
C'est dans un but qu'armés et tenant deux rivages,
D'affreux chefs, hérissés de couronnes sauvages,
Barrant l'isthme espagnol de l'une à l'autre mer,
Aux pointes des granits, dans le vent, dans l'éclair,
55 Sur la montagne d'ombre et d'aurore baignée,
Accrochent cette toile énorme d'araignée.

Comme en Grèce jadis les chefs thessaliens,
Ils tiennent tout, la terre et l'homme, en leurs liens ;
Pas une triste ville au loin qui ne frissonne ;
60 Vaillante, on la saccage, et lâche, on la rançonne ;
Pour dernier mot le meurtre ; ils battent sans remord
Monnaie à l'effigie infâme de la mort ;
Ils chassent devant eux les blêmes populaces,
Ils sont les grands marcheurs de nuit, rasant les places,
65 Brisant les tours, du mal et du crime ouvriers,
Et de la chèvre humaine effrayants chevriers.
Etre le centre où vient le butin, où ruisselle
Un torrent de bijoux, de piastres, de vaisselle ;
Se faire d'un pays une proie, arrachant
70 Les blés au canton riche et l'or au bourg marchand,
C'est beau ; voilà leur gloire. Et c'est leur fait, en outre,
Quand de quelque chaumière on voit fumer la poutre,

Ou quand, vers l'aube, on trouve un pauvre homme dagué,
Nu, sanglant, dans le creux d'un bois, au bord d'un gué :
75   Le vol des routes suit le pillage des villes;
Car la chose féroce amène aux choses viles.

L'été, la bande met à profit la douceur
De la saison, voyant dans l'aurore une sœur,
Prenant les plus longs jours pour sa sanglante escrime,
80   Et donnant à l'azur un rôle dans le crime;
Juin radieux consent à la complicité;
C'est l'instant d'appliquer l'échelle à la cité;
C'est le moment de battre une muraille en brèche;
L'air est tiède, la nuit vient tard, la terre est sèche,
85   La mousse pour dormir fait le roc moins rugueux;
Comme le tas de fleurs cache le tas de gueux !
Le bruit des pas s'efface au bruit de la cascade;
La feuille traître accueille et couvre l'embuscade,
L'églantier, pour le piège épaissi tout exprès,
90   Semble ami du sépulcre autant que le cyprès;
Aussi, jusqu'à l'hiver, — quoique janvier lui-même
Parfois aux attentats prête sa clarté blême, —
Ce ne sont que combats, assauts et coups de main.

Dès que l'hiver décline, et quand le pont romain,
5   Le sentier, le ravin que les brises caressent,
Sous la neige qui fond vaguement reparaissent,
Quand la route est possible à des pas hasardeux,
Tous ces aventuriers s'assemblent chez l'un d'eux,
Noirs, terribles, autour d'un âtre où flambe un chêne.
00   Ils construisent leurs plans pour la saison prochaine;
Ils conviennent d'aller à trois, à quatre, à dix,
Font quelques mouvements d'ours encore engourdis
Et préparent les vols, les meurtres, les descentes;
Tandis que les oiseaux, sous les feuilles naissantes,
105 Joyeux, sentant venir les souffles infinis,
Commencent à choisir les mousses pour leurs nids.

A quoi bon ta splendeur, ô sereine nature,
O printemps refaisant tous les ans l'ouverture
Du mystérieux temple où la lumière éclôt ?
110 A quoi bon le torrent, le lac, le vent, le flot ?
A quoi bon le soleil, et les doux mois propices
Semant à pleines mains les fleurs aux précipices,
Les sources et les prés et les oiseaux divins ?
A quoi bon la beauté charmante des ravins ?
115 La fierté du sapin, la grâce de l'érable,
Ciel juste ! à quoi bon ? l'homme étant un misérable,
Et mettant, lui qui rampe et qui dure si peu,
Le masque de l'enfer sur la face de Dieu !

Hélas, hélas, ces monts font peur ! leurs fondrières

120 D'un bastion géant semblent les meurtrières ;
    Du crime qui médite ils ont la ride au front.
    Malheur au peuple, hélas, lorsque l'ombre du mont
    Tombe sur les forêts ombre de forteresse !

III

LES HAUTES TERRES

    N'importe, loin des forts dont l'aspect seul oppresse,
125 Quand on peut s'enfoncer entre deux pans de rocs,
    Et, comme l'ours, l'isard et les puissants aurochs,
    Entrer dans l'âpreté des hautes solitudes,
    Le monde primitif reprend ses attitudes,
    Et, l'homme étant absent, dans l'arbre et le rocher
130 On croit voir les profils d'infini s'ébaucher.
    Tout est sauvage, inculte, âpre, rauque ; on retrouve
    La montagne, meilleure avec son air de louve
    Qu'avec l'air scélérat et pensif qu'elle prend
    Quand elle prête au mal son gouffre et son torrent,
135 S'associe aux fureurs que la guerre combine,
    Et devient des forfaits de l'homme concubine.
    Grands asiles ! le gave erre à plis écumants ;
    La sapinière pend dans les escarpements ;
    Les églises n'ont pas d'obscurité qui vaille
140 Ce mystère où le temps, dur bûcheron, travaille ;
    Le pied humain n'entrant point là, ce charpentier
    Est à l'aise, et choisit dans le taillis entier ;
    On entend l'eau qui roule et la chute éloignée
    Des mélèzes qu'abat l'invisible cognée.
145 L'homme est de trop ; souillé, triste, il est importun
    A la fleur, à l'azur, au rayon, au parfum ;
    C'est dans les monts, ceux-ci glaciers, ceux-là fournaises,
    Qu'est le grand sanctuaire effrayant des genèses ;
    On sent que nul vivant ne doit voir à l'œil nu,
150 Et de près, la façon dont s'y prend l'Inconnu,
    Et comment l'être fait de l'atome la chose ;
    La nuée entre l'ombre et l'homme s'interpose ;
    Si l'on prête l'oreille, on entend le tourment
    Des tempêtes, des rocs, des feux, de l'élément,
155 La clameur du prodige en gésine, derrière
    Le brouillard, redoutable et tremblante barrière ;
    L'éclair à chaque instant déchire ce rideau.
    L'air gronde. Et l'on ne voit pas une goutte d'eau
    Qui dans ces lieux profonds et rudes s'assoupisse,
160 Ayant, après l'orage, affaire au précipice ;
    Selon le plus ou moins de paresse du vent,
    Les nuages tardifs s'en vont comme en rêvant,

Ou prennent le galop ainsi que des cavales ;
Tout bourdonne, frémit, rugit ; par intervalles
165   Un aigle, dans le bruit des écumes, des cieux,
Des vents, des bois, des flots, passe silencieux.

L'aigle est le magnanime et sombre solitaire ;
Il laisse les vautours s'entendre sur la terre,
Les chouettes en cercle autour des morts s'asseoir,
170   Les corbeaux se parler dans les plaines le soir ;
Il se loge tout seul et songe dans son aire,
S'approchant le plus près possible du tonnerre,
Dédaigneux des complots et des rassemblements.
Il plane immense et libre au seuil des firmaments,
175   Dans les azurs, parmi les profondes nuées,
Et ne fait rien à deux que ses petits. Huées
De l'abîme, fracas des rocs, cris des torrents,
Hurlements convulsifs des grands arbres souffrants,
Chocs d'avalanches, l'aigle ignore ces murmures.

180   Donc, au printemps, réveil des rois ; trahisons mûres ;
On parle, on va, l'on vient ; les guets-apens sont prêts ;
Et les villes en bas, tremblantes, loin et près,
Pansant leur vieille plaie, arrangeant leur décombre,
Écoutent tous ces pas des cyclopes de l'ombre.
185   Eternelle terreur du faible et du petit !
Qu'est-ce qu'ils font là-haut, ces rois ? On se blottit,
On regarde quel point de l'horizon s'allume,
On entend le bruit sourd d'on ne sait quelle enclume,
On guette ce qui vient, surgit, monte ou descend ;
190   Chaque ville en son coin se cache, frémissant
Des flammèches que l'air et la nuée apportent
Dans ce jaillissement d'étincelles qui sortent
Du rude atelier, plein des souffles de l'autan,
Où l'on forge le sceptre énorme de Satan.

IV

MASFERRER

195   Or dans ce même temps, du Llobregat à l'Ebre,
Du Tage au Cil, un nom, Masferrer, est célèbre ;
C'est un homme des rocs et des bois, qui vit seul ;
Il prend l'ombre des monts tragiques pour linceul ;
Avant d'être avec l'arbre, il était avec l'homme ;
200   Comme un loup refusant d'être bête de somme,
Fauve, il s'est du milieu des vivants évadé,
Au hasard, comme sort du noir cornet le dé ;
Et maintenant il est dans la montagne immense ;
Sa zone est le désert redoutable ; où commence

205 La semelle des ours marquant dans les chemins
Des espèces de pas horribles presque humains,
Il est chez lui. Cet être a fui dès son jeune âge.
De l'énormité sombre il est le personnage;
Il rit, ayant l'azur; ses dents au lieu de pain
210 Cassent l'amande huileuse et rance du sapin;
La montagne, acceptant cet homme sur les cimes,
Trouve son vaste bond ressemblant aux abîmes,
Sa voix, comme les bois et comme les torrents,
Sonore, et de l'éclair ses yeux peu différents;
215 De sorte que ces monts et que cette nature
Se sentent augmentés presque de sa stature.

Il va du col au dôme et du pic au vallon.
Le glissement n'est pas connu de son talon;
Sa marche n'est jamais plus altière et plus sûre
220 Qu'au bord vertigineux de quelque âpre fissure;
Il franchit tout, distance, avalanches, hasards,
Tempêtes, précédé d'une fuite d'isards;
Hier, il côtoyait Irun; aujourd'hui l'aube
Le voit se refléter dans le vert lac de Gaube,
225 Chassant, pêchant, perçant de flèches les hérons,
Ou voguant, à défaut de barque et d'avirons,
Sur un tronc de sapin qui flotte et qu'il manœuvre
Avec le mouvement souple de la couleuvre.
Il entre, apparaît, sort, sans qu'on sache par où;
230 S'il veut un pont, il ploie un arbre sur le trou;
La façon dont il va le long d'une corniche
Fait peur même à l'oiseau qui sur les rocs se niche.
A-t-il apprivoisé la rude hostilité
Du vent, du pic, du flot à jamais irrité,
235 Et des neiges soufflant en livides bouffées ?
Oui. Car la sombre pierre oscillante des fées
Le salue. Il vit calme et formidable, ayant
Avec la ronce et l'ombre et l'éclair flamboyant
Et la trombe et l'hiver de farouches concordes.
240 Armé d'un arc, vêtu de peaux, chaussé de cordes,
Au-dessus des lieux bas et pestilentiels,
Il court dans la nuée et dans les arcs-en-ciels.

Il passe sa journée à l'affût, l'arbalète
Tendue à la cigogne, au gerfaut, à l'alète,
245 Suit l'isard, ou, pensif, s'accoude aux parapets
Des gouffres sur les lacs et les halliers épais,
Et songe dans les rocs que le lierre tapisse,
Tandis que cet enfer qu'on nomme précipice,
Faisant vociférer l'eau dans le gave amer,
250 Dans la forêt la terre et dans l'ouragan l'air,
Emploie à blasphémer trois langues différentes.
Avec leurs rameaux d'or et leurs fleurs amarantes,
La lande et la bruyère au reflet velouté

Lui brodent des tapis gigantesques l'été.
255 Pour la terre, il s'éloigne, et, pour l'astre, il s'approche.

Il avait commencé par bâtir sur la roche,
A la mode des rois construisant des donjons,
Un bouge qu'il avait couvert d'un toit de joncs,
Ayant l'escarpement pour joie et pour défense ;
260 Car l'abime l'enivre, et depuis son enfance
Qu'il erre plein d'extase et de sublime ennui,
Il cherche on ne sait quoi de grand qui soit à lui
Dans ces immensités favorables à l'aigle.
L'ouragan emporta sa cabane. — Espiègle !
265 Dit l'homme, en regardant son vieux toit chassieux
S'en aller à travers les foudres dans les cieux.

A cette heure, parmi les crevasses bourrues
Pleines du tournoiement des milans et des grues,
Un repaire ébauchant une ogive au milieu
270 D'une haute paroi toute de marbre bleu,
Souterrain pour le loup, aérien pour l'aigle,
Est son gîte ; le houx, l'épi barbu du seigle,
L'ortie et le chiendent encombrent l'antre obscur,
Sorte de trou hideux dans un monstrueux mur ;
275 Au-dessus du repaire, au haut du mur de marbre,
Se tort et se hérisse une hydre de tronc d'arbre ;
Cette espèce de bête immobile lui sert
A retrouver sa route en ce morne désert ;
On aperçoit du fond des solitudes vertes
280 Ce nœud de cous dressés et de gueules ouvertes,
Penché sur l'ombre, ayant pour rage et pour tourment
De ne pouvoir jeter au gouffre un aboiement.
L'antre est comme enfoui dans les ronces grimpantes ;
Parfois, au loin, le pied leur manquant sur les pentes,
285 Dans l'entonnoir sans fond des précipices sourds,
Comme des gouttes d'encre on voit tomber les ours ;
Le ravin est si noir que le vent peut à peine
Jeter quelque vain râle et quelque vague haleine
Dans ce mont, muselière au sinistre aquilon.

290 Un titan enterré dont on voit le talon,
Ce dur talon fendu d'une affreuse manière,
Voilà l'antre. A côté de la haute tanière,
Un gave insensé gronde et bave et coule à flots
Dans le gouffre, parmi les pins et les bouleaux ;
295 L'antre au bord du torrent s'ouvre sur l'étendue ;
La chute est au-dessous. Quand la neige fondue
Et la pluie ont grossi les cours d'eau, le torrent
Monte jusqu'à la grotte, enflé, hurlant, courant,
Terrible, avec un bruit d'horreur et de ravage,
300 Et familièrement entre chez ce sauvage ;
Et lui, laissant frémir les grands arbres pliés,

Profite de l'écume et s'y lave les pieds.

Dans un grossissement de brume et de fumée,
Entouré d'un nuage obscur de renommée,
305 Quoique invisible au fond de ses rocs, mais debout
Dans son fantôme allant, venant, dominant tout,
Cet homme s'aperçoit de très loin en Espagne.

Chacun des rois a pris sa part de la montagne.
Fervehen a Lordos, Bermudo Cauterez ;
310 Sanche a le Canigo, pic chargé de forêts
Que blanchit du matin la clarté baptismale ;
Padres a la Prexa, Juan tient le Vignemale ;
Sforon est roi d'Urgel, Blas est roi d'Obité ;
La part de Masferrer s'appelle Liberté.
315 Pas un plus grand que lui sur ces monts ne se pose.

Qu'est-ce que ce géant ? C'est un voleur. La chose
Est simple ; tout colosse a toujours deux côtés ;
Et les difformités et les sublimités
Habitent la montagne ainsi que des voisines.
320 Le prodige et le monstre ont les mêmes racines.
Monstre, jusqu'où ? jamais de pas vils et rampants ;
Jamais de trahisons, jamais de guets-apens ;
Masferrer attaquait tout seul des groupes d'hommes.
Au pâle rustre allant vendre au marché ses pommes,
325 Il disait : Va ! c'est bien ! Il laissait volontiers
Aux pauvres gens tremblant la nuit dans les sentiers,
Leur âne, leur cochon, leur orge, leur avoine ;
Mais il se gênait moins avec le sac du moine ;
Il n'écrasait pas tout dans ce qu'on nomme droit ;
330 Si quelqu'un avait faim, si quelqu'un avait froid,
Ce n'était pas son nom qui sortait de la plainte ;
La malédiction, cette voix fauve et sainte,
Ne le poursuivait point dans son farouche exil ;
Aux actions des rois il fronçait le sourcil.
335 Un jour, devant un fait lugubre et sanguinaire :
— Ces hommes sont méchants, et plus qu'à l'ordinaire,
Cria-t-il. A-t-il donc neigé rouge aujourd'hui ? —
Les rois déshonoraient la montagne ; mais lui
N'importunait pas trop l'ombre du grand Pélage.
340 Voilà ce que disaient de lui dans le village
Les pâtres de Héas et de l'Aquatonta.
Du reste confiant et terrible. Il lutta
Tout un jour contre un ours entré dans sa tanière ;
L'ours, l'ayant habitée à la saison dernière,
345 La voulait ; vers le soir l'ours fatigué râla.
— Soit, nous continuerons demain matin. Dors là,
Dit l'homme. Il ajouta : — Fais un pas, je t'assomme !
Puis s'endormit. Au jour, l'ours, sans réveiller l'homme,
Et se souciant peu de la suite, partit.

V

LE CASTILLO

350   Noir ravin. Hors un coin vivant où retentit
      Dans la forêt le son des buccins et des sistres,
      Tout est désert. Halliers, bruit de feuilles sinistres,
      Tristesse, immensité; c'est un de ces lieux-là
      Où se trouvait Caïn lorsque Dieu l'appela.
355   Le Caïn qui se cache en cette ombre est de pierre,
      C'est un donjon. Des gueux à la longue rapière
      Le gardent; des soudards sur ses tours font le guet.
      Il date du temps rude où Rollon naviguait.
      A quelque heure du jour qu'on le voie, il effraie;
360   Quelque couleur qu'il prenne, il convient à l'orfraie,
      S'il est noir, c'est la nuit; s'il est blanc, c'est l'hiver.
      L'archer fourmille là comme au cercueil le ver.
      Dans la tour, une salle aux murailles très hautes.
      Avec ses grands arceaux qui sont comme des côtes,
365   Cette salle, où pétille un brasier frémissant,
      Ecarlate de flamme, a l'air rouge de sang.
      Ouvrez Léviathan, ce sera là son ventre.

      Cette salle est un lieu de rendez-vous.

                                           Au centre,
      Autour d'un tréteau vaste où fument tous les mets,
370   Perdrix, pluviers, chevreuils tués sur les sommets,
      Mouton d'Anjou, pourceau d'Ardenne ou de Belgique,
      Des hommes radieux font un groupe tragique;
      Ces hommes sont assis, parlant, buvant, mangeant,
      Sur des chaires d'ivoire aux pinacles d'argent,
375   Ou sur des fronts de bœuf, entre les larges cornes.
      Leur rire monstrueux et fou n'a pas de bornes;
      Leur splendeur est féroce, et l'on voit sortir d'eux
      Une sorte de lustre implacable et hideux;
      Le nœud de perles sert d'agrafe aux peaux de bêtes;
380   Ils sont comme éblouis de guerre et de tempêtes;
      Tous, le jeune homme blond et le vieillard barbu,
      Causent, chantent, beaucoup de vin chaud étant bu,
      De la fin du repas la nappe ayant les rides;
      Chasseurs vertigineux ou bûcherons splendides,
385   Chacun a sa cognée et chacun a son cor;
      L'âtre fait flamboyer leurs torses couverts d'or;
      La flamme empourpre, autour de la table-fournaise,
      Ces hommes écaillés de lumière et de braise,
      Etranges, triomphants, gais, funèbres, vermeils;

390 D'un ciel qui serait tombe ils seraient les soleils.

Ce sont les rois.

             Ce sont les princes de l'embûche
Gigantesque où le nord de l'Espagne trébuche,
Les seigneurs du glacier, du pic et du torrent,
Les vastes charpentiers de l'abatage en grand,
395 Les dieux, les noirs souffleurs des trompes titaniques
D'où sortent les terreurs, les fuites, les paniques.

Germes du maître altier que l'avenir construit,
Semences du grand trône encor couvert de nuit,
Grains de ce qui sera plus tard le roi d'Espagne,
400 Ils sont là. C'est Pancho que la crainte accompagne,
Genialis, Sforon qu'Urgel a pour fardeau,
Gildebrand, Egina, Pervehan, Bermudo,
Juan, Blas le Captieux, Sanche le Fratricide;
Le vieux tigre, Vasco Tête-Blanche, préside.
405 Près de lui, deux géants, Padres et Tarifet;
L'armure de ceux-ci, dans les récits qu'on fait,
Avec le plomb bouillant de l'enfer est soudée,
Et les clous des brassards sont longs d'une coudée.
Au bas bout de la table est Gil, prince de Gor,
410 En huque rouge avec la chapeline d'or.

Cependant le haillon sur leur pourpre se fronce;
Ce sont des majestés qui marchent dans la ronce;
La montagne est là toute avec son fauve effroi,
Ils sont déguenillés et couronnés; tel roi
415 Qui commence en fleurons finit en alpargates.

Vases, meubles, émaux, onyx, rubis, agates,
Argenterie, écrins étincelants, rouleaux
D'étoffes, se mêlant l'un à l'autre à longs flots,
Tout ce qu'on peut voler, tout ce dont on trafique,
420 Fait dans un coin un bloc lugubre et magnifique;
Rien n'y manque; ballots apportés là d'hier,
Joyaux de femme avec quelque lambeau de chair,
Lourds coffres, sacs d'argent; tout ce tas de décombres
Qu'on appelle le tas de butin.

                Dans les ombres
425 Marche et se meut l'armée horrible des sierras;
Secouant des tambours, courant, levant les bras,
Des femmes, qu'effarouche une sombre allégresse,
Avec des regards d'ange et des bonds de tigresse,
Tâchant de faire choir les piastres de leur main
430 A force de seins nus, de fard et de carmin,
Dansent autour des rois; car ils sont les Mécènes
De la jupe effarée et des groupes obscènes.

Parmi les femmes, deux, l'une grande aux crins blonds,
L'autre petite avec des colliers de doublons,
435 Toutes deux gitanas au flanc couleur de brique,
Mêlent une âpre lutte au boléro lubrique ;
La petite, ployant ses reins, tordant son corps,
Rit et raille la grande, et la géante alors
Se penche sur la naine avec gloire et furie,
440 Comme une Pyrénée insulte une Asturie.

La cheminée, où sont creusés d'étroits grabats,
Remplit un pan de mur du haut jusques en bas ;
On voit sur le fronton saint George, et sur la plaque
Le combat d'un satyre avec un brucolaque.

445 Autour de ces rois luit le pillage flagrant.
Le deuil, les campagnards par milliers émigrant,
La plaine qui frémit, l'horizon qui rougeoie,
Les pueblos dévastés et morts, voilà leur joie.
C'est de ces noirs seigneurs que la misère sort.
450 Peut-être ce pays serait prospère et fort
Si l'on pouvait ôter à l'Espagne l'épine
Qu'elle porte au talon et qu'on nomme rapine.

De ce dont ils sont fiers plus d'un serait honteux ;
Ils sont grands sur un fond d'opprobre ; devant eux
455 Des parfums allumés fument ; cet encens pue.

Du reste, arceaux géants, colonnade trapue ;
Des viandes à des crocs comme dans un charnier ;
La même joie allant du premier au dernier ;
Plus de cris que le soir au fond des marécages ;
460 D'affreux chiens-loups gardant des captifs dans des cages ;
Dans un angle un gibet ; partout le choc brutal
Du palais riche, heureux, joyeux, contre l'étal.

Les murs ont par endroits des trous où s'enracine
Un poing de fer portant un cierge de résine.

465 Vaguement écouté par Blas et Gildebrand,
Un pâtre, près du seuil, sur le sistre vibrant,
Chante des montagnards la féroce romance ;
Et des trois madriers brûlant dans l'âtre immense
Il sort tout un dragon de flamme, ayant pour frein
470 Une chaîne liée à deux chenets d'airain.

VI

UNE ÉLECTION

Cependant les voilà qui causent d'une affaire.
Si grands qu'ils soient, la mort entre en leur haute sphère;
Guy, roi d'Oloron, veuf et sans enfants, est mort.
A qui le mont ? à qui la ville ? à qui le fort ?
475 Question. La querelle éclaterait. Mais Sanche :

    — Paix là ! l'heure est mauvaise et notre pouvoir penche;
Les villes contre nous font pacte avec les bourgs;
Les hommes des hameaux, des vignes, des labours,
S'arment pour nous combattre, et la ligue est certaine
480 Du comte de Castille et du duc d'Aquitaine.
Est-ce en un tel moment qu'autour de nous groupés,
Princes, nos ennemis vont nous voir occupés
A nous mordre en rongeant un os dans la montagne ?
Par Jésus ! les démons sont d'accord dans leur bagne;
485 Va-t-on se quereller entre rois dans les cieux ?

    — La dispute est un mal, dit Blas le Captieux,
Qui la cherche est félon, qui l'accepte imbécile;
Mais comment s'accorder ?

                  Sanche dit :

                            — C'est facile.

    — Qui donc ferais-tu roi d'Oloron ?

                         — Masferrer.

490 Ce nom sur tous les fronts passa comme un éclair.
    — Mes frères, reprit Sanche, il faut songer aux guerres;
(Sanche, étant fratricide, aimait ce mot : mes frères.)
Et, pardieu, mon avis, le voici : notre cor
S'entendrait de plus loin et ferait mieux encor,
495 Et la rumeur, qui sort de nous dans la campagne
Et la nuée, irait plus au fond de l'Espagne,
Si Masferrer était élu roi d'Oloron,
Et si, subitement, dans notre altier clairon
Ce voleur engouffrait son souffle formidable.

500 — Mais n'habite-t-il pas un antre inabordable ?

    — Puisqu'il l'aborde, lui ?
                          — C'est juste.

                                    — Nous voulons,
Dit Sanche, tout glacer sous nos rudes talons,
Et jeter bas ce peuple et cette ligue infime.
Il nous faut de la chute ; eh bien, prenons l'abîme !
505 Il nous faut de la glace ; eh bien, prenons l'hiver !

— Soit, cria Fervehan, nommons roi Masferrer.

— J'y consens, dit Sforon, la bête est d'envergure.

— Ce serait un roi, certe, et de haute figure,
Ajouta Bermudo.

                        — Le sanglier me plaît,
Dit Juan.

510   — Mais comme roi, seigneurs, est-il complet ?
Dit Blas. On passe mal d'une bauge à la tente.

— Qu'est-ce donc que tu veux de plus ? je m'en contente,
Hurla Gil. Je le prends avec ses marcassins,
S'il en a. Ce serait, j'en jure par les saints,
515 Quelque chose de grand, d'altier, de salutaire,
Et d'égal à l'effet que ferait sur la terre,
En s'y dressant soudain, l'ombre de Totila,
Si l'on voyait un sceptre entre ces pattes-là !

Le vieux Vasco dressa sous le dais de sa chaire
520 Son front blanc éclairé d'une blême torchère :

— Il nous faut du renfort. Puisque nous en gagnons
En étant de ce gueux quelconque compagnons,
Amen, l'homme me va. J'accepte l'épousaille.
Mais, princes, qui l'ira chercher dans sa broussaille ?

— Deux d'entre nous.

                        — C'est dit.

                                    Et le sort désigna
525 Le roi Genialis et le duc Agina.

                              VII

                    LES DEUX PORTE-SCEPTRE

Un torrent effréné roule entre deux falaises ;
A droite est l'antre ; à gauche, au milieu des mélèzes,
Un dur sentier fait face au terrier du bandit,

530 Mince corniche au flanc du roc; l'eau qui bondit,
L'affreux souffle sortant du gouffre, la colère
D'un trou prodigieux et perpendiculaire,
Séparent le sentier de l'antre. Pas de pont.
Rien. La chute où l'écho tumultueux répond.
535 Les antres, là, sont sûrs; les abîmes les gardent;
Les deux escarpements ténébreux se regardent;
A peine, en haut, voit-on un frêle jour qui point.
La fente épouvantable est étroite à ce point
Qu'on pourrait du sentier parler à la caverne;
540 On cause ainsi d'un mur à l'autre de l'Averne.

Un sentier, mais jamais de passants.

                                    Dans ces monts,
Le sol n'est que granits, herbes, glaces, limons;
Le cheval y fléchit, la mule s'y déferre;
Tout ce que les deux rois envoyés purent faire,
545 Ce fut de pénétrer jusqu'au rude sentier.
Parvenus au tournant, où l'antre tout entier,
Comme ces noirs tombeaux que les chacals déterrent,
Lugubre, apparaissait, les deux rois s'arrêtèrent.
Le bandit, que les rois apercevaient dedans,
550 Raccommodait son arc, coupait avec ses dents
Les nœuds, de peur qu'un fil sur le bois ne se torde,
Songeait, et par moments crachait un bout de corde.
L'eau du gave semblait à la hâte s'enfuir.
L'homme avait à ses pieds un vieux carquois de cuir
555 Plein de ces dards qui font de loin trembler la cible.
On voyait dans un coin sa femelle terrible.
Une pierre servait à ce voleur de banc.

Alors, haussant la voix, car le gave en tombant
Faisait le bruit d'un buffle échappé de l'étable,
560 L'un des deux rois cria dans l'antre redoutable :

— Salut, homme, au milieu des gouffres ! Devant toi
Tu vois Agina, duc, et Genialis, roi;
Nous sommes envoyés par Vasco Tête-Blanche,
Fervehan, Gildebrand, don Blas, don Juan, don Sanche,
565 Gil, Bermudo, Sforon, et je te dis ceci
De la part de ceux-là qui sont des rois aussi :
On te donne Oloron, ville dans la montagne;
Sois l'un de nous, sois roi; viens; le sceptre se gagne,
Tu l'as gagné. Nous rois, nous venons te chercher.
570 Un fils comme toi peut, du haut de son rocher,
Entrer parmi les rois de plain-pied, sans démence;
C'est à ta liberté que le trône commence.
Règne sur Oloron et sur vingt bourgs encor.
Tu mettras sur ta tête une tiare d'or,
575 Et ce qu'on nomme vol se nommera conquête;

Car rien n'est crime et tout est vertu, sur le faîte;
Et ceux qui t'appelaient bandit, t'adoreront.
Viens, règne. Nous avons des couronnes au front,
Des draps d'or et d'argent à dix onces la vare,
580 Des châteaux, des pays, l'Aragon, la Navarre,
Des femmes, des banquets, le monde à nos genoux;
Prends ta part. Tout cela t'appartient comme à nous.
Entre dans le palais et sors de la tanière,
Remplace le nuage, ami, par la lumière;
585 Quitte ta nuit, ton roc, ton haillon, ton torrent,
Viens; et sois comme nous un roi superbe et grand,
N'ayant rien à ses pieds qui ne soit une fête,
Viens.

    Sans lever les yeux et sans tourner la tête,
Le bandit, sur son arc gardant toujours la main,
590 Leur fit signe du doigt de passer leur chemin.

LA PATERNITÉ

Le père a souffleté le fils.

                    Tous deux sont grands.
Don Ascagne est le fils. Nager dans les torrents,
Dompter l'ours, être un comte âpre et dur comme un rustre,
Ce furent là les mœurs de son enfance illustre;
5 Il étonnait les monts où l'éclair retentit
Par la grandeur des pas qu'il faisait tout petit;
Il risquait, par-dessus maint gouffre redoutable,
Des sauts de chevrier, de l'air d'un connétable;
Il n'avait pas vingt ans qu'il avait déjà pris
10 Tout le pays qui va d'Irun à Lojariz,
Et Tormez, et Sangra, cité des sycomores,
Et détruit sur les bords du Zaban cinq rois maures.
Le père est Jayme; il est plus formidable encor;
Tell eût voulu léguer son arc, Roland son cor,
15 Hercule sa massue à ce comte superbe.
Ce que le titan chauve est à l'archange imberbe,
Don Jayme l'est à don Ascagne; il a blanchi;
Il neige sur un mont qu'on n'a jamais franchi,
Et l'âge atteint le front que nul roi n'a pu vaincre.
20 La mer parfois s'arrête et se laisse convaincre
Par la dune ou l'écueil, et s'abaisse et décroît,
Mais Jayme n'a jamais reculé dans son droit
Et toujours il a fait son devoir d'être libre;
Ses vieux monts qu'envieraient les collines du Tibre
25 Sur l'horizon brumeux de loin sont aperçus,
Et sa tour sur les monts, et son âme au-dessus.
Jayme a chassé Kernoch, pirate de Bretagne.
Il verrait Annibal attaquer sa montagne
Qu'il dirait : me voilà ! rien ne le surprenant.
30 Il habite un pays sauvage et frissonnant;
L'orage est éternel sur son château farouche;
Les vents dont un courroux difforme emplit la bouche
Y soufflent et s'y font une âpre guerre entre eux,
Et sur ses tours la pluie en longs fils ténébreux

35 Tombe comme à travers les mille trous d'un crible;
    Jayme parfois se montre aux ouragans, terrible;
    Il se dresse entre deux nuages entr'ouverts,
    Il regarde la foudre et l'autan de travers,
    Et fronce un tel sourcil que l'ombre est inquiète;
40 Le pâtre voit d'en bas sa haute silhouette
    Et croit que ce seigneur des monts et des torrents
    Met le holà parmi ces noirs belligérants.
    Sa tour est indulgente au lierre parasite.
    On a recours à lui quand la victoire hésite;
45 Il la décide, ayant une altière façon
    De pousser l'ennemi derrière l'horizon;
    Il ne permet aucun pillage sur ses terres;
    Il est de ceux qui sont au clergé réfractaires;
    Il est le grand rebelle et le grand justicier;
50 Il a la franchise âpre et claire de l'acier;
    Ce n'est pas un voleur, il ne veut pas qu'on dise
    Qu'un noble a droit de prendre aux juifs leur marchandise;
    Il jure rarement, donne de bons avis,
    Craint les femmes, dort vite, et les lourds ponts-levis
55 Sont tremblants quand il bat leur chaîne à coups de hache;
    Il est sans peur, il est sans feinte, il est sans tache,
    Croit en Dieu, ne ment pas, ne fuit pas, ne hait pas;
    Les défis qu'on lui jette ont pour lui des appas;
    Il songe à ses neveux, il songe à ses ancêtres;
60 Quant aux rois, que l'enfer attend, car ils sont traîtres,
    Il les plaint quelquefois et ne les craint jamais;
    Quand la loyauté parle, il dit : Je me soumets;
    Étant baron des monts, il est roi de la plaine;
    La ville de la soie et celle de la laine,
65 Grenade et Ségovie, ont confiance en lui.
    Cette gloire hautaine et scrupuleuse a lui
    Soixante ans, sans coûter une larme à l'Espagne.
    Chaque fois qu'il annonce une entrée en campagne,
    Chaque fois que ses feux, piquant l'horizon noir,
70 Clairs dans l'ombre, ont couru de monts en monts le soir,
    Appels mystérieux flamboyant sur les cimes,
    Les tragiques vautours et les cygnes sublimes
    Accourent, voulant voir, quand Jayme a combattu,
    Les vautours son exploit, les cygnes sa vertu;
    Car il est bon.

75   Le fils n'est pas un chef vulgaire;
    Mais le père a souvent pardonné dans la guerre,
    Ce qui fait que le père est le plus grand des deux.

    Ils tiennent Reuss, le mont Cantabre dépend d'eux,
    Ils habitent la case Arcol, tour féodale
80 Faite par don Maldras, qui fut un roi vandale,
    Sur un sommet jadis hanté par un dragon;
    L'Ebre est leur fleuve; au temps des guerres d'Aragon,

Ils ont bravé le roi de France Louis onze.

Ascagne est fils de Jayme, et Jayme est fils d'Alonze.

85 Qu'est-ce qu'Alonze ? Un mort ; larve, ombre dans les vents,
    Fantôme, mais plus grand que ceux qui sont vivants ;
    Il a fait dans son temps des choses inconnues,
    Et superbes ; parfois sa face dans les nues
    Apparaît ; c'est de lui que parlent les vieillards ;
90 On l'aperçoit qui rêve au fond des noirs brouillards.

    Sa statue est au bas de la tour, dans la crypte,
    Assise sur sa tombe ainsi qu'un dieu d'Egypte,
    Toute en airain, énorme, et touchant au plafond ;
    Car les sépulcres sont ce que les morts les font,
95 Grands si le mort est grand ; si bien que don Alonze
    Est spectre dans la brume et géant dans le bronze.
    Voilà quinze cents ans que le monde est chrétien ;
    Les fières mœurs s'en vont ; jadis le mal, le bien,
    Le bon, le beau, vivaient dans la chevalerie ;
100 L'épée avait fini par être une patrie ;
    On était chevalier comme on est citoyen ;
    Atteindre un juste but par un juste moyen,
    Etre clément au faible, aux puissants incommode,
    Vaincre, mais rester pur, c'était la vieille mode ;
105 Jayme fut de son siècle, Ascagne est de son temps.
    Les générations mêlent leurs pas flottants ;
    Hélas ! souvent un père, en qui brûle une flamme,
    Dans son fils qui grandit voit décroître son âme.
    Jadis la guerre, ayant pour loi l'honneur grondeur
110 Et la foi sainte, était terrible avec pudeur ;
    Les paladins étaient à leurs vieux noms fidèles ;
    Les aigles avaient moins de griffes et plus d'ailes ;
    On n'est plus à présent les hommes d'autrefois ;
    On ne voit plus les preux se ruer aux exploits
115 Comme des tourbillons d'âmes impétueuses ;
    On a pour s'attaquer des façons tortueuses
    Et sûres, dont le Cid, certes, n'eût pas voulu,
    Et que dédaignerait le lion chevelu ;
    Jadis les courts assauts, maintenant les longs sièges ;
120 Et tout s'achève, après les ruses et les pièges,
    Par le sac des cités en flammes sous les cieux,
    Et, comme on est moins brave, on est plus furieux ;
    Ce qui fait qu'aujourd'hui les victoires sont noires.
    Ascagne a désiré franchir des territoires
125 D'Alraz, ville qui doit aux arabes son nom ;
    Il a voulu passer, mais la ville a dit non ;
    Don Ascagne a trouvé la réponse incivile,
    Et, lance au poing, il a violé cette ville,
    Lui chevalier, risquant sa part de paradis,
130 Laissant faire aux soldats des choses de bandits ;

Ils ont enfreint les lois de guerre aragonaises;
Des enfants ont été jetés dans les fournaises;
Les noirs effondrements mêlés aux tourbillons
Ont dévoré la ville, on a crié : Pillons !
135 Et ce meurtre a duré trois jours; puis don Ascagne,
Vainqueur, a ramené ses gens dans la montagne
Sanglants, riants, joyeux et comptant des profits.
Et c'est pourquoi le père a souffleté le fils.

Alors le fils a dit : — Je m'en vais. L'ombre est faite
140 Pour les fuites sans fond, et la forêt muette
Est une issue obscure où tout s'évanouit.
L'insulte est une fronde et nous jette à la nuit.
J'ai droit à la colère à mon âge. L'offense,
Tombant du père au fils, est la fin de l'enfance.
145 Nul ne répond du gouffre, et, qui s'en va, va loin.
L'affront du père, ô bois, je vous prends à témoin,
Suffit pour faire entrer le fils en rêverie.
Quoi ! pour avoir senti gronder ma seigneurie
Dans mon âme, devant des manants, pour avoir
150 Ramené comme il sied des vassaux au devoir,
Pour quelques vils bourgeois brûlés dans leurs masures,
Comte, vous m'avez fait la pire des blessures,
Et l'outrage est venu, seigneur, de vous à moi;
Et j'ai connu la honte et j'ai connu l'effroi;
155 La honte de l'avoir et l'effroi de le rendre;
Et jusqu'à ce moment nul ne m'eût fait comprendre
Que je pusse rougir ou trembler. Donc, adieu.
Le désert me convient, et l'âpreté du lieu,
Quand la bête des bois devient haute et géante,
160 N'est point à ses grands pas farouches malséante;
La croissance rend grave et sauvage l'oiseau;
Et l'habitude d'être esclave ou lionceau
Se perd quand on devient lion ou gentilhomme;
L'aiglon qui grandit parle au soleil, se nomme
165 Et lui dit : Je suis aigle, et, libre et révolté,
N'a plus besoin de père, ayant l'immensité.
D'ailleurs, qu'est-ce que c'est qu'un père ? La fenêtre
Que la vie ouvre à l'âme et qu'on appelle naître
Est sombre, et quant à moi je n'ai point pardonné
170 A mon père le jour funeste où je suis né.
Si je vis, c'est sa faute, et je n'en suis pas cause.
Enfin, en admettant qu'on doive quelque chose
A l'homme qui nous mit dans ce monde mauvais,
Il m'a délié, soit, c'est fini, je m'en vais.
175 Il n'est pas de devoir qu'un outrage n'efface;
J'ai désormais la nuit sinistre sur la face;
Il ne me convient plus d'être fils de quelqu'un.
Je me sens fauve, et voir son père est importun.
Je veux être altier, fier, libre, et je ne l'espère
180 Que hors de toi, donjon, que hors de vous, mon père.

Je vais dans la sierra que battent les éclairs ;
Leur cime me ressemble ; un souffle est dans les airs,
Il m'enlève. Je pars. Toute lumière est morte,
Le désert s'ouvre ; et l'homme est bienvenu qui porte
185 Chez des monts foudroyés un souvenir d'affront. —

Et, cela dit, le fils s'en alla.

                        L'homme est prompt ;
Et nos rapidités, voix, colères, querelles,
Vont au hasard, laissant de l'ombre derrière elles.
Ce père aimait ce fils.

                        Du haut de sa maison,
190 Morne, et les yeux fixés sur le pâle horizon,
Il regarda celui qui partait disparaître ;
Puis, quand son fils se fut effacé, le vieux maître
Descendit dans la crypte où son père dormait.

Le crépuscule froid qu'un soupirail admet
195 Eclairait cette cave, et la voûte était haute.
Dans le profond sépulcre il entra comme un hôte.
Au fond était assis le grand comte d'airain ;
Et dans l'obscurité du blême souterrain,
Brume livide où l'œil par degrés s'habitue,
200 Flottait le rêve épars autour d'une statue.

Le colosse posait ses mains sur ses genoux.
Il avait ce regard effrayant des yeux doux
Qui peuvent foudroyer quand leur bonté se lasse.
Le vague bruit vivant qui sur la terre passe,
205 Chocs, rumeurs, chants d'oiseaux, cris humains, pas perdus,
Voix et vents, n'étaient point dans cette ombre entendus,
Et l'on eût dit que rien de ce que l'homme écoute,
Chante, invoque ou poursuit, n'osait sous cette voûte
Pénétrer, tant la tombe est un lieu qui se tait,
210 Et tant le chevalier de bronze méditait.
Trois degrés, que n'avait touchés nulle sandale,
Exhaussaient la statue au-dessus de la dalle ;
Don Jayme les monta. Pensif, il contempla
Quelque temps la figure auguste assise là,
215 Puis il s'agenouilla comme devant son juge ;
Puis il sentit, vaincu, comme dans un déluge
Une montagne sent l'ascension des flots,
Se rompre en son vieux cœur la digue des sanglots,
Il cria :

                — Père ! ah Dieu ! tu n'es plus sur la terre,
220 Je ne t'ai plus ! Comment peut-on quitter son père ?
Comme on est différent de son fils, ô douleur !
Mon père ! ô toi le plus terrible, le meilleur,

Je viens à toi. Je suis dans ta sombre chapelle,
Je tombe à tes genoux, m'entends-tu ? je t'appelle.
225 Tu dois me voir, le bronze ayant d'étranges yeux.
Ah ! j'ai vécu ; je suis un homme glorieux,
Un soldat, un vainqueur ; mes trompettes altières
Ont passé bien des fois par-dessus des frontières ;
Je marche sur les rois et sur les généraux ;
230 Mais je baise tes pieds. Le rêve du héros
C'est d'être grand partout et petit chez son père.
Le père c'est le toit béni, l'abri prospère,
Une lumière d'astre à travers les cyprès,
C'est l'honneur, c'est l'orgueil, c'est Dieu qu'on sent tout
235 Hélas ! le père absent, c'est le fils misérable.   [près.
O toi, l'habitant vrai de la tour vénérable,
Géant de la montagne et sire du manoir,
Superbement assis devant le grand ciel noir,
Occupé du lever de l'aurore éternelle,
240 Comte, baisse un moment ta tranquille prunelle
Jusqu'aux vivants, passants confus, roseaux tremblants,
Et regarde à tes pieds cet homme en cheveux blancs,
Abandonné, tout près du sépulcre, qui pleure,
Et qui va désormais songer dans sa demeure,
245 Tandis que les tombeaux seront silencieux
Et que le vent profond soufflera dans les cieux.
Mon fils sort de chez moi comme un loup d'un repaire.
Mais est-ce qu'on peut être offensé par son père ?
Ni le père, ni Dieu n'offensent ; châtier
250 C'est aimer ; l'Océan superbe reste entier,
Quel que soit l'ouragan que les gouffres lui jettent.
Et les sérénités éternelles n'admettent
Ni d'affront paternel, ni d'outrage divin.
Eh quoi ! ce mot sacré, la source, serait vain ?
255 Ne suis-je pas la branche et n'es-tu pas la tige ?
Je t'aime. Un père mort, c'est, glorieux prodige,
De l'ombre par laquelle on se sent soutenir.
La beauté de l'enfance est de ne pas finir.
Au-dessus de tout homme, et quoi qu'on puisse faire,
260 Quelqu'un est toujours Dieu, quelqu'un est toujours père.
Nous sommes regardés, dans l'âpre nuit du sort,
Par des yeux qui se sont étoilés dans la mort.
Que n'es-tu là, debout ! Comme tu serais maître,
Seigneur, guide, gardien, juge ! Oh ! je voudrais être
265 Ton esclave, t'offrir mon cœur, courber mon front,
Et te sentir vivant, fût-ce par un affront !
Les avertissements des pères sont farouches
Mais bons, et, quel que soit l'éclair dont tu me touches,
Tout ce qui vient d'en haut par l'âme est accepté,
270 Et le coup de tonnerre est un coup de clarté.
Avoir son père, ô joie ! O géant d'un autre âge,
Gronde, soufflette-moi, frappe-moi, sois l'outrage,
Sois la foudre, mais sois mon père ! Sois présent

A ma vie, à l'emploi que je fais de ton sang,
275 A tous mes pas, à tous mes songes ! Que m'importe
De n'être que le chien couché devant ta porte,
O monseigneur, pourvu que je te sente là !
Ah ! c'est vrai, soixante ans la montagne trembla
Sous mes pas, et j'ai pris et secoué les princes
280 Nombreux et noirs sous qui râlaient trente provinces ;
Gil, Vermond, Araül, Barruza, Gaïffer,
J'ai tordu dans mes poings tous ces barreaux de fer ;
J'ai fait tomber du mur les toiles d'araignées,
Les prêtres ; j'ai mon lot de batailles gagnées
285 Comme un autre ; pourtant frappe-moi si j'ai tort !
Oui, mon épée est fière et mon donjon est fort,
J'ai protégé beaucoup de villes orphelines,
J'ai dans mon ombre un tas de tyrans en ruines,
Je semble presque un roi tant je suis triomphant ;
290 Et je suis un vieillard, mais je suis ton enfant !

Ainsi parlait don Jayme en ces caveaux funèbres
A son père de bronze assis dans les ténèbres,
Fantôme plein de l'âme immense des aïeux ;
Et pendant qu'il parlait Jayme fermait les yeux ;
295 Sa tête était posée, humble et comme abattue,
Sur les puissants genoux de la haute statue ;
Et cet homme, fameux par tant d'altiers défis
Et tant de beaux combats, pleurait ; l'amour d'un fils
Est sans fond, la douleur d'un père est insondable ;
Il pleurait.

300   Tout à coup, — rien n'est plus formidable
Que l'immobilité faisant un mouvement,
Le farouche sépulcre est vivant par moment
Et le profond sanglot de l'homme le secoue, —
Le vieux héros sentit un frisson sur sa joue
305 Que dans l'ombre, d'un geste auguste et souverain,
Caressait doucement la grande main d'airain.

TABLE DES MATIÈRES

Chronologie. 7
Introduction. 19
Bibliographie sommaire. 33
Note préliminaire. 37
Chronologie de la Légende des Siècles. 41

LA LÉGENDE DES SIÈCLES

DÉDICACE. 56

PRÉFACE DE LA PREMIÈRE SÉRIE (1857) 59

LA VISION D'OU EST SORTI CE LIVRE 65

I

LA TERRE

HYMNE. 75

II

D'ÈVE A JÉSUS

LE SACRE DE LA FEMME 81
LA CONSCIENCE 87
PUISSANCE ÉGALE BONTÉ 89
LES LIONS. 92
LE TEMPLE 96
BOOZ ENDORMI 97
DIEU INVISIBLE AU PHILOSOPHE 100
PREMIÈRE RENCONTRE DU CHRIST AVEC LE TOMBEAU 101

III

SUPRÉMATIE

SUPRÉMATIE. 107

IV

ENTRE GÉANTS ET DIEUX

Le géant, aux dieux   113
Paroles de géant   115
Les temps paniques   117
Le titan.   120
    i.   Sur l'Olympe   120
    ii.   Sous l'Olympe   123
    iii. Ce que les géants sont devenus   124
    iv. L'effort.   125
    v.   Le dedans de la terre.   127
    vi. La découverte du titan   128

V

LA VILLE DISPARUE

La ville disparue.   133

VI

APRÈS LES DIEUX, LES ROIS

I. De Mesa a Attila

Inscription.   139
Cassandre   140
Les trois cents.   142
    i.   L'Asie.   142
    ii.   Le dénombrement   143
    iii. La garde.   145
    iv. Le roi   146
Le détroit de l'Euripe   148
La chanson de Sophocle a Salamine.   151
Les bannis   152
Aide offerte a Majorien, prétendant a l'empire   154

II. De Ramire a Cosme de Médicis

L'hydre   159
Quand le Cid fut entré dans le Généralife   160
Le romancero du Cid.   161

I.	L'entrée du roi	161
II.	Souvenir de Chimène	162
III.	Le roi jaloux	163
IV.	Le roi ingrat	163
V.	Le roi défiant	164
VI.	Le roi abject	166
VII.	Le roi fourbe	167
VIII.	Le roi voleur	168
IX.	Le roi soudard	169
X.	Le roi couard	171
XI.	Le roi moqueur	172
XII.	Le roi méchant	173
XIII.	Le Cid fidèle	174
XIV.	Le Cid honnête	175
XV.	Le roi est le roi	177
XVI.	Le Cid est le Cid	179

LE ROI DE PERSE. 182
LES DEUX MENDIANTS. 183
MONTFAUCON 184
   I.   Pour les oiseaux 184
   II.   Pour les idées 185
LES REITRES, CHANSON BARBARE 189
LE COMTE FÉLIBIEN 191

VII

ENTRE LIONS ET ROIS

QUELQU'UN MET LE HOLA. 197

VIII

DÉCADENCE DE ROME

AU LION D'ANDROCLÈS 201

IX

L'ISLAM

L'AN NEUF DE L'HÉGIRE. 207
MAHOMET. 211
LE CÈDRE. 212

X

LE CYCLE HÉROIQUE CHRÉTIEN

LE PARRICIDE   217
LE MARIAGE DE ROLAND   221
AYMERILLOT.   225
BIVAR.   232
LE JOUR DES ROIS   234

XI

LE CID EXILÉ

LE CID EXILÉ.   245

XII

LES SEPT MERVEILLES DU MONDE

LES SEPT MERVEILLES DU MONDE   259
    I.   Le temple d'Ephèse   259
    II.   Les jardins de Babylone   263
    III.   Le Mausolée   265
    IV.   Le Jupiter olympien.   266
    V.   Le Phare.   267
    VI.   Le Colosse de Rhodes   269
    VII.   Les Pyramides   272

XIII

L'ÉPOPÉE DU VER

L'ÉPOPÉE DU VER   279

XIV

LE POÈTE AU VER DE TERRE

LE POÈTE AU VER DE TERRE   297

XV

LES CHEVALIERS ERRANTS

La terre a vu jadis errer des paladins   301
LE PETIT ROI DE GALICE   303
    I.   Le ravin d'Ernula   303

II.	Leurs altesses.	304
III.	Nuño	304
IV.	La conversation des infants	306
V.	Les soldats continuent de dormir et les infants de causer	307
VI.	Quelqu'un	308
VII.	Don Ruy le Subtil.	311
VIII.	Pacheco, Froïla, Rostabat.	313
IX.	Durandal travaille	316
X.	Le crucifix	317
XI.	Ce qu'a fait Ruy le Subtil	319

ÉVIRADNUS. 320

I.	Départ de l'aventurier pour l'aventure	320
II.	Eviradnus.	321
III.	Dans la forêt	322
IV.	La coutume de Lusace	324
V.	La marquise Mahaud	326
VI.	Les deux voisins.	326
VII.	La salle à manger	328
VIII.	Ce qu'on y voit encore.	330
IX.	Bruit que fait le plancher	333
X.	Eviradnus immobile	334
XI.	Un peu de musique	335
XII.	Le grand Joss et le petit Zéno	337
XIII.	Ils soupent	338
XIV.	Après souper	339
XV.	Les oubliettes.	342
XVI.	Ce qu'ils font devient plus difficile à faire.	343
XVII.	La massue	347
XVIII.	Le jour reparaît	349

XVI

LES TRONES D'ORIENT

ZIM-ZIZIMI	353
1453	362
SULTAN MOURAD.	363
LE BEY OUTRAGÉ.	370
LA CHANSON DES DOREURS DE PROUES.	371

XVII

AVERTISSEMENTS ET CHATIMENTS

LE TRAVAIL DES CAPTIFS	377
HOMO DUPLEX.	379
VERSET DU KORAN	380
L'AIGLE DU CASQUE.	381

XVIII

L'ITALIE. — RATBERT

LES CONSEILLERS PROBES ET LIBRES. 393
LA DÉFIANCE D'ONFROY. 399
LA CONFIANCE DU MARQUIS FABRICE 402
    I.   Isora de Final. — Fabrice d'Albenga 402
   ·II.   Le défaut de la cuirasse 403
   III.   Aïeul maternel. 404
   IV.   Un seul homme sait où est caché le trésor 405
   V.   Le corbeau 406
   VI.   Le père et la mère 407
   VII.   Joie au château. 408
  VIII.   La toilette d'Isora 408
   IX.   Joie hors du château 410
   X.   Suite de la joie. 411
   XI.   Toutes les faims satisfaites. 413
   XII.   Que c'est Fabrice qui est un traître 414
  XIII.   Silence 415
  XIV.   Ratbert rend l'enfant à l'aïeul 416
   XV.   Les deux têtes 419
  XVI.   Après justice faite 420

XIX

WELF, CASTELLAN D'OSBOR

WELF, CASTELLAN D'OSBOR. 425

XX

LES QUATRE JOURS D'ELCIIS

LES QUATRE JOURS D'ELCIIS 445
    I.   LE PREMIER JOUR. — GENS DE GUERRE ET GENS
          D'ÉGLISE. 446
   II.   LE DEUXIÈME JOUR. — ROIS ET PEUPLES 457
   III.   LE TROISIÈME JOUR. — LES CATASTROPHES 463
   IV.   LE QUATRIÈME JOUR. — DIEU. 468

XXI

LE CYCLE PYRÉNÉEN

GAIFFER-JORGE, DUC D'AQUITAINE 473
MASFERRER 476

I.	Neuvième siècle. — Pyrénées	476
II.	Terreur des plaines	477
III.	Les hautes terres	479
IV.	Masferrer	480
V.	Le castillo	484
VI.	Une élection	487
VII.	Les deux porte-sceptre	488
La Paternité.		491

DERNIÈRES PARUTIONS

ARISTOTE
Parties des animaux, livre I (784)

AUFKLÄRUNG. LES LUMIÈRES ALLEMANDES (793)

AVERROÈS
Discours décisif (bilingue) (871)
L'Intelligence et la pensée (974)

BALZAC
La Peau de chagrin (899)
Le Père Goriot (826)
La Rabouilleuse (821)

BARBEY D'AUREVILLY
Une vieille maîtresse (955)

BAUDELAIRE
Au-delà du romantisme. Écrits sur l'art (1010)

BICHAT
Recherches physiologiques sur la vie et la mort (808)

LE BOUDDHA
Dhammapada (849)

BÜCHNER
La Mort de Danton. Léonce et Léna. Woyzeck. Lenz (888)

CALDERÓN
La vie est un songe (bilingue) (973)

CHRÉTIEN DE TROYES
Érec et Énide (bilingue) (763)
Perceval ou le Conte du graal (bilingue) (814)

COMTE
Discours sur l'ensemble du positivisme (991)

CONFUCIUS
Entretiens avec ses disciples (799)

DESCARTES
Les Passions de l'âme (865)
Lettre-préface des *Principes de la philosophie* (975)

DOSTOÏEVSKI
Le Joueur (866)

ÉPICTÈTE
Manuel (797)

ÉSOPE
Fables (bilingue) (721)

FABLES FRANÇAISES DU MOYEN ÂGE (bilingue) (831)

FABLIAUX DU MOYEN ÂGE (bilingue) (972)

FÉVAL
Le Bossu (997)

GOETHE
Écrits sur l'art (893)

GRADUS PHILOSOPHIQUE (773)

HEGEL
Préface de la *Phénoménologie de l'esprit* (bilingue) (953)

HÉLOÏSE ET ABÉLARD (827)

HISTOIRE DE LA LITTÉRATURE FRANÇAISE :
Le Moyen Âge (957)
De Villon à Ronsard (958)
De Montaigne à Corneille (959)
Le Classicisme (960)
De Fénelon à Voltaire (961)
De *L'Encyclopédie* aux *Méditations* (962)

HISTOIRES D'AMOUR ET DE MORT DE LA CHINE ANCIENNE (985)

HUME
L'Entendement. Traité de la nature humaine, livre I (701)

IBSEN
Hedda Gabler (867)

JOYCE
Les Gens de Dublin (709)

KÂMA SÛTRA (1000)

KANT
Métaphysique des mœurs I (715)
Métaphysique des mœurs II (716)

LACLOS
Les Liaisons dangereuses (758)

LAFAYETTE
La Princesse de Clèves (757)

LA FONTAINE
Fables (781)

LAFORGUE
Les Complaintes (897)

LAMARCK
Philosophie zoologique (707)

LEIBNIZ
Principes de la nature et de la grâce. Monadologie et autres textes (863)
Système de la nature et de la communication des substances (774)

LESSING
Nathan le Sage (bilingue) (994)

LE TASSE
La Jérusalem délivrée (986)

LUCRÈCE
De la nature (bilingue) (993)

MALEBRANCHE
Traité de morale (837)

MARLOWE
Le Docteur Faust (bilingue) (875)

MARX
Manuscrits de 1844 (784)

MARX & ENGELS
Manifeste du parti communiste (1002)

MAUPASSANT
Les Sœurs Rondoli (832)

MONTESQUIEU
Lettres persanes (844)

NERVAL
Leo Burckart. L'Imagier de Harlem (597)